上海市马克思主义理论学科发展支持计划·上海市思政课选修课教材

（教学参考资料）编著专项资助

复旦大学望道书库

科学社会主义
经典著作研读

刘华初　刘睿博　著

天津出版传媒集团

天津人民出版社

图书在版编目（CIP）数据

科学社会主义经典著作研读 / 刘华初，刘睿博著. --
天津：天津人民出版社，2025. 1. --（复旦大学望道书
库）. -- ISBN 978-7-201-20634-9

Ⅰ. D0-0

中国国家版本馆 CIP 数据核字第 2024W1T037 号

科学社会主义经典著作研读

KEXUE SHEHUI ZHUYI JINGDIAN ZHUZUO YANDU

出　　版	天津人民出版社
出 版 人	刘锦泉
地　　址	天津市和平区西康路35号康岳大厦
邮政编码	300051
邮购电话	(022)23332469
电子信箱	reader@tjrmcbs.com

责任编辑	佐　拉
封面设计	汤　磊

印　　刷	天津新华印务有限公司
经　　销	新华书店
开　　本	710毫米×1000毫米 1/16
印　　张	31.75
插　　页	2
字　　数	360千字
版次印次	2025年1月第1版　2025年1月第1次印刷
定　　价	98.00元

前　言

马克思主义经典著作是学习与研究马克思主义理论的基础文本。改革开放以来,我国科学社会主义学科历经近半个世纪的蓬勃发展,取得显著成就。随着理论与实践的不断深入,对科学社会主义教材的需求也呈现出日益增长的趋势。尽管市面上不乏关于马克思、恩格斯、列宁的经典著作的导读性著作,但这类著作往往聚焦于某一特定文本展开,缺少对科学社会主义全面和系统的文本解读与阐释。至于以科学社会主义为理论视域的综合性文献编纂,则普遍存在选篇宽泛,内容深度不足的问题,难以满足研究生等研究群体的学习需求:一部系统集中,且有一定深度的科学社会主义经典文献导读教材。

马克思、恩格斯、列宁是科学社会主义的伟大导师。他们的理论和实践对社会主义运动产生了深远的影响,他们的思想不仅影响了20世纪的社会主义革命,也在当今世界的社会主义运动中继续发挥着重要作用。他们的著作不仅蕴含着科学社会主义的基本原理,而且记载着科学社会主义理论的发展历程,体现出共产党人的理论基因和精神风貌,对于深入理解科学社会主义理论,把握其精神实质,具有重要的指导意义。

　　本书聚焦马克思、恩格斯、列宁的科学社会主义经典著作,对之进行深入解读,旨在为学习与研究者提供系统性的科学社会主义理论与实践的教育;通过对科学社会主义经典原著的精读,引导学生、读者全面认识科学社会主义思想形成与发展历程,深刻理解科学社会主义实事求是的思想精髓,把握其与时俱进的理论品质与基本原理,并结合历史情境正确理解和认识科学社会主义运动的产生与演化,联系现实展望未来发展。

　　本书涵盖的相关经典著作包括:马克思、恩格斯的《社会主义从空想到科学的发展》《共产党宣言》《1848年至1850年的法兰西阶级斗争》《路易·波拿巴的雾月十八日》《法兰西内战》《哥达纲领批判》《家庭、私有制和国家的起源》,列宁的《帝国主义是资本主义的最高阶段》《国家与革命》①。它们都集中体现出科学社会主义的几项基本原则或原理:①科学社会主义以唯物史观为理论基础,强调物质经济条件是社会结构和历史发展的决定因素,揭示出历史发展是由生产力与生产关系之间的矛盾运动所推动的更替过程。②阶级对立与阶级斗争是历史发展的根源与主要动力,无产阶级与资产阶

---

　　①　这里未选取《资本论》《反杜林论》和《雇佣劳动与资本》等经典著作,主要是因为它们内容深邃全面、篇幅较长,或侧重于对资本主义经济制度的深入剖析。当然,它们在科学社会主义理论体系中也有重要的地位。马克思的鸿篇巨制《资本论》,不仅是马克思主义政治经济学的经典之作,而且充分体现了唯物史观、政治经济学与科学社会主义融为一体的马克思主义整体观,也为科学社会主义提供了坚实的理论基础。在这部著作中,马克思基于历史唯物主义的原则与方法,通过对资本主义生产方式的内在矛盾和运动规律的深入剖析,揭示了资本主义剥削的秘密,科学而辩证地论述了社会主义取代资本主义的历史必然性。恩格斯的《反杜林论》则堪称马克思主义的百科全书,全面系统地阐述了哲学、政治经济学和科学社会主义的基本原理,捍卫了马克思主义的科学性。马克思的《雇佣劳动与资本》也是科学社会主义的重要文献,在其中,马克思深入分析了资本主义生产关系中的雇佣劳动和资本的关系,揭示了资本主义剥削的秘密,论证了无产阶级革命的历史必然性与正义性。此外,由于篇幅所限,这里也未纳入列宁的《怎么办?》《共产主义运动中的"左派"幼稚病》等经典文献。虽然《怎么办?》被一些西方"列宁学"家视为所谓"极权主义"的列宁主义的理论起点,成为政治学热点备受关注,具有显著的时代价值。而且,这些著作在阐述无产阶级政党建设、斗争策略和革命道路的探索等方面亦具重要的时代价值。

级的对立构成了资本主义社会的主要矛盾,因此,无产阶级革命成为推翻资本主义制度、结束阶级压迫,推动历史继续前进,实现共产主义的基本手段。③在资本主义向共产主义过渡阶段,无产阶级需要打碎资本主义国家机器,建立本阶级专政。随着社会得到全部改造,无产阶级专政最终将自行消亡。④科学社会主义提倡社会化生产和生产资料公有制,同时,消费资料归个人所有,这种生产方式能够消除资本主义生产所带来的周期性经济危机和社会分裂,使财富更好地为人的自由全面发展服务。⑤"两个必然"和"两个绝不会":资本主义必然灭亡,共产主义必然胜利;无论哪一个社会形态,在它所能容纳的全部生产力发挥出来以前,是决不会灭亡的;而新的更高的生产关系,在它的物质存在条件在旧社会的胎胞里成熟以前,是决不会出现的。⑥人类解放目标:每个人自由而全面的发展。

在内容编排上,本书每章专门针对一个经典原著进行研读,涵盖著作简介、著作背景、内容导读、著作研究四个环节。其中,著作简介对相关经典进行简明扼要的介绍,旨在帮助读者迅速把握原著的主旨、核心议题。著作背景则有助于读者更深刻地理解作品内涵。这一环节阐述了著作诞生的社会、历史、文化和个人背景,阐发这些背景因素对作者的写作意图和文风的影响,从而丰富读者的阅读体验,激发读者的研究兴趣,帮助读者学习如何以历史性的视野对著作进行评估,锻炼批判思维能力。此外,对著作背景的了解还为跨文本、跨文化的比较提供了可能,有利于读者把握著作的思想史意义。在内容导读部分,教材根据每部著作的特点进行有针对性的编排。对于篇幅简短的著作,教材会进行深度挖掘与阐释,甚至进行逐段地细致分析,将之"读厚";而对于篇幅较长的著作,教材则会进行精炼地概述,提炼其核心思想与主要观点,将之"读薄"。

学习经典的目的,一方面是要完全掌握其文献材料及其丰富的思想内涵;另一方面是将理论应用于社会现实,在将理论与实际相结合的过程中探寻解决不断出现的新问题的道路。因此,教材不仅仅局限于对著作基础内容的解读,而是设置著作研究环节,展示相关的研究状况,并简要探讨学界提出的一些重要论题,以期进一步展现经典著作的理论效应与当代价值,激发读者灵活的探索热情。总之,本书不仅能够帮助读者理解科学社会主义经典文献,也能够为读者分析当代资本主义特质,探索社会主义发展道路提供有益启示,推动读者展开进一步的学习和研究。

本著得到上海市马克思主义理论学科发展计划、复旦大学望道书库支持,在修改校对过程中还得到复旦大学马克思主义学院多位选修本课程博士生的帮助,在此表示衷心的感谢。

由于我们水平有限,一定存在不足之处,诚恳希望广大读者批评指正。

目　录

第一章 恩格斯《社会主义从空想到科学的发展》研读

Bibliothèque de la REVUE SOCIALISTE
I

SOCIALISME UTOPIQUE
ET
SOCIALISME SCIENTIFIQUE
PAR
FRÉDÉRIC ENGELS

Traduction française par
PAUL LAFARGUE

Prix: 50 centimes

PARIS
DERVEAUX LIBRAIRE-ÉDITEUR
33, Rue d'Angoulême, 33
1880

《社会主义从空想到科学的发展》法文第一版的扉页

第一节　著作简介

《社会主义从空想到科学的发展》(以下简称《发展》)是恩格斯于1880年应保尔·拉法格的请求所撰写的一部通俗读本,其目的在于在工人阶级中积极传播马克思主义,消除各种非马克思主义思潮的潜在影响。该著作以《反杜林论》为基础,经过修改和提炼而成,在其中,恩格斯深入阐述了社会主义从空想到科学的演变过程及其社会历史条件。其主要内容和观点可以概括为以下几个方面:

第一,对历史唯物主义的介绍。恩格斯对历史唯物主义理论作了简明、全面的介绍,强调社会形态的发展是由生产力和生产关系间的矛盾所推动的历史过程,对科学社会主义通过研究社会的经济基础及其发展规律,揭示出资本主义的内在矛盾和历史局限性的思想进程作了简要概括。

第二,对空想社会主义的评价。恩格斯对以圣西门、傅立叶、欧文为代表的空想社会主义进行了批判性的回顾,并分别指出三者的贡献和局限性。尽管空想社会主义者对资本主义的弊端进行了深刻的批判,提出了改造社会的理想方案,为科学社会主义的诞生提供了思想资源,但由于缺乏对资本主义生产方式和社会结构的科学分析,他们未能提出实现社会变革的切实可行的路径,他们的空想社会主义学说不能成为指导工人运动的科学指南。

第三,对科学社会主义理论基础的阐发。恩格斯强调,科学社会主义以历史唯物主义与剩余价值理论为基础,建立在对人类社会历史发展规律和资本主义生产方式的详尽分析之上。生产剩余价值是资本主义生产方式的绝对规律,这一规律不仅使资本主义体系的基本矛盾不断加剧,而且使社会中的阶级冲突愈演愈烈。资本主义创造了自身的掘墓人,无产阶级必然成为推翻资本主义的主导力量。

第四，对未来社会的展望。恩格斯描绘了无产阶级通过社会革命夺取政权、消灭资本主义生产关系并建立社会主义制度的宏伟蓝图。他还对理想社会作了展望，强调生产资料归全体社会成员所有，生产的目的不再是资本积累，而是满足人的自由全面发展的需要。

总之，这部著作不仅是对科学社会主义理论的精炼阐述，也是对未来社会样态的科学预测。恩格斯在书中详细阐释了社会主义从空想到科学，即从简单的道德批判转变为一种严密的科学分析，从而为后来的社会主义运动提供理论基础和战略指导的转变过程。马克思曾高度评价这部著作，称其以简明通俗的语言论述了科学社会主义的思想来源与理论基础，阐明了其基本原理，是《反杜林论》的"理论部分中最重要的部分；这一部分可以说是科学社会主义的入门"[1]。著作在问世后被译成多国语言，在国际共产主义运动中产生了积极的影响，对马克思主义的宣传和普及具有重要意义。

第二节　著作背景

为了全面而深入理解《发展》这一经典著作，我们首先需要探究其写作背景，剖析其成书原因。

1848年《共产党宣言》的发表正式宣告了马克思主义的诞生，并在工人阶级中广泛传播。在经历了1848年法兰西阶级斗争、1864年第一国际的创立等历史事件后，马克思主义在与工人运动的结合中进一步走向成熟。然而19世纪50年代资本主义的迅猛发展和自我调整，使得资本主义社会中的

---

[1] 《马克思恩格斯文集》(第三卷)，人民出版社，2009年，第493页。

矛盾呈现出缓和态势,各种机会主义、改良主义思想由此出现,并对马克思主义展开攻击。

例如,杜林在1867年《资本论》第一卷出版后即发表了《马克思〈资本论〉政治经济学批判》的书评,"以政治经济学中的革命者自居"[①],否定《资本论》的理论价值与马克思的理论贡献。在1871年至1875年,杜林又先后发表多部著作,形成了涵盖哲学、政治经济学与社会主义等多方面内容的一整套理论,赢得了包括德国社会民主党人在内的一批追随者。为了反驳杜林的错误观点,恩格斯于1878年撰写了《反杜林论》。

进入19世纪80年代,社会形势进一步向着不利于工人运动的方向发展。巴黎公社的失败和第一国际的解散成为国际工人运动转入相对低潮时期的标志,与此同时,英法等国资产阶级革命的胜利,为资本主义赢得了更为广阔的发展空间。在此背景下,资产阶级学者加紧了对马克思主义的进攻。为了使欧洲各国无产阶级政党和广大工人群众保持清醒的头脑,更好地理解和掌握理论知识,在科学社会主义思想指导下坚定前进方向,就必须尝试以通俗化的方式讲解科学社会主义。为此,恩格斯决定进一步修订和完善《反杜林论》,以便更为清晰凝练地展现出科学社会主义的主要立场与核心观点,为工人阶级提供思想武器,这一工作的成果就是《发展》。

恩格斯认为,该书具有特殊的意义和价值,其结构虽简单却丰富,但也正因如此而完全符合在工人群众中宣传和普及的需要。因此,他在1882年给德国社会民主党领导人倍倍尔的信中这样写道:"这是几年来我研究德国历史的第一个成果,我感到十分高兴的是,我能够首先把它献给工人,而不是献给书呆子和其他'有教养者'。"[②]

---

① 《马克思恩格斯文集》(第十卷),人民出版社,2009年,第280页。

② 《马克思恩格斯全集》(第三十五卷),人民出版社,1971年,第416页。

《发展》在1880年3月20日、4月20日、5月5日分为三部分以法文发表在《社会主义评论》中,1883年以《社会主义从空想到科学的发展》为题发行德文版本。其最早中文译本于1912年刊载于中国社会党绍兴支部的《新世界》上,是由施仁荣翻译,名为《理想社会主义和实行社会主义》;1925年柯柏年翻译的《空想的及科学的社会主义》为最早的中文全译本;稍后朱镜我也出版了其译本。①

第三节　内容导读

该著作由马克思1880年所写前言,恩格斯分别于1882年、1891年所写两篇序言、1892年所写导言及主体内容构成,主体内容分为三大部分。首先,著作深入探讨了科学社会主义产生的历史条件及其思想渊源,详细论述了三大空想社会主义学说的历史背景,并对它们的理论贡献给予高度认可。其次,著作对辩证法的发展历程和唯物辩证法的诞生意义进行了全面阐述,并指出唯物史观与剩余价值学说的发现使社会主义从空想转向了科学。最后,恩格斯运用唯物史观和剩余价值学说,对资本主义的内在矛盾及其发展历程进行了深刻剖析,有力地论证了社会主义取代资本主义的历史必然性。此外,恩格斯还对未来新社会的基本特征作了预测,并明确阐述了无产阶级所肩负的历史使命和科学社会主义的根本任务。

---

① 　许萌等:《〈社会主义从空想到科学的发展〉珍贵版本探考》,《国外理论动态》,2022年第5期。

一、马克思写的1880年法文版前言

1880年法文版前言原本署名保尔·拉法格,但实际出于马克思之手,因而署名后来修改为马克思。在本前言相关手稿中,马克思提到,前言是由他和恩格斯共同商议后撰写的,主要目的在于对恩格斯进行简要介绍,并委托拉法格在保持内容不变的基础上进行修订。本前言有9个自然段,主体部分为第2~8段,主要介绍了恩格斯的著作、经历及其对科学社会主义的贡献。

第1段阐明这本小册子由译自恩格斯《科学中的变革》(即《反杜林论》)中的三篇文章组成:包括"引论"中的"概论"部分、第三编"社会主义"中的前两章——"历史""理论"。为方便法国读者理解,拉法格在翻译出版时还对"理论"部分进行了适当补充。

第2段指出,恩格斯在1844年的《国民经济学批判大纲》中就阐述了科学社会主义的某些基本原则,这些原则在当时引起了社会的广泛关注。其后的《英国工人阶级状况》一书同样具有重要意义,马克思在《资本论》中对其价值作了充分估价。此外,本段还介绍了恩格斯所担任过的编辑出版工作。

第3段介绍了恩格斯与马克思在布鲁塞尔共同创建德意志共产主义工人协会,以及他们加入、改组正义者同盟(共产主义者同盟的前身),并于1847年在伦敦召开的同盟国际代表大会上受委托起草影响深远的《共产党宣言》的经历。

第4~8段,马克思概述了恩格斯从1847年至1870年的经历和思想发展历程。恩格斯不仅积极参与各种社会主义运动,还撰写了大量书籍和文章,无愧于"当代社会主义最杰出的代表人物之一"[①]的称号。

---

① 《马克思恩格斯文集》(第三卷),人民出版社,2009年,第491页。

第9段，马克思指出《发展》的两大贡献：首先，这组论文作为对杜林关于一般科学，特别是关于社会主义"新理论"①的回答在德国社会主义者中间获得了巨大的成功，肃清了杜林的负面影响。其次，作为《反杜林论》理论部分中最重要的部分，《发展》是科学社会主义的入门。这无疑是极高的评价。

二、1882年德文第一版序言

恩格斯在此序言中，用六段文字阐述了如下内容：

其一，他详细说明了《发展》法文版与德文版的出版情况。法文版将《反杜林论》中三篇论文合并，由拉法格译成法文并增添若干详细说明，该版本经恩格斯校对后，最初在《社会主义评论》第3至5期中发表，随后于1880年在巴黎以单行本形式出版，书名为《空想社会主义和科学社会主义》。1882年，根据法译文翻译的波兰文版以《空想的和科学的社会主义》为名，在日内瓦由黎明印刷所出版。法译本所获得"意外的成功"激发了恩格斯在德国出版这部著作的想法，与此同时，《社会民主党人报》编辑部也表达了德国社会民主党内"迫切需要出版新的宣传小册子"②的需求。于是，恩格斯将文本交付给《社会民主党人报》编辑部出版。

其二，在第3~5段中，恩格斯介绍了德文版的修改情况。由于需要用于直接的宣传，因此恩格斯在形式和内容上都对文本进行了修改。在形式上，主要删除了一些不必要的外来用语，尽管当时德国深受英国和法国思想与文化的影响，德国工人对外来语的熟悉程度逐渐提高；在内容上，恩格斯认为无须过多修改，因为对于德国工人而言，理解起来并不困难。尤其是第三

---

① 《马克思恩格斯文集》(第三卷)，人民出版社，2009年，第493页。

② 《马克思恩格斯文集》(第三卷)，人民出版社，2009年，第494页。

部分,尽管其理论性较强,但由于内容源于工人的现实生活,因此工人理解起来并无太大难度。恩格斯在此特别提到,像议员冯·艾内恩等所谓"有教养的"资产者,可能由于脱离现实工人的生活状况,反而会对这一部分即社会主义学说产生一些巨大的误解,并竭力进行攻讦,但这只是在和风车斗争。

其三,恩格斯在末段以设问的方式引入了对科学社会主义与德国古典哲学之间关系的精要阐述。"为什么在社会主义发展史的简述中提到康德-拉普拉斯的天体演化学,提到现代自然科学和达尔文,提到德国的古典哲学和黑格尔"?[1]恩格斯的回答有三个要点:①科学社会主义本质上是德国的产物,而且也只能产生在古典哲学还生气勃勃地保存着自觉的辩证法传统的国家,即德国。②唯物主义历史观及其在现代的无产阶级和资产阶级之间的阶级斗争上的特别应用,只有借助于辩证法才有可能。然而德国资产阶级的学究们已经把辩证法矮化为一种无聊的折中主义,因此需要援引现代自然科学来证明辩证法的真理性。③因此,德国社会主义者不仅为继承了圣西门、傅立叶和欧文,而且为继承了康德、费希特和黑格尔而感到骄傲。

特别需要留意的是,恩格斯在1883年德文第一版篇末注对"科学社会主义本质上就是德国的产物"[2]这一说法进行了修改。在1891年柏林版中,恩格斯还在脚注中更为具体地指出:"对德国"是笔误,因为科学社会主义的产生,一方面必须有德国的辩证法,同样也必须有英国和法国的发达的经济关系和政治关系。德国落后的经济和政治的发展阶段,最多只能产生社会主义的讽刺画(参见《共产党宣言》第三章(丙)《德国的或"真正的"社会主义》)。只有在英国和法国所产生的经济和政治状态受到德国辩证法的批判以后,才能得出确实的结论。因而,从这方面看来,科学社会主义并不完全

---

①② 《马克思恩格斯文集》(第三卷),人民出版社,2009年,第495页。

是德国的产物,而同样是国际的产物。①

三、1891年德文第四版序言

恩格斯在此序言中用三段文字阐明了以下内容:

其一,《发展》德文版的发行状况及其意义。恩格斯提到,本著作自1883年3月第一版问世以来已经印行了三版,总数达1万册。这不仅意味着科学社会主义理论被广泛接受,恩格斯此前的预计——工人能够理解这一理论是正确的,而且证明现代无产阶级运动的必然性,警察的禁令在这种运动面前显得如此软弱!

其二,恩格斯认为,该著作以多种语言出版这一现象充分展示了科学社会主义在世界范围的深远影响。值得注意的是,各版本的书名虽存在细微差异,但并未影响其核心观点和立场的传播。

其三,恩格斯提到,他在这一版本中对著作作了两处重要补充。一是在首章对关于圣西门的内容进行了增补,此前,相较于傅立叶和欧文,对圣西门的介绍与评价显得较为简略。二是在第三章末尾加入了对"托拉斯"这一新兴生产组织形式的分析,鉴于其在当下经济社会中所占据的重要位置,这一补充显得尤为必要。

四、1892年英文版导言

这一版本的导言内容十分丰富,不仅介绍了《发展》的形成背景与现实影响,而且对历史唯物主义的内涵进行了概括,并运用历史唯物主义对近代阶级斗争的历史发展进行了说明。同年6月,恩格斯将导言译为德文以《论

---

① 《马克思恩格斯文集》(第三卷),人民出版社,2009年,第495~496页。

历史唯物主义》为题发表在《新时代》杂志上(编辑删去了前面7段)。《发展》英文版书名为《空想社会主义和科学社会主义》,译者是爱·艾威林。

(一)《发展》的形成背景与现实影响(第1~7段)

第1~5段,恩格斯指出《发展》是为批判杜林而作的《反杜林论》的一部分。借此,恩格斯对1875年的情况进行回溯,指出杜林提出"新社会主义理论"对党内部的思想统一与工人运动产生负面影响。当时,德国社会党两派——爱森纳赫派和拉萨尔派刚刚合并,德国社会党走向统一,但杜林却试图独自建立一个宗派,这对德国社会民主党的力量产生了削弱作用。一年后,恩格斯决定接受李卜克内西的邀请,暂停《自然辩证法》的写作,对杜林进行批判,并获得了马克思的支持。因此,《反杜林论》是为了清除杜林在德国社会民主党内的消极影响而展开思想斗争的直接产物,是对马克思主义的系统阐述。恩格斯提到,《反杜林论》所体现出的体系性特征,在很大程度上是由批判对象所决定的。杜林于1871—1875年陆续发表了三部著作——《国民经济学和生活主义批判史》《国民经济学和社会经济学教程》《哲学教程——严密科学的世界观和人生观》,并将之称作"政治经济学的和社会主义的体系"①。

此后,根据保尔·拉法格的建议,恩格斯摘录书中的三章编成一本小册子,即《发展》。恩格斯提到,《发展》的传播广度甚至超过了《共产党宣言》与《资本论》,因为后两者译本的数量少于《发展》。

第6~7段,恩格斯对著作中的细节进行了补充说明,提到附录《马尔克》的写作目的,即为了在德国社会党内传播关于德国土地所有制的历史和发展的基本知识,此外,著作中所使用的经济学名词,凡是新的,都同《资本论》英文版保持一致。

---

① 《马克思恩格斯文集》(第三卷),人民出版社,2009年,第500页。

（二）回顾近代唯物主义的发展历程,批判英国资产阶级对唯物主义的歪曲(第8~25段)

第8段,恩格斯追溯唯物主义的起源,以便达到双重目的:一是阐发历史唯物主义的理论渊源;二是以历史唯物主义的视角分析英国资产阶级歪曲唯物主义的动机,从而为接下来阐发阶级斗争的历史埋下伏笔。

第9~20段,恩格斯引用马克思在《神圣家族》中的观点,指出尽管英国资产阶级激烈反对唯物主义,但全部现代唯物主义发展的发祥地正是英国。由此,恩格斯对英国现代唯物主义发展史进行阐述。恩格斯指出,唯名论是唯物主义的最初形式,而后者的真正始祖是培根。培根主张感性经验是知识的根本来源,推崇归纳、分析、比较、观察和实验等理性方法,但恩格斯强调,培根的唯物主义还充满着神学的不彻底性,这尤其体现在其格言警句的形式上。随后,霍布斯虽然把唯物主义系统化了,但其理论偏向抽象经验,远离感性知识。霍布斯没有论证培根关于人类的全部知识起源于感性世界的基本原理这一缺陷,由洛克在他的《人类理智论》中予以补充,但洛克的唯物主义实际上也没有脱离形而上学的框架,甚至在很大程度上恢复了培根哲学中的唯心主义因素。

第21~25段,恩格斯对不可知论进行分析与批判,揭露英国资产阶级鼓吹不可知论的目的在于维护宗教信仰,并进一步指出这一行为背后的经济动机。恩格斯用4段来论述不可知论中的唯物主义因素,但强调不可知论归根结底是敌视科学的,对不可知论最有力的反驳就是人的实践。紧接着,恩格斯阐明了历史唯物主义的科学观点,即一切重要历史事件的终极原因和伟大动力是社会的经济发展,是生产方式和交换方式的改变,是由此产生的社会之划分为不同的阶级,是这些阶级彼此之间的斗争,并将这一观点运用到对英国中等阶级宗教倾向的分析当中,揭示出宗教斗争背后的阶级冲突。

（三）回顾资产阶级反对封建制度的历史，指出资产阶级对待科学态度转变中的利益因素（第26~40段）

首先，恩格斯用事实来说明，历史唯物主义对于英国的"体面人物"来说也是有益的，因为在于历史唯物主义对世界的科学认识方式有助于资产阶级批判旧宗教，推翻封建制度。他用4段文字来阐明，近代资产阶级与教会之间冲突的成因：一方面，近代资产阶级为了推翻封建制度，必须首先摧毁它神圣的中心组织，即教会，因为宗教斗争成为阶级斗争的表现形式；另一方面，近代资产阶级为了发展工业，必须运用科学查明自然物体的物理特性，而这又与宗教信仰相冲突，因此资产阶级必然反叛教会。在这种意义上，历史唯物主义可以为英国资产阶级推翻封建制度，发展科学提供理论武器。

然后，恩格斯在第31~40段，详细阐述了在宗教斗争外衣下，资产阶级反对封建制度的三次决战。第一次是德国的宗教改革。在这次决战中，马丁·路德发出的反对教会的战斗号召，激发了两场具有深刻政治意义的起义，即1523年由济金根领导的下层贵族起义与1525年德国伟大的农民战争。第二次是英国加尔文教派的兴起。资产阶级在加尔文教派的宿命论和民主、共和的教会体制中找到了现成的战斗理论，并以此反对君主、主教和领主的统治。第三次则是法国大革命。恩格斯强调，与前两次不同，这次革命完全抛弃了宗教外衣，在毫不掩饰的政治战线上把斗争进行到底，并取得了完全胜利。恩格斯还分析了英国资产阶级对唯物主义态度转变的原因，因为英国资产阶级以妥协的方式成为英国统治阶级中卑微的但却是公认的组成部分，于是他们便敌视唯物主义，转过头来以宗教来镇压全国广大的生产者大众了。

（四）英国工业革命兴起和工人阶级登上历史舞台（第41~53段）

恩格斯站在历史唯物主义的高度，详细阐释了英国工业革命的兴起历程,并将其与法国大革命联系起来进行理解。法国大革命给了英国资产阶级破坏法国海上贸易,兼并法国殖民地的机会,这为英国完成工业革命提供了有利条件。英国资产阶级虽然惧怕工人活动,但工业革命必然塑造无产阶级,并使后者迅速壮大,走上历史舞台。为此,英国资产阶级再次借助宗教来维持自身统治,这也是英国敌视唯物主义的另一重要原因。在第45~52段,恩格斯用较大篇幅叙述了阶级斗争中各群体的角色变化,无产阶级从与资产阶级并肩作战的盟友转变为反对资产阶级统治的根本力量,这一转变不仅彰显出无产阶级的革命性,而且预示着社会历史发展的前进道路,宗教执迷显然难挡历史潮流,工人阶级必将取得最终胜利。

最后,恩格斯表达了对工人阶级实现跨国联合的深切期望。他指出,欧洲工人阶级的胜利并非仅取决于英国,而是至少需要英法德三国工人的共同努力,才能保证胜利。这一认识体现出恩格斯的国际主义精神,为后来的工人运动提供了重要理论指导。

以下是对正文部分的导读。

五、第一部分

恩格斯在这一部分阐明了科学社会主义的思想来源,概括了19世纪初三大空想社会主义学说的发展脉络、积极贡献与历史局限性,简要说明了科学社会主义与空想社会主义的根本区别。第一部分有29个自然段,分3个小节展开。

(一)第1段,论述科学社会主义的社会经济根源、思想理论来源

现代社会主义,就其内容来说,首先是对现代社会中普遍存在的有财产者和无财产者之间、资本家和雇佣工人之间的阶级对立以及生产

中普遍存在的无政府状态这两个方面进行考察的结果。但是,就其理论形式来说,它起初表现为18世纪法国伟大的启蒙学者们所提出的各种原则的进一步的、据称是更彻底的发展。同任何新的学说一样,它必须首先从已有的思想材料出发,虽然它的根子深深扎在物质的经济的事实中。①

这段文字开宗明义地指出科学社会主义的实践与理论渊源,可以从三个层次对其渊源进行解读。

首先,在实践方面,科学社会主义的本质是客观事物在头脑中的反映。科学社会主义根源于现代社会的生产方式,即资产阶级生产方式。这种生产方式孕育了周期性的危机和阶级对立,使探寻一种超越性道路成为必然选择,科学社会主义应运而生。在理论方面,科学社会主义则以空想社会主义和启蒙精神为思想材料,是对二者的扬弃。

其次,这段文字还包含恩格斯对理论与实际关系的科学认识。虽然思想活动直接地以已经存在的思想观念为材料,但归根结底受到社会经济发展状况的决定,它的根深深扎在物质的经济的事实之中。

最后,这段文字也能够激发我们的哲学思考。为什么任何新学说都必须从已有思想材料出发,而其根又在"思想"之外的物质经济活动呢?回答这一问题既要求我们认识到意识与物质之间的对立和区别,也要求我们认识思想活动的规律与相对独立性。思想不能直接地从物质出发,而是以思想本身为材料,但其归根结底是要反映物质现实的,也就说思想既受到物质的决定,又有相对独立性。

总之,恩格斯开篇就直接指出科学社会主义的渊源,并运用唯物史观的

① 《马克思恩格斯文集》(第三卷),人民出版社,2009年,第523页。

基本原理,阐述了思维与存在间的辩证关系,为后续阐发空想社会主义的发展历程确立了理论框架。

(二)第2~8段,概括空想社会主义的发展历程,总结其历史局限性

在第2~3段,恩格斯指出18世纪法国启蒙学者的思想是三大空想社会主义者的理论先驱,后者理论的空洞性、非现实性特征正体现出法国启蒙运动的影响。在这场运动中,"思维着的知性成了衡量一切的唯一尺度"[1],他们用理性、永恒正义、平等等抽象观念来评价现实社会,以往一切社会形式、国家形式和传统观念都被当作不合理性的东西扔到了垃圾堆。

第2段中,恩格斯用了一个脚注对"是世界用头立地的时代"[2]进行解释,这对我们理解哲学史具有很大的帮助。所谓用头立地,即用思想立地并按照思想去构造现实。这种观念在西方哲学传统中有着深厚的根基。阿那克萨哥拉第一个说,理性支配着世界。中世纪以宗教信仰禁锢人的理性精神,但自文艺复兴以来,人文主义精神得到了极大的弘扬。特别是在笛卡尔的"我思故我在"开启了近代哲学的认识论转向之后,人的思维和主体性得到前所未有的重视。18世纪法国启蒙运动的代表人物如卢梭、伏尔泰、爱尔维修等,更是将"理性至上"的原则推向了高潮。他们主张所有传统的宗教观念、自然观,以及对人类社会的看法都应在"理性的法庭"上接受审判,并以自由、平等、博爱等现代观念取而代之。这一时期被近代著名哲学家康德概括为"人为自然立法"[3],而黑格尔则更进一步将其描述为"人类把自己放在他的头脑、放在'思想'上面"[4]的时代。这种思潮在当时具有很强的现实说

---

① 《马克思恩格斯文集》(第三卷),人民出版社,2009年,第523页。

② 《马克思恩格斯文集》(第三卷),人民出版社,2009年,第523页。

③ [德]康德:《纯粹理性批判》,邓晓芒译,人民出版社,2004年,第73页。

④ [德]黑格尔:《历史哲学》,王造时译,上海书店出版社,2006年,第417页。

服力,甚至成了资产阶级推翻封建主义制度的重要思想武器。

马克思对黑格尔的"头脚倒置"就是针对黑格尔的思想主导现实行动而言的。不过,黑格尔所针对的是工业革命之前的时代,社会面貌由于低下的生产水平几乎没有什么大的变化,而宗教的观念作用则是显性的主导力量,对人民大众的思想和行为发生直接影响,从而使黑格尔产生思想从上到下的感受。而且,从历史上看,以往历史的变迁往往直接以思想变迁表现出来,呈现出思想革命带动社会革命的外观,如文艺复兴、宗教改革、启蒙运动、浪漫主义等。生产方式变化的决定性力量直到近代,乃至工业革命之后才凸显出来,这又是在黑格尔之后才发生的,也正因此,黑格尔才很快就被打成"死狗"①。

恩格斯接着在第3段中说到,理性王国、永恒正义、资产阶级司法的所谓平等都归结为法律面前的资产阶级的平等。可见,这些观念依然是抽象的、局限的,但恩格斯强调,这些缺陷并不是由于个人的错误,而是因为人无法超出时代加给他们的限制。

第4段中,恩格斯概括了空想社会主义的产生与发展。他指出,资产阶级与封建贵族的对立与斗争,内含资产阶级与无产阶级的对立与斗争——后者将随着时代发展而不断发展壮大,取代前者,成为社会的主要矛盾。随后,恩格斯还对闵采尔、巴贝夫、圣西门、傅立叶、欧文等主要空想社会主义者的思想特征作了简要说明。②

---

① 《马克思恩格斯文集》(第五卷),人民出版社,2009年,第22页。

② 闵采尔(1489—1525年),德国农民战争领袖,宗教改革家,空想社会主义先驱。他积极推进宗教改革运动,主张进行根本性的社会政治变革,并于1525年领导了农民起义,但以失败告终并牺牲。其主要著作有《布拉格宣言》《对诸侯讲道》《致路德的信》。闵采尔主张通过革命的武装起义推翻封建领主和僧侣贵族的统治,在尘世建立平等、自由、博爱的"千年天国",是侧重革命实践的空想共产主义思想体系的开创者。

巴贝夫(1760—1797年),法国革命家,空想共产主义者,组织秘密团体"平等会"图谋政权,建立劳动者专政,消灭私有制,建立平均主义、禁欲的共产主义公社,1797年被处死。巴贝夫曾主编《人民论坛报》,鼓动人民起来消灭私有制,建立"普遍幸福的""人人平等"的社会,他的共产主义体系虽然"相当粗糙和肤浅",但被马克思称为第一个"真正能动的共产主义政党"的奠基人。

圣西门(1760—1825年),法国著名哲学家,经济学家,空想社会主义者。圣西门13岁起受教于启蒙思想家、百科全书主编达兰贝尔,也当面请教过卢梭,17岁到军中服役,后随军到美国参加独立战争。1789年法国大革命爆发,正在欧洲各国游历的圣西门回国参加革命宣传平等和自由思想,并公开声明永远放弃自己的爵位,没有贵族头衔后开始做生意并取得成功。雅各宾专政时期被关进监狱并决定着手建立一个能够重建社会的伟大科学体系。1802年开始著书立说,1814—1825年进入思想的成熟期,随青年学生和朋友形成了一个圣西门主义团体。代表作有《十九世纪科学著作导论》《人类科学概论》《论万有引力》等。

傅立叶(1772—1837年),法国著名哲学家,经济学家,空想社会主义者。傅立叶出身于商人家庭,批评当时资本主义社会的一些丑恶现象,希望建立一种以法伦斯泰尔为基层组织的社会主义社会,在这里个人利益和集体利益是一致的。他认为脑力劳动和体力劳动、农村和城市的差别完全可以消除,并且首次提出妇女解放的程度是人民是否彻底解放的衡量标准。傅立叶认识到法国革命是一场严重的阶级斗争,是"穷人反对富人的战争"。他对资本主义制度进行了全面的批判,揭露了资本主义商业的种种罪行。但傅立叶并不主张废除私有制,在实现社会主义的途径上,反对阶级斗争,反对暴力革命,把全部精力放在宣传和实验上,他的学说最终完全变成了空想。主要著作有《宇宙统一论》《新世界》《虚伪的工业》《论商业》等。

欧文(1771—1858年),英国空想社会主义者,也是一位企业家、慈善家。现代人事管理之父,人本管理的先驱。欧文是19世纪初最有成就的企业家之一,是一位杰出的管理先驱者,于1800—1828年在苏格兰自己的几个纺织厂内进行空前的试验;也是历史上第一个创立学前教育机关(托儿所、幼儿园)的教育理论家和实践者。1824年,前往美国印第安纳州建立"新和谐公社"。1828年,公社瓦解,耗尽全部资产后回到英国,试图将自己的学说与工人运动相结合。1833年,其当选英国历史上第一个全国性的工会组织——"全国生产大联盟"主席,成为英国职工会的创始人,1835年逐渐与工人运动疏远。其代表作有《新社会观》《致拉纳克郡报告》《论婚姻、宗教和私有财产》。欧文强调人是环境的产物,对资本主义进行了政治经济学批判,积极进行共产主义试验,其思想构成了科学社会主义的直接理论来源。

第5~8段:指出空想社会主义的历史局限性。

第5段,恩格斯对空想社会主义的局限性进行深刻剖析。首先,空想社会主义者未能摆脱启蒙运动的基本理性原则,仍旧固守于抽象的理性与"永恒正义"①。因此,他们无法将观念转化为现实,无法将理论与实践相结合,更无法将其理想落实到具体的社会环境当中。其次,空想社会主义者忽视了无产阶级的革命力量。空想社会主义者的目标虽然高尚——解放全人类,然而由于未能把握当时社会中已经出现明显的阶级分化,资产阶级与无产阶级之间的矛盾日益加深,无产阶级作为独立力量登上历史舞台这一事实,空想社会主义者未能将全人类的解放具体化为无产阶级的自我解放,忽视了无产阶级在历史上的重要使命及其潜在的革命力量,因而无法提出可行的行动方案。当然,这与他们的英雄史观和"天才决定论"的立场密切相关。

第6段,恩格斯肯定资产阶级推翻封建社会的历史进步意义,但他同时强调,这种社会绝非启蒙学者想象的那种绝对合乎理性的社会,恰恰相反,无休止的战争让永久和平成为泡影,社会贫富日益分化而非平等和普遍幸福成为现实,自由只是资产阶级的事实专利,而无产者与越来越多破产者的所谓自由只是存在于想象当中;博爱也被资产阶级主导的市场中的各种尔虞我诈的经济手段驱赶到教堂去了,人与人之间的社会关系只剩下金钱与利益的争夺。恩格斯还进一步指出,理想与现实间的巨大割裂正是圣西门、傅立叶与欧文形成社会主义思想,展开社会主义实践的推动力量。

第7~8段,恩格斯站在历史唯物主义的高度对三大空想社会主义进行理论概括,并指出其局限性的根源所在。恩格斯认为,空想社会主义在理论上的不成熟是与在其产生的时代中不成熟的资本主义生产状况和阶级状况相

---

① 《马克思恩格斯文集》(第三卷),人民出版社,2009年,第526页。

适应的。"在这个时候,资本主义生产方式以及随之而来的资产阶级和无产阶级之间的对立还没有得到充分发展。"①因此,"如果说,在1800年前后,新的社会制度所产生的冲突还只是开始形成,那么,解决这些冲突的手段就更是这样了"。②这就是说,"解决社会问题的办法还隐藏在不发达的经济关系中,所以只有从头脑中产生出来"③。所以,空想社会主义者不能找到正确的社会解放的路径,他们的方案往往都是从外部强加给社会的,这种新的社会制度是一开始就注定要成为空想的,它越是制定得详尽周密,就越是要陷入纯粹的幻想。据此,我们也能够理解为什么马克思、恩格斯始终拒绝对共产主义社会做具体描绘,因为他们深刻地认识到社会历史的发展必然使当下的观点过时,流于空洞,具体地建构共产主义社会只能是身处于那个时代的人的历史任务。

(三)第9~28段,恩格斯对空想社会主义的积极贡献作出客观评价

在评述之前,恩格斯首先对杜林展开回击。"使我们感到高兴的,倒是处处突破幻想的外壳而显露出来的天才的思想萌芽和天才的思想,而这些却是那班庸人所看不见的。"④在恩格斯看来,杜林对空想社会主义的指责与攻击,无疑是犯了脱离时代对历史人物展开评价的历史虚无主义错误,这也充分证明了杜林在历史观上的谬误。

随后在第10~15段,恩格斯对圣西门的思想进行评述。他回到法国大革命的历史背景当中来解读圣西门的思想,指出"圣西门是法国大革命的产儿⑤,把他与黑格尔并列为当时最博学的人。恩格斯特别强调,圣西门随时随地都首先关心"人数最多和最贫穷的阶级"⑥的命运,其虽然出身封建贵族,

---

① ② ③ 《马克思恩格斯文集》(第三卷),人民出版社,2009年,第528页。

④ ⑤ 《马克思恩格斯文集》(第三卷),人民出版社,2009年,第529页。

⑥ 《马克思恩格斯文集》(第三卷),人民出版社,2009年,第530页。

但对革命充满向往,不仅亲身参加过美国独立战争,而且积极响应法国资产阶级革命,主动放弃伯爵头衔。然而革命不断走向极端这一事实使圣西门认识到,轰轰烈烈的法国大革命的胜利,只是第三等级中一小部分资产阶级对于贵族与僧侣的胜利,大多数底层劳动群众仍然处于被剥削与压迫的生活状态。与此同时,拿破仑的军事独裁更让他感到失望,在他看来,新社会带来的只是一种新的奴役和黑白颠倒的世界。于是,圣西门开始关注劳动者,在思想上转变为空想社会主义者。但值得注意的是,恩格斯特别提到,圣西门眼中的劳动者不仅包括雇佣工人,而且包括厂主、商人和银行家。这表明在圣西门的时代,无产阶级与资产阶级的对立还不够突出,这种认识也体现出圣西门思想的局限性。不仅如此,圣西门还根据恐怖统治的经验事实,认定无财产者不具备领导和统治的能力,并把改造社会的希望寄托在实业家和学者身上,强调由工业与科学来领导、支配的社会是未来的方向。尽管圣西门思想中存在上述局限,但恩格斯强调,前者对法国革命的阶级斗争性质的认识,提出的经济成果应由劳动者共同分享,未来社会政治生活将完全被经济活动溶化的主张,阐发的欧洲联盟的设想都表现出其天才的远大眼光,成为后来的社会主义思想的重要思想资源。

在第16~19段,恩格斯继续对傅立叶的思想进行评述。

傅立叶出身资产阶级富商家庭,本人也长期从事商业活动,因此他对资本主义商业内幕十分清楚,对资本主义制度的批判也最为猛烈,其著作"几乎每一页都放射出对备受称颂的文明造成的贫困所作的讽刺和批判的火花"。①恩格斯在圣西门与傅立叶之间进行比较,指出如果说圣西门有天才远见的思想,包含后来所有社会主义并非严格的经济思想的萌芽,那么傅立叶则展现出对资本主义制度的精彩批判。傅立叶的资本主义批判是通过

①　《马克思恩格斯文集》(第九卷),人民出版社,2009年,第281页。

多方面的对比——资产阶级社会的堕落现实与启蒙学者的华美诺言、资产阶级社会中的贫困与资产阶级意识形态家的华丽词句——而展开的。通过这些对比，傅立叶深刻地揭露了资产阶级在物质和思想道德上的虚伪性，指出资本主义社会实质上是复活的奴隶制。恩格斯认为，傅立叶最重要的贡献是对人类生活历史的阶段性划分：蒙昧、宗法、野蛮和文明（资本主义社会），四个阶段前后更替，而且每个阶段都有上升与下降的运动，并经历童年、成年、衰落与凋谢四个时期，表现出从低级向高级有规律发展的辩证的历史过程。这表明傅立叶和黑格尔同样熟练地掌握了辩证法。傅立叶还特别提到，文明时代是在"恶性循环"①中运动的，它不断制造出自身无法克服的矛盾，这种矛盾将会使其自身走向灭亡，这表现出傅立叶初步认识到了周期性危机的特征。此外，傅立叶还提出了女性解放的主张，强调"在任何社会中，妇女解放的程度是衡量普遍解放的天然尺度"。②

概言之，恩格斯对傅立叶思想中的多项积极成果给予高度肯定。对资本主义制度及其内在矛盾的批判，对资产阶级伪善的揭露，对妇女解放的关注，这些贡献展示了傅立叶深刻的社会洞察力及对辩证法的掌握。

紧接着，在第20~28段，恩格斯对欧文进行评述。

欧文与之前的空想社会主义者有所不同，他出身于平民家庭，亲身经历了英国工业革命的鼎盛时期，见证了工场手工业向机器大工业的转变。在这一生产力迅猛发展的时代背景下，社会显著分化为资本家阶级和无产阶级。资本主义生产方式虽展现出强大的生命力，但也带来深刻的社会矛盾。传统宗法关系和家庭的解体造成了大批无家可归的人，他们被迫涌入城市贫民窟，在恶劣的生活条件下长时间劳作，缺乏基本的生活保障。

---

① 《马克思恩格斯文集》（第三卷），人民出版社，2009年，第532页。

② 《马克思恩格斯文集》（第三卷），人民出版社，2009年，第531~532页。

　　这些现实状况深深触动了欧文。他早期曾接受爱尔维修等启蒙学者提出的通过改变社会环境、利用环境来改造教育人的思想，并且身体力行，在曼彻斯特开工厂进行试验。这些经验让他逐渐从一个慈善家转向共产主义，展开对资本主义的猛烈批判。在政治经济学方面，欧文提出劳动是一切价值的基础，并通过商业计算揭示了剩余价值的来源，即工人的剩余劳动。他观察到，工人在生产自身生活资料的同时，还生产出被资本家占有的剩余产品，这是不合理的。因此，欧文首次主张工人应享有其全部劳动成果，并倡导消灭私有制，实行财产公有制，进而把私有制、宗教与婚姻形式列为社会改造的三大障碍。

　　欧文在英、美等地进行了长达三十多年的工人运动实践。1819年，他成功推动了限制女工和童工的法律，并创立了英国总工会。他组织合作社和劳动市场，尝试以劳动时间作为价值尺度，用劳动券取代货币进行商品交换。这些实践对马克思的政治经济学批判产生了重要影响。

　　恩格斯通过对三大空想社会主义的论述与总结，指出科学社会主义必须置于现实的基础之上，脱离了这种基础，将某种社会主义学说奉为教条，就只会使其沦为空想，这正是魏特林、蒲鲁东等社会主义者的谬误所在。从恩格斯的叙述中可以看到，空想社会主义是近代以来理性主义、浪漫主义在政治运动上的投影，虽然在名义上是根据自然法则展开的，但实则带有浓厚的观念论色彩。其之所以流于空想，根本原因在于对真实历史的把握不足，缺少对资本主义生产方式的科学的政治经济学分析。因此，空想社会主义者未能深入洞察社会阶级矛盾，也未能发现无产阶级这一实现历史变革的关键力量。

　　在这个维度上，马克思、恩格斯无疑是最彻底的。他们掌握了唯物史观和剩余价值学说，并将之精妙地运用于对资本主义社会的分析当中，为科学社会主义奠定了坚实的理论基础。以此为指导，他们不仅深入理解了社会革命的必然性,还紧紧抓住了无产阶级这一推动历史进步的主体力量。

当然,我们也不能忽视三大空想社会主义者在理论和实践方面的贡献。例如,圣西门的阶级斗争学说、傅立叶的历史观,以及欧文对利润所作的经济学分析,都体现了他们的深刻思考。更重要的是,他们都积极参与了革命和社会改造实践,圣西门的实业改造计划和欧文的工厂试验,都为共产主义社会提供了参照。当我们今天重新审视社会主义五百年的历程时,不难发现他们的思想和主张依然闪耀着来自历史深处的智慧之光。

六、第二部分

在这一部分,恩格斯论述了科学社会主义的理论基础。正是由于唯物史观与剩余价值学说这"两大发现"使社会主义由空想成为科学。不仅如此,要真正理解科学社会主义的"科学性",还需要以辩证思维来把握唯物史观与现实的共产主义革命实践之间的关系。正如恩格斯在1882年德文第一版序言中所指出的,"唯物主义历史观及其在现代的无产阶级和资产阶级之间的阶级斗争上的特别应用,只有借助于辩证法才有可能"[①]。这一观点为我们理解和把握科学社会主义的深刻内涵提供了重要的方法论指导。其原因在于,透过现象的直观去把握其本质,如果有相应的理论或具体方法引导就容易,但不是所有的情况都有这样的透彻理论与有效的具体方法,那么此时,通常需要认识者发挥高度的思维抽象能力与意识能动性,而发挥作用的路径概括则是思想的辩证法了,"这样的辩证思维方法是唯一在最高程度上适合于自然观的这一发展阶段的思维方法。"[②]一般来说,很少有如德国古典

---

① 《马克思恩格斯文集》(第三卷),人民出版社,2009年,第495~496页。

② 《马克思恩格斯文集》(第九卷),人民出版社,2009年,第471页。

哲学那样的传统能够提供这种思维方法,所以,"科学社会主义……只能产生于古典哲学还生气勃勃地保存着自觉的辩证法传统的国家"①,英法的哲学传统通常局限于经验而缺乏辩证法的思维,因而难以对直观之外的历史"本质"给予深刻的洞见。

本部分由恩格斯摘引自《反杜林论》第三编"社会主义"第一章"历史"部分,全文共12段,分两节展开。

(一)第1~8段,叙述辩证法的历史演变,阐述唯物辩证法的思想来源

恩格斯从近代辩证法出发,将其源头追溯至古希腊哲学中的辩证法,从而对辩证法的发展历程作出总结。从古代自发辩证思维发展为形而上学,进而到黑格尔那里得到了观念论的综合,再到马克思主义建立起科学的唯物辩证法。这是一段精彩的有关辩证法的哲学史叙述,也为我们理解科学社会主义打下了思想基础。因为科学社会主义不能在主客二元分离的模式中得到完整理解,而只能在理论与实践、过去与现实之间动态的发展过程中,根据辩证的思维方法来进行把握,这就是列宁所说的"马克思主义的革命辩证法"②。也是在这种意义上,麦克莱伦认为,第二国际理论家的理论失察正在于过于侧重唯物史观的"客观性"成分,夸大其与进化论、科学的自然主义思想的联系,遮蔽了辩证维度,这样,"马克思的哲学唯物主义的本质性依循一条抽象的和退行的路线被导回到费尔巴哈。在这一阐释方向上,马克思的哲学被他们理解为经验的和实证的科学,而能动性、主观方面、历史性和辩证法等等只是作为附加的或补充的因素存在于马克思的哲学中"③。

---

① 《马克思恩格斯文集》(第三卷),人民出版社,2009年,第495页。

② 《列宁选集》(第四卷),人民出版社,2012年,第775页。

③ 吴晓明:《形而上学的没落》,人民出版社,2006年,第51页。

在第1~2段,恩格斯论述从古代朴素辩证法到近代形而上学的思想演变历程。他首先高度赞誉了德国古典哲学巨匠黑格尔在哲学史上的重要地位,指出黑格尔的杰出贡献在于他通过观念的综合,成功地恢复了辩证法的地位。接着,恩格斯追溯辩证法的历史渊源,指出古希腊哲学家,包括亚里士多德在内,都是自发的辩证思维者。然而近代以来,受到英国经验论等思潮的影响,形而上学逐渐占据了主导地位,甚至连原本坚持辩证思维的法国哲学,在笛卡尔之后,也于18世纪逐渐沦为形而上学。这一转变过程揭示了辩证法在历史长河中的沉浮变迁,以及不同哲学流派之间的相互影响和演变。

恩格斯提出,将世界理解为普遍联系的和运动的过程这种世界观在古希腊哲学中就已经形成,就如赫拉克利特所说的:一切都存在而又不存在,因为一切都在流动,都在不断地变化,不断地生成和消逝。不过,恩格斯认为,这种简单朴素的辩证思维显然存在着无法解释细节的弊端,这种弊端为形而上学思维的出现留下了空间。随着历史的发展,各种实证材料不断积累,思想史上发展出细化分类的精确的自然研究,这个研究进程从亚历山大里亚时期一直延续到中世纪阿拉伯人。到了15世纪下半叶,自然科学的兴起使这种分门别类的思维方式逐渐占据了主导地位,到16世纪后,这种考察方式被培根、洛克纳入经验主义哲学之中,"造成了最近几个世纪所特有的局限性,即形而上学的思维方式"。①

简而言之,实证的自然科学或历史科学研究不得不将原本处于历史和自然整体联系中的事物固定下来,以相对静止的视角来研究其当前的特殊性质和因果关系,视其为普遍性的表现。这种自然科学的研究方法在其适用范围内是合理且必要的,但在更广泛的领域中则显得片面、狭隘和抽象,

---

① 《马克思恩格斯文集》(第三卷),人民出版社,2009年,第539页。

因为它忽略了"静态假设"前提下的普遍联系，以及现象的流变性和运动变化。随后，恩格斯还举例"在子宫内杀死胎儿是否算是谋杀"①，说明撇开问题的前提与外在普遍联系，而直接进入狭隘的细节分析可能导致复杂而无益的结果。

延伸开来说，笛卡尔在其著作中还是展现出了一定的思辨精神，而斯宾诺莎是否具有这种精神，则是一个存在争论的话题。近年来，有学者在唯物主义层面上，将马克思与斯宾诺莎的哲学思想进行关联，构建起斯宾诺莎——马克思的整体观念框架，并尝试从斯宾诺莎的自然观过渡到唯物辩证法。可以说，这种关联在某种程度上确实存在，但并非出于斯宾诺莎的自觉。这种隐性的存在主要体现于斯宾诺莎对自然的论述，以及他提出的"自因"的观念中。这一观念超越了传统的原因与结果的对立，同时，他在探讨自然与具体事物的普遍联系时，也涉及了有限与无限的讨论。

黑格尔继承了斯宾诺莎的实体概念，并将其与费希特的"主体"概念相结合。他曾断言："斯宾诺莎是近代哲学的重点，要么是斯宾诺莎主义，要么不是哲学。"②然而黑格尔也认为斯宾诺莎缺乏自觉的辩证法。从根本上讲，斯宾诺莎的"非思辨"特质阻碍了理性精神的辩证化发展。这是因为斯宾诺莎的"实体"概念和"无限样式"都是一次性地达到完美而永恒的绝对状态，缺少了自我否定的环节，因而难以将人的意识与理性融入作为观念运动的精神现象过程当中，体现人的主体性。

黑格尔的这种用后来的思维模式来理解之前的思想，特别是那些宏大的思想体系的方法，通常会不可避免地导致偏见。例如，黑格尔强调斯宾诺莎缺乏人的现实"精神"的中介活动，对于这一论断，我们可以反过来理解：

① 《马克思恩格斯文集》(第九卷)，人民出版社，2009年，第540页。

② [德]黑格尔：《哲学史讲录》(第四卷)，贺麟、王太庆译，商务印书馆，1978年，第100页。

这难道不正是斯宾诺莎哲学结构所开拓出的一个空间,正等待着像黑格尔这样的后来者来填充吗?正如恩格斯在《自然辩证法》中所说:"当时的哲学博得的最高荣誉就是:它没有被同时代的自然知识的狭隘状况引入迷途,它——从斯宾诺莎一直到伟大的法国唯物主义者——坚持从世界本身来说明世界,并把细节的证明留给未来的自然科学。"①正是斯宾诺莎(自觉不自觉地)保留着哲学与自然知识,也即辩证思维与形而上学的区分,黑格尔才能完成观念的综合,恢复了辩证法的地位。

认识到上述哲学史联系,也有助于我们理解马克思与黑格尔的关系。马克思批判黑格尔只知道精神的劳动,并将劳动重新确认为生产物质财富的活动,是人的本质活动。我们不仅要从哲学上,而且要从时代背景中去深刻把握马克思对黑格尔的这种批判。马克思所回应的不正是"双元革命"②所呼唤的哲学革命吗?不正是在"双元革命"后,劳动从被鄙弃的活动一跃成为创造财富的理性活动的背景下,实现的哲学革命吗?任何哲学都是自己时代的精华,这也意味着对哲学的理解不能脱离了哲学家所处的那个时代。

在第3~6段,恩格斯的叙述从形而上学转到辩证法,强调辩证法是一种过程性的思维方式,并以达尔文进化论、康德的星云假说等自然科学知识予以证明。

第3段,恩格斯概括了形而上学思维的特点,指出形而上学者常常将概念从其反映的现实运动和发展中剥离,导致概念变得孤立、僵化和抽象。这

---

① 《马克思恩格斯文集》(第九卷),人民出版社,2009年,第413页。

② 英国的马克思主义史学家埃里克·霍布斯鲍姆(Eric Hobsbawm)在1961年出版的《革命的年代:1789—1848》一书中,将1789年的法国大革命和同时期进入高潮的英国工业革命称为"双元革命"。这一概念强调了这两场革命在同一时间以不同方式共同改变了整个世界,开启了全新的资本时代。霍布斯鲍姆认为,双元革命构成了资本主义发展变迁的两大主要动力,对后续的历史进程产生了深远的影响。

种做法体现了思维的片面性,无法真实地反映和吸纳外在世界不断运动的本质。当然,这并不意味着恩格斯完全否定形而上学分门别类的思维方式,因为人的思维必须依靠概念才能够不断地发展前进。概念(Idea,Notion,Concept)包含内涵与外延两个方面。内涵指的是它所表达的含义,即该概念所特指的事物或现象的独特属性。例如,"商品是用来交换的劳动产品",其中"用来交换的劳动产品"便构成了"商品"这一概念的内涵,而概念的外延则是指该概念所能涵盖的事物或现象的范围,即具备该概念所描述属性的一切事物。恩格斯当然承认概念在人类认识体系中的基础性地位,但他同时强调,概念的内涵外延并不是固定和永恒的,而是受到社会历史发展的决定性影响,归根结底反映的是社会历史的现实状况。

第4~5段,恩格斯利用自然科学的成果论证现实的运动过程和思维方法超出了形而上学的框架,从而使建立辩证思维成为必然,这同时也是恩格斯研究的自然辩证法的基本精神。恩格斯强调,辩证法是认识自然、人类社会与思维发展的唯一正确方法。

第6段,恩格斯对黑格尔辩证法进行概括与评价。黑格尔辩证法将自然、历史和精神世界描绘为一个持续运动、变化、转变和发展的过程,并致力于揭示这一过程中的内在联系。在这种理论框架下,人类社会的历史并非一系列杂乱无章的事件堆积,而是反映了人类自身的发展轨迹。在黑格尔看来,"思维的任务现在就是要透过一切迷乱现象探索这一过程的逐步发展的阶段,并且透过一切表面的偶然性揭示这一过程的内在规律性"。[①]

近代以来,自然科学的发展持续地证明了形而上学的谬误及辩证法的正确性,自然界无疑是辩证法的有效验证场所。然而,如何在自然科学研究中恰当地运用辩证法,避免教条式或命令式的应用,这又是一种实践挑战。

---

① 《马克思恩格斯文集》(第三卷),人民出版社,2009年,第542页。

若将辩证法简化为教条,机械地应用于具体问题的科学研究中,必将导致适得其反的结果。如此,我们也能理解爱因斯坦为何在阅读恩格斯《自然辩证法》之后认为它不具备对其科学研究的现实指导意义。因为,辩证法并不是一种预设,假定二者之间必然存在某种联系,而更多地是在大量的细节、分门别类的知识积累起来后,对它们形成系统的完整的认识,以便更为深入地认识自然世界。认识不到这一点,就会把爱因斯坦与恩格斯对立起来,或者把物理科学研究与辩证法对立起来。

第7至8段,恩格斯叙述了唯心主义辩证法向唯物主义辩证法的转变,指出唯物辩证法与历史唯物主义的创立,是世界思想史、哲学史上的一次伟大变革。一是它造成了自然观的变革,将自然理解为有生有灭的运动过程;二是它让科学摆脱了旧哲学的束缚,从而终结了纯粹思想的研究,把哲学变成与现实实践相结合的"科学",改变了传统哲学体系的划分,传统的旧自然哲学与历史哲学将被具体的自然科学与历史科学所取代,而旧哲学只剩下思辨逻辑与形式逻辑,这也在很大程度上表示着马克思完成了青年时期所提出的消灭哲学的思想革命任务。

(二)第9~12段,论述唯物史观、剩余价值学说的发现及其重大意义

与关于自然的哲学思想的变革同步,在人类社会也发生了引起历史观变革的事件,即法国里昂工人起义、德国西里西亚纺织工人起义、英国宪章运动。这些事实证明,生产与经济关系不是文化的从属因素,相反,它们是推动人类社会历史发展的真正动力,这就为唯物史观的科学性提供了依据,使唯物史观超越唯心史观。由此,恩格斯也对唯心史观展开批判:"唯心主义历史观不知道任何基于物质利益的阶级斗争,而且根本不知道任何物质利益;生产和一切经济关系,在它那里只是被当做'文化史'的从属因素顺便提一下。"①

随后,恩格斯在第10段对历史唯物主义的基本原理展开叙述,并揭示了阶级斗争的根源:"这些互相斗争的社会阶级在任何时候都是生产关系和交换关系的产物,一句话,都是自己时代的经济关系的产物;因而每一时代的社会经济结构形成现实基础,每一个历史时期由法的设施和政治设施以及宗教的、哲学的和其他的观念形式所构成的全部上层建筑,归根到底都应由这个基础来说明。"②恩格斯进而批判唯心史观的集大成者——黑格尔,认为黑格尔虽然把历史观从形而上学中解放了出来,使它成为辩证的,可是他的历史观本质上是唯心主义的。需要注意的是,恩格斯说:"新的事实迫使人们对以往的全部历史作一番新的研究。"③唯物史观正是这种研究的伟大成果,这也提示我们,在当代,当更新的事实继续出现时,作为马克思主义研究者,我们必须深入地理解、把握这些事实,根据这些事实丰富和发展唯物史观,而不是固守唯物史观的基本框架去剪裁事实,这才是马克思主义者应有的态度,这也是马克思、恩格斯晚年对资本主义社会之前的古代社会进行认真阅读与探讨的重要原因。

在第11段,恩格斯进一步指出,唯物史观与剩余价值学说两大发现使社会主义从空想走向科学。从这时起,"社会主义"不再被看作天才头脑中的偶然产物,而是被看作历史地产生的阶级,即无产阶级和资产阶级之间斗争的必然产物,社会主义根源于真实的历史运动,而非头脑中的想象。这样,社会主义作为现实的历史运动方向,其任务就不再是从头脑中想出一个尽可能完善的社会制度的蓝图,而是要扎根于现实当中,需要对无产阶级与资产阶级基于经济利益之上的相互斗争的历史过程进行研究,并在由此造成

---

① 《马克思恩格斯文集》(第三卷),人民出版社,2009年,第544页。

②③ 《马克思恩格斯文集》(第三卷),人民出版社,2009年,第544页。

的经济状况中寻找解决现实冲突的根本手段。这种对待现实的认真态度也决定了科学社会主义与空想社会主义对待资本主义的不同方式。恩格斯指出，以往的社会主义只是简单地将资本主义当作应当破坏的东西，它们不能说明这个生产方式，因而也不能对待这个生产方式。但科学社会主义却力图说明资本主义的历史必然性，并以此更进一步说明资本主义灭亡的必然性，而这又要通过把握资本主义生产方式的内在规律才能达到。剩余价值的发现就是揭示资本主义生产方式规律及性质的有力武器。

恩格斯在最后一段进行总结：这两个伟大的发现——唯物主义历史观和通过剩余价值揭开资本主义生产的秘密，都应当归功于马克思。由于这些发现，社会主义已经从空想变成了科学，现在的问题首先是对这门科学的一切细节和联系作进一步的探讨。

七、第三部分

这部分是全著重点，是恩格斯对《反杜林论》"社会主义"编第二章"理论"部分的摘录。恩格斯在《反杜林论》1885年序言中专门对此部分作出说明："只有一章，我允许自己作些解释性的增补，这就是第三编第二章《理论》。这里所涉及的仅仅是我所主张的观点的一个核心问题的表述，如果我力求写得通俗些，增补得连贯些，我的论敌是不会抱怨的。"[1]这里的核心问题就是如何清楚阐释科学社会主义的核心理论。恩格斯运用唯物史观来阐述科学社会主义的基本原理：分析资本主义社会的基本矛盾，揭示了"两个必然"的历史客观规律，论述了无产阶级的革命主体地位以及社会主义与共产主义社会的基本特征。

---

① 《马克思恩格斯文集》(第九卷)，人民出版社，2009年，第12页。

这部分共36段,分如下几节展开,其中对资本主义社会基本矛盾的唯物史观分析占最大篇幅。

(一)第1~21段,论述社会主义的历史必然性

第1~3段,恩格斯根据唯物史观的基本原理阐述科学社会主义(即现代社会主义)的产生原因,指出科学社会主义是资本主义社会生产力与生产关系间的冲突在工人阶级头脑中的反映。其中第1段非常重要,是恩格斯对唯物史观的再次明确阐述,值得引述原文。

第1段原文:

> 唯物主义历史观从下述原理出发:生产以及随生产而来的产品交换是一切社会制度的基础;在每个历史地出现的社会中,产品分配以及和它相伴随的社会之划分为阶级或等级,是由生产什么、怎样生产以及怎样交换产品来决定的。所以,一切社会变迁和政治变革的终极原因,不应当到人们的头脑中,到人们对永恒的真理和正义的日益增进的认识中去寻找,而应当到生产方式和交换方式的变更中去寻找;不应当到有关时代的哲学中去寻找,而应当到有关时代的经济中去寻找。对现存社会制度的不合理性和不公平、对"理性化为无稽,幸福变成苦痛"的日益觉醒的认识,只是一种征兆,表示在生产方法和交换形式中已经不知不觉地发生了变化,适合于早先的经济条件的社会制度已经不再同这些变化相适应了。同时这还说明,用来消除已经发现的弊病的手段,也必然以或多或少发展了的形式存在于已经发生变化的生产关系本身中。这些手段不应当从头脑中发明出来,而应当通过头脑从生产的现

成物质事实中发现出来。①

在这里,恩格斯首先指出,任何一种社会形态,其对物质产品的生产与交换构成了社会的经济基础,并决定着产品分配与社会划分(阶级或等级)。产品交换是随着生产的进行而自然产生的现象,这是显而易见的,因为社会生产的产品必然需要在社会成员之间进行分配和消费。需要注意,产品交换并不直接等于商品交换:前者可以在无须货币介入的情况下进行直接交换,人们通过直接交换产品以满足各自的需求;而后者则是通过货币媒介和市场机制进行的,这种机制构成了一个庞大而复杂的社会层级空间。由此可见,社会制度的首要功能就是调节社会生产,因为生产是社会存续的先决条件。相比之下,产品的分配则处于次要地位,它依附于社会生产,且其形式由生产的性质所决定。因此,分配方式的不同也反映出社会阶级或等级划分的不同方式,社会生产与交换方式的变化则会直接引发社会与政治的变革。因此,在恩格斯看来,那些试图在思想领域中探寻社会变迁规律的启蒙学者,那些试图在头脑中构想出理想社会制度的空想社会主义者都误入了歧途;真正应该探寻的是社会经济活动的根源,这正是科学社会主义与空想社会主义的关键区别,是对历史唯物主义的原则的坚持。

第2~3段,恩格斯强调,科学社会主义是资本主义社会中生产力与生产方式间的矛盾在工人阶级头脑中的科学反映。这又一次展现出科学社会主义与空想社会主义间的区别,科学社会主义是现实中生产力与生产方式之间的矛盾在观念上的反映,是对这种矛盾的唯物史观把握。科学社会主义从资本主义生产方式中产生,与资本主义是在封建制度对生产力的束缚中而诞生的一样,它是对生产力与生产方式矛盾的真实感受,是对解决这种矛

①《马克思恩格斯文集》(第三卷),人民出版社,2009年,第547页。

盾道路的构想,而不是某种凭空产生的幻想。

在第4~7段,恩格斯对资本主义的基本矛盾作出概括,即社会化大生产和资本主义私有制的不相容性,并指出它是现代一切冲突的根源。这个基本矛盾的主要方面是社会化的大生产,或者生产的社会化。鉴于资本主义生产方式由中世纪简单商品交换演变而来,其生产资料私人占有的生产关系原本适应于传统封建社会那种小规模的、分散且有限的自给自足式生产。然而在资产阶级的推动下,生产方式历经简单协作、工场手工业到机器大工业多个阶段,最终演变为如今的社会化大生产模式。生产的社会化具体体现在生产资料的使用、生产过程及产品的社会化等多个层面,使社会财富呈现出明显的积聚效应。相对而言,生产资料的私人占有则成为资本主义基本矛盾的次要方面,它不仅是社会化大生产的前提,更是社会化大生产的结果。两者之间的根本性冲突在资本主义制度框架内无法得到调和,必将引发深刻的社会危机,从而预示着资本主义的最终衰败。

第5~6段,恩格斯强调资产阶级将生产资料集中起来的历史意义。他指出,对于资产阶级集中生产资料的过程,马克思在《资本论》第四篇中已经作了详尽的阐述与证明,资产阶级要是不把这些有限的生产资料从个人的生产资料变为社会化的,就不能把它们变成强大的生产力。恩格斯在这里虽然也提及这种社会化生产斩断了工人与劳动产品间的直接关系,这也是产生劳动异化的直接因素,但恩格斯认为,这种生产方式大大推动了社会生产力的发展,对历史而言是一种革命性的力量。恩格斯还进一步指出,生产方式虽然发生了改变,但生产资料和产品的分配方式却停滞在中世纪简单商品生产的阶段。这样,"生产资料和生产实质上已经社会化了。但是,它们仍然服从于这样一种占有形式,这种占有形式是以个体的私人生产为前提"①

① 《马克思恩格斯文集》(第三卷),人民出版社,2009年,第550页。

恩格斯认为,赋予新的社会化的生产方式以私人占有的分配方式,即所谓资本主义性质,包含着现代的一切冲突的萌芽,生产力与生产关系、资产阶级与无产阶级间的冲突都应该据此来理解。随着社会化生产使个体破产,占据统治地位,这种矛盾也会表现得越发深刻、越发不可调和。

第6段原文摘录:

　　在自发的、无计划地逐渐形成的社会内部分工作为生产的基本形式的地方,这种分工就使产品具有商品的形式,而商品的相互交换,即买和卖,使个体生产者有可能满足自己的各式各样的需要。……但是,有计划的组织要比自发的分工有力量;采用社会化劳动的工厂里所制造的产品,要比分散的小生产者所制造的便宜。个体生产在一个又一个的部门中遭到失败,社会化的生产使全部旧的生产方式发生革命。

第7段原文摘录:

　　在中世纪得到发展的那种商品生产中,劳动产品应当属于谁的问题根本不可能发生。……生产资料和生产实质上已经社会化了。但是,它们仍然服从于这样一种占有形式,这种占有形式是以个体的私人生产为前提,因而在这种形式下每个人都占有自己的产品并把这个产品拿到市场上去出卖。生产方式虽然已经消灭了这一占有形式的前提,但是它仍然服从于这一占有形式……

　　恩格斯在注脚里说明:包含着整个资本主义生产方式的萌芽的雇佣劳动是很古老的;它个别地和分散地同奴隶制度并存了几百年。但是只有在历史前提已经具备时,这一萌芽才能发展成资本主义生产方式,这个使新的生产方式具有资本主义性质的矛盾已经包含着现代的一切冲突的萌芽。①
恩格斯的表述体现出一种辩证的思维：矛盾都缘起于事物的根部，我们可以
把这当作现代社会的所有现代性问题的根源，当然这个矛盾本质上是生产
力与生产关系间的矛盾，雇佣劳动只是一种特殊的表现形式或者说一个方
面。在资本主义社会，雇佣劳动中蕴藏的无产阶级与资产阶级的矛盾上升
为矛盾的主要方面。

第8~11段，恩格斯深刻阐述了资本主义的基本矛盾及其引发的社会冲
突。雇佣劳动这一现象虽在资本主义建立起自身统治之前就已存在，但并
非当时社会的主导模式。只是资本主义通过将生产资料掌握在私人手中，
使社会中的绝大多数人与生产资料相分离，从而转变为雇佣工人，才使雇佣
劳动成为社会中的主要劳动模式。生产资料与生产者的这种分离催生了资
本主义体系内部一系列深层矛盾。在经济层面，资产阶级获得了支配、剥削
无产阶级的权力。同时，资产者之间的竞争造成了个别工厂生产的组织性
和整个社会中生产的无政府状态，为过剩与危机的发生提供了条件；在政治
层面，资产阶级凭借经济权力取得种种特权，使国家成为自身进行阶级统治
的工具，并实际剥夺了无产阶级的政治权利。这些因素共同构成了资产阶
级与无产阶级之间的根本对立，形成了一种对抗性的矛盾，尽管在资本主义
的稳定发展期，资产阶级会尝试通过政策调整来缓解劳资间的对立，从而在
某种程度上暂时延缓这些矛盾的爆发，但这种做法并未触及矛盾的根本，这
种对抗性矛盾最终将不可避免地导致全面的社会危机。

第8段原文摘录：

……集中在资本家手中的生产资料和除了自己的劳动力以外一无所

---

① 《马克思恩格斯文集》(第三卷)，人民出版社，2009年，第551页。

有的生产者彻底分离了。社会化生产和资本主义占有之间的矛盾表现为无产阶级和资产阶级的对立。

第9段,恩格斯深刻阐明了在资本主义生产方式下,社会关系如何以商品交换的形式呈现。在恩格斯看来,在以商品生产为基石的资本主义社会中,商品必然作为一个独立的中介,割裂生产者与消费者之间的直接联系。这种割裂一方面推动了社会分工的进一步深化,带来了生产力进步;另一方面导致生产者通过劳动与产品所建立的人与自然、人与人之间的原始关系发生了转变。这种关系下,生产者的劳动只有在商品生产中才能得以体现,否则就是无法满足自身需求的无用劳动。然而商品一经产出,便脱离了生产者的掌控,成为交换市场中的独立存在。由此,生产者反过来受到自己所创造出的物化的社会关系的支配。市场的商品逻辑转而支配了生产者,其极端形式表现为物对人的统治与主宰。

不仅如此,为了追求以物的形式所表现出的社会权力,谋求更多的利润,各企业竭力提高竞争力和生产效率,在企业内部形成高度的组织性。值得注意的是,个别企业的组织性与各个企业盲目的竞争,从而在整个社会中制造出生产的无政府状态之间存在着根本性的矛盾,这正是资本主义基本矛盾在生产领域的具体表现。

第10~11段,恩格斯概括了欧洲中世纪自给自足的封建生产方式解体,资本主义生产方式建立自身统治的过程。他指出,欧洲中世纪的生产活动主要呈现出自给自足的特征,商品交换并不普遍,农民通常仅在存在剩余的情况下才进行商品交换,而城市中的手工业也多半是为了满足自身需求而展开的。在这种背景下,商品生产与交换的规模相当有限,市场也相对狭小。与此相适应的,是社会组织形态的多样性,如城市中有行会、农村中有马尔克公社,但它们彼此之间又是相互隔绝的。接着,恩格斯指出,随着商品生产的发展,在封建社会的城市手工业中及农村偶然的商品交换中隐藏的商品生产规律逐渐在社会上占据了主导地位。这种规律使生产者变为独立和分散的生产者,因而破坏了往日的束缚和地域的隔离。每个生产者都为了自身而生产,并为了争得有限的市场与其他生产者展开斗争,整个人类社会展现出一幅弱肉强食的动物世界的景象。恩格斯强调,这种生产方式虽然极大地推动了社会生产力的发展,但也造成了社会的分裂与整个社会生产的"无政府状态"。这深刻反映出生产力与生产关系间的矛盾,其在这里的表现形式是:社会化生产和资本主义占有之间的矛盾表现为个别工厂中的生产的组织性和整个社会中生产的无政府状态之间的对立。可见,恩格斯在这里指出了资本主义社会制度的局限性,并暗示了超越资本主义制度的必要性。

第12~16段,恩格斯点明资本主义基本矛盾必然导致经济危机,并进一步叙述了危机所造成的"相对过剩"现象及其表现。

恩格斯指出,普遍的竞争必然不断地推动资产者改进自己的机器以提高自身的竞争力,而这又意味着越来越多的劳动者将被机器排挤出生产领域,陷入失业。这种竞争在两个方面将资本主义社会一步步推向灭亡。一方面,被排挤出的工人忍饥挨饿,陷入堕落,不断使社会陷入分裂和倒退,在社会中制造出持续的冲突;另一方面,生产力的不断提高意味着商品的增多,这与社会中绝大多数人的贫困状态形成鲜明对比,购买力的普遍丧失使得整个经济领域陷入相对过剩,经济危机由此发生。

恩格斯还进一步指出经济危机的周期性。自1825年第一次普遍危机爆发以来,经济危机差不多每隔十年就要发生一次,资本主义经济体系就要经历一次危机、萧条、复苏、高涨的循环。恩格斯透过现象指出,危机反映出生产方式起来反对交换方式这一实质性问题,资本主义生产方式暴露出它没有能力继续驾驭这种生产力,同时,这种生产力本身又以日益增长的威力要求消除这种矛盾,要求摆脱它作为资本的那种属性,要求在事实上承认它作为社会生产力的那种性质。这实际上也就指明了无产阶级革命的经济性质:消灭资本主义生产关系,解放社会生产力。

在第17~21段,恩格斯注意到资本主义世界发生的新变化,认为这是资本主义认识到自身的内在矛盾,从而进行自我调整的结果。的确,资本主义想借助垄断组织来克服生产的无政府状态,于是托拉斯开始出现。恩格斯强调,这是资本主义社会的无计划生产向行将到来的社会主义社会的计划生产投降的表现,但托拉斯仍然是对资产阶级有利的,而且不能从根本上解决资本主义的自我矛盾。这是因为,垄断组织并没有彻底地消灭竞争,它只是在事实上承认了现代生产力的社会本性,但并没有将生产力从狭隘的生产关系中解放出来。资产阶级仍然竭力地把生产力全部据为己有,尽可能地剥削更多的公民,将更多的人变为无产者和失业者。所以,恩格斯认为,在垄断组织中,资本主义生产关系并没有被消灭,反而被推到了顶点。但恩格斯认为,垄断组织、国家资本主义的出现也有其进步意义,生产力归国家所有不是冲突的解决,但是这里包含着解决冲突的形式上的手段,也就是解决冲突的线索。

在恩格斯具体的叙述中充满了强烈的辩证法,这是历史唯物主义在针对现实社会矛盾现象的分析中的一种鲜明展现。资本家为了私人的利益所创造出的社会性的力量,却是私人无法驾驭而必须以集体的形式来控制、使用的力量。如果罔顾这种力量的社会性质而强行将其束缚在私人占有的限度之内,结果只能是使这种力量转过头来反对私人与社会,造成灾难性的危机。资产阶级在实践中认识到了这一点,并力图寻找私人占有社会力量的方法,垄断组织和国家资本主义就是这种尝试的结果。客观地讲,这种方法虽然没有在根本上解决危机,却极大地缓解了社会生产的无政府状态。但资产阶级选择这种手段又进一步推动了自身灭亡,因为它暴露了其阶级寄生、吸血的性质,凸显出生产力的社会性质。这不仅在客观上为社会集体占有生产力创造了前提,而且使工人意识到自身的力量,在这种意义上,资产阶级又一次锻造了消灭自身的武器,进行着自我否定。

第22~23段,恩格斯提出最终的解决方案:推翻资本主义生产方式,建立起以现代生产资料的本性为基础的产品占有方式。一方面由社会直接占有,作为维持和扩大生产的资料;另一方面由个人直接占有,作为生活资料和享受资料。而这又是由社会生产力本身的发展和运动所决定的,而非人从头脑中想象出来的方案,这也是科学社会主义与空想社会主义间的重要区别。

(二)第24~27段,叙述实现社会主义的现实途径、主体力量与前提条件,提出建立无产阶级国家政权的主张,并指出无产阶级国家会"自行消亡"

第24段原文:

资本主义生产方式日益把大多数居民变为无产者,从而就造成一种在死亡的威胁下不得不去完成这个变革的力量。这种生产方式日益迫使人们把大规模的社会化的生产资料变为国家财产,因此它本身就指明完成这个变革的道路。无产阶级将取得国家政权,并且首先把生产资料变为国家财产。但是这样一来,它就消灭了作为无产阶级的自身,消灭了一切阶级差别和阶级对立,也消灭了作为国家的国家。……当国家终于真正成为整个社会的代表时,它就使自己成为多余的了。……国家真正作为整个社会的代表所采取的第一个行动,即以社会的名义占有生产资料,同时也是它作为国家所采取的最后一个独立行动。那时,国家政权对社会关系的干预在各个领域中将先后成为多余的事情而自行停止下来。那时,对人的统治将由对物的管理和对生产过程的领导所代替。国家不是"被废除"的,它是自行消亡的。应当以此来衡量"自由的人民国家"这个用语……

恩格斯强调,在一切存在阶级与阶级对立的社会中,都需要由剥削阶级建立起来的组织,即国家来维护社会的外部生产条件,使社会不至于在阶级冲突与对立中陷入停滞。但恩格斯同时以历史的眼光看到,国家只是在社会中存在阶级和阶级对立的状况下,暂时的、历史性的产物,它属于独自代表整个社会的那个阶级。而随着阶级和阶级对立的消失,国家真正成为整个社会的代表,从而不再作为社会异化出来又与社会相对立的产物,国家本身也将消失。

恩格斯还提到,国家真正作为整个社会的代表的第一个行动,就是以社会的名义占有生产资料,这也是国家采取的最后一个独立的行动。这也意味着无产阶级夺得政权的根本目的在于改变现有的生产关系,而这又是在缺乏政治权力的情况下不可能做到的,所以恩格斯认为,无政府主义者提出的一天之内废除国家的要求是可笑的,也是不切实际的,国家只能随着社会得到整个的改造而自行消亡。

第25~26段,如果说恩格斯在前一段指出推翻资本主义,实现社会主义的行动策略与实践主体,那么在此段,恩格斯则更为具体地指出这些行动所依赖的现实条件。其中,社会生产力的高度发展是最为重要的条件。恩格斯指出,社会对生产资料的全面占有作为一种未来的理想,只有在一定的经济条件具备时才能实现。某一特殊群体垄断生产资料,并导致社会的阶级划分并非由于人们对正义或平等的认识不足,而是由社会生产力发展不够充分的实际状况所决定的。在社会生产力发展相对落后的阶段,社会上总的劳动产品在满足社会全体成员的基本需要后,只有少量剩余。为了占有上述少量剩余,必然出现暴力、掠夺、欺诈等现象,从而使少部分人脱离直接的生产劳动,掌管社会的公共事务。这就是阶级分化的根本原因,并以社会分工的形式直接表现出来。

恩格斯还更为深入地阐释了马克思主义的阶级理论。其一,恩格斯承认非直接生产劳动的阶级的现实存在及其必要性,指出这一阶级通过专门从事政治、教育、精神生产等活动来间接地影响生产活动,从而推动社会生产力的发展。在恩格斯看来,这一阶级的存在有其历史合理性,不过,在社会生产力高度发展的阶段,这一阶级的存在则不仅将成为多余的,而且将成为经济、政治、精神发展的阻碍,因此必须将之消灭。其二,"分工的规律就是阶级划分的基础"①,这是对马克思按照是否占有生产资料划分阶级的方法的进一步拓展。因为,在恩格斯看来,脑力与体力的分工,精神生产与物质生产之间的分工正是按照是否占有生产资料来进行的。如果说,在历史上,是否占有生产资料是需要细致的分析才能作出的判断,那么分工显然就是更为直观的了。恩格斯坚持根据唯物史观,从直接的物质生产过程来考察阶级的形成和性质,而且十分明确地指出脱离直接的物质生产过程还形成了多种多样的阶级。正是这种阶级多样化的演变,以及其形塑的复杂的阶层划分,为人们考察马克思之后现代社会阶级结构的发展打开了巨大的理论和现实的空间。但值得注意的是,是否占有生产资料始终是阶级划分的根本依据,而部分西方马克思主义者,如拉克劳、墨菲对马克思阶级概念的误读显然是脱离了这一依据的结果。

第27段,恩格斯对未来社会进行了展望。随着社会占有生产资料,社会财富直接为人的自由全面发展服务,个人之间的生存斗争停止,人们将第一次成为自然界和社会的、自觉的、真正的主人。以往支配人的异己的社会关

---

① 《马克思恩格斯文集》(第三卷),人民出版社,2009年,第562页。

系和自然规律都将被人们熟练地运用,受到人们的支配。从这时起,人们开始完全自觉地创造自己的历史,实现从必然王国向自由王国的飞跃。这种飞跃意味着人们的行动将更多地实现预期的结果,从而达到真正的自由和自主。这是恩格斯对未来社会的展望,它强调社会结构的彻底变革和人类潜能的全面实现。

(三)第28~34段,恩格斯对近代以来人类社会的发展进程作了概述

恩格斯运用唯物史观,着眼生产方式的变化,概括了从中世纪到现代的社会变革。

第一,中世纪社会:其特征是个体的小生产,生产资料简陋且效能低下,生产的主要目的是满足生产者本身和封建领主的直接消费需求,商品生产刚刚处于形成过程当中,但已经蕴含着社会生产的无政府状态的萌芽。

第二,资本主义革命:生产方式发生根本性变化,小规模生产转变为社会化大生产,生产资料集中于工厂,社会产品仍然被私人占有。这一时期的特征包括:①生产者与生产资料相分离,形成了无产阶级和资产阶级及其对立。②商品生产规律显露,个别工厂中的社会化组织和整个生产中的社会无政府状态相矛盾。③机器的改进和普遍竞争导致工人失业,社会购买力不足,形成相对过剩,造成周期性的经济危机。④资本家不得不承认生产力的社会性质,大规模生产和交通机构逐渐转向由股份公司、托拉斯、国家占有,资产阶级证明自己已经成为多余的阶级。

第三,无产阶级革命:无产阶级通过取得政治权力,将生产资料转变为公共财产,由社会占有,从而实现有计划的生产,消除生产的无政府状态。随着生产资料由社会集体所有,阶级也将随之消灭,国家自行灭亡。这一过程标志着人类从被自己创造出来的社会关系支配的状态下解放出来,成为

自然和社会的真正主人,实现真正的自由。

最后,恩格斯再次强调,实现人类解放的主体必然是无产阶级,而科学社会主义的任务则是揭示出解放所需的历史条件,并使无产阶级意识到自己所肩负的使命,以及这一使命的条件和性质。

第四节　著作研究

《发展》不仅是理解社会主义发展历程的重要文献,也是分析现代资本主义、探索替代性经济、社会模式的重要理论资源。我们学习经典,一方面是要完整掌握其文献材料及丰富思想内涵;另一方面要始终面向社会现实,在理论与实际相结合的实践中发掘其思想启示与理论发展空间。本节就《发展》的相关研究状况及学界提出的一些重要论题进行简要探讨,为读者进一步学习与研究提供参考。

一、学界相关研究概述

(一)国外研究概况

《发展》一经问世,就引起国际学界广泛的关注与研究。学者们对该文献进行了深入的考察,他们不局限于版本的历史考证与对文本的详尽阐释,更延伸至对其所揭示的社会现象的现实反思。在研究过程中,他们依据资本主义社会的历史变化与社会主义实践,对《发展》进行了多元化的文本分析与现实解读。基于这些研究,我们可以按照历史发展的脉络,将国外学者对《发展》的探究划分为若干个显著的研究阶段。

第一,第二国际时期。这一时期的研究以伯恩施坦、考茨基为代表,他们带着对社会主义相关问题的争论对该书进行探讨。伯恩施坦的《社会主义的前提和社会民主党的任务》,从哲学、经济学和政治学等多种角度对科学社会主义进行"修正"。①在他看来,任何社会主义都必然包含空想的成分,现实运动才是一切。而以考茨基为代表的"正统派"则坚持科学社会主义科学性和价值性相统一的原则,驳斥了伯恩施坦的"修正",对其观点采取否定的态度。②

第二,苏俄东欧时期。这一时期学者们的研究不局限于对文本的解读,而且通过反思苏联社会主义实践使理论和现实紧密地联系起来,实现对理论的丰富与发展。列宁根据俄国社会发展特征,在实践中不断探索符合俄国自身发展的道路,为落后国家率先建成社会主义提供了思想参照。雷纳特·梅尔克耳在《论恩格斯的著作〈社会主义从空想到科学的发展〉的产生、意义和影响》中对文本的历史背景、写作内容、传播影响进行了解读。费拉·弗罗纳的《纪念恩格斯的著作〈社会主义从空想到科学的发展〉发表一百周年》一文在科学社会主义和其他社会主义思潮间作出区分,提出"社会主义人性"的观点,认为社会主义制度是充分实现每个人自由个性发展的条件。梅茹耶夫认为,社会主义正如恩格斯所表述的那样,是建立在唯物史观和剩余价值学说基础上的,而不是一种所谓的政党理论或一种运动。科学社会主义的真正价值就在于激发实现每个人自由发展的能力,创造每个人自由发展的条件。

---

① [德]伯恩斯坦:《社会主义的前提和社会民主党的任务》,舒贻上、杨凡等译,生活·读书·新知三联书店,1958年。

② [奥]卡尔·考茨基:《疑问的社会主义对抗科学的社会主义》,载《考茨基文选》,王学东编,人民出版社,2008年。

第三,西方马克思主义学者,如柯尔施①、卢卡奇②、葛兰西③等人,立足西方社会存在的现实问题,在哲学层面重新展开对科学社会主义的解读,提出了一系列具有重要意义的观点与理论。他们着眼于当代资本全球化带来的新问题,资本主义社会的新变化,重新思考马克思、恩格斯的共产主义理想和实现路径。但需要留意的是,由于自身的阶级局限性,这些学者往往只是对马克思、恩格斯对资本主义的批判精神有所继承,在思想上实际已经脱离了马克思、恩格斯的理论主旨。这尤其表现在,他们将资本主义批判重心放到意识形态、文化领域,而忽略了马克思、恩格斯所强调的发动社会革命以推翻资本主义社会制度、变革生产关系的原则立场,这就使得他们的批判陷入片面与抽象。

一些当代西方学者延续伯恩斯坦对恩格斯的"科学性"取向经验实证性、客观必然性的理解,对科学社会主义提出了不同的解释,甚至诘难。分析马克思主义代表人物柯亨将马克思在《政治经济学批判〈序言〉》中提出的"两个绝不会"与科学社会主义的必然性对立起来,认为科学社会主义陷入"分娩论"的泥淖。④批判理性主义者波普尔批评科学社会主义的科学性被净化为客观必然性,认为这种理解导致了经济决定论的误解。⑤美国实用主义的马克思主义者胡克也对科学社会主义的科学性提出诘难,认为科学社会主义的科学性被过度简化为经济决定论。⑥显然,把科学社会主义思想的科学性与实证性相等同是一种僵化的浅见,是缺乏辩证法特别是缺乏主体能动性的历史辩证法的片面科学观。还有学者延续卢卡奇所谓"马恩差异

---

① [德]卡尔·柯尔施:《马克思主义和哲学》,王南湜、荣鑫海译,重庆出版社,1989年。

② [匈]卢卡奇:《历史与阶级意识》,杜章智等译,商务印书馆,2009年。

③ [意]安东尼奥·葛兰西:《葛兰西文选》,李鹏程编,人民出版社,2008年。

④ [英]G.A.柯亨:《如果你是平等主义者,为何如此富有?》,霍政欣译,北京大学出版社,2009年。

⑤ [英]卡尔·波普尔:《历史决定论的贫困》,杜汝楫、邱仁宗译,上海人民出版社,2009年。

⑥ [美]悉尼·胡克:《对卡尔·马克思的理解》,徐崇温译,重庆出版社,1989年。

论"开启的争论,甚至追溯到伯恩斯坦开启,并在 1960 年代由西方"马克思学"提出的"马恩对立论",主张"科学社会主义"是恩格斯对马克思思想的臆断。①

(二)国内研究

自《发展》传入中国以来,国内学者对该文献的译介与解读不断;改革开放后,在批判性地参阅国外学界成果基础上,以更开阔的视野对文本的思想内涵进行了深入研究,形成了丰富的研究成果。一是针对社会主义在中国实践发展的不同阶段,对《发展》中科学社会主义思想及其当代价值进行了研究。二是对《发展》文本内容进行解读和阐释,回应相关理论争议和时代问题。本节将按照时间顺序对《发展》在中国的研究过程进行概述。

《发展》中译本最早在 1912 年上海《新世界》杂志上刊登。20 世纪初,中国内忧外患的局势使走社会主义道路,还是走资本主义道路的时代抉择成为摆在人们面前的关键问题。在此背景下,苏俄建立起的社会主义制度不仅为中国道路的选择提供了现实依据,也推动了国内对社会主义理论的研究。

1949 年新中国成立后,学者通过对该书的一些版本进行重新刊印,出版对文本进行导读的小册子,在刊物上以介绍该书主旨大意的方式积极宣传《发展》,使科学社会主义思想得到普及。改革开放后,学者们进一步加强对该书的研究,力图把握科学社会主义的实质与根本特征。进入 20 世纪 90 年代,国内学界对《发展》的研究更加丰富,出现了很多文献资料,对文本的解读也更加翔实,尤其对《发展》进行了历史性的分析,并结合中国特色社会主

---

① [美]保罗·托马斯:《马克思主义与科学社会主义——从恩格斯到阿尔都塞》,王远河等译,江苏人民出版社,2011 年。

义建设实际,赋予科学社会主义以时代内涵。

进入21世纪,学界对该书的研究主要表现在以下三个方面:

一是对文本的理论框架和历史地位的研究。在这方面,出现了大量的导读性著作,这些著作有助于我们对文本本身形成深入理解,例如张娅的《〈社会主义从空想到科学的发展〉导读》[①],鲁品越的《人间正道——重读〈社会主义从空想到科学的发展〉》[②]等。还有许多学者将《发展》放置于马克思主义发展史中,通过详细地解读来阐发其历史意义。例如,胡大平在《回到恩格斯:文本、理论和解读政治学》[③]一书中,比较全面地论述了恩格斯的思想。他认为恩格斯的思想,特别是在哲学与科学社会主义方面的影响力是巨大的,通过对《发展》进行文本解读,有利于澄清恩格斯在马克思主义发展史中的独特贡献。

二是发掘文本的现实启示。徐峰认为,《发展》中蕴含着马克思主义的宣传方法,该书相较于《反杜林论》而言,更加简洁、明了,容易为人所接受,有利于达到宣传和普及思想的目的,这对推动马克思主义在国际上的传播具有重要的现实价值。[④]华雷认为,《发展》为回答当代社会主义如何发展这一问题提供了启示。[⑤]他强调,要想对社会主义的前景进行分析就必须从《发展》中寻找答案,要学懂其中有关社会主义本质和特征的观点。吴倩从

---

① 张娅:《〈社会主义从空想到科学的发展〉导读》,中国民主法制出版社,2017年。

② 鲁品越:《人间正道重读〈社会主义从空想到科学的发展〉》,人民出版社,2013年。

③ 胡大平:《回到恩格斯:文本、理论和解读政治学》,江苏人民出版社,2011年。

④ 徐峰:《〈社会主义从空想到科学的发展〉与马克思主义大众化的方法论意义》,《郑州大学学报》(哲学社会科学版),2011年第2期。

⑤ 华雷:《从〈社会主义从空想到科学的发展〉看当代社会主义的历史命运》,《理论探讨》,2017年第5期。

思想政治教育层面阐发了《发展》的启示意义。[①]她认为,恩格斯对《发展》的编排与修改,以及这些举措所获得的空前成功充分说明了人们有接受社会主义宣传教育的需要,开展思想政治教育不仅要注重讲清思想理论的大思路,而且要善于运用通俗化的理论载体。

三是对《发展》中的具体相关议题,例如"股份制""社会主义"与"市场"的关系,进行阐释。姚颖对学界有关恩格斯"个人占有制"思想对社会主义股份制的启示研究做了综述。[②]学者们认识到,"股份制"当然并不直接等于"个人占有制",但是如果把劳资关系从"股份制"中分离出来,股份制企业中的剥削问题将不复存在了,那么企业实质上就成了劳动者联合体的雏形。薛俊强在对《发展》研究中,分析了"社会主义"与"市场"的关系问题,并对"中国道路"进行理性探寻,给人以全新的思考角度[③],启发人们对解决中国发展所面临的实际问题的路径展开思考。

综上所述,国内外学界有关《发展》的研究,让我们能够看到这本著作所具有的无穷魅力,它总是在不同程度地回应发展中的时代的问题。围绕"科学社会主义"这一主题,学者们使科学社会主义理论及其他的创始人——马克思、恩格斯——的精神追求得到充分展现。秉承强烈的问题意识,国外学者着眼于社会主义运动发展史和当代资本主义社会新变化,力图说明"科学社会主义"不是一个理论标签,而是一个现实的社会运动。国内学者则从哲学、政治学、经济学、社会学等不同方面对恩格斯的科学社会主义思想进行解读,进一步丰富了对科学社会主义的认识,形成了不同思想、观点间的碰

---

① 吴倩:《恩格斯〈社会主义从空想到科学的发展〉对思想政治教育的启示》,《教学与研究》,2016年第6期。

① 姚颖:《马克思所有制理论的文本解读——第十届"马克思学论坛"概述》,《马克思主义与现实》,2009年第2期。

③ 薛俊强:《求解"恩格斯问题"——论科学社会主义"科学性"的理论特质》,《学术研究》,2014年第6期。

撞,具有重要的理论价值。①当然,随着现实社会的不断发展,理论研究的空间也不断敞开。当今时代,"资本"在社会发展中扮演着重要角色,科学社会主义在此背景下受到来自各方的挑战。如何在新的历史条件下捍卫科学社会主义的基本原理,进而结合实际,丰富和发展科学社会主义,彰显其时代价值与实践意义,不断克服科学社会主义在发展过程中所面临的新挑战始终是值得思考的问题。

二、《发展》的三层内涵与现实意义

如前所述,《发展》具有十分丰富的内涵。其中,恩格斯阐述了唯物史观和剩余价值学说两大发现使社会主义从空想走向科学的历程,进而运用唯物史观与剩余价值学说论证了社会主义代替资本主义的历史必然性,预测了未来新社会的基本特征,强调了无产阶级的历史使命——人类解放及科学社会主义的根本任务——让无产阶级认识到自己行动的条件和性质。总体上,这些丰富内涵可以概括为如下几点:

第一,简明的科学社会主义入门书。正如马克思所说,它是"科学社会主义的入门"。②它以简明通俗的语言论述了科学社会主义的思想来源与理论基础,阐明了其基本原理。

首先,恩格斯指出科学社会主义的理论来源。"科学社会主义"是相对于"空想社会主义"而提出的,三大空想社会主义者圣西门、傅立叶、欧文的学说代表了空想社会主义发展的顶峰,成为科学社会主义的直接思想来源,但是由于社会历史发展阶段的不成熟,他们难以摆脱自身的固有局限,因而思

---

① 冯嘉馨:《关于〈社会主义从空想到科学的发展〉的研究进展》,《社会科学动态》2023年第3期。

② 《马克思恩格斯文集》(第三卷),人民出版社,2009年,第493页。

想缺乏科学性,这为科学社会主义实现对空想社会主义的扬弃创造了条件。

其次,恩格斯强调,为了使社会主义变为科学,就必须首先把它置于现实的基础之上。进而恩格斯在文本第二部分用大量篇幅来说明社会主义由空想变为科学的理论基础:两个伟大的发现——唯物主义历史观和剩余价值学说揭破资本主义生产的秘密,指出其历史性和内在矛盾,因而必须被推翻和超越。同时,恩格斯说:"现代唯物主义把历史看做人类的发展过程,而它的任务就在于发现这个过程的运动规律。……现代唯物主义本质上都是辩证的。"[①]在这种意义上,剩余价值理论由于其揭示了资本主义的历史局限,既成为马克思运用唯物主义历史观考察资本主义社会的成果,又成为验证唯物主义历史观科学性的有力证据。

第二,对辩证的历史唯物主义的总结与运用。首先,恩格斯对历史唯物主义的基本观点与理论意义作了概括说明,简要论述了唯物辩证法的创立过程,其把人类历史如实地看作人类的发展过程这一做法在历史观上所引起的决定性转变,以及唯物主义历史观的产生和剩余价值学说的发现对社会主义从空想走向科学的根本性意义。

其次,恩格斯根据辩证的历史唯物主义的观点,强调科学社会主义理论将随着时代发展而变化。恩格斯口中的"讽刺画"与马克思《路易·波拿巴的雾月十八日》中的"历史悲喜剧"都体现了这一观点。1891年柏林版中,恩格斯加了一条脚注说,德国落后的经济和政治的发展阶段,最多只能产生社会主义的讽刺画,而只有在英国和法国所产生的经济和政治状态受到德国辩证法的批判以后,才能得出确实的结论。这种实事求是的态度,这种对社会事实的尊重及对未来发展的开放性认识就是科学社会主义、马克思主义生命力的根源所在,这也要求我们必须不断结合时代条件丰富和发展马克思

---

① 《马克思恩格斯文集》(第三卷),人民出版社,2009年,第543页。

主义。

最后，凸显出科学社会主义的实践指向。《发展》出版后被译成多种文字，在世界范围内广泛传播，对宣传马克思主义起到了巨大作用，为工人运动提供了思想指导。今天，工人较之18至19世纪所获得的种种权益就是《发展》实践效应的最好证明。

第三，对人类解放路径的阐发。恩格斯论述了社会主义取代资本主义的必然性和现实性。①必然性：资本主义无法克服自身内在矛盾。在生产方式上，它表现为个别工厂中生产的组织性和整个社会中生产的无政府状态之间的对立，这种对立导致周期性的经济危机；在社会层面，它表现为无产阶级和资产阶级的直接对立，社会陷入分裂。②现实性：资本主义内部孕育着实现社会主义的必然性与路径，资本主义向垄断组织的发展意味着生产力的社会性质已经充分显现。但是资本主义不会和平长入社会主义。

在马克思、恩格斯的时代，资本主义无法调和自身种种矛盾，因而必须从外部运用暴力予以打破，然而马克思之后的现实发展表明：在马克思主义的批判与警示下，资本主义的自我调整能力有所增强，其内部矛盾的表现形式有所变化。在此背景下，列宁对社会主义取代资本主义的道路进行了重新的解读与阐释——从包含了发展可能性的一个概念变成了一个社会主义运动的过程，这本身就是人类解放的实践过程。这也是对科学社会主义的进一步发展与更深入的科学化，对无产阶级专政，对国家的科学认识就是这一发展的耀眼成果。

上述发展线索也隐约地存在于马克思晚年的思想发展当中，1872年，马克思改变在《共产党宣言》中所表述的一些看法，强调国家在无产阶级革命后继续存在的意义："工人阶级不能简单地掌握现成的国家机器，并运用它来达到自己的目的。"①

当然,我们也需要认识到,马克思有些判断是基于其对巴黎公社的经验审视。公社短暂而小,而国家却是具有数千年历史的象征着人类社会的文明实体,是各种综合性要素结合而成的产物,它不只调整经济活动,还调整生产之外的各种社会关系、民族文化等。因而,我们要从至少两个层次上来理解科学社会主义理论:一方面,是从现实的物质生活出发,保持科学社会主义理论的开放性,根据实际条件不断丰富和发展科学社会主义;另一方面,是从理论本身出发,把握其与现实之间的张力,并认识到这种张力正为人作为主体发挥历史作用的实践留下了空间。这种层次性也是历史唯物主义区别于经济决定论的重要方面。

第四,现实意义:对于当今世界社会主义运动的启示。在世界面临百年未有之大变局的背景下,世界社会主义运动的发展要求我们将社会主义理论再次"科学化",深入思考资本主义与社会主义竞合共存的历史形势,科学地把握资本与社会之间的关系。

一是理论上的再次科学化,这要求我们延续马克思、恩格斯的批判精神。恩格斯说,现代唯物主义在本质上都是辩证的,而且不再需要任何凌驾于其他科学之上的哲学了。一旦对每一门科学都提出了要求,要它弄清它在事物以及关于事物的知识的总联系中的地位,关于总联系的任何特殊科学就是多余的了。于是,在以往的全部哲学中仍旧独立存在的,就只有关于思维及其规律的学说——形式逻辑和辩证法。其他一切都归到关于自然和历史的实证科学中去了。同样的,对待现有各种理论学说也应当采取批判的、反思的态度,要真正地从现实生活出发来发展理论的科学性,而非固守理论的条条框框来剪裁现实。

----

① 《马克思恩格斯文集》(第三卷),人民出版社,2009年,第151页。

二是方法论上的再科学化,发挥辩证法的超越性作用。恩格斯说,辩证法在考察事物及其在观念上的反映时,本质上是从它们的联系、它们的联结、它们的运动、它们的产生和消逝方面去考察的。而辩证法之所以如此考察外部世界,又是由外部世界本身的性质决定的。因此,自然界是检验辩证法的试金石,而且我们必须说,现代自然科学为这种试验提供了极其丰富的、与日俱增的材料,从而证明了,自然界的一切归根到底是辩证地而不是形而上学地发生的;自然界不是循着一个永远一样的不断重复的圆圈运动,而是经历着实在的历史。这意味着,由于自然界和人类历史的发展是前进与后退并存,有生有灭和不断变化着的,因此对历史的科学的观念就应该是运动的、联系的、辩证的,这也是辩证法的超越性的根源所在。正如马克思所说,辩证法的本质是批判的和革命的,因而面对当下世界的新变化、新样态,如何发展理论使之科学地解释事实,而非将事实强行纳入旧理论当中进行唯心的阐释才是马克思主义者理论工作的中心所在,也是我们学习马克思主义所应树立的正确的、科学的态度。

三是实践上的再次科学化。猛烈增长着的生产力对它的资本属性的这种反抗,要求承认它的社会本性的这种日益增长的必要性,迫使资本家阶级本身在资本主义生产关系可能的限度内愈来愈把生产力当作社会生产力看待,进而采取社会化的生产组织形式。可见,恩格斯这里已经预见到了金融资本这一当代资本主义新形式的双重性。一方面,它是资本主义维护自身统治的有力手段;另一方面,它也为最终实现社会占有生产资料,社会化生产创造了条件。考虑到这些要素,我们在一定程度上可以将社会化的垄断理解为一种解放力量,就此而言,当下科技的发展,数字技术与AI对生产各领域的整合与重组,无疑会在资本主义向共产主义的转变过程中发挥推动作用。

第二章　马克思、恩格斯《共产党宣言》研读

《共产党宣言》1848年版（30页本）的封面

第一节 著作简介

《共产党宣言》是由科学社会主义的创始人马克思和恩格斯为共产主义者同盟起草的纲领,是第一部全面系统地阐述科学社会主义的纲领性文献。它标志着马克思主义的诞生,对全世界的无产阶级革命运动起到了无可替代的推动作用,具有广泛而深刻的影响力。《共产党宣言》在马克思主义经典著作中传播最广、影响最大,西方报刊曾把其列为对人类社会影响最大的20种图书之一。

《共产党宣言》主要阐述了唯物史观的基本原理,基于唯物史观提出阶级斗争理论、无产阶级革命与无产阶级政党、专政等思想,并对资产阶级与资本主义社会的历史定位作出判断,初步阐发了超越资本主义社会的共产主义社会构想。虽然剩余价值学说在《共产党宣言》发表时尚未创立,但其萌芽已经在其中有所体现,因此马克思也把它看作《资本论》的入门书。列宁曾高度凝练地概括道:"这部著作以天才的透彻而鲜明的语言描述了新的世界观,即把社会生活领域也包括在内的彻底的唯物主义、作为最全面最深刻的发展学说的辩证法以及关于阶级斗争和共产主义新社会创造者无产阶级肩负的世界历史性的革命使命的理论。"①

《共产党宣言》第二部分最后一段阐明了一条马克思主义的核心思想:代替那存在着阶级和阶级对立的资产阶级旧社会的将是这样一个联合体,在那里,每个人的自由发展是一切人的自由发展的条件。科学社会主义最根本的原则就是实现人的解放。不仅如此,《共产党宣言》还简洁明了地阐

---

① 《列宁选集》(第二卷),人民出版社,2012年,第416页。

述了许多其他的科学社会主义基本原则:第一,"两个必然",从资本主义发展到共产主义是客观的、自然的历史进程,资本主义必然灭亡,共产主义必然胜利是一条客观的历史规律。第二,阶级斗争学说,推翻资本主义社会,建立共产主义需要无产阶级不懈地开展阶级斗争才能达到。第三,无产阶级必须组织起政党,从资本主义向共产主义过渡必须有共产党的正确领导。第四,无产阶级必须通过革命掌握政权。第五,无产阶级革命的最终目标是消灭私有制,建立共产主义社会,实现人的解放。第六,共产主义将与传统观念实行彻底决裂,这些传统观念包括资本主义所宣扬的拜金主义、利己主义、享乐主义;在封建遗毒异常深厚的国家还应该同封建社会所遗留下来的专制主义、等级主义、特权主义、官僚主义等观念决裂。由于社会改造的任务如此繁重,所以从资本主义发展到社会主义,由工人阶级和劳动人民掌握政权后必须经历几个历史阶段才能最终建立共产主义,不能急于求成。①第七,国际主义的精神,马克思、恩格斯强调无产阶级的斗争是国际性的,并以"全世界无产者,联合起来!"②作为《共产党宣言》的结束语。

　　《共产党宣言》迄今被翻译为一百多种文字,三百多种版本,印行一千多次。上海社会主义研究社1922年出版由陈望道翻译的《共产党宣言》第一个完整中文译本。毛泽东、周恩来、邓小平和许多老一辈无产阶级革命家都是通过学习《共产党宣言》树立起马克思主义世界观和共产主义信念的。毛泽东在1936年对斯诺这样说:"有三本书特别深地铭刻在我心中建立起我对马克思主义的信仰。我一旦接受了马克思主义对历史的正确解释之后我对马克思主义的信仰就没有动摇过。"③这三本书是《共产党宣言》、考茨基的《阶级

---

① 高放、李景治、蒲国良主编:《科学社会主义的理论与实践》,中国人民大学出版社,2008年,第58~72页。

② 《马克思恩格斯文集》(第二卷),人民出版社,2009年,第66页。

③ 埃德加·斯诺:《西行漫记》,董乐山,译,生活·读书·新知三联书店,1979年,第131页。

斗争》和柯卡普的《社会主义史》。毛泽东规定的干部必读书中每一次都有《共产党宣言》，而且摆在首位。他还曾多次表示要结合中国革命和建设的经验为《共产党宣言》写序言，做注释，可惜这一宏愿未能实现。今天我们在《共产党宣言》发表一百七十余年后，学习、传承其中的思想与精神，最重要的就是高举马克思列宁主义、毛泽东思想、邓小平理论、"三个代表"重要思想、科学发展观、习近平新时代中国特色社会主义思想伟大旗帜，在以习近平同志为核心的党中央领导下推进新时代中国特色社会主义建设，实现中华民族伟大复兴。

第二节　著作背景

《共产党宣言》是马克思、恩格斯着眼于19世纪40年代末资本主义社会经济、政治、文化条件，顺应工人运动和无产阶级斗争实践的需要进行研究的理论结晶。《共产党宣言》正文的开头有一个简短的前言，概括了《共产党宣言》的写作历史背景和目的。19世纪40年代，在欧洲，共产主义作为一种思潮已经登上历史舞台，"共产主义已经被欧洲的一切势力公认为一种势力"。[1]欧洲各种反动势力联合起来对它进行咒骂和围剿，因而马克思、恩格斯认为，"是共产党人向全世界公开说明自己的观点、自己的目的、自己的意图并且拿党自己的宣言来反驳关于共产主义幽灵的神话的时候了"。[2]为此，他们在伦敦出版了《共产党宣言》。

---

[1][2] 《马克思恩格斯文集》(第二卷)，人民出版社，2009年，第30页。

一、时代背景

《共产党宣言》诞生前夕，资本主义在欧洲主要国家得到迅速发展，这些国家中的资本主义从简单协作、工场手工业阶段跨入机器大工业阶段，以蒸汽机为标志的大工业代替了手工工场制度，生产力得到迅猛发展。此时，英国已经基本完成产业革命，成为"世界工厂"；法国的资本主义大工业也迅速发展起来，成为仅次于英国的第二号资本主义国家；德国尾随其后也开启了产业革命。资本主义商品经济的发展推动生产技术的革新，生产规模扩大、发达的海陆交通网络形成、世界市场建立。这些事实为人们深刻认识经济在社会生活中的巨大作用，探求社会历史的发展规律提供了条件。

与此同时，无产阶级和资产阶级之间的矛盾也在日益激化。在19世纪三四十年代，工人运动有了很大发展，其中规模比较大的有法国里昂工人的两次起义、英国的宪章运动和德国西里西亚纺织工人起义。在三大工人运动中，工人们不仅提出了独立的政治要求，而且还朦胧地提出了消灭私有制、消灭阶级的社会主义理想。与其相适应，社会中还出现了一些工人团体和革命政治组织。这说明，现代无产阶级已作为一支独立政治力量出现在历史舞台上。但这些斗争先后都以失败而告终，这些经验教训推动马克思、恩格斯去说明无产阶级的历史地位及其历史使命，为无产阶级革命提供科学的理论指导。

此外，大工业的发展还加剧了生产的社会化与生产资料私人占有之间的矛盾，导致经济危机的爆发。1825年在英国爆发首次经济危机，以后每隔8到10年就周期性地爆发一次。继1836年英法经济危机之后，1847年的经济危机几乎波及欧洲各国。经济危机的爆发，使马克思、恩格斯注意到资本主义社会的基本矛盾，努力探索解决矛盾的出路和途径。

不仅如此,马克思、恩格斯还深刻地认识到建立无产阶级政党的必要性。恩格斯指出:"无产阶级要在决定关头强大到足以取得胜利,就必须(马克思和我从1847年以来就坚持这种立场)组成一个不同于其他所有政党并与它们对立的特殊政党,一个自觉的阶级政党。"①他们首先在1846年春于比利时的布鲁塞尔成立共产主义通讯委员会,这是个宣传性的团体,它的宗旨是:同各国社会主义者、工人团体、社会主义小组、进步报纸编辑部保持经常联系;宣传科学的社会主义理论,批判各种社会主义流派;促进工人运动和科学的社会主义理论的结合,为建党作准备。然后,马克思、恩格斯着手改组正义者同盟。他们之所以选中正义者同盟作为改组对象,是因为"同盟"具有组织严密、理论开通、富有国际性等优点,除德国人外还有欧洲其他国家的人士,因而影响较大。而与此同时存在的还有法国的秘密团体家族社、四季社,它们虽有巴贝夫的革命传统,但内部四分五裂;英国的宪章派规模很大,但组织十分松散。正义者同盟的前身是1834年德国流亡者在巴黎建立的流亡者联盟。1836年该联盟发生分化,其中最激进的部分主要是无产阶级成员,他们在巴黎组成正义者同盟。"同盟"与"联盟"相比各方面都前进了一大步:从组织结构上看,成员已不是一般流亡者,而是以工人骨干即手工业工人为主;从性质上说已不是反封建的民主主义组织,而是主张"财产公有制"的共产主义组织。"同盟"的组织中心1836—1846年在巴黎,1846年后移至伦敦。此外,在布鲁塞尔、纽约有两个大的分支。但"同盟"也存在理论上比较混乱,受各种社会主义思想和流派的影响较大的局限性。

因此,马克思、恩格斯积极同工人的实践紧密结合,为建立无产阶级政党进行宣传组织工作。在这一过程中,他们将国际性的革命团体"正义者同盟"进行了思想上和组织上的彻底改组,将其改名为"共产主义者同盟",使

① 《马克思恩格斯文集》(第十卷),人民出版社,2009年,第578页。

之成为国际无产阶级政党组织的雏形。1847年6月在"同盟"第一次代表大会期间,恩格斯起草了《共产主义信条草案》,这是同盟的第一个纲领稿本;会议结束后,恩格斯受"同盟"巴黎区部的委托于同年10月底至11月在《共产主义信条草案》的基础上撰写了新的纲领草案《共产主义原理》。随后不久,马克思、恩格斯受"同盟"第二次代表大会的委托起草了一个周详的党纲。于是,马克思、恩格斯在1847年底至1848年初,经过一个多月的合作努力,写成了《共产党宣言》。《共产党宣言》吸收了《共产主义原理》的基本思想,并没有按照之前恩格斯在《共产主义信条草案》和《共产主义原理》中使用的传统教义问答形式,而是采用了逻辑严谨、内容连贯的论述方式。但《共产党宣言》最初被翻译出版时并未署名作者,直到1850年11月英国宪章派机关刊物《红色共产党人》杂志以《德国共产党宣言》为题刊登《共产党宣言》的第一个英译文时,杂志编辑乔·哈尼在序言中才第一次指出了作者的名字。

恩格斯在1885年为马克思的《揭露科隆共产党人案件》德文第三版写的引言——《关于共产主义者同盟的历史》也为我们理解《共产党宣言》的写作背景提供了一手资料。恩格斯提到流亡者同盟(1834年德国在巴黎的流亡者,旨在推翻封建专制建立民主共和制)转变为正义者同盟(1836年分化出来,内部成员包括产业工人、手工业者,布朗基主义者、巴贝夫主义者,以消灭私有制、建立公有制,实现人人平等为目标),后来受到镇压流亡伦敦的发展历程。马克思、恩格斯于1847年初加入,将之改为"共产主义者同盟"。1852年科隆案之后"共产主义者同盟"解散。

概言之,《共产党宣言》的问世有其特定的社会历史背景:19世纪上半叶资本主义在西欧得到迅速发展,经济危机不断出现,阶级矛盾日益尖锐。此外,马克思、恩格斯创作《共产党宣言》也有直接的现实需要:一是为流亡伦敦的"正义者同盟"改造纲领,二是对当时社会中流行的各种错误社会思潮进行反驳与回应。

二、理论背景

  任何一种新的学说诞生,都必须以前人的思想成果为基础,马克思主义也不例外。马克思、恩格斯积极吸收、运用自然科学、社会科学的优秀成果。在自然科学方面,19世纪30至50年代产生的"三大发现",即能量守恒和转化定律、细胞学说和进化论,大大加速了科学技术的发展,提升了人认识、驾驭自然的能力,为科学认识论和方法论的形成与新世界观的建立奠定了坚实基础。在哲学和社会科学方面,19世纪初人类的思想理论进入了新的境界,出现了德国古典哲学、英国古典政治经济学和法国空想社会主义学说。这些优秀思想成果为《共产党宣言》的诞生作了理论上的充足准备。

  而且,马克思、恩格斯在1842—1848年,在不断阅读与批判性吸收前人思想成果的过程中,思想也有变化,表现为两个转变:一是从唯心主义走向唯物主义的世界观转变;二是从革命民主主义走向共产主义的政治立场转变。在这一转变过程中,马克思、恩格斯创立了唯物史观,初步把握到了剩余价值的存在,这为科学社会主义的出场创造了有利条件。而这一出场的标志,在理论上,就是《共产党宣言》的问世;在实践上,则是马克思、恩格斯共同创立了第一个无产阶级政党。

第三节 内容精读

  《共产党宣言》全书包括7篇序言和由4部分内容组成的正文。

一、7篇序言

《共产党宣言》的7篇序言非常重要,因为它们都是马克思、恩格斯根据不断前进的具体革命实践,对《共产党宣言》基本思想原则的进一步丰富与发展。它们分别是:马克思、恩格斯共同书写的1872年德文版序言、1882年俄文版序言;以及5篇恩格斯在马克思逝世后独自书写的1883年德文版序言、1888年英文版序言(中译文长达5千字)、1890年德文版序言(中译文长达5千字,其中包括对1882年俄文版序言的重述)、1892年波兰文版序言、1893年意大利文版序言。这些序言的撰写时间跨度长达二十余年,它们介绍了《共产党宣言》基本情况,包括基本思想、写作背景、出版与传播情况,概述了共产主义者的世界观,是马克思、恩格斯随着时代发展与具体革命实践不断进行丰富与发展马克思主义的重要体现,这也深刻而生动地反映出马克思主义与时俱进的理论品质:它不是固定不变的现成教条,而是指导不同历史社会条件下革命实践的根本方法。

1872年德文版序言,是马克思、恩格斯在1871年法国巴黎公社革命与专政的经验基础上,结合《共产党宣言》发表之后二十多年来的历史新经验而写的。这篇序言特别参照到1859年马克思在《〈政治经济学批判〉序言》中所提出的"两个绝不会"的思想。这反映出马克思、恩格斯一方面坚持共产主义的基本原理,另一方面对资本主义社会的韧性有了更深刻的了解,因而在具体的革命策略上有了更成熟的看法。

首先,继续坚持《共产党宣言》中所提出的共产党人的奋斗目标:通过阶级斗争,推翻资产阶级的统治,建立无产阶级专政,进而消灭私有制,实现人类解放。他们说,"不管最近25年来的情况发生了多大的变化,这个《宣言》

中所阐述的一般原理整个说来直到现在还是完全正确的"。①一般原理是革命的指路明灯,但不是永恒不变的教条,在具体实践中要以当时当地的历史条件为转移,这是普遍性与特殊性相结合的辩证唯物主义的基本要求。列宁领导的十月革命与毛泽东带领中国共产党人取得的革命成功经验证明了这一点,同时,一些教条化的左倾路线的失败也从反面证明了这一点。其次,在此序言中,马克思、恩格斯对《共产党宣言》的局部做了不可忽视的调整与补充,包括对摧毁、改造现有国家机器的说明,对《共产党宣言》问世之后出现的各种社会主义思潮的批判及倡导建设统一战线,团结各同盟党派的思想,而后者又是由当时的实践情况所决定的。"对待各反对党派的态度的论述(第四章)虽然在原则上今天还是正确的,但是就其实际运用来说今天毕竟已经过时,因为政治形势已经完全改变。"②

在1882年俄文版序言中,马克思、恩格斯对巴枯宁翻译的《共产党宣言》俄文第一版所引起的革命反响给予了比较积极的回应,并把俄国与美国的革命形势分析作为对《共产党宣言》末章的补充。因为,在《共产党宣言》初版发表时,俄国与美国都只是为欧洲提供原材料与销售市场,是欧洲经济体系的附属。但随着欧洲移民的增多,他们带来的资本与技术使美国工业资源得到迅速开发,甚至直逼英国的工业霸主地位。工业的发展自然引起阶级间的矛盾,这是美国也出现无产阶级革命的根本原因。当然,马克思、恩格斯在这个序言中更关注并给予更多笔墨的是俄国的革命形势。俄国从曾经的"欧洲反动势力的首领",转变为"欧洲革命运动的先进部队了"。③然而俄国村社这种独特的原始土地公共占有形式,是否可以直接过渡到共产主义呢? 这即是著名的"跨越卡夫丁峡谷"问题。在序言中,马克思给出了唯

---

① 《马克思恩格斯文集》(第二卷),人民出版社,2009年,第5页。

② 《马克思恩格斯文集》(第二卷),人民出版社,2009年,第35页。

③ 《马克思恩格斯文集》(第二卷),人民出版社,2009年,第8页。

一可能的答复:假如俄国革命将成为西方无产阶级革命的信号而双方互相补充的话,那么现今的俄国土地公有制便能成为共产主义发展的起点。

这里,马克思基本是对俄国直接"跨过卡夫丁峡谷"的可能性给出了结论:不能独立发生,而只能成为西方无产阶级革命的"起点"。这要比一年之前,马克思给查苏利奇的回信中所说的"农村公社是俄国社会新生的支点"①的看法更后退一步。在某种程度上,在马克思看来,村社的集体的生产模式并不那么有意义,因为它与大工业的集体生产模式之间有着质的差异,因此只能回到无产阶级革命,即西欧发达的工业国家的无产阶级革命中来理解其意义。马克思关于东方社会的论述是一个十分重要,而且一直得到研究的问题。我们研究科学社会主义,俄国是一个很好的历史材料,因为它与中国存在相似性。从落后国家走向发达国家,不仅涵盖生产力进步、生产关系转变一个层面,更包含异质文明变迁,思想观念进步的层面。放眼世界,真正走向现代国家的主要是西欧与美国,虽然日本在1868年明治维新后也取得成功,实现文化转型,但其还有如《菊与刀》所展示出的传统与现代交织的复杂性。而拉美文化基本上是从属于西欧的,由西欧移民所塑造的。因此,当下的问题便是,当代中国如何独立自主地实现文化转型,从而实现不仅属于物质的,而且属于精神的、文化的现代化,这也是我们今天阐发中国式现代化内涵的重要考量。

此后5篇序言由恩格斯在马克思逝世后独自撰写。它们进一步阐明科学社会主义的基本原则,尤其是1883德文版序言、1888英文版序言概括了《共产党宣言》的基本思想:每一历史时代的经济生产以及必然由此产生的社会结构,是该时代政治的和精神的历史的基础;从原始公社解体之后的全部历史都是阶级斗争的历史。不过,恩格斯在1888年英文版序言(这是7篇

---

① 《马克思恩格斯文集》(第三卷),人民出版社,2009年,第590页。

序言中最长的一篇,内容也很丰富)中又对后一条加了个注释:"这是指有文字记载的全部历史"①——这是恩格斯在人类学研究后得到的新认识,对唯物史观的进一步发展。此版序言还明确将马克思确认为唯物史观的创立者,并大致阐述了恩格斯在其中所扮演的重要角色。

恩格斯在1888年英文版序言中,还对《共产党宣言》的命运与阶级斗争的形势起伏之间的联系作了一个简短说明。1848年法国六月起义是无产阶级与资产阶级之间第一次大规模的斗争,这次斗争的失败,以及在"科隆共产党人案件"之后德国工人组织解散使工人运动陷入低谷,《共产党宣言》也似乎被人遗忘。但是在1864年成立国际工人协会(1866年日内瓦第一次代表大会,一共有60个代表,称为"第一国际",到1874年解散)之后,无产阶级精神得到发展,对共产主义的认识得到提高,工人运动有所复苏,《共产党宣言》又走向前台。随即,恩格斯继续对《共产党宣言》的出版史进行概述;然后谈到为何用"共产党宣言"而不是"社会主义者宣言"为题。这是因为,1847年的社会主义是资产阶级性质的,是上流社会的运动,而共产主义才是工人阶级的,虽然当时后者显得还有些粗鄙。

最后,恩格斯再次强调,他有责任指出,《共产党宣言》核心思想是依循唯物史观的基本原理,提出阶级斗争学说,因而要归功于马克思。

总体来看,7篇序言展示出《共产党宣言》45年来的巨大历史影响。《共产党宣言》的历史在很大程度上反映了现代工人阶级运动的历史,是科学社会主义传播最广、最具国际性的著作,是从西伯利亚到加利福尼亚的千百万工人公认的共同纲领。7篇序言主要论述了下述7个问题:

其一,指明《共产党宣言》在国际工人运动中的地位和作用。1872年德文版序言说明了《共产党宣言》的由来,并指出《共产党宣言》是由马克思和

①　《马克思恩格斯文集》(第二卷),人民出版社,2009年,第31页。

恩格斯受委托起草的"详细的理论和实践的党纲"。①1888年英文版序言解释了《共产党宣言》为何不以"社会主义宣言"为题,这是因为当时空想社会主义和其他非科学的社会主义流派都打着社会主义的旗号。"在1847年,社会主义是资产阶级的运动,而共产主义却恰恰相反。"《共产党宣言》的发表推动了国际工人运动的发展,而且随着国际工人运动发展而得到越来越广泛的传播。1888年英文版序言指出:"《宣言》的历史在很大程度上反映着现代工人阶级运动的历史;现在,它无疑是全部社会主义文献中传播最广和最具有国际性的著作,是从西伯利亚到加利福尼亚的千百万工人公认的共同纲领。"②

其二,概括了《共产党宣言》的基本思想。1882年俄文版序言指出:"《共产党宣言》的任务,是宣告现代资产阶级所有制必然灭亡。"③1883年德文版序言对《共产党宣言》的基本思想进行了说明。1888年英文版序言进一步指出:"虽然《宣言》是我们两人共同的作品,但我认为自己有责任指出,构成《宣言》核心的基本思想是属于马克思的。这个思想就是:每一历史时代主要的经济生产方式和交换方式以及必然由此产生的社会结构,是该时代政治的和精神的历史所赖以确立的基础,并且只有从这一基础出发,这一历史才能得到说明;因此人类的全部历史(从土地公有的原始氏族社会解体以来)都是阶级斗争的历史,即剥削阶级和被剥削阶级之间、统治阶级和被压迫阶级之间斗争的历史;这个阶级斗争的历史包括有一系列发展阶段,现在已经达到这样一个阶段,即被剥削被压迫的阶级(无产阶级),如果不同时使整个社会一劳永逸地摆脱一切剥削、压迫以及阶级差别和阶级斗争,就不能

---

① 《马克思恩格斯文集》(第二卷),人民出版社,2009年,第5页。

② 《马克思恩格斯文集》(第二卷),人民出版社,2009年,第13页。

③ 《马克思恩格斯文集》(第二卷),人民出版社,2009年,第18页。

使自己从进行剥削和统治的那个阶级(资产阶级)的奴役下解放出来。"①简言之,《共产党宣言》的基本思想就是以唯物史观为指针考察和分析资本主义制度,揭示资本主义必然灭亡的社会客观发展规律,指明无产阶级只有推翻资本主义制度,建立共产主义,解放全人类,最后解放自己的伟大历史使命。

其三,提出必须以理论联系实际、实事求是的科学态度理解和运用《共产党宣言》的基本原理。1872年德文版序言指出:"不管最近25年来的情况发生了多大的变化,这个《共产党宣言》中所阐述的一般原理整个说来直到现在还是完全正确的。某些地方本来可以作……些修改。这些原理的实际运用,正如《宣言》所说的,随时随地都要以当时的历史条件为转移。"②当代马克思主义者既要坚持《共产党宣言》所阐明的科学社会主义基本原理,又要结合当时历史条件和各国实际发扬光大其革命精神。

其四,对《共产党宣言》中过时的个别内容,作了修改和补充。1872年德文版序言指出:"这个纲领现在有些地方已经过时了。"③如《共产党宣言》"第二章末尾提出的那些革命措施根本没有特别的意义","对于社会主义文献所作的批判在今天看来是不完全的",关于共产党人对待各种反对党派的态度的论述(第四章)"虽然在原则上今天还是正确的,但是就其实际运用来说今天毕竟已经过时"。④马克思、恩格斯认为《共产党宣言》作为历史文件,本身不能修改。这是对待《共产党宣言》的历史唯物主义态度,但他们认为可以在各种版本的序言中郑重指出已经过时和应修改的地方。马克思和恩格斯经过对1848年革命和1871年巴黎公社历史经验的总结,提出无产阶级在推翻资本主义制度斗争中必须打碎资产阶级国家机器的理论,他们在1872

---

① 《马克思恩格斯文集》(第二卷),人民出版社,2009年,第14页。

② 《马克思恩格斯文集》(第二卷),人民出版社,2009年,第5页。

③④ 《马克思恩格斯文集》(第二卷),人民出版社,2009年,第6页。

年德文版序言中指出:"特别是公社已经证明:'工人阶级不能简单地掌握现成的国家机器,并运用它来达到自己的目的。'"①列宁在谈到马克思、恩格斯对《共产党宣言》的这一修改时说:"马克思和恩格斯认为巴黎公社的这个基本的主要的教训具有非常重大的意义,所以他们把这个教训加进《共产党宣言》.作为一个极其重要的修改。"②

其五,论述经济落后的俄国不经过资本主义制度而进入社会主义社会的可能性。当时俄国既有正在发展的资本主义土地私有制,又存在着以农村公社为主要形式的土地公有制,而这种土地公有制正被资本主义经济发展所瓦解。马克思、恩格斯在1882年俄文版序言中回答俄国往何处去的问题,即"俄国公社,这一固然已经大遭破坏的原始土地公共占有形式,是能够直接过渡到高级的共产主义的公共占有形式呢? 或者相反,它还必须先经历西方的历史发展所经历的那个瓦解过程呢?"③时,指出:"对于这个问题,目前唯一可能的答复是:假如俄国革命将成为西方无产阶级革命的信号而双方互相补充的话,那么现今的俄国土地公有制便成为共产主义发展的起点。"④他们认为,如果俄国先爆发无产阶级革命,并引起西欧无产阶级革命,那么,西欧无产阶级在革命胜利后则会支援俄国无产阶级进行社会主义革命、建设工作,那么俄国农村公社就会为发展社会主义公有制提供便利条件,从而使俄国"跨越卡夫丁峡谷"。不过,马克思和恩格斯的设想最终未能如其所愿地实现。

其六,厘清了资产阶级民主革命和社会主义革命的关系。1830年、1848年、1863年波兰人民进行的三次规模较大的争取民族独立的武装斗争先后遭遇失败,证明腐败的波兰贵族和软弱的波兰资产阶级已无力领导争取民

---

① 《马克思恩格斯文集》(第二卷),人民出版社,2009年,第6页。

② 《列宁选集》(第二卷),人民出版社,2012年,第142页。

③④ 《马克思恩格斯文集》(第二卷),人民出版社,2009年,第8页。

族独立的资产阶级民主革命,这一重任历史地落到波兰无产阶级身上。1892年波兰文版序言在谈到争取波兰民族独立的斗争时指出:"这种独立只有年轻的波兰无产阶级才能争得,而且在波兰无产阶级手里会很好地保持住。因为欧洲所有其余各国工人都像波兰工人本身一样需要波兰的独立。"①在1893年意大利文版序言中,恩格斯总结了1848年欧洲资产阶级民主革命的历史经验,进一步论述了资产阶级民主革命与社会主义革命的关系。他说:"1848年革命虽然不是社会主义革命,但它毕竟为社会主义革命扫清了道路,为这个革命准备了基础。"②

其七,论述了无产阶级在革命斗争中坚持独立民主和实行无产阶级国际联合的关系。恩格斯在1890年德文版序言中回顾无产阶级联合的历史,指出在1848年他们呼吁全世界无产者联合起来时,响应者还寥寥无几,而1864年创立的第一国际和1889年举行的巴黎工人代表大会则展现出全世界无产者联合的风貌,并实际地提出了运动的近期目标——在法律上确立8小时正常工作日制度。对此,恩格斯兴奋地指出:"全世界的无产者现在真正联合起来了。"③无产阶级的国际联合是无产阶级解放的必要条件,同时各国无产阶级在革命斗争中坚持独立自主则是实现无产阶级国际联合的基础和首要前提。恩格斯在1892年波兰文版序言中指出:"欧洲各民族的真诚的国际合作,只有当每个民族在自己完全当家作主的时候才能实现。"④他在1893年意大利文版序言中再次强调说:"不恢复每个民族的独立和统一,那就既不可能有无产阶级的国际联合,也不可能有各民族为达到共同目的而必须实行的和睦的与自觉的合作。"⑤

---

① ④ 《马克思恩格斯文集》(第二卷),人民出版社,2009年,第24页。
② ⑤ 《马克思恩格斯文集》(第二卷),人民出版社,2009年,第26页。
③ 《马克思恩格斯文集》(第二卷),人民出版社,2009年,第22页。

二、前言

6段简短的前言以"一个幽灵,共产主义的幽灵,在欧洲游荡"①拉开序幕。接下来的两段说明写作的时代背景:共产主义在欧洲的兴起,强烈震撼了旧世界,让一切旧势力都感到惊恐,并企图联合起来对之进行围剿,然而这些反动势力并不真正理解共产主义,而是简单地把它当作一项罪名张贴到其政治对手的脸上。对于"幽灵",学界有不同的解读与发挥。例如,德里达坦言自己的"幽灵"概念正是源自这一比喻,并由此切入关于马克思的"幽灵"的探讨,"我已经发现,事实上是刚刚才回想起那个本来一直在我的记忆中徘徊的东西:《共产党宣言》中的第一个名词……这就是'幽灵'"。他解释道,《共产党宣言》以"幽灵"一词揭开共产主义圣经的序幕,说明马克思主义本身就包含一种"幽灵"政治学。马克思把共产主义比喻成"幽灵",一方面是说共产主义是让旧势力恐惧的隐形力量,它必然遭到诅咒与谩骂;另一方面则是说共产主义能给无产阶级以巨大的力量,引领他们进行革命实践活动。《共产党宣言》中飘荡着的共产主义幽灵曾使得欧洲的旧势力闻风丧胆。今天该维护马克思的幽灵们了。②

最后两段,马克思说明写作的目的,即表明共产党人的政治立场,共产党的性质、目的与历史任务,破除反动势力关于"共产主义幽灵"的种种诽谤,以正视听。

---

① 《马克思恩格斯文集》(第二卷),人民出版社,2009年,第30页。

② [法]德里达:《马克思的幽灵:债务国家、哀悼活动和新国际》,何一译,中国人民大学出版社,1999年。

三、正文部分

正文分四部分：资产者和无产者、无产者和共产党人、社会主义的和共产主义的文献、共产党人对各种反对党派的态度。

（一）资产者和无产者

这部分，马克思运用唯物史观来阐释阶级斗争学说，通过分析资产阶级和无产阶级产生、发展和相互斗争的过程，揭示了资本主义必然灭亡和共产主义必然胜利的社会客观发展规律，论证了无产阶级反对资产阶级斗争的必要性，阐明无产阶级的伟大历史使命。这一部分共54段，分如下几个小节展开。

1.第1~5段，阐明马克思主义的阶级斗争学说，即阶级斗争是推动社会发展的直接动力

第1~2段，说明原始社会之后的历史是阶级斗争的历史，而且每次阶级斗争的结果是旧社会形态的毁灭，社会连同其对立的阶级重新洗牌。

第1段原文：至今一切社会的历史都是阶级斗争的历史。

恩格斯在1888年英文版上加了一个注：这是指有文字记载的全部历史。因此，实际意思是，原始土地公有制解体以来至今，有文字记载的一切社会的历史都是阶级斗争的历史，这是《共产党宣言》的基线，是后面第二小节要论证的人类社会发展规律"两个必然"的逻辑基础。

第3~5段，对过去历史的各个时代，奴隶社会、封建社会、资本主义社会的不同阶级关系及特点进行概述。根据阶级对立的形式不同，马克思将社会形态分为4种，其中共产主义社会将消除阶级对立，并指出新社会形态代替旧社会形态的重要征兆是私有制导致社会分裂，这也体现出其中的辩证逻辑。按照上述逻辑,我们可以得出,马克思自然认为共产主义社会是消除阶级对立,分化之后的合一的社会。同时,马克思指出,无产阶级与资产阶级的对立是同时产生的,是资本逻辑的"物化"产物,是人格化的物质性载体,而非个人与个人直接的对立。

阶级斗争学说是《共产党宣言》的逻辑基础,因为共产党作为无产阶级的先锋队就是要带领无产阶级反对并推翻资产阶级的统治,实现人类解放,这是基于历史唯物主义的基本原理得出的结论。阶级斗争使生产关系发生变革以适应生产力的发展,消除社会发展阻碍,推动社会进步。阶级斗争在阶级社会中所发挥的巨大推动作用表现在:其一,在社会形态更替的质变阶段,代表先进生产力的阶级通过革命推翻旧制度,解放生产力;其二,在阶级社会内部的量变过程中,阶级斗争迫使统治阶级认识到自身缺陷,采取措施缓和矛盾,为社会生产力创造出更大发展空间。在社会整体的发展变化机制内,这是直接的感性力量。农民起义、工人罢工,比任何理论学说或资本家的反思来得更真实、更直接,它直接向世人宣告社会机制出现了严重问题,社会急需变革以维系自身。如果不能以这种方式得到解决,那么结局就是以造成毁灭性灾难的方式寻找新的社会出路。正是在这种意义上,马克思作为一个社会学家,在《资本论》中说,"暴力是每一个孕育着新社会的旧社会的助产婆。暴力本身就是一种经济力"[①]。

阶级斗争并不是马克思、恩格斯首先提出的。圣西门首先提出现代阶级、阶级斗争的概念,他在亚里士多德基于财产与职业划分阶级的基础上进行创新,指出法国大革命不仅是贵族与第三等级直接的斗争,也是贵族、平民资产阶级、无产阶级之间的斗争。后续法国资产阶级史学家梯叶里、基佐等人也进一步阐述了这一概念。马克思在1852年3月5日致约·魏德迈的书

---

① 《马克思恩格斯文集》(第五卷),人民出版社,2009年,第861页。

信中说，"无论是发现现代社会中有阶级存在或发现各阶级间的斗争，都不是我的功劳。在我以前很久，资产阶级历史编纂学家就已经叙述过阶级斗争的历史发展，资产阶级经济学家也已经对各个阶级作过经济上的分析"。①但是马克思接着也指出他在前人阶级斗争观的基础上，作出了一些新贡献，即"证明了下列几点：(1)阶级的存在仅仅同生产发展的一定历史阶段相联系；(2)阶级斗争必然导致无产阶级专政；(3)这个专政不过是达到消灭一切阶级和进入无阶级社会的过渡"。②《共产党宣言》在分析无产阶级进行反对资本主义的斗争过程时，还提出了一个著名论断，即"而一切阶级斗争都是政治斗争"。③无产阶级只有组织起来开展政治斗争，才能推翻资本主义制度，建立起无产阶级专政。列宁曾指出："这句话应当这样理解：工人同资本家的斗争随着这个斗争逐渐成为阶级斗争而必然成为政治斗争。"④

值得注意的是，由于马克思的主要写作风格是论战性的，因而他并没有在阶级、等级、阶层之间做出严格的区分，但当下我们对阶层的感知是显著的。在这方面，马克斯·韦伯作出了重要贡献，提出了阶层、身份等级等概念。由此我们可以对马克思与韦伯的社会分级差异进行比较研究，同时面向现实，解读当下社会阶层分化问题。

2. 第6~28段，通过论述资本主义产生与发展的过程，揭示"两个必然"的历史规律

本节分3小节展开。

其一，第6~12段，以历史唯物主义关于生产关系必须适合生产力性质的原理为指导，考察了资产阶级在经济上、政治上逐步建立自身统治的历史过程，阐明资产阶级的产生、发展及其必然灭亡的历史规律。

---

① ② 《马克思恩格斯文集》(第十卷)，人民出版社，2009年，第106页。

③ 《马克思恩格斯文集》(第二卷)，人民出版社，2009年，第40页。

④ 《列宁全集》(第4卷)，人民出版社，2013年，第166页。

第6~7段，马克思通过分析封建社会向资本主义社会转变的过程指出：现今的这个时代，即资产阶级时代有一个特点，就是它使阶级矛盾简单化了。这一论断一方面描述了现代资本主义强大的普遍性力量，另一方面也揭示出其使一切关系都为片面的金钱关系所取代的现象。

第8~9段，马克思概括了资本主义生产方式从家庭手工业到工场手工业，再到机器大工业的发展过程，并指出现代资产者作为产业大军的首领，已经取代了传统社会中的中间阶级。

第10段，马克思指出，当代资本主义交换方式随着航海业和陆路交通的发展而不断扩展，殖民主义和殖民地贸易随之兴起，最终形成了世界市场。

第11段，马克思根据前面的叙述进行总结：现代资产阶级是一个长期发展过程的产物，是生产方式和交换方式一系列变革的产物。发现美洲大陆、商业的发展、世界市场的建立与资本主义的兴起这一系列历史事件密切关联，相互作用、相互影响。因而，就如马克思在《哲学的贫困》中所说的——手推磨产生的是封建主的社会，蒸汽磨产生的是工业资本家的社会，生产方式的变化中蕴含着资产阶级的诞生过程，由此，作为其对立面的无产阶级的诞生也容易理解了。当代，我们需要继续思考的是：中产阶级的兴起，橄榄型社会结构的出现使社会中的阶级对立有所缓和，这意味着马克思"两极对立"的思想观念——作为原则和普遍规律与现实历史特殊发展之间存在张力。有学者如桑巴特强调中间阶级的存在，也有学者反过来批评桑巴特，强调马克思的看法是长时段的、变化的，恩格斯在1884年致伯恩施坦的书信中也将农民和小资产阶级重新称作正在灭亡的阶级。实际上，桑巴特观察到的经验现象没有错，马克思所指出的社会历史发展规律也没有错，只是说这一规律仍处于发展、运动当中。社会分裂为两个直接对立的阶级仍然是一个长期发展的过程，马克思在1848年对革命形势的判断是有些过于乐观的，这也得到了后来马克思本人的承认，马克思也因此重新回到书斋，着手政治经济学批判,更为深入地对现代资产阶级社会进行剖析与把握。

第12段原文:

> 资产阶级的这种发展的每一个阶段,都伴随着相应的政治上的进展。它在封建主统治下是被压迫的等级,在公社里是武装的和自治的团体,在一些地方组成独立的城市共和国,在另一些地方组成君主国中的纳税的第三等级;后来,在工场手工业时期,它是等级君主国或专制君主国中同贵族抗衡的势力,而且是大君主国的主要基础;最后,从大工业和世界市场建立的时候起,它在现代的代议制国家里夺得了独占的政治统治。现代的国家政权不过是管理整个资产阶级的共同事务的委员会罢了。

这段文字对资产阶级在家庭手工业时期、工场手工业时期、机器大工业时期在政治上不断取得进展,进而最终建立了以代议制国家为基本形式的本阶级政治统治的过程进行了概括。

恩格斯在1888年英文版、1890德文版中分别逐条给以注释补充或说明,如"公社"之后的注释是:法国的新兴城市,甚至在它们从封建主手里争得地方自治和"第三等级"的政治权利以前,就已经称为"公社"了。一般说来,这里是把英国当作资产阶级经济发展的典型国家,而把法国当作资产阶级政治发展的典型国家。这表明恩格斯(马克思也是如此)在后来有了更丰富的历史材料的掌握后,开始对唯物史观进行具体化的叙述,从而不仅进一步验证唯物史观的基本原理,而且从政治、经济等不同的层次及其相互关联的层次逻辑上丰富和发展唯物史观。

其二,马克思、恩格斯进而在第13至24段表明,资产阶级在历史上曾经起过非常革命的作用。

首先,资产阶级促进了包括科学技术在内的生产力的巨大发展,"资产阶级在它的不到一百年的阶级统治中所创造的生产力,比过去一切世代创造的全部生产力还要多,还要大"。①其次,沿着经济基础决定上层建筑的逻辑,马克思、恩格斯指出,资产阶级建立起包括政治、宗教、文化在内的与本阶级生产方式相适应的意识形态。资产阶级从一国到全世界,摧毁封建制度,建立起资本主义制度。

但值得注意的是,马克思、恩格斯所指出的资产阶级的上述革命作用,是同封建地主阶级相比较而言的,资产阶级本身的局限性仍然是十分明显的。归根结底,资本主义制度是一种以生产资料为少数资本家私人占有为基础的历史性的剥削制度。正是基于这种历史唯物主义的态度,马克思、恩格斯一方面指出资产阶级摧毁封建制度,发挥其革命作用的根本原因,在于封建社会的生产关系严重阻碍生产力发展,迫切需要新型的资本主义生产关系取而代之;另一方面也强调,资本主义社会生产关系同样开始阻碍了生产力的发展,随着生产力的继续发展,资本主义本身也面临着灭亡的命运。

其三,第25~28段,马克思、恩格斯从生产关系必须适应于生产力发展状况的规律出发,指出资本主义社会生产关系已经开始阻碍社会生产力发展,进而揭示出资本主义必然灭亡的历史规律。

①资产阶级能够战胜封建地主阶级的根本原因在于封建社会中的生产关系无法适应社会生产力发展的需要,所以封建地主阶级便被代表先进生产关系的资产阶级所打败。

②现在,资产阶级所代表的生产关系也不能适应生产力发展的要求了,社会生产力与资本主义私有制间的矛盾日益尖锐,这种矛盾的突出表现就是资本主义社会中周期性的经济危机。

---

① 《马克思恩格斯文集》(第二卷),人民出版社,2009年,第36页。

③生产力,这个资产阶级用以推翻封建制度的武器,现在又反过来要求推翻资本主义制度和资产阶级生产关系了,这是社会基本矛盾运动推动社会历史发展的必然规律。

重点句子摘录:

> 几十年来的工业和商业的历史,只不过是现代生产力反抗现代生产关系、反抗作为资产阶级及其统治的存在条件的所有制关系的历史。……商业危机……生产过剩……生产力已经强大到这种关系所不能适应的地步,它已经受到这种关系的阻碍;而它一着手克服这种障碍,就使整个资产阶级社会陷入混乱,就使资产阶级所有制的存在受到威胁。资产阶级的关系已经太狭窄了,再容纳不了它们本身所造成的财富了……

可见,马克思这里已经提出资本主义带来"生产过剩",诱发商业危机了。当然,直到《资本论》,马克思才最终科学地寻找到经济危机的根源——盲目追求剩余价值的必然结果。

此外,我们可以结合当代资本主义世界所发生的新变化来更为深入地理解马克思的上述论断:

第一,马克思的资本主义批判并不局限在经济领域,并不是纯粹的"所有制"问题,而且包括资产阶级统治的方式。在马克思的时代,资产阶级刚刚获得政治和社会的主导权,其统治方式还有封建专制的残余,没有充分转化为现代形态,因而表现得相当僵化而生硬,造成了大量血腥、残酷的事实,因而,马克思认为社会分裂的结果要么是资产阶级被推翻,要么是社会走向灭亡。但当代资产阶级的统治方式显然有所不同,因而后现代社会中人们的生存空间也获得极大扩展。金钱的普遍性力量有所减弱,人们更加注重小我和自我主体性的表达,并非仅仅关注金钱和权力,甚至对传统权力、传统权力欲望表现出冷嘲热讽与漠视的态度。这种调整与多样性使得资本主义社会中的矛盾冲突有所缓和。

第二，马克思所谓"旧的市场"，就是殖民体系，包括直接的殖民统治（早期）和经济殖民，后者以开拓世界市场为目的，资本主义的发展在当前也高度依赖于后者。在一定限度内，经济殖民虽然有损被殖民国家的民族工业，但在历史发展进程总体来说是利大于弊的，因为它能够加速科技与资本等各种生产要素的有效配置，甚至能够帮助后发国家实现对发达国家的超越。在这种意义上，美国总统特朗普所主张的制造业回流的政策就可以理解了，这是为保护美国竞争优势的一种手段。

第三，在马克思看来，生产力与生产关系间的矛盾状况意味着资本主义必然灭亡，取而代之的将是与社会大生产相适应或相匹配的共产主义社会。这一结论是马克思根据唯物史观的基本原理与对当前资本主义基本矛盾的实证式分析所共同得出的，但马克思同样指出了世界市场的开拓对危机的"缓解"效用。对此，我们需要思考面对当下世界市场的进一步发展，如何认识其对资本主义经济危机的缓解作用呢？马歇尔在1890年的《经济学原理》中提出"弹性"概念，强调实现不同时间尺度上的供需均衡；凯恩斯建立起政府干预市场机制，继续在政治经济学（或如马歇尔所说经济学）轨道上寻求危机的解决方案，这些方案也催生了资本主义不断迭出的改良措施。这些措施帮助资本主义实现自我调节，延缓或降低了危机的猛烈程度。但更深刻的一个层次却是发生在超越资本的轨道上——这些改良措施实际最终指向的是资本主义的自我否定。当前的金融资本、社会化的资本形态，超出了马克思时代的自由而独占的资本形式，使得原有的"资本"特征淡化，资本的社会而非私人的性质开始显露。世界范围内的资本社会化既是资本取得世界统治的标志，也是资本权力摊薄、淡化、延伸、散播而演变为其他生命力的"肥料"的契机。这也是我国在社会主义初级阶段驾驭资本以建设社会主义的现实条件。

3. 第29~54段,通过论述无产阶级产生、发展和成熟的过程,阐明无产阶级的伟大历史使命

在这一部分,马克思、恩格斯阐述了无产阶级的产生、发展及其历史使命,并在此过程中概括了无产阶级在资产阶级内部发展壮大的历史过程,描述了机器排挤工人的现实状况,体现出他们的辩证思维和阶级分析方法。具体内容可以划分为五个小节:

其一,阐明现代无产阶级的产生及其在资本主义社会中的地位。第29~35段。

①资产阶级不仅创造了置自身于死地的武器——生产力,还造就了运用生产力这一武器同资产阶级斗争的现代无产阶级。

②无产阶级处在资本主义社会的最底层,是受压迫最深、受剥削最重的阶级。

③无产阶级队伍是因小资产者的破产和手工业者及农民难以维持旧的生计而不断得以补充和发展的。

其二,阐述无产阶级发展的不同阶段以及相应的斗争方式。第36~41段。

马克思指出:无产阶级要组织起来形成一个阶级,从而与资产阶级展开斗争大致经历了3个历史阶段:一是分散并竞争的阶段,其中又包括3个小阶段:单个工人直接与资产者的斗争,某一工厂的工人与单个资产者斗争,以及某一地方或某一劳动部门的工人集合起来同直接剥削他们的单个资产者斗争。这一历史阶段的斗争形式是捣毁机器,实质是资产阶级为了达到自身目的而发动工人,推动工人达成联合,而还不是自觉地在阶级意识驱动下团结起来进行斗争,而且斗争主要矛头指向封建制度,而非资产阶级。二是群众人数增多,建立经常性团体,冲突逐渐演变为阶级性的,并爆发起义。

这一历史阶段的特点是有暴力组织,因而具有物质力量,但缺乏思想武器。三是无产者组织成为阶级,建立无产阶级政党,并在党的领导下统一行动,这是真正的无产阶级与资产阶级间的阶级斗争。

其三,第42~44段,指出旧社会内部的冲突是推动无产阶级发展的重要因素,并分析了无产阶级的特点,强调无产阶级是最先进、最革命的阶级,只有它才能完成推翻资本主义、实现共产主义的伟大历史使命。

马克思、恩格斯还对阶级社会的瓦解过程进行了描述:在社会面临危机的时刻,统治阶级内部发生分化,这就使认识到这一危机的统治阶级中的一小部分人归附于革命的阶级,即归附于未来主人翁阶级。这一现象在历史上一再重演,因而成为马克思对革命抱有"乐观"看法的现象学依据。然而吊诡的是,在资本主义社会中,这一现象却鲜有发生。这并非由于资产阶级作为社会统治阶级本身特征所决定的,而是有赖于现代资本主义社会结构的相对稳定性:其本身所具有的容纳风险,抵御、转移、化解危机的能力远非古代社会形态可比。因此,经济危机对于资本主义社会整体而言,可能只是单一层次上的片面事件,它往往会在资本主义社会结构中被解读、转化为自我矫正的因素与信号,而非单纯摧毁性的负面力量。事实上,马克思在《资本论》中就已经认识到,危机同时也是资本重新恢复自身统治的有力手段,法国马克思主义者巴利巴尔也认为,资本主义危机无法冲破资本主义的封闭结构,反而是封闭结构的一部分,这些观点显然也有力地回应了庸俗马克思主义者对于共产主义的"宿命论"认识。

其四,第45~51段,马克思、恩格斯阐明无产阶级的阶级特性,指出无产阶级完成自身历史使命的道路。无产阶级是大工业时代的产物,是最先进最有发展前途的阶级。因为没有财产,没有私利需要维护,所以革命性最坚决、最彻底。无产阶级反对资产阶级的斗争首先是在一国范围内的斗争,进而发展为国际性的联合斗争。

要点："无产阶级却是大工业本身的产物……流氓无产阶级是旧社会最下层中消极的腐化的部分。"①马克思区分无产阶级与流氓无产阶级的标准在于是否参与到工业生产当中。这是因为，缺乏现实的劳动活动，流氓无产阶级中自然不会形成对于资产阶级社会和本阶级利益的深刻认识。同时，由于没有经历过与资产阶级合作，推翻封建制度的历史过程，所以他们在思想上也没有得到教育和启蒙，因而甘心被人收买，去干反动的勾当。

其五，第52~54段，马克思、恩格斯强调，无产阶级要以暴力革命的方式推翻资本主义制度，建立自身的统治。无产阶级只有进行暴力革命，实施无产阶级专政，才能实现自己的历史使命。

最后，马克思、恩格斯对本章内容进行小结：资本主义制度使得无产阶级已经不能生存下去了，因而资产阶级的统治也不能继续下去了。资产阶级的灭亡和无产阶级的胜利是同样不可避免的。资本主义必然灭亡和共产主义必然胜利，这是不以人们意志为转移的社会发展的客观历史规律。这就是马克思的"两个必然"思想。在《政治经济学批判〈序言〉》中，马克思进一步相对称地提出了"两个绝不会"，明确了"两个必然"成为现实所需的时间和条件。

（二）无产者和共产党人

马克思、恩格斯在这部分提出了无产阶级政党学说和无产阶级专政理论，批驳了资产阶级对共产党人和共产主义的种种诬蔑和攻击。在此过程中，马克思、恩格斯阐明了共产党的性质、特点和奋斗目标，对资产阶级为诬蔑、攻击共产党人所编造的种种谬论进行了批驳，阐明了共产主义革命的任务和途径，展望了共产主义社会的理想图景。内容分如下三节展开：

---

① 《马克思恩格斯文集》(第二卷)，人民出版社，2009年，第41~42页。

1.第1~14段,通过分析共产党人同一般无产者的关系,同其他工人政党的关系,阐明共产党的性质、特点和奋斗目标

具体包括3个方面的内容:

其一,第1~4段,阐明共产党的性质。共产党不是同其他工人政党相对立的特殊政党,共产党没有任何同整个无产阶级的利益不同的利益,共产党是无产阶级利益的代表,具有国际主义性质。

对此,马克思、恩格斯在第5~6段分实践、理论两个层次进行阐释。在实践中,共产党人是各国工人政党中最坚决、始终起推动作用的部分;在理论方面,他们了解无产阶级运动的条件、进程和一般结果。

其二,第7~14段,阐明共产党的基本纲领。共产党人的最近目的是使无产阶级成为阶级,推翻资产阶级的统治,由无产阶级夺取政权;共产党人的最终目的可以概括为一句话:消灭私有制,意即建立生产资料公有制,消灭一切剥削制度,实现共产主义社会。

共产主义所要消灭的是资本主义那种形态的所有制,而代之以社会集体占有生产资料,并保护个人对必要的生活资料的所有权,例如基本生活需要和实现自由全面发展所需的消费品这样的制度。同时,马克思指出,资产阶级私有制又是建立在阶级对立和剥削上的私有制最完备的表现,因而共产党人可以把自己的理论更具普遍性地概括为:消灭私有制。

2.第15~68段,批驳资产阶级对共产党人的种种诬蔑和攻击,表明共产主义革命的历史任务

这一节内容丰富,包含4个方面的内容:

其一,第15~23段,批判资产阶级对共产党人消灭私有制目标的诽谤,驳斥资产阶级所谓消灭私有制就是消灭个人劳动挣得的财产的谬论。

首先,马克思批判资产阶级的财产观。第一,资产阶级所说的个人劳动所得的财产是资产阶级出现之前的那种小资产阶级和小农的财产,这些人的财产已经被消灭,并且不是被共产党人消灭的,而是正在被资本主义工业的发展消灭着。第二,资产阶级所拥有的财产,即资本不是资本家个人劳动所得的资产,它是社会全体成员共同劳动的产物。"做一个资本家,这就是说,他在生产中不仅占有一种纯粹个人的地位,而且占有一种社会的地位。资本是集体的产物,它只有通过社会许多成员的共同活动,而且归根到底只有通过社会全体成员的共同活动,才能运动起来。因此,资本不是一种个人力量,而是一种社会力量。因此,把资本变为公共的、属于社会全体成员的财产,这并不是把个人财产变为社会财产。这里所改变的只是财产的社会性质。它将失掉它的阶级性质。"①共产党人要消灭资本的私有性质。第三,无产者从事的雇佣劳动也不会给自身带来财产,相反,它只能创造出剥削劳动者的资本。

其次,马克思分析了雇佣劳动的性质。雇佣劳动只能维持工人生命的再生产,仅仅是增殖资本的活动。马克思强调,共产主义决不打算消灭这种供直接生命再生产使用的劳动产品的个人占有,只是要消灭这种占有的可怜性质。马克思后来在《哥达纲领批判》中进一步提出,个人生活资料的剩余并不会转化为支配他人的生产资料,而只会作为为个人留出更多的自由时间,推动人的自由全面发展的有利条件而存在,这是共产主义社会与资本主义社会之间的本质区别。此外,马克思在这里提出的"雇佣劳动的平均价格是最低限度的工资"②体现出此时马克思已经对剩余价值有所发现。

其二,批驳资产阶级依据自身在精神领域的统治地位来对共产主义进行诬蔑的做法。

第24~33段,驳斥资产阶级诬蔑共产党人要消灭个性、独立性和自由的谬论。

①② 《马克思恩格斯文集》(第二卷),人民出版社,2009年,第46页。

马克思、恩格斯强调,第一,在资本主义社会是"过去支配现在",即"已经积累起来的劳动"①——资本,支配"活的活动"——工人。因此,资本具有独立性和个性,而工人却没有独立性和个性。第二,资产阶级所谓的自由就是买卖自由,共产主义要消灭资本主义生产关系,这种买卖自由也会随着资本主义生产关系的消灭而失去存在的意义。第三,资产阶级所谓的个性就是其占有生产资料对工人阶级进行剥削的特性,这样的个性理应被消灭。可见,在马克思、恩格斯看来,资产阶级的独立性和资产阶级的自由是极其狭隘的。

第34~35段,批判消灭私有制会使一切活动停止、懒惰之风兴起的谬论。马克思、恩格斯指出,如果说懒惰之风兴起,社会活动就会停止,社会就会灭亡,那么,资产阶级社会早就应当灭亡了。因为在这个社会里劳者不获、获者不劳,资产阶级是靠剥削工人阶级而过着花天酒地生活的好逸恶劳的阶级。资本主义私有制是资产阶级不劳而获的社会制度根源,资产阶级的真实目的就是竭力维护私有制。

第36~39段,驳斥资产阶级攻击共产党人要消灭一切教育的谬论。马克思、恩格斯强调,共产党人绝不是要消灭一切教育,而是要消灭资产阶级的教育,因为这种教育对绝大多数人来说是把人训练成机器。资产阶级的教育观念和资产阶级关于自由、法等的观念一样,都是资产阶级所有制关系的产物,是资产阶级意志的表现。马克思、恩格斯还进一步指出物质利益对思想观念的决定作用,强调资产阶级的利己观念使他们把自己的生产关系和所有制关系看作永恒的自然规律,谈到古代所有制、封建所有制是历史性的,必然灭亡的,资产阶级能够理解,而谈到资产阶级所有制的历史性时,资产阶级却无法理解,这无非是资产阶级竭力维护自身利益的做法。

---

① 《马克思恩格斯文集》(第二卷),人民出版社,2009年,第46页。

第40~46段，马克思、恩格斯继续驳斥资产阶级诬蔑共产党人要消灭家庭的谬论。

他们指出，在资本主义社会里，只有资产阶级的家庭才以充分发展的形式存在着，而无产者的家庭却遭到了破坏。此外，资产阶级家庭以私有财产为基础，充斥着丈夫对妻子，父母对子女的剥削。可见，正是资本主义本身破坏了家庭及教育，而共产党人则要消灭资产阶级所造成的这种不合理的家庭关系。

最后，在第47~52段，马克思、恩格斯驳斥资产阶级诬蔑共产党人要实行公妻制的谬论。

他们指出，资产者是把妇女当作单纯的生产工具来看待的，资产阶级实行的正是伪善掩蔽的公妻制，这是以私有制为基础的阶级社会的产物。共产党人要消灭资本主义生产关系，必然也要消灭旧的不合理的婚姻关系，改变妇女所处的这种不公正的地位。

其三，批驳资产阶级诬蔑共产党人要取消祖国和民族的说法。

第53~58段，马克思、恩格斯强调"工人没有祖国"①。这是因为，在资本主义社会里，阶级矛盾是最为主要和最为根本的矛盾，同时，资产阶级对政治权力的垄断也表明，国家不过是资产阶级借以维护自身统治的工具，是压迫工人的力量，因此工人没有属于自己的国家。此外，随着世界市场的建立和工业生产的发展，各国人民之间的民族分隔和对立日益消失，而无产阶级的统治将使之更快消失，各国无产阶级的联合行动是其获得解放的首要条件之一。所以，国家和民族的消失是人类社会发展的必然趋向，当阶级剥削和对立最终被消灭，国家将归于消亡，民族将走向融合。

第59~67段，马克思、恩格斯回击资产阶级从宗教、哲学等一切意识形态

---

① 《马克思恩格斯文集》（第二卷），人民出版社，2009年，第50页。

方面对共产党人的责难。

马克思、恩格斯首先根据唯物史观的基本原理,指出任何一个时代的统治思想始终都不过是统治阶级的思想。资产阶级从宗教、哲学等意识形态方面对共产党人的责难都只是为了维护自身统治和利益,这些意识形态也都是历史的、暂时的。在正面批判后,马克思、恩格斯更为深入地分析了这些意识形态的成因和共同本质——以往社会的历史都是在阶级对立中运动的,阶级剥削是其共有的事实;因此,以往的社会意识都具有阶级对立和阶级剥削的共同形式。这些意识形态,只有当阶级对立完全消失的时候才会完全消失。

最后,马克思、恩格斯指出共产主义革命就是要实现两个"最彻底的决裂"①。共产主义革命要同"传统的所有制关系"——资本主义私有制及一切私有制关系,实行最彻底的决裂,建立生产资料公有制。同时,在此过程中同"传统的观念"——反映和维护私有制的观念实行最彻底的决裂。

3. 第68~86段,阐述通往共产主义,实现无产阶级历史使命的道路和共产主义的基本特征

实现共产主义的基本图景:第一步,争得政权,实施人民主权和民主——对国家机器进行改造。第二步,利用这个国家机器进行经济改造,从而消灭阶级和存在阶级对立的旧社会,实现人的自由全面发展。具体分为2小节:

其一,第68~84段,马克思、恩格斯描述了实现共产主义的道路。工人革命的第一步是使无产阶级上升为统治阶级,争得民主。此后,无产阶级将利用自己的政治权力,一步一步地夺取资产阶级的全部资本,建立生产资料公有制,以便尽可能快地增加生产力的总量,大力发展生产力。针对后一任务,马克思、恩格斯还根据当时最先进国家的情况,提出了十条变革生产方

---

① 《马克思恩格斯文集》(第二卷),人民出版社,2009年,第52页。

式、发展生产力的过渡性措施。从这样的顺序也可以看到,马克思在理论上坚持认为社会革命比政治革命更基础,而在实践上,马克思认为政治革命先于社会革命,而不是社会革命先于政治革命。反而是伯恩施坦等多数德国社会民主党人固守社会革命先行的观点,后来托洛茨基、陈独秀也持"二次革命"论,并遭遇失败。这是因为,理论与现实间必然存在张力,这种张力要求马克思主义者必须一切以实际条件为转移,灵活地运用马克思主义,而非僵硬地将之视作教条。

此外,相较于后来被马克思、恩格斯认为"没有特别的意义"①的十条过渡性措施,马克思、恩格斯在这里所初步阐发的无产阶级专政思想为后续社会主义实践提供了重要思想资源。列宁读到此处时曾指出:"在这里我们看到马克思主义在国家问题上一个最卓越最重要的思想即'无产阶级专政'(马克思和恩格斯在巴黎公社以后开始这样说)这个思想的表述,其次我们还看到给国家下的一个非常引人注意的定义,这个定义也属于马克思主义中'被忘记的言论':'国家即组织成为统治阶级的无产阶级。'"②

其二,第85~86段,共产主义社会的基本特征。共产主义要求全部生产资料集中在联合起来的个人手里,归全体社会成员联合占有,共同使用。由于消灭了个别人对生产资料的垄断以及劳动与生产资料的分离,阶级差别也将消失,公众权力也因此失去政治性质,因而不再是阶级压迫的工具,而是转变为从事社会管理的角色。无产阶级消灭阶级本身存在的条件后,自身的阶级统治也归于消亡。共产主义社会将是每个人自由发展为一切人自由发展的条件的联合体,这是真正的共同体。

---

① 《马克思恩格斯文集》(第二卷),人民出版社,2009年,第5页。
② 《列宁选集》(第三卷),人民出版社,2012年,第129~130页。

（三）社会主义的和共产主义的文献

马克思、恩格斯在这一部分运用唯物史观的基本原理和阶级分析方法，对当时流行的各种社会主义思潮进行了剖析，指出它们产生的社会历史条件，揭示它们的主要内容和错误本质，分析它们对工人运动的负面影响，并划清了科学社会主义与其他各种社会主义思潮的界限。这部分文字共56段。

1. 第1~34段，批判反动的社会主义

这一节包括3个方面的内容。

其一，第1~10段，批判封建的社会主义。

马克思、恩格斯首先在第1段分析封建的社会主义产生的原因。被资产阶级打败的封建贵族由于无力再进行复辟的政治斗争，无法再公开谈论复辟的老调，便以同情工人的面目出现，写些抨击资产阶级统治的作品来宣泄自己的怨愤。由此，便产生了封建的社会主义。

马克思、恩格斯接着在第2~8段揭露封建的社会主义的实质。封建的社会主义控告资产阶级的主要罪状，是在资产阶级的统治下产生并发展起来一个将把整个旧社会制度炸毁的革命的无产阶级，所以它同情无产阶级是假，反对无产阶级革命是真。马克思、恩格斯指出，当无产阶级不能独立进行革命时，可以跟随资产阶级进行革命，共同反对封建势力，此后再积蓄力量，开展无产阶级革命以夺取政权，进而建立新的社会制度。

最后，在第9~10段，马克思、恩格斯指出，僧侣的社会主义同封建的社会主义在本质上是一样的。前者不过是给基督教禁欲主义涂上一层社会主义的色彩、给封建贵族的怨愤洒上一些圣水罢了。

其二，第11~17段，批判小资产阶级的社会主义。

第11~13段，马克思、恩格斯分析了小资产阶级社会主义的成因。随着资本主义扩张所造成的普遍竞争使大批小资产者走向破产,一些小资产阶级著作家开始批判资本主义制度,宣扬小资产阶级的利益和诉求。

第14~17段,马克思、恩格斯概括了小资产阶级社会主义的基本观点。这种社会主义非常透彻地分析了资本主义生产关系中的矛盾,抨击了资本主义制度带来的各种社会弊端,提出了变革资本主义的要求,这是其积极的方面。同时,小资产阶级社会主义也有反动的一面。这种社会主义学说或者企图恢复旧的生产和交换方式以及旧的所有制关系,或者企图把现代的生产和交换方式硬塞到已经被突破的旧的所有制关系的框子里去,这都是妄图使历史发生倒退的做法,因而最终只能变成一种怯懦的悲叹。

其三,第18~34段,批判德国的或"真正的"社会主义。

"真正的社会主义"是由赫斯创立,并由格律恩、克利盖等人加以漫画式发展的一种反动的社会主义学说。赫斯(1812—1875)凭借在1837年《人类的圣史》(麦克莱伦认为,它是德国第一部共产主义文献)、1841年《欧洲三头政治》中对巴贝夫空想社会主义、三大空想社会主义和蒲鲁东社会主义学说的批判而崭露头角。1841年夏,赫斯结识马克思,加入青年黑格尔派,1843年发表《行动的哲学》,先于马克思进入社会主义团体,与卢格筹划《德法年鉴》;同年8月,赫斯前往巴黎,并于1844年初发表《论货币的本质》,1845年创立"真正的社会主义"学说,具有鲜明的人本主义倾向。恩格斯认为,在这一时期,赫斯站在与马克思相同的地平线上。1845年秋,赫斯参与《德意志意识形态》第二卷的部分写作。1846年,赫斯受马克思与魏特林决裂的影响而脱离马克思。他晚年加入德国社会民主党,1862年所发表的《罗马与耶路撒冷》使其成为19世纪后半叶犹太复国主义先驱。赫斯与青年恩格斯一起,对马克思经济学转向产生了重要影响。前者起初用费尔巴哈哲学为社会主义提供哲学论证,后来逐渐转向经济学,尝试把费尔巴哈哲学与蒲鲁东的社会主义结合起来,开创"科学共产主义"。

随着马克思、恩格斯深入现实生活当中从而超越人本主义,他们与赫斯之间的理论分歧就成为根本性的了。因此,面对格律恩、克利盖等人仍在宣扬赫斯的"真正的社会主义"时,马克思、恩格斯自然要对其进行激烈批判,这也是马克思、恩格斯澄清自己的观点与赫斯的观点间的本质区别的重要方式。正如马克思、恩格斯所言:"赫斯的东西虽然已经带有非常模糊的和神秘主义的性质,但是最初——在'二十一印张'上——得到了一定程度的承认,它只是由于有人在它已经陈旧了的时候还在'德国公民手册'、'新轶文集'和'莱茵年鉴'上不断地加以重复,因而才变成了枯燥的和反动的东西。"①

值得注意的是,"真正的社会主义"至今仍然有一定的影响。艾伦·伍德在1989年发表的《新社会主义》中,用"新的真正的社会主义"来讽刺拉克劳、墨菲等人标榜继承马克思主义,实则脱离经济状况来划分阶级的做法,并认为他们使马克思主义脱离了工人阶级。

在具体内容方面,马克思、恩格斯同样首先分析"真正的"社会主义的来源,指出"真正的"社会主义是德国的小资产阶级思想家照搬法国社会主义学说的产物。然而他们却没有看到法国社会生活条件和阶级斗争状况和当时的德国是很不相同的。

接着,第22~29段,马克思、恩格斯指出"真正的"社会主义的荒谬性和反动性。德国的小资产阶级思想家用唯心主义词句来曲解法国的社会主义学说,使之完全脱离了现实,失去阶级性、革命性和实践意义,变成抽象的荒谬的空谈。与此同时,"真正的"社会主义对德国资产阶级反对封建统治的民主革命要求大加诅咒,煽动人民群众反对资产阶级民主革命运动,以起到维护封建专制统治的反动作用。因此,"真正的"社会主义并不代表工人阶级

---

① 《马克思恩格斯全集》(第三卷),人民出版社,1960年,第580页。

的利益。它所宣扬的抽象的"人性"和超阶级的"爱"只是对无产阶级的一种麻醉剂,是德国专制政府用来镇压工人起义的"毒辣的皮鞭和枪弹的甜蜜的补充"①。

最后,马克思、恩格斯在第30~34段揭示出"真正的"社会主义的阶级基础。"真正的"社会主义代表的是德国小市民的利益,而德国的小市民则是维护封建制度存在的社会基础。

2.第35~42段,剖析保守的或资产阶级的社会主义

这两种资产阶级的社会主义对无产阶级都具有欺骗性。一个是包括蒲鲁东在内的要消除资本主义的弊端,同时又保留资本主义的流派;另一个是主张对资本主义实行改良的一派。实际上,二者本质上都是为资产阶级辩护的改良主义派别。这类主张改良的资产阶级社会主义也是恩格斯晚年和列宁的主要批判对象。具体内容分3小节:

其一,第35~37段,马克思、恩格斯分析资产阶级的社会主义的成因,指出它是一些资产阶级改良家,针对资本主义社会的种种弊病,开出各种的药方以保障资产阶级社会生存的产物,这就揭示出这种社会主义并不代表工人阶级的利益,它是资产阶级维护自身利益的产物。

其二,第38~39段,马克思、恩格斯从理论与实践双重维度揭示出资产阶级的社会主义的实质。从理论上看,资产阶级的社会主义是矛盾的、荒谬的。它想消除资本主义社会的弊病,却又要保存造成这些弊病的社会根源。这种社会主义只有在它变成纯粹的演说辞令时,才获得自己适当的表现。从实践上看,资产阶级改良主义者把资本主义社会看作最美好的世界,以这种观念为基础制定改良方案,并要求无产阶级按他们的方案去做,这样似乎就可以进入新的"天堂"了。但实际上他们不过是要求无产阶级停留在现今

---

① 《马克思恩格斯文集》(第二卷),人民出版社,2009年,第59页。

社会,并抛弃自身关于这个社会的可恶的观念。资产阶级的社会主义归根结底就是要使工人阶级厌恶并放弃革命活动,从而达到维护资产阶级统治的目的。只是在方法上不再采用强制和暴力,而是寻求细小的变革和改良以缓和阶级矛盾。

其三,第40~42段,马克思、恩格斯正面揭穿资产阶级的社会主义的虚伪性和欺骗性。资产阶级的社会主义不可能根本解决资本主义社会的弊病,但作为一种欺骗工人阶级的花言巧语却是很适当的。它把资产阶级所进行的一切剥削、压迫工人阶级的活动,都说成是为了工人阶级的利益,这是一种虚伪的、具有欺骗性的宣传。

3.第43~56段,对批判的空想社会主义和共产主义进行评述

通过对前一部文献《社会主义从空想到科学的发展》的学习,我们对空想社会主义已经比较熟悉。而继续阐发《共产党宣言》中马克思、恩格斯对空想社会主义的批判则有助于我们更为深入地把握他们对空想社会主义认识的成熟过程,有助于我们整体理解马克思主义思想史。

早期的空想社会主义和共产主义思想的核心内容是倡导普遍的禁欲主义和粗陋的平均主义,它们的历史进步意义同社会发展、无产阶级革命斗争的展开成反比,因而必然走向反动。到了19世纪初叶,资本主义经济在西欧一些国家有所发展,社会矛盾进一步显露。这时产生了以圣西门、傅立叶、欧文为代表的批判的空想的社会主义和共产主义,但由于无产阶级尚未成熟,无产阶级反对资产阶级的斗争还处在自发阶段的历史条件限制,以及他们本身的生活状况,三大空想社会主义者不懂得资本主义必然灭亡、社会主义必然胜利是社会发展的客观规律,也不懂得无产阶级在社会革命中的主体作用,因而只能停留于空想。但马克思、恩格斯也客观地指出,批判的空想的社会主义和共产主义文献在历史上有其进步意义。他们无情地批判了资本主义社会的全部基础,提供了启发工人觉悟的宝贵材料。同时,他们对

未来社会的描绘对建设共产主义社会也具有借鉴意义。具体内容分4小节。

其一，马克思、恩格斯在第43~45段概述批判的空想的社会主义的产生与发展。早在17~18世纪，资产阶级刚刚推翻封建社会的时期，就出现了表达无产阶级的要求、反映早期无产阶级运动的空想社会主义理论。这种理论虽然具有一定的革命意义，但它宣扬禁欲主义和粗陋的平均主义，因而本质上是反动的。不仅如此，其反动性质还体现在对人的个性发展的限制上。马克思早在《1844年经济学哲学手稿》中就指出："这种共产主义——由于它到处否定人的个性—— 只不过是私有财产的彻底表现，私有财产就是这种否定。普遍的和作为权力而形成的忌妒，是贪欲所采取的并且只是用另一种方式使自己得到满足的隐蔽形式。任何私有财产，就它本身所产生的思想，至少都对于比自己更富足的私有财产都含有忌妒和平均主义欲望，这种忌妒和平均主义欲望甚至构成竞争的本质。粗陋的共产主义不过是充分体现了这种忌妒和这种从想像的最低限度出发的平均主义。他具有一个特定的、有限制的尺度。对整个文化和文明的世界的抽象否定，向贫穷的、需求不高的人——他不仅没有超越私有财产的水平，甚至从来没有达到私有财产的水平——的非自然的简单状态的倒退，恰恰证明对私有财产的这种扬弃决不是真正的占有。"①在《德意志意识形态》中，马克思再次强调，共产主义必然建立在社会生产力高度发达的基础之上，否则只会存在极端贫困，全部陈腐污浊的东西又要死灰复燃。可以说，对于马克思而言，建立共产主义的最终目的是实现人的自由全面发展，而执着于对物的平均分配的早期空想社会主义忽视了从事劳动的人本身，因而必然是需要加以批判与摒弃的。其二，马克思、恩格斯在第46~52段揭示出批判的空想的社会主义的理论缺陷。

---

① 《马克思恩格斯文集》（第一卷），人民出版社，2009年，第183~184页。

到了19世纪初,无产阶级与资产阶级间的斗争催生了圣西门、傅立叶和欧文批判的空想社会主义。这种空想社会主义具有体系性的特征,将社会革命活动等同于自己的发明活动,力图从头脑中创造出一套完美的社会制度,并号召全社会加入他们的社会改革方案。

他们看不到无产阶级的历史主动性,即它的先进性和革命性,只是把无产阶级当作一个受苦最深的阶级而加以同情。他们主要向统治阶级呼吁改善社会一切成员的生活状况。因此,他们也不主张开展政治变革活动,尤其是拒绝一切革命行动;幻想通过和平改造的途径达到自己的目的,并为之搞了一些小型的、当然不成功的试验,历史变革发展似乎只要通过宣传和实施他们的社会计划就能实现。

当然,马克思、恩格斯并不认为上述局限根源于个人的思维缺陷,相反,他们站在唯物史观的立场上指出这些局限是为那个时代的历史状况所决定的。资本主义工业的不成熟,无产阶级组织上的分散和阶级斗争的不发展必然使那个时代的空想社会主义者看不到无产阶级解放的物质条件及无产阶级的历史主动性,因而只能到头脑中去探求某种社会科学、社会规律,以便创造这些条件。

其三,马克思、恩格斯在第53段指出批判的空想的社会主义的历史功绩。这种社会主义对资本主义制度进行了深刻的揭露和无情的批判,提供了激起无产阶级觉悟的极为宝贵的材料。同时,他们对未来社会提出的许多主张和设想,虽然脱离当时社会发展的实际因而最终成为空想,但对于未来的共产主义社会来说,是富有远见,并且具有借鉴意义的。

其四,马克思、恩格斯揭示出批判的空想的社会主义的前途命运。批判的空想的社会主义和共产主义的意义,是同历史的发展成反比的,随着无产阶级对资产阶级斗争的不断发展,它越来越失去指导实践的现实意义和理论根据。这些体系的创始人在许多方面是革命的,但是他们的信徒无视无产阶级的历史进展,还是死守着老师们的旧观点不放,逐步沦为阻碍工人运动发展的反动宗派。

(四)共产党人对各种反对党派的态度

马克思、恩格斯在这部分通过论述共产党人对各种反对党派的态度,阐明了共产党的行动纲领,为共产党人开展斗争指明了道路。具体内容可以分为3节。

1. 第1~7段,说明共产党人对各种反对党派的态度、政治斗争策略

共产党人必须把无产阶级的当前利益与长远利益结合起来,在政治斗争中把原则的坚定性与策略的灵活性结合起来。共产党应当联合并支持各种反对党派开展革命行动,这些反对党派包括一切反对现存社会制度和政治制度的民主政党。除其他工人政党,如英国宪章派和北美土地改革派外,还包括小资产阶级政党、资产阶级民主主义政党以及争取民族解放的政党等。但是在联合过程中,共产党人要始终教育工人尽可能地意识到资产阶级和无产阶级的敌对的对立,使工人坚定阶级立场,以便在推翻封建阶级后,立刻投入反对资产阶级的斗争当中。

2. 第8~10段,提出共产党人革命斗争的基本原则

马克思、恩格斯强调要坚持不断革命,把资产阶级民主革命转变为社会主义革命。他们分析了当时德国的革命形势,认为德国处在资产阶级革命前夜,共产党人要把自己的主要力量集中在德国,德国无产阶级应积极参加本国的资产阶级民主革命,并在胜利后,将资产阶级民主革命胜利及时转变为社会主义革命。当然,后来1848年德国革命的失败表明,德国资产阶级革命是无产阶级革命的直接序幕这一论断未能实现,他们对当时德国革命形势估计过于乐观,这一点也反映在马克思、恩格斯晚年的一系列论述中。

马克思、恩格斯还进一步阐发了共产党人开展革命斗争的具体策略:共产党人到处都支持一切反对现存的社会制度和政治制度的革命行动,在所有革命运动中,共产党人都强调所有制问题是运动的基本问题,不管这个问题的发展程度怎样,共产党人到处都努力争取全世界民主政党之间的团结和协调。

3.最后,阐发统一战线思想

马克思、恩格斯倡导团结和争取国内外同盟者,建立广泛的统一战线,以暴力革命的形式孤立和打击最主要的敌人——资产阶级,推翻全部现存的社会制度,建立共产主义,实现人的解放。最后两段,马克思、恩格斯以无产阶级革命家的伟大胸怀,用铿锵有力的语言向全世界庄严宣告:

> 共产党人不屑于隐瞒自己的观点和意图。他们公开宣布:他们的目的只有用暴力推翻全部现存的社会制度才能达到。让统治阶级在共产主义革命面前发抖吧。无产者在这个革命中失去的只是锁链。他们获得的将是整个世界。
>
> 全世界无产者,联合起来!

第四节 著作研究

《共产党宣言》问世近两百年来,一直是全球最具影响力的政治文献之一。正如恩格斯自己所言,它是全部社会主义文献中传播最广和最具有国际性的著作,是从西伯利亚到加利福尼亚的千百万工人公认的纲领。列宁则凝练地概括出《共产党宣言》的核心思想,并给予高度评价:"这部著作以天才的透彻而鲜明的语言描述了新的世界观,即把社会生活领域也包括在内的彻底的唯物主义、作为最全面最深刻的发展学说的辩证法以及关于阶级斗争和共产主义新社会创造者无产阶级肩负的世界历史性的革命使命的理论。"①可以说,《共产党宣言》不仅是马克思主义的奠基之作,也是国际共产主义运动的重要指南。在世界范围广泛传播的过程中,各种不同语言文字的研究成果浩如烟海,涵盖政治学、经济学、历史学和文化研究等多个领域。不仅如此,学界对《共产党宣言》的研究并未拘泥于文本本身,而是随时代条件的变革与发展不断对之加以新的阐释与扩展,赋予其以时代特征与丰富内涵。《共产党宣言》研究的持续进展体现出前者作为一部政治宣言的深远意义,这些新研究的不断涌现证明《共产党宣言》经久不衰的理论价值和实践意义。

一、第二国际对《共产党宣言》的解读与研究

马克思、恩格斯逝世后,第二国际内部政治立场与理论观点出现分化,理论家们结合自身不同的政治主张对《共产党宣言》展开解读与诠释,这在客观上推动了《共产党宣言》研究多样化的同时,也在很大程度上混淆、曲解了《共产党宣言》的核心思想。

例如,伯恩施坦为自己的修正主义辩护,将《共产党宣言》贬低为"为科学的社会主义这一名称进行辩护的纪念性作品"②,并提出当前资本主义出现的新变化证明了《共产党宣言》对资本主义所作的"预言"与"现实"之间相去甚远,只有极个别的事例能够用科学的方式证明科学的社会主义,但就资本主义发展的整体而言,证明不了科学的社会主义。由此,伯恩施坦还特别对"两个必然"进行修正,认为社会革命只有通过渐进性的改良才能最终实现。

---

① 《列宁选集》(第二卷),人民出版社,2012年,第416页。

② 陈学明、朱南松:《评伯恩施坦修正主义路线的形成及其教训——对伯恩施坦在恩格斯逝世后发表在〈新时代〉上的几篇文章的探讨》,《马克思主义与现实》,2007年第5期。

面对伯恩施坦对《共产党宣言》的歪曲,考茨基积极展开驳斥。在1898年11月3日所写的,载于《新时代》第11卷第1册第7期的私人启示中,考茨基强调,虽然在《共产党宣言》和《资本论》写作时还只是潜在的资本主义的特征已经在当代成为事实,因而使我们有必要重新检验和修正我们的观点,但是这并不意味着需要认同伯恩施坦在进行重新检验时采用的方法和得出的结论。在考茨基看来,随着资本主义的发展,虽然《共产党宣言》的某些具体论断变得不合时宜了,但其基本原理仍然具有现实意义,需要继续坚持与捍卫。

拉布里奥拉也强调《共产党宣言》的科学性,认为其是无产阶级运动与现代社会主义的新开端,阐释了一种新的哲学体系,即批判的共产主义,"批判的共产主义……通过同旧世界的对立来批判现代社会,因为它只着眼于未来"[①]。批判的共产主义,作为一种深刻的社会理论,立足历史唯物主义对现存社会进行全面而细致的考察与批判,它不仅揭示社会发展的历史规律,更指明无产阶级运动的方向和未来目标,即实现由必然王国向自由王国的伟大飞跃。首先,它强调社会发展的客观规律性和人的主观能动性,认为历史的发展是以社会的改造为基础的。在这个过程中,人类通过利用客观规律,在劳动实践中不仅创造了历史,还构建了生存和发展的人为环境和条件,这种不断积淀的实践成果,正是历史唯物主义所强调的人的主体作用的体现。其次,批判的共产主义以政党的意志出现,立足现存社会,对无产者与社会需求的真实关系进行了深入的剖析。它站在无产阶级的立场上,为无产阶级辩护,并以科学的理论为工人运动指明了方向。

梅林则不仅关注《共产党宣言》内容上的科学性,而且对《共产党宣言》的语言、文体进行了专门研究。在评价《共产党宣言》时,梅林特别提到文体

---

① [意]安东尼奥·拉布里奥拉:《关于历史唯物主义》,杨启潢等译,人民出版社,1984年,第3页。

形式的创造性,认为其以宣言的形式呈现,使得自身在传播上更具优势,更易于被工人阶级所接受。在语言方面,梅林则强调,马克思在《共产党宣言》中通过形象化的语言,如以"幽灵"隐喻共产主义,既体现了当权者对共产主义的恐惧和憎恨,又暗示共产主义者同盟的无所不在,这种修辞具有强烈的视听效果和轰动效应。

二、苏联学界对《共产党宣言》的翻译与引介

如前所述,早在俄国十月革命前,面对第二国际对《共产党宣言》的误解与歪曲,列宁、普列汉诺夫等人就积极对其展开驳斥,不断通过揭示资本主义社会中出现的新现象的本质来验证《共产党宣言》的科学性。随着俄国十月革命取得胜利,社会主义政权的成功建立激发起苏联学界进一步深入研究《共产党宣言》的理论兴趣,学者们更为深入地对《共产党宣言》的形成过程及马克思、恩格斯在写作过程中所扮演的角色进行了文献学考察,为全面理解《共产党宣言》提供了新的视角。

《共产党宣言》的第一个俄文译本由巴枯宁翻译,于1869年问世。1882年,由普列汉诺夫翻译、恩格斯作序的第二个俄文全译本在日内瓦出版。对于这个译本,恩格斯曾给予高度评价,认为它是看到的"所有译本中最好的译本"[1]。1923年恰逢《共产党宣言》发表75周年,由于当时苏联学界普遍认为"尽管普列汉诺夫译本与巴枯宁译本在性质上根本不同,是科学的俄译本的始祖,但仍有许多歪曲马克思恩格斯思想的地方"[2],因而梁赞诺夫在普列汉诺夫译本的基础上,对《共产党宣言》进行修订,对脚注、评注和附录进行

---

① 《马克思恩格斯全集》(第36卷),人民出版社,1975年,第46页。

② 姚颖:《〈共产党宣言〉重要俄文版比较研究》,《高校理论战线》,2012年第6期。

了新的补录与修改,并重新作了序言。其中,梁赞诺夫特别提到理解《共产党宣言》的方法,认为只有借助相关的历史文献,进入《共产党宣言》所产生的那个历史时代,才能深入理解其核心思想。

此后,苏联学界还先后出版阿拉多茨基版、马恩列研究院编译版和100周年纪念版《共产党宣言》。其中,马恩列研究院编译版特别在翻译中使用大量列宁的表述,即使"列宁的著作中没有字对字的直译,也必须尽量利用他间接反映和发展《宣言》基本思想的译法"①。苏联解体、东欧剧变后,俄语学界仍然没有停止《共产党宣言》的研究和翻译工作。巴加图利亚于2007年出版其翻译的俄文版《共产党宣言》,并将《共产主义信条草案》收录其中。同时,他对《共产主义信条草案》的评价,以及对其与《共产党宣言》理论关系的分析也成为引起学界争论的重要话题。

三、西方马克思主义的阐发与拓展

与苏联对《共产党宣言》的研究逐渐凸显意识形态性质,进而走向僵化不同,西方马克思主义则尝试结合资本主义的新变化来重新理解阐发《共产党宣言》。其中虽然有许多值得商榷之处,但总体上看,这些研究对于深入理解《共产党宣言》,增强《共产党宣言》的当代解释力具有重要的启示意义。

卢卡奇在《历史与阶级意识》中挖掘《共产党宣言》的文化批判指向,在一定程度上形塑了西方马克思主义的整体研究特征。他强调,"《共产党宣言》指出,资产阶级制造了它自己的掘墓人,这一点不但在经济上是正确的,而且在意识形态上也是正确的"②。在此基础上,卢卡奇提出,资产阶级一方

---

① 姚颖:《〈共产党宣言〉在俄国十月革命前的传播史述要》,《马克思主义与现实》,2010年第6期。

② [匈]卢卡奇:《历史与阶级意识》,杜章智等译,商务印书馆,2009年,第127页。

面赋予个性以前所未有的意义的同时,又通过商品生产建立起来的物化和个人主义的经济条件取消了任何一种个性,这一矛盾是资本主义意识形态矛盾的典型表现。萨特则高度重视《共产党宣言》中的人学因素,认为这为资本主义批判提供了立足点。他强调,人道主义是贯穿于马克思思想发展始终的线索,并要求挖掘蕴含于《共产党宣言》等著作中的"人学"。

与之相反,阿尔都塞关注《共产党宣言》所揭示出的阶级对立,并强调社会革命的必要性。他认为,《共产党宣言》与《资本论》中对政治意识形态的分析,以及对社会结构的整体把握与前期著作中普遍弥漫的抽象的人道主义观念存在根本区别,并将这种区别归结为青年马克思与思想成熟时期马克思间的"认识论断裂"。

还有学者更为具体地对《共产党宣言》中的世界历史理论、无产阶级革命理论等进行阐发。例如,霍布斯鲍姆认为,《共产党宣言》所描述的资本主义为自身创造出的世界就是对当今世界的科学预见。伍德发表《150年后的共产党宣言》,在延续《共产党宣言》的基本逻辑的同时,根据新自由主义特征,对当代工人的阶级斗争形式作了系统分析。戴维·哈维还阐发了《共产党宣言》中的空间正义思想,认为《共产党宣言》通过对资本主义空间扩张的批判,探讨了资本主义如何在不同地理区位复制其生产方式,以及无产阶级利用资本主义的空间扩张联合起来,发动革命的愿景。[①]同时,哈维认为,现代资本主义在扩张的同时又不断地通过地缘政治来分隔无产阶级,这使得无产阶级的联合更加难以实现。因此,在阐发《共产党宣言》中的革命思想时,必须留意当代资本主义的新特征。

当代国外学者从历史背景、文学修辞、理论结构等多视角进行了开阔的

---

① [美]戴维·哈维、郐建立:《马克思的空间转移理论——〈共产党宣言〉的地理学》,《马克思主义与现实》,2005年第4期。

探讨。有人研究马克思恩格斯撰写《宣言》时的经济和社会条件,例如曼彻斯特棉纺织业的发展对他们关于资本主义经济发展的分析产生了重要影响。①阿明从《宣言》的当代相关性方面研究了其对资本主义的批判如何与当代全球性问题,如经济不平等和全球化产生共鸣。②还有人把《宣言》置于更广泛的文学传统中,突出其文体和传播特点,通过世界文学的视角分析其中的叙述结构和修辞策略。③

总之,西方马克思主义普遍将《共产党宣言》作为资本主义批判的重要思想来源,并根据时代条件的新变化、新发展,积极挖掘、阐发其内涵,在一定程度上丰富了《共产党宣言》的内容,拓宽了相关研究的问题域。但是也要注意,这些研究也会存在曲解、误读马克思原意之处,甚至为了宣扬自己的主张与学说,将《共产党宣言》作为注脚。因而,需要加以甄别,从而批判性地借鉴与吸收。

四、国内学界的探究

国内学界对《共产党宣言》的研究主要分为五四运动以前、新民主主义革命时期、新中国社会主义建设时期与改革开放后四个时期。其中,前三个时期主要以翻译、介绍为主,改革开放后,国内学界的研究则呈现出多样化、独立化、不断深入的趋势。从数量上看,仅从中国知网查到的冠含"共产党宣言"篇名的论文就有3822篇(至2024年12月10日止),而在中国国家图书馆官网检索,则有18000余条目之多。受篇幅所限,这里仅对近几年的相关研

① George R. Boyer, The Historical Background of the Communist Manifesto, *Journal of Economic Perspectives*, 1998(4).

② Samir Amin, The Communist Manifesto, 170 Years Later, *Monthly Review*, 2018(5).

③ Aijaz Ahmad, The Communist Manifesto and "World Literature", *Social Scientist*, 2000(7/8).

究进行简要的文献综述,为读者提供一个参考。

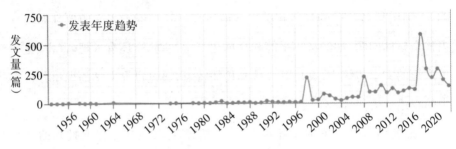

图2.1　中国知网以含"共产党宣言"为篇名的文献发表总体趋势图

在系统掌握马克思主义经典著作核心立场与基本观点的基础上,进一步挖掘其当代价值与实践意义是马克思主义研究的一条基本路径。近年来,学界在更为深入地阐发《共产党宣言》核心思想的同时,结合中国具体实际,不仅努力在《共产党宣言》中寻求解决新时代中国特色社会主义建设所遇到的实际问题的思想启示,而且在这一过程中实现了对《共产党宣言》的创新性阐释,使《共产党宣言》焕发出新的理论生命力。

其一,阐发《共产党宣言》对资本主义社会的科学批判。例如张双利认为,《共产党宣言》对资本主义进行了历史性和原则性的双重批判,不仅揭示了资本主义社会的历史起源和本质特征,[1]而且指出资产阶级社会的自我矛盾,必然使资本主义走向自我否定,为共产主义敞开道路。杨振闻认为,《共产党宣言》对资本主义的批判体现出马克思、恩格斯对无产阶级深切的价值关怀。[2]陈学明则强调,《共产党宣言》不仅包含着对资本逻辑的批判,而且蕴含着对资本主义生活方式的反思与超越。[3]马克思、恩格斯通过批判为人

---

[1]　张双利:《论〈共产党宣言〉对资本主义的批判》,《探索与争鸣》,2018年第5期。

[2]　杨振闻:《〈共产党宣言〉中的价值哲学》,《求索》,2018年第3期。

[3]　陈学明:《重新审视〈共产党宣言〉的当代意义》,《探索与争鸣》,2012年第11期。

类构建起了一个意义世界,为人类指明了前进目标,告诉人类究竟应当走向何处。在当代,研究《共产党宣言》不仅要准确把握其对资本主义社会弊病的揭示,更要在这种揭示中理解马克思对人类生存意义的思考,从而建立起符合人的价值的理想社会。

其二,明确无产阶级在革命中的主体地位。《共产党宣言》对无产阶级在革命中的主体地位的强调具有里程碑式的意义。例如蓝江认为,《共产党宣言》中关于无产阶级主体地位的论述与《德意志意识形态》之间存在逻辑上的承继,马克思的无产阶级革命理论是马克思思想演进成熟的重要成果。①马拥军则结合《共产党宣言》发表时的历史背景,提出《共产党宣言》的核心思想就是阶级斗争理论,无产阶级与资产阶级展开的阶级斗争是使社会摆脱资本主义的束缚,继续发展的根本动力。②杨宏伟还进一步讨论了无产阶级联合的问题。在他看来,《共产党宣言》通过对资本主义生产方式的批判,揭示了无产阶级在革命中走向联合的客观要求。无产阶级联合是大工业发展的必然结果,是无产阶级开展革命斗争的必要条件,只有将无产者组织成为阶级,他们才能够成为革命的主体,实现人类解放的理想。③可见,学者们已经对无产阶级在历史变革中的主体地位有了深刻认识。但在社会结构和生产活动日益发生变化,阶级界限逐渐模糊,阶层多样化趋势显著的今天,无产阶级概念本身亟待得到准确阐释,这是更为清晰地理解无产阶级革命主体地位,阐发无产阶级在现代社会中的革命潜能的重要前提。

其三,准确把握共产主义社会构想。对共产主义社会基本特征的提炼

---

① 蓝江:《〈共产党宣言〉与共产党人的历史使命——21世纪对〈共产党宣言〉的再解读》,《学术交流》,2018年第5期。

② 马拥军:《〈共产党宣言〉"核心的基本思想"及其时代意义》,《思想理论教育》,2018年第5期。

③ 杨宏伟:《〈共产党宣言〉中的无产阶级联合思想探赜》,《南京师大学报(社会科学版)》,2022年第3期。

概括是《共产党宣言》的另一核心内容,学者们对此给予高度重视。例如,叶汝贤深入分析了《共产党宣言》中关于个人自由全面发展的思想,并认为这是实现社会主义的最高目标和终极价值。①李惠斌对《共产党宣言》中对私有制、公有制及个人所有制问题展开解读,强调其中包含了马克思、恩格斯对未来社会组织形式可能性的论述。②吴海江与包炜杰也通过对"消灭私有制"概念的深入分析,探讨了其对中国所有制改革的启示意义。③还有学者尝试在《共产党宣言》的资本主义社会批判中挖掘建构性内容。陈红与陈晨认为,《共产党宣言》通过对资本主义的空间批判,展示了共产主义社会的空间构想。④王建明与王爱桂则根据《共产党宣言》对资本主义社会的正义批判,阐发了其中的社会正义与生态正义思想,探讨了共产主义社会的综合目标。⑤《共产党宣言》中的共产主义社会构想为中国特色社会主义建设提供了目标蓝图,但如何在世界面临百年未有之大变局的历史背景下,根据中国实际情况探索实现这一目标的现实道路是值得深入研究的课题。

其四,对《共产党宣言》的译介出版与传播的研究。《共产党宣言》在不同国家和地区得到广泛传播,并产生了深远影响,这为学者们进一步理解《共产党宣言》的理论创新与实践应用提供了丰富材料。例如,张留财等对国外学者关于《共产党宣言》的论争进行了概述,并将这些论争总结为"马克思与

---

① 叶汝贤:《每个人的自由发展是一切人的自由发展的条件——〈共产党宣言〉关于未来社会的核心命题》,《中国社会科学》,2006年第3期。

② 李惠斌:《重读〈共产党宣言〉——对马克思关于"私有制"、"公有制"以及"个人所有制"问题的重新解读》,《当代世界与社会主义》,2008年第3期。

③ 吴海江、包炜杰:《对〈共产党宣言〉中"消灭私有制"的再思考》,《马克思主义理论学科研究》,2017年第3期。

④ 陈红、陈晨:《空间维度下的资本主义批判与革命思想——基于〈共产党宣言〉文本的阐释》,《学术交流》,2017年第7期。

⑤ 王建明、王爱桂:《红色经典的绿色视野——〈共产党宣言〉中的社会正义与生态正义》,《苏州大学学报(哲学社会科学版)》,2008年第5期。

恩格斯的学术思想关系","《共产党宣言》传递的革命主题色彩","《共产党宣言》折射的社会形态发展理论","《共产党宣言》阐释的科学社会主义理论与空想社会主义的关系","《共产党宣言》蕴含的马克思主义国家学说本质","马克思恩格斯是市场社会主义者还是科学共产主义者","无产阶级是否应当组织成为政党"等7个问题。①朱美荣不仅关注到《共产党宣言》在国外展现出的旺盛生命力,而且对其所遭受的挑战进行了总结:在部分国外学者看来,《共产党宣言》的有效性受到了马克思"两大发现"的完成时间的影响,当代资本主义的新变化对《共产党宣言》的有效性提出了质疑与挑战。②

与此同时,也有大量学者关注《共产党宣言》在中国的翻译和出版过程,及其对中国的社会主义思想和实践的影响。例如,方红指出,《共产党宣言》是第一个完整译入中国的马克思主义文献,对中国共产党的成立和发展起到了重要作用。③陈红娟探讨了《共产党宣言》在中国的翻译与传播过程,强调了其在思想政治教育中的作用,指出《共产党宣言》的不同译本见证了中国共产党人不断精益求精、与时俱进的历史。④谭思蓉与苏艳通过分析五四运动时期《共产党宣言》陈望道译本的翻译过程,强调了报刊自由和高等教育对翻译项目的影响。⑤吴自选与李欣则探究了《共产党宣言》博古译本中"消灭私有财产"概念的生成和演变,指出翻译是马克思主义概念中国化的

---

① 张留财、孙来斌:《国外学者关于〈共产党宣言〉的论争》,《马克思主义研究》,2019年第4期。

② 朱美荣:《国外学者聚焦发表160周年的〈共产党宣言〉》,《当代世界与社会主义》,2008年第4期。

③ 方红:《〈共产党宣言〉重要概念百年汉译及变迁》,《外国语(上海外国语大学学报)》,2020年第6期。

④ 陈红娟:《〈共产党宣言〉在中国的翻译与传播》,《马克思主义研究》,2018年第4期。

⑤ 谭思蓉、苏艳:《五四运动前后场域博弈中〈共产党宣言〉首译本的诞生》,《中国翻译》,2022年第1期。

主要路径。①这些研究揭示了《共产党宣言》在中国的传播对于马克思主义中国化的重要作用,未来研究还可以更加深入探索这些翻译如何在不同历史阶段塑造具有中国特色的马克思主义的理论与实践。

总之,《共产党宣言》在发表之后的一百七十余年里,受到了全世界的关注,并形成了大量的研究成果。这些研究表明,《共产党宣言》在世界范围内具有深远的影响,是世界社会主义运动的科学指南,是全世界无产阶级学习领会科学社会主义的重要思想资料。始终与社会现实紧密结合,同频共振是马克思主义永葆青春的根源所在,未来应当进一步推动马克思主义在中国落地生根,在新的时代背景下实现马克思主义理论的创新发展。

---

① 吴自选、李欣:《〈共产党宣言〉博古译本的"消灭私有财产":一项概念史的考察》,《广西社会科学》,2022年第1期。

第三章 马克思《1848年至1850年的法兰西阶级斗争》研读

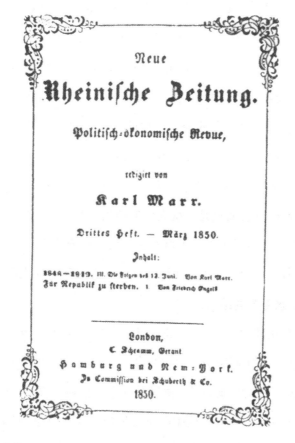

载有《1848年至1850年的法兰西阶级斗争》部分内容的
《新莱茵报·政治经济评论》封面。

第一节 著作简介

《1848年至1850年的法兰西阶级斗争》(简称《法兰西阶级斗争》)是科学社会主义的一部重要著作。恩格斯在此书的导言中,将之称为"马克思用他的唯物主义观点从一定经济状况出发来说明一段现代历史的初次尝试"。①与在此前不久的《共产党宣言》中运用唯物史观"大略地说明了全部近代史"②不同,在《法兰西阶级斗争》中,马克思运用唯物史观细致分析了1848年法国革命的原因、性质、过程和影响,并在总结历史经验的基础上,发展了关于无产阶级革命和无产阶级专政的原理——无产阶级和资产阶级之间的矛盾不可调和;法国六月起义的经验与教训表明,无产阶级要争得自身解放,就必须"推翻资产阶级",并首次提出"工人阶级的阶级专政"③论断。在马克思逝世后,这一理论曾遭到严重误解,例如,考茨基认为这是马克思唯一一次提出无产阶级专政,而且是一次失误的提出。同时,马克思还丰富和发展了社会革命理论。他通过对历史事实的分析——描述资产阶级如何破坏工人运动、剖析伟大人物的历史作用,使阶级分析法和唯物史观具象化,并最终得出无产阶级专政的结论。

《法兰西阶级斗争》与《路易·波拿巴的雾月十八日》一样,是马克思专门分析1848—1850年法国阶级斗争的革命史著作。《法兰西阶级斗争》在《马克思恩格斯全集》《马克思恩格斯文集》《马克思恩格斯选集》中都是全文收录,由此可见其在马克思主义理论中的重要地位。在马克思、恩格斯有关社会

①② 《马克思恩格斯文集》(第四卷),人民出版社,2009年,第532页。
③ 《马克思恩格斯文集》(第二卷),人民出版社,2009年,第166页。

主义政治运动的相关论述中,法国题材是独特的。恩格斯曾说,"马克思不仅特别热衷于研究了法国过去的历史,而且还考察了法国时事的一切细节,搜集材料以备将来使用。因此,各种事变从未使他感到意外"①。

在《法兰西阶级斗争》中,马克思第一次运用唯物史观来研究整整一个历史阶段。在对法国1848—1850年的阶级斗争,二月革命的原因、性质和进程的精辟分析中,马克思具体论述并进一步发展了唯物史观的一些重要原理。同时,马克思还运用阶级分析方法,研究法国的阶级结构及各阶级的经济状况对其政治态度的影响,从而科学地解释了法国这一时期重大历史事变的根源,清晰地呈现出这些事件的发展趋势,以及其中各阶级所发挥的作用。

此外,这部著作还提出了"革命是历史的火车头"②这一重要论断,丰富了马克思主义的社会革命理论。社会革命能够大大推动社会进步,加速历史的发展进程。资产阶级和无产阶级之间的对立从根本上决定了资产阶级的保守立场,他们由于惧怕无产阶级,已不愿担负起领导一切社会力量彻底消灭封建残余、实现资产阶级民主革命的历史使命。因此,只有无产阶级才是革命运动和历史发展的主要力量,才能把革命继续推向前进,这进一步丰富和发展了《共产党宣言》中提出的不断革命的思想。但是当时法国的无产阶级本身还不够壮大,它还没有能力实现自己的革命。因此,马克思实事求是地指出:"在革命进程把站在无产阶级与资产阶级之间的国民大众即农民和小资产者发动起来反对资产阶级制度,反对资本统治以前,在革命进程迫使他们承认无产阶级是自己的先锋队而靠拢它之前,法国的工人们是不能前进一步,不能丝毫触动资产阶级制度的。"③这也体现出马克思理论联系实

---

① 《马克思恩格斯文集》(第二卷),人民出版社,2009年,第469页。

② 《马克思恩格斯文集》(第二卷),人民出版社,2009年,第161页。

③ 《马克思恩格斯文集》(第二卷),人民出版社,2009年,第89页。

际的科学态度。

马克思在这部著作中还把无产阶级对社会经济进行改造的任务概括为：占有生产资料，使生产资料受联合的工人阶级支配，从而消灭雇佣劳动、资本及其相互间的关系。

特别值得注意的是，马克思在《法兰西阶级斗争》中第一次直接使用无产阶级专政这一概念来说明无产阶级"政权"的性质。马克思所说的无产阶级政权不同于资产阶级国家，后者是阶级统治的工具，而无产阶级政权只是一种特定过渡时期的政权组织形式，它的任务是消灭自身而非凌驾于整个社会之上。这是在我们理解阐发马克思国家理论时所要特别注意的问题。马克思在《法兰西阶级斗争》中强调，法国现代社会中两大阶级的斗争，特别是1848年法国六月起义失败后资产阶级对革命群众的血腥镇压，把蒙在共和国头上的一层幕布撕破了。资产阶级国家是镇压无产阶级，维护资产阶级特殊利益的工具，而无产阶级专政则是达到消灭一切阶级差别，达到消灭这种差别所产生的一切生产关系，达到消灭和这些生产关系相适应的一切社会关系，达到改变由这些社会关系产生出来的一切观念的必然的过渡阶段。

《法兰西阶级斗争》还批判了各种空想的社会主义体系，指出它们不去触动资本主义制度，幻想借助细小的手法和巨大的感伤情怀来消除阶级的革命斗争及其一切表现。

这部著作写于1848年底至1850年3月底和1850年10月至11月1日，最初标题为《从1848至1849年》，是马克思专为《新莱茵报·政治经济评论》写的系列评论文章合集而成。1895年《法兰西阶级斗争》以单行本出版，其中恩格斯专门写了导言，并增添第四章"1850年普选权的废除"，使这一评论成为一部完整的著作。

第二节 写作背景

1848年至1850年,欧洲各地爆发了一系列的革命,即所谓"欧洲春天"或"1848年革命"。其中,法国的政治、社会动荡和阶级斗争尤为显著,经历了从革命到反动的全过程,包括1848年革命爆发、第二共和国成立及随后的路易-拿破仑的"崛起"。革命浪潮反映了法国社会不同阶级之间矛盾的逐渐激化,资产阶级试图巩固自身权力并限制工人阶级的影响力,而工人阶级则力求更广泛的政治权利,改善生活条件。正是在这一历史背景下,马克思从阶级斗争的视角分析和总结1848年革命及其后果,展示了资产阶级如何最终背弃革命的理想,转而镇压起义的工人阶级和其他进步力量,以及无产阶级如何在这场斗争中成为自主的政治力量。马克思通过对这一关键历史时期中的特定历史事件背后复杂政治动态的分析,强调了阶级斗争的历史必然性和无产阶级的革命潜力,为理解资本主义社会发展趋向及其内在矛盾提供了深刻的历史洞察。

一、时代背景

1848年,一场规模宏大的革命风暴席卷了整个欧洲大陆,涉及法国、德国、意大利等多个国家,深度影响了这些国家中各个阶级、阶层和政党。显然,这场运动带有资产阶级民主革命的鲜明特征,其主要目标是解决资本主义与封建主义间的深层次矛盾,以推动资本主义继续发展。此次革命对法国的封建势力造成了重大打击,为法国资产阶级建立起自身统治铺平了道路。然而在这一进程中,无产阶级与资产阶级的矛盾也日益凸显,无产阶级开始以独立的政治姿态崭露头角。通过这次革命,无产阶级还更为深刻地认识到资产阶级的真实面目,放弃了对小资产阶级的幻想,加深了对共产主义的理解,使得马克思主义与工人运动得到了进一步融合,为未来的社会主义革命打下了坚实的基础。

对于这场具有深刻历史意义的革命运动,马克思和恩格斯不仅给予密切关注,而且积极参与其中,他们以极大的热情投身于革命的洪流之中,既是积极的战斗者,又是群众斗争的组织者和激励者。在法国二月革命之后,他们迅速赶赴巴黎,对共产主义者同盟的中央委员会进行改组和重建,并设立了"德国工人俱乐部",组织和引导流亡在法国的德国工人和革命者回国参与革命斗争。1848年4月,马克思和恩格斯秘密返回德国,创立《新莱茵报》。该报纸以鲜明的无产阶级立场,积极宣传科学社会主义理论以及由马克思、恩格斯制定的革命纲领和路线。同时,它还弘扬无产阶级的国际主义精神,并揭露了资产阶级自由派的背叛行为和小资产阶级民主派的左右摇摆。报纸被迫停刊后,马克思、恩格斯在1849年5月前往正在举行起义的德国西南部地区,积极声援当地护宪斗争。之后,恩格斯更是亲赴普法尔茨,加入由共产主义者同盟领导的工人志愿部队,并多次亲身参与战斗,充分展现了共产主义者的英勇与无畏。

在1848—1849年革命失败后,马克思流亡伦敦。他深刻地认识到,在这个革命的低潮期,革命者的首要任务是认真总结和汲取革命的经验与教训,保存并积蓄革命力量,从理论上全面武装无产阶级,并着力培养革命政党的中坚力量,为迎接下一次革命高潮做好充分的准备。正是在这样的背景下,马克思于1850年1月至11月1日撰写了这部重要著作。

在马克思撰写这部著作之际,曾震撼整个欧洲的1848年革命已然失败,各国的反动势力相继重新夺回国家政权,并对革命者实施了残酷的镇压。在法国,金融贵族和大土地所有者的代表——秩序党已经掌控了议会、内阁和军队大权。而路易·波拿巴则凭借农民的支持成功当选为法兰西的总统，依靠其秘密组织"十二月十日会"逐步篡夺军政大权。秩序党与资产阶级共和派联手镇压了无产阶级和小资产阶级的反抗，随后秩序党又击败了资产阶级共和派。然而秩序党由于自身的反人民性质，以及内部各集团之间的尖锐利益冲突，最终在与路易·波拿巴的权力争夺中败下阵来；而后者成功发动政变，建立了法兰西第二帝国。

二、理论背景

如果说1789年法国大革命对中世纪历史传统的超越被黑格尔等许多人讴歌，那么，马克思则同样把法国1848—1850年的革命视作告别资本主义的契机，因而在心目中对其充满了期待。

1848年欧洲革命，首先爆发于意大利，在法国达到高潮，并迅速传播到德国、奥地利等地。期间，法国无产阶级作为一支独立的政治力量站上历史舞台，深刻影响了革命的发展进程。马克思将法国六月起义视作"分裂现代社会的两个阶级之间的第一次大规模的战斗。这是保存还是消灭资产阶级制度的斗争"①。

虽然革命遭遇失败，但马克思站在唯物史观的高度把这种失败看作无产阶级在成长过程中必须付出的代价，是在历史发展的长时段（社会主义必然胜利）上的一种"偶然"表现。因为，这样的代价不是在这个当下付出，就是在另一个时段以相似的方式付出。付出代价的同时得到的收获就是无产阶级的成熟，换言之，无产阶级在成长过程中必然要付出这样或那样的代价——这也是历史辩证法贯穿于马克思社会革命理论的表现。

---

① 《马克思恩格斯文集》(第二卷)，人民出版社，2009年，第101页。

显然,马克思在分析历史事件时不仅关注其在社会现象层次上的表现——可能有成功或者失败的结果,更关注历史事件在更深层的长时段历史发展中的地位与作用。这一历史发展过程就是无产阶级在斗争实践中淬炼自身,从弱小走向成熟,登上政治舞台,成为社会中的支配性力量。当然,马克思心目中的无产阶级更似是一种代表人类解放的主体性力量,并不一定特别指向当下某个特殊社会群体,尤其不是特别落到某个具体个人的头上。按照卢卡奇《历史与阶级意识》中的看法,马克思心目中真正的无产阶级不仅是外在的"无产",即缺乏生产资料,而且要具备"无产阶级意识"——自觉认识到自己作为一个阶级与资产阶级处于对立面,自身的历史使命就是推翻资产阶级统治,建立共产主义社会实现人类解放。只有具备这种意识,才是真正成熟的无产阶级,而当前的失败和牺牲是无产阶级在幼稚阶段所必须经历的,是一种必要的代价。马克思对无产阶级革命的成熟看法体现出他作为一名革命家的气魄与胆识,正如恩格斯所指出的:马克思首先是一个革命家——而非一个哲学家。就此而论,《法兰西阶级斗争》是最能体现出马克思作为革命家的品质的著作之一。

三、出版情况

1848年底至1850年3月底和1850年10月至11月,马克思在《新莱茵报·政治经济评论》上以《1848年至1849年》为题发表了三篇从理论上总结法国革命经验的文章。恩格斯很快出版了它的英文本,题为《革命的两年:1848和1849》,并于1850年春天发表在伦敦出版的杂志《民主评论》上。在1895年出版单行本时,恩格斯又把马克思和他合写的《国际述评(三)》(1850年10月)收入这部著作,作为最后一章,并写了长篇导言。如果说,在前三篇文章中,马克思还存有期待不久就会有革命新高潮到来的过于乐观的态度,那么在《国际述评(三)》中,马克思和恩格斯则更正了这种超乎实际的看法,并强调从1849年,特别是1850年初起,法国出现了工商业繁荣的迹象。在资产阶级社会的生产力正在资产阶级关系范围内以一般可能的速度蓬勃发展的时候,就谈不到什么真正的革命。只有在现代生产力和资产阶级生产方式这两个要素互相矛盾的时候,这种革命才有可能。

第三节　内容导读

《法兰西阶级斗争》全文包括恩格斯所写导言、前言和正文三个部分。值得注意的是,恩格斯所写导言在《马克思恩格斯全集》《马克思恩格斯文集》和《马克思恩格斯选集》中均没有与前言和正文部分编排在一起,而是单独在恩格斯晚年的相关卷本中出现,这也表明了编辑的某种学术立场,或许这在某种意义上是为了突出恩格斯与马克思在此问题上的些许差别,或是恩格斯晚年思想的发展。

一、"恩格斯的导言"

这是恩格斯一生所写的最后一篇重要政治论文,它对19世纪末无产阶级革命的理论和策略作了精辟的论述,因此是一篇具有重要历史意义的马克思主义文献。其中,恩格斯主要阐明了三个问题:

一是研究社会历史的正确方法。恩格斯强调,应该从研究社会经济状况出发来说明政治事件,政治事件的发生与发展归根结底受到经济因素的决定。恩格斯指出,在分析当前发生的事件时,通常不能探索出最终的经济原因,因为关于当时经济史的明确认知,只有在政治事件本身过去之后才能得到。这样,在分析当前的事件时,就不得不把在事件以前形成的经济状况当作固定因素来看待。这种情况迫使马克思主义历史学家把政治冲突归结为由经济发展所造成的现有各个社会阶级和社会阶层的利益的斗争,而把各个政党看成是这些现有阶级和阶层的利益的代表者,这样就容易导致在分析过程中忽略经济条件的种种变化。但马克思的天才正表现在这里,他很了解法国在二月革命前夕的经济状况,以及这个国家在二月革命以后的政治历史,从而写出了 1848 年至 1850 年法国革命的真正科学的历史,并经受住了实践的检验。

二是关于社会主义革命取得胜利的时间问题。当巴黎无产阶级发动法国六月起义准备推翻资产阶级统治时,马克思曾将之看作两个阶级之间伟大决战已经开始的标志,以 1848 年革命为起点的无产阶级革命可能取得最终胜利。但是历史的发展证明,无产阶级推翻资产阶级统治,建立无产阶级政权,取得社会主义革命胜利需要经过较长的时间。恩格斯坦然地承认历史的现实发展证明了他们当时看法的错误,在 1848 年,"欧洲大陆经济发展的状况还远没有成熟到可以铲除资本主义生产的程度"①,资本主义生产还有很大的扩展能力,资本主义还处于上升发展时期。这时,尽管无产阶级在人数、组织纪律性、觉悟程度和胜利信心等方面都与日俱增,但是在资本主义仍然表现出旺盛生命力的条件下,期望以简单的突然袭击的方式来达到改造社会,取得社会主义革命胜利的目的,是不可能的。

三是关于无产阶级夺取政权的途径和手段问题。巴黎公社失败后,国际工人运动的中心从法国转移到德国。德国社会民主党经受了反对《非常法》斗争的锻炼,赢得了很高的国际声誉,成为国际工人运动的先锋。19 世纪 90 年代德国社会民主党恢复公开活动后,在议会选举中获得二百多万张

---

① 《马克思恩格斯文集》(第四卷),人民出版社,2009 年,第 540 页。

选票、五十七个议席。但是这些胜利却使党的某些领导人产生了对议会政治、合法斗争的幻想,于是机会主义得以滋长起来。在新的形势下,工人阶级应当用什么手段来夺取政权成为关键问题。恩格斯在《导言》中对德国社会民主党成功地利用普选权,采用新的斗争方式这一活动给予了正确评价。在他看来,第一,在新的形势下,德国社会民主党应当尽量利用普选权和一切合法手段进行斗争,这种新的政治斗争手段具有重要意义,但是必须防止迷恋合法斗争、幻想和平过渡的改良主义、机会主义倾向。第二,斗争的形式要根据无产阶级与资产阶级之间的军事力量对比来确定。只要军队的多数没有转向社会民主党,武装起义就不可能取得胜利。街垒战的时代已经过去,少数自觉的人带领多数不自觉的群众进行突然袭击的革命时代已经过去,"这是不是说,巷战在将来就不会再起什么作用了呢?决不是。这只是说,自1848年以来,各种条件对于民间战士已变得不利得多,而对于军队则已经变得有利得多了。所以说,将来的巷战,只有当这种不利的情况有其他的因素来抵消的时候,才能达到胜利"。[1]第三,恩格斯强调,合法斗争并不意味着放弃革命,"须知革命权是唯一的真正'历史权利'"。[2]德国的特殊状况使德国无产阶级难以发动暴力革命,而必须通过议会来斗争,但其他国家的无产阶级则应该积极地发动武装革命。甚至恩格斯认为,德国的合法斗争也是为了最终的武装革命来服务的。"我们的主要任务就是不停地促使这种力量增长到超出现行统治制度的控制能力,不让这支日益增强的突击队在前哨战中被消灭掉,而是要把它好好地保存到决战的那一天。"[3]

恩格斯的这篇导言比较完整地表述了他在这一时期主张的斗争策略,其核心是无产阶级必须和怎样为最后的决战做好准备。关于这篇导言的历

---

① 《马克思恩格斯文集》(第四卷),人民出版社,2009年,第548~549页。

② 《马克思恩格斯文集》(第四卷),人民出版社,2009年,第550~551页。

③ 《马克思恩格斯文集》(第四卷),人民出版社,2009年,第551页。

史效应及其引发的学术争论,参见第四节相关研究部分。

二、前言

前言简要阐述了1848年至1849年革命的结局,并指出了革命失败的历史意义。

原文包括如下4个自然段:

> 除了很少几章之外,1848—1849年的革命编年史中每一个较为重要的章节,都冠有一个标题:革命的失败!
>
> 在这些失败中灭亡的并不是革命,而是革命前的传统的残余,是那些尚未发展到尖锐阶级对立地步的社会关系的产物,即革命党在二月革命以前没有摆脱的一些人物、幻想、观念和方案,这些都不是二月胜利所能使它摆脱的,只有一连串的失败才能使它摆脱。
>
> 总之,革命的进展不是在它获得的直接的悲喜剧式的胜利中,相反,是在产生一个联合起来的、强大的反革命势力的过程中,即在产生一个敌对势力的过程中为自己开拓道路的,只是通过和这个敌对势力的斗争,主张变革的党才走向成熟,成为一个真正革命的党。
>
> 证明这一点就是下面几篇论文的任务。

这部分是马克思从唯物史观的高度,以特有的"悲喜剧"双层辩证逻辑来对1848—1849年的革命进行编年史的提纲挈领的提升。在马克思看来,阶级斗争在每次表面上获得的进步或胜利中,都蕴含着最终必然落入失败的悲剧性质,这也是由人类社会历史发展客观规律所决定的必然结果。阶级斗争的失败是法国无产阶级尚未成熟,特别是法国的经济条件尚未成熟的必然结果。

1848年革命沿着下降的趋势发展,并最终失败。但是马克思认为,真正失败并且灭亡的不是革命,而是革命前的传统残余。因为,如前所述,马克思不仅在社会现象层面对革命展开分析,更在历史深层把握革命的实质。获得革命的直接胜利当然是重要目标,但革命更为本质的作用还是表现在对无产阶级的锻炼之中。因此,在革命的外在表现不佳的情况下,更重要的是在同强敌斗争中,无产阶级不断发展革命力量,发展成熟,无产阶级政党发展成真正革命的党,从而为取得革命最终胜利做好准备,这是历史的辩证法。如马克思所指出:在革命中失败的是封建君主制及其残余势力,革命促进了资本主义制度的建立和发展,从而为社会主义革命扫清了道路。同时,一连串的失败使无产阶级认清了资产阶级的本质,摆脱了法国二月革命以前所追随的人物、幻想、观念和方案,即抛弃了小资产阶级的代表人物,丢掉了把资产阶级共和国当成"社会共和国"之类的幻想,甩开了诸如争取"劳动权"一类的模糊观念,以及空想社会主义者改造社会的方案。无产阶级政党只有在经历了挫折和失败之后,才能逐步发展壮大,逐步成熟,成为真正革命的政党。

最后,马克思强调,写作本文的目的,就是要证明上述命题。

三、正文部分

马克思在正文的前三部分叙述了1847年英国爆发的商业危机如何影响欧洲大陆的经济发展和政治纠纷,这些纠纷又如何转化为法国二月革命。随后,马克思分析了法国从1845年开始至1849年达到顶峰的工商业繁荣,以及这种经济社会状况如何打消了革命高潮,并推动反革命胜利。

（一）1848年的六月失败

这部分叙述了1848年法国二月革命至六月起义的历史进程，提出了无产阶级专政的论断。

1.第1~16段，分析二月革命发生的原因

马克思运用唯物史观，从法国社会的经济基础出发来阐明二月革命爆发的原因。一是1845年和1846年马铃薯病虫害和歉收使得民怨沸腾，社会矛盾加剧；二是1847年英国普遍的工商业危机，波及法国，导致后者内部的工农业生产急剧下降，失业率大增，从而使得七月王朝的专制统治更加难以忍受，引发了各阶层普遍的不满。七月王朝是纯粹的资产阶级金融贵族专制，工业资产阶级在议会中的席位很少，小资产阶级、无产阶级、农民阶级甚至没有选举权。金融贵族的统治使卖身投靠、无耻欺诈、巧取豪夺充斥整个社会，不健康和不道德的欲望在资产阶级社会上层泛滥，就如马克思指出："金融贵族，不论就其发财致富的方式还是就其享乐的性质来说，都不过是流氓无产阶级在资产阶级社会上层的再生罢了。"[1]反对派的资产阶级在法国各处发起了支持选举改革的宴会运动，内阁首脑基佐和议会则以露骨的方式回答了选举改革的提议，并引发人民与军队间的冲突，导致二月革命爆发。

第1段原文：

> 七月革命之后，自由派的银行家拉菲特陪同他的教父奥尔良公爵向市政厅胜利行进时，脱口说出了一句话："从今以后，银行家要掌握统治权了。"拉菲特道出了这次革命的秘密。

---

[1] 《马克思恩格斯文集》（第二卷），人民出版社，2009年，第83页。

　　所谓"革命的秘密"就是七月革命的本质,代表银行大资本家而非法国资产阶级全体的政治集团占据了统治地位。这似乎有些时代错乱,因为只有在工业资本主义得到充分发展之后,才会由资本与工业生产的双重集中催生真正的金融资本,而法国此时却直接出现了金融垄断。实际上,这种垄断是封建贵族与现代资本主义尚未充分发展的一种暂时性的产物,它必然带来各种不合资本主义发展规律的时代错位问题。

　　马克思首先对七月革命之后法国社会的发展进行阶级分析。所谓"七月革命"发生于拿破仑1814年第一帝国失败之后。代表大土地贵族利益的波旁王朝复辟,反历史地实行封建君主专制,压制资本主义发展与言论出版自由,导致资产阶级与地主贵族间的矛盾加深。1830年7月27日至29日巴黎革命推翻了王朝统治,建立了以奥尔良公爵路易-菲力浦为首的"七月王朝"。在马克思看来,七月王朝代表着金融贵族和大资产阶级利益,仍然不符合现代工业发展的需要。

第3段原文摘录:

　　　　真正工业资产阶级是官方反对派中的一个部分……在议会中只占少数。金融贵族的专制发展得越纯粹,工业资产阶级本身越以为在1832年、1834年和1839年各次起义日被血腥镇压以后,它对工人阶级的控制已经巩固,则它的反对派态度也就越坚决。

　　马克思这里指出了法国社会中的多重阶级矛盾:主要矛盾是工业资产阶级与金融贵族之间的矛盾,次要矛盾是工业资产阶级与工人阶级的矛盾,而在历次起义中,次要矛盾都服从于主要矛盾,进而使主要矛盾更加凸显。由于工人阶级与金融贵族也存在冲突,因而前者能够暂时容忍工业资本的压制而与之结成同盟,反对金融贵族。但马克思强调,这个潜在矛盾不会消失,而会在主要矛盾消除之后转变为主要矛盾,并通过再一次的革命而转变为矛盾的主要方面。

第4段原文:

> 小资产阶级的所有阶层,以及农民阶级,都完全被排斥于政权之外。最后,置身于官方反对派的行列或者完全处于选举权享有者的范围之外的有上述阶级的意识形态代表和代言人,即它们的学者、律师、医生等等,简言之,就是它们的那些所谓"专门人才"。

马克思这里叙述,在当时的社会和政治体系中,小资产阶级的所有阶层以及农民阶级都被完全排斥在政权之外,没有政治参与的权利。同时,代表这些阶级利益的意识形态代表和代言人,如学者、律师、医生等"专门人才",也被置于官方反对派的行列或完全剥夺了选举权。这反映了当时社会的不公平和阶级矛盾。

接下来,马克思指出,财政困难导致政府危机,但不会落到金融贵族身上;国家负债倒是符合资产阶级议会派的直接利益;统治阶级还在铁路建筑、邮政等方面获利。

第5段,马克思指出:财政困难使七月王朝初期就依赖资产阶级上层,这种依赖加剧了财政困境,导致无法达成预算和国家收支平衡,进而无法使国家行政服务于国民生产利益,若不缩减开支或重新调整税负,这种平衡难以实现。

第6段,马克思细致分析了资产阶级如何通过议会实施政治统治的内在过程。他们利用国家财政困境和负债以满足自身的直接利益,将国家赤字视为投机的真正对象和致富的主要源泉。每一年度的新赤字和每四至五年发行的新公债,都为金融贵族提供了盘剥国家的机会,并通过交易所活动掠夺投资于国债券的大众。同时,银行家和他们在议会中的同谋者利用国家信用的不稳定状态和掌握的机密,制造国债券行价的急剧波动,导致小资本家破产而大投机者暴富。由于国家赤字符合掌握统治权的资产阶级集团的利益,国家开支大幅增加,为各种欺诈行为提供了机会,如供货合同中的欺骗、贿赂、贪污和舞弊。这种相互勾结、共同谋取利益的关系在议会与政府、官厅与企业家之间反复重演。

第7、8段,分析资产阶级在铁路建筑、邮政方面的掠夺与获利丑行。

由上,马克思在第9、10段总结说:七月王朝不过是剥削法国国民财富的股份公司,这个公司的红利是在内阁大臣、银行家、24万选民和他们的走卒之间分配的。路易-菲力浦是这个公司的经理——坐在王位上的罗伯尔·马凯尔。这个制度经常不断地威胁和损害商业、工业、农业、航运业,即工业资产阶级的利益,而这个资产阶级在七月事变时在自己的旗帜上写下的是——廉价政府。……金融贵族颁布法律,指挥国家行政,支配全部有组织的社会权力机关,而且借助于这些现实状况和报刊来操纵舆论。

马克思接着用一整段描述社会上上下下,尤其上层的各种不健康、不道德的现象。金融贵族不过是流氓无产阶级在资产阶级社会上层的再生罢了。在马克思眼中,流氓无产阶级完全不同于无产阶级,是一些暴发户心态的社会扭曲现象。

第11段,马克思进一步叙述:

> 人民大声疾呼:"打倒大盗!打倒杀人凶手!"工业资产阶级看到了对自己利益的威胁,小资产阶级充满了道义的愤慨,人民的想象力被激发起来了。

第12~13段,马克思概括了19世纪中期欧洲复杂的政治局势,特别是关于荣誉、和平、战争以及民族感情的问题。批评了将荣誉视为无用的观点，并强调了和平的重要性，指出战争会导致国债跌价，损害经济利益。同时，文中也揭露了当时法国对外政策导致民族感情受到侮辱的情况，提到了奥地利对波兰的侵略、法国政治家基佐在瑞士战争中的立场，以及这些事件如何激发了法国人的民族感情和反抗情绪。此外，瑞士自由党人的胜利和巴勒莫人民的起义也被视为对专制和压迫的反抗，唤醒了法国人民群众的革命意识和热情。

最后，两起世界性的经济事件的发生，加速了普遍不满的爆发，使愤怒发展成了起义。

在第14、15段，马克思进一步对这两起事件及其表现进行了叙述，并在第16段得出结论：这场经济瘟疫导致的工商业崩溃加剧了法国人民对金融贵族专制统治的不满。反对派资产阶级在法国各地发起宴会运动，支持选举改革，旨在议会中获得多数席位并推翻现政府。在巴黎，工业危机迫使无法在国外市场运营的工厂主和大商人转向国内市场，导致许多小商贩破产，这些破产的资产阶级成员在随后的二月事变中采取了革命行动。政府及议会对选举改革提议的拒绝，以及军队与国民自卫军的冲突，最终导致七月王朝被临时政府取代。

2.第17~30段，叙述法国无产阶级在二月革命后开始清醒，阐明六月起义爆发的必然性及其失败的原因

马克思运用阶级分析方法指出二月革命的资产阶级民主革命性质。它是由资产阶级与无产阶级共同参与的，其中领导者是资产阶级，主力军是无产阶级。在此过程中，无产阶级的政治与经济诉求直接影响到革命的进程与结果，表现为成立了法兰西第二共和国（无产阶级甚至称之为"社会共和国"）。在这个意义上，马克思给予二月革命高度肯定，认为它在全欧洲都具有广泛的影响力，推动了欧洲各地的革命运动与民族解放运动。

第17~22段,原文摘录:

　　在二月街垒战中产生出来的临时政府,按其构成成分……只能是各个不同阶级间妥协的产物,这些阶级曾共同努力推翻了七月王朝,但他们的利益是互相敌对的。临时政府中绝大多数是资产阶级的代表。……工人阶级只有两个代表:路易·勃朗和阿尔伯。……工人在革命的动荡时期却统治着巴黎。……资产阶级只允许无产阶级进行一种篡夺,即对于斗争权的篡夺。……拉斯拜尔……以巴黎无产阶级的名义,命令临时政府宣布成立共和国……法兰西共和国!自由,平等,博爱!……以普选权为基础的共和国……无产阶级既然把共和国强加给临时政府,并通过临时政府强加给全法国,它就立刻作为一个独立的党登上了前台,但是同时它招致了整个资产阶级的法国来和它作斗争。

　　可见,二月革命的胜利果实被资产阶级窃取,因为,临时政府反映了不同党派分享胜利果实的现实,主要是资产阶级的妥协产物,其中包括共和派小资产阶级、共和派资产阶级和王朝反对派的代表,而工人阶级代表较少。临时政府试图从巴黎向全法国呼吁,以摆脱工人阶级的影响。然而,无产阶级决心把革命推向前进,迫使临时政府,并通过临时政府在全法国实行共和制度。于是,就以独立政党的姿态走上了历史的前台。正如马克思所指出的,无产阶级没有在革命中获得解放,而只是首先获得了为自身革命解放进行斗争的基地。因为,共和国的成立使得所有阶级都被卷入政权斗争,无产阶级作为一个独立政党登上政治舞台,但也因此招致了整个资产阶级法国的敌视。所以说,无产阶级虽获得了斗争的基地,但并未获得解放本身。可以看出,马克思虽然对无产阶级的觉醒和独立性欢欣鼓舞,但同时也对当时尚未存在能够让无产阶级取得最终胜利的历史条件这一现实有着高度清醒的认识。

第23~26段原文摘录：

> 其实，二月共和国首先应该完善资产阶级的统治，因为这个共和国使一切有产阶级同金融贵族一起进入了政权的圈子。……普选权已把那些在法国人中占绝大多数的名义上的所有者即农民指定为法国命运的裁定人。……正如在七月事变中工人争得了资产阶级君主国一样，在二月事变中他们争得了资产阶级共和国。正如七月君主国不得不宣布自己为设有共和机构的君主国一样，二月共和国也不得不宣布自己为设有社会机构的共和国。巴黎的无产阶级把这个让步也争到手了。

这几段文字描述了二月共和国时期法国社会和政治的复杂性和矛盾性，一些重要变革，特别是无产阶级和资产阶级之间斗争与博弈的动态关系。无产阶级虽然取得了一些成就，但仍然面临着巨大的挑战和局限。他们需要继续斗争，争取更广泛的社会变革和自身权益的保障。马克思指出，无产阶级在法国1830年推翻复辟波旁王朝的七月事变中争得了资产阶级君主国，而在二月事变中又争得了资产阶级共和国。但是，二月共和国实际上加强了资产阶级的统治，使得大土地所有者和金融贵族等进入了政权圈子，普选权还让农民成为了决定法国命运的重要力量。尽管二月共和国被视为资产阶级共和国，但巴黎无产阶级仍然争取到了一些让步，如临时政府颁布的法令保障了工人的生存和工作权利。然而，当临时政府忘记了自己的承诺，工人阶级再次发起抗议，要求成立专门的劳动部。虽然临时政府最终设立了一个委员会来改善工人阶级状况，但这个委员会没有实际权力，只是一个"社会主义的礼拜堂"①，而实际的国家政权和行政管理权仍然掌握在资产

① 《马克思恩格斯文集》（第二卷），人民出版社，2009年，第87页。

阶级手中。每次胜利工人阶级都力图把革命继续推向前进,不过,这次法国工人阶级已经没有能力达到自己的目的了,因为巴黎无产阶级的要求越出了资产阶级共和国的范围。所以,总的来说,二月共和国虽然带来了一些改变,但工人阶级仍然面临着巨大的挑战和限制。

第27段原文摘录:

> ……工人们相信能在资产阶级旁边谋求自身解放,同样,他们也认为能够在其他资产阶级国家旁边实现法国国内的无产阶级革命。但是,法国的生产关系是受法国的对外贸易制约的,是受法国在世界市场上的地位以及这个市场的规律制约的。如果没有一场击退英国这个世界市场暴君的欧洲革命战争,法国又怎么能打破这种生产关系呢?

这段文字进一步深入分析了二月革命后工人与资产阶级之间的关系,以及工人在追求自身利益时所面临的挑战和局限。马克思在这里明确指出,单纯在法国一国内通过无产阶级革命实现劳动解放是困难的。资本主义的世界性,其所建立起的世界市场决定了不能只是改变法国的生产关系,而是必须要在包括英国在内的欧洲主要国家进行广泛革命,才能真正地打破统治世界的资本主义生产关系,这也是共产主义运动的国际主义性质根源所在。但是法国工人阶级还未达到这样的阶级意识,自然也就没有能力彻底完成无产阶级革命。

第28段原文:

> 一个一旦奋起反抗便集中体现社会的革命利益的阶级,会直接在自己的处境中找到自己革命活动的内容和材料:打倒敌人,采取适合斗争需要的办法,它自身行动的结果就推动它继续前进。

马克思在这里再次展现出科学社会主义的内涵。科学社会主义与空想社会主义不同,它只是揭示出一般的原理与道路,而在具体的实践过程中则相信无产阶级的主体力量,要求无产阶级根据实际处境自觉选择合适的斗争方法和策略,只有这样才能真正达到胜利。任何脱离实际情况的预设和安排都必然沦为空想。

第29段原文:

> 一般说来,工业无产阶级的发展是受工业资产阶级的发展制约的。在工业资产阶级统治下,它才能获得广大的全国规模的存在,从而能够把它的革命提高为全国规模的革命,在这种统治下,它才能创造出现代的生产资料,这种生产资料同时也正是它用以达到自身革命解放的手段。只有工业资产阶级的统治才能铲除封建社会的物质根底,并且铺平无产阶级革命唯一能借以实现的地基。……

事实上,马克思作出上述论断不仅着眼于人类社会历史发展的普遍规律,也捕捉到法国特有的现实状况。法国当时有其特殊的经济社会条件:法国工业在欧洲是相当发达的,它仅逊于英国,而且法国资产阶级也是更革命的,所以二月革命是直接反对封建残余——金融贵族的革命(金融贵族的存在本身也表明封建贵族很快接受了资本主义而开始转变身份)。但尽管如此,法国的工业资产阶级还是没有取得统治地位。

无产阶级革命,只有在现代工业已按本身需要改造了一切所有制关系的地方才有可能实现;而工业又只有在它已夺得世界市场的时候才能达到这样强大的地步,因为在本国的疆界内是不能满足其发展需要的。但是法国的工业,即使在国内市场也未及,所以,当革命爆发时,只有巴黎能展现无产阶级的革命力量,而其他地方则"几乎完全消失在占压倒多数的农民和小资产阶级中间"。①概言之,法国地区发展的不平衡使得其劳资对立的斗争形势"只是局部现象"②。而且在二月革命之后,情况更复杂,因为"反对次一等的资本剥削方式的斗争,即农民反对高利贷和反对抵押制的斗争,小资产者反对大商人、银行家和工厂主的斗争,也就是反对破产的斗争,还隐蔽在反对金融贵族的普遍起义之中"③。可见,无产阶级缺乏自己的革命条件,无法提出自己的革命要求,他们只能在三色旗面前降下自己的红旗,只能在资产阶级的领导下革命。

接着,马克思解释了二月革命失败的原因。

第30段部分原文:

19世纪革命的秘密:无产阶级的解放。……与这种在想象中消灭阶级关系相适应的词句,就是博爱——人人都骨肉相连、情同手足。这样和气地抛开阶级矛盾,这样温柔地调和对立的阶级利益,这样想入非非地超越阶级斗争,一句话,博爱——这就是二月革命的真正口号。

二月革命之所以陷入失败,一方面在于法国工业资产阶级还没有在全国范围内占统治地位,只有大工业生产才能锻造出紧密团结的无产阶级,才能让无产阶级更为深刻地认识到自己与资产阶级间的矛盾,这些都是无产阶级发动革命的现实条件;另一方面,站在无产阶级和资产阶级之间的小资产阶级和农民人数众多,由于工业资产阶级没能占据统治地位,没能将小农与小资产阶级推向破产,因此他们及无产阶级都不能认识到彼此之间的同盟关系。此外,由于小资产阶级社会主义思想的影响,法国工人相信"博爱"的虚假口号,回避阶级矛盾,相信可以通过温柔的方法调和阶级利益,幻想

①②③　《马克思恩格斯文集》(第二卷),人民出版社,2009年,第89页。

超越阶级斗争。

因此,在马克思看来,法国无产阶级革命要取得胜利,不仅要具备工业资产阶级占统治地位的基础性条件,而且要形成高度的阶级意识,团结农民和小资产者以壮大自身力量。

3.第31~38段,揭露了资产阶级共和国的本质,提出了"工人阶级专政"的论断

资产阶级共和国的成立,标志着全体资产阶级获得了统治权力。因此,资产阶级要求将革命停顿下来以维护本阶级利益。于是,资产阶级开始采取种种措施反对无产阶级的要求,调集反动军队,随时准备镇压无产阶级的反抗。巴黎工人在忍无可忍的情况下,于6月22日发动大规模起义作出回应。

第31~32段原文:

> ……它向国内特权阶级和国外专制政权大声宣告,共和国是爱好和平的:自己活,也让别人活。……共和国面前一个民族敌人也没有了,于是也就没有什么重大的外部纠纷可以激发起活力,加速革命过程,推动临时政府前进或将它抛弃。巴黎无产阶级把共和国看做是自己创造的,自然赞同临时政府所采取的每一个有助于巩固其在资产阶级社会中地位的措施。……(共和国在国内外和平环境下)解除了武装。它的任务已不是要用革命手段改造世界,而只是要它自己去适应资产阶级社会的环境。临时政府的财政措施最能清楚地表明它是如何狂热地解决这一任务的。

巴黎的无产阶级将共和国看作自己创造的,自然赞同临时政府采取的种种措施,他们没有发现这些措施全部有助于巩固资产阶级的地位与权力。

在这些措施中,对巩固资产阶级地位与权力最具直接意义的当属财政措施。

接下来,马克思在第32~43段花大量笔墨来叙述财政措施,它们包括通过规定银行券强制流通,限制提取现款,向法兰西银行签约借款,抵押国有森林来挽救公共信用和私人信用;向农民征收附加税以缓解财政赤字。这些措施引起了农民、小资产者、无产阶级对临时政府的普遍不满。

第44段原文:

> ……农民不得不负担二月革命的费用,反革命由此就得到了他们的主要物质力量。四十五生丁税,对于法国农民是个生死问题,而法国农民又把它变成了共和国的生死问题。从这时起,法国农民心目中的共和国就是四十五生丁税,而在他们看来,巴黎无产阶级就是靠他们出钱来享乐的浪费者。

颇具讽刺意味的是,1789年的革命是从免除农民的封建负担开始的,而1848年的革命为了使资本不受到损害并使其国家机器继续运转,首先就给农民加上了一项新税。这在马克思看来,显然也意味着资产阶级民主革命的失败。因为临时政府既然承认旧资产阶级社会发行的国家负责付款的期票,也就归附了旧资产阶级社会;临时政府努力恢复信用,而不是直接宣告国家破产,这就再次承认和挽救了金融贵族的统治。总之,二月革命的初衷与它的实际进程情况相反,二月革命本是反对大资产阶级和金融资产阶级的剥削直接进行的,但革命结束后的临时政府为了保留革命果实,"为了使人相信共和国具有资产阶级的道德和偿付能力"①,尽力讨好、巴结大资产阶级,导致小资产者、仆役和工人以另一种方式听任交易所金融家的宰割,为临

---

① 《马克思恩格斯文集》(第二卷),人民出版社,2009年,第92页。

时政府拙劣的政策买单。马克思指出,二月革命后资产阶级临时政府本可以任由银行破产,这样共和国最强大的敌人——金融贵族就会瞬间从法国大地上被驱除出去,但临时政府相反采取了发行国债并强制流通银行券,把国有森林抵押给银行借款,限制100法郎以上的存折提现的政策,这就巩固了金融贵族的统治。此举表面上维持了经济的正常运转,实则令法国人民再度陷入绝境。被财政赤字压得直不起身子的临时政府只能开征新税,让农民为资产阶级的信用事业买单。当信用成为资产阶级维持统治的基础时,工人要求解放的愿望就成了资产阶级维持自身生存的桎梏,"所以,一定要把工人清除出去"。①

第48~55段原文:

二月革命已把军队逐出巴黎了。国民自卫军,即资产阶级各个阶层的势力,成了唯一的军事力量,但是它觉得自己还不能对付无产阶级。而且,国民自卫军尽管进行了极顽强的抵抗和千方百计的阻挠,也不得不逐渐地、部分地开放自己的队伍,让武装的无产者加入进来。这样一来,就只剩下了一条出路:使一部分无产者与另一部分无产者相对立。

为了这个目的,临时政府组织了24营别动队,每营1000人,由15岁到20岁的青年组成。这些青年大部分属于流氓无产阶级,而流氓无产阶级在所有大城市里都是由与工业无产阶级截然不同的一群人构成的。这是盗贼和各式各样罪犯滋生的土壤,是专靠社会餐桌上的残羹剩饭生活的分子、无固定职业的人、游民……穿上特别制服,就是说,使他们在外表上不同于穿工作服的工人。担任他们指挥官的,一部分是

---

① 《马克思恩格斯文集》(第二卷),人民出版社,2009年,第95页。

政府指派的常备军军官,一部分是他们自己选出的资产阶级年轻子弟,这些人满口要为祖国牺牲和为共和国效忠的高调迷住了他们。……

除了别动队之外,政府还决定在自己周围募集一支产业工人大军。马利部长把10万个因危机和革命而失业的工人编进了所谓国家工场。……第二支反对工人本身的无产者大军。这一次资产阶级把国家工场看错了,正如工人把别动队看错了一样。它原来是创立了一支暴动军。……在法国和欧洲当时受到操纵的舆论中,这些习艺所竟成了实现社会主义的第一步,于是,社会主义就一起被钉在耻辱柱上了。……

因此,马克思在一段时间内是反对所谓"社会主义"的。

这样,在资产阶级与无产阶级之间行将来临的搏斗中,一切优势,一切最重要的阵地,社会的一切中间阶层,都掌握在资产阶级手中。而正是在这个时候,二月革命的浪潮又在整个大陆高涨起来了;各地传来新的革命消息,不断地给人民带来胜利的证据,使人民普遍地沉浸在欣喜的情绪之中,而实际上他们已经丧失了这种胜利的机会。

马克思在这里再次使用了"悲喜剧"的复调历史叙述方法来展现当时革命形势表里不同的二重性。在现象层面,世界各地深受二月革命浪潮的影响,意大利、德国和遥远的欧洲东南部都传来新的革命消息,人民沉浸在普遍的欣喜中,似乎世界范围的无产阶级革命正在如火如荼地展开;但在本质层面却是一切重要阵地和中间阶层都掌握在资产阶级手中,无产阶级已经丧失了革命的力量,失去了夺取革命胜利的可能。

第56~63段原文摘录:

三月十七日事件和四月十六日事件,是资产阶级共和国内部蕴蓄的伟大阶级斗争的初次交锋。

三月十七日事件暴露了无产阶级不能采取任何坚决行动的模棱两可态度。……四月十六日事件是临时政府串通资产阶级制造的一个误会。……推翻临时政府,宣布成立共产主义政府。……市政厅的所有入口都被国民自卫军占据了,"打倒共产主义者!打倒路易·勃朗、布朗基、拉斯拜尔和卡贝!"的口号响彻巴黎全城,无数的代表团跑来向临时政府表示效忠,所有的人都准备拯救祖国和社会。……5月4日,由直接普选产生的国民议会开会了。……人民崇拜。真实的人民,即分裂成各个不同阶级的代表。……占压倒优势的是资产阶级共和派,……是资产阶级共和国。……巴黎无产阶级还只能在观念中、在想象中越出资产阶级共和国的范围,而当需要行动的时候,他们的活动却处处都为资产阶级共和国效劳;许给无产阶级的那些诺言已成了新共和国所不堪忍受的威胁,临时政府的整个存在过程可以归结为一场反对无产阶级要求的、持续不断的斗争。整个法国在国民议会里对巴黎无产阶级进行审判。……"现在的问题只是要劳动恢复原状。"

马克思通过对政治情势的细致分析指出,如果说,二月革命胜利后,无产者提出的高傲的要求在那时还是显得符合时宜的,因为共和国是在资产阶级消极的支持下,由无产阶级积极与王权斗争中取得胜利的,无产阶级理所当然地认为自己是胜利者,那么,现在为了使共和国摆脱它对社会主义所做的让步,恢复"劳动秩序",资产阶级必须利用手中的武器反对无产阶级的要求。因此,武装无产者的暴动遭遇军队、别动队、巴黎国民自卫军和各地赶来的自卫军的打击,3000多俘虏被残杀。于是,法国六月起义失败。

第73段原文：

　　二月革命是一场漂亮的革命，得到普遍同情的革命，因为在这场反对王权的革命中显现出来的各种矛盾还在尚未充分发展的状态中和睦地安睡在一起，因为构成这些矛盾背景的社会斗争还只是一种隐约的存在，还只是口头上和字面上的存在。相反，六月革命则是一场丑恶的革命，令人讨厌的革命……秩序！……因为所有这些革命都保持了阶级统治和对工人的奴役，保持了资产阶级秩序，尽管这种统治和这种奴役的政治形式时常有所改变。

　　马克思运用唯物史观对现有的资产阶级统治下的"秩序"进行了深刻解读，指出他们不过是资产阶级维护自身统治利益的"秩序"，资产阶级共和国的实质是资产阶级专政，其目的是使资本对劳动的统治得到延续。进而马克思以反讽的语气说道："六月革命罪该万死！——欧洲各处响应道。"①

　　直到这时，无产阶级才完全看清了资产阶级的真面目，临时政府时期用"博爱"来调停阶级利益的过程最终演变成一场资本与劳动之间的国内战争。马克思指出，六月起义是二月革命的必然结果，是无产阶级与资产阶级公开决裂并以武力正面交锋资产阶级的战斗标志。

　　在此基础上，马克思强调无产阶级应当抛弃关于博爱的幻想，抛弃以往琐碎的、带有资产阶级性质的要求，大胆地提出革命口号：推翻资产阶级！工人阶级专政！马克思在这里第一次提出"工人阶级专政"这一论断，为无产阶级指明了前进方向，在社会主义发展史上具有重要意义。马克思进而阐明在无产阶级革命中建立工农联盟的必要性和可能性。由于无产阶级在

①　《马克思恩格斯文集》(第二卷)，人民出版社，2009年，第103页。

这次失败中被挤出政治舞台,资产阶级专政得到承认,那么小资产阶级和农民阶级就必然在资产阶级专政下逐渐破产,与资产阶级产生深刻矛盾,从而向无产阶级靠拢,这就为建立工农联盟奠定了基础,而无产阶级也只有团结起小资产阶级和农民阶级才能够组织起革命力量来推翻资产阶级。

马克思还揭示了法国资产阶级对内与对外的区别处理,对外保持和平以便集中力量镇压国内无产阶级。这样的结果导致,一些国家如匈牙利、波兰的民族独立问题得不到解决。而且,由于法国的独特地位,"只要法国发生任何一次新的无产阶级起义,都必然会引起世界战争"。①这样也同时意味着,未来的法国革命也必然将是超国界的、欧洲的,那将是19世纪的社会革命——而非单纯的缺乏经济社会根据的政治革命。

(二)1849年6月13日

马克思在这一部分分析了1848年六月起义后,资产阶级共和派统治下的法国社会阶级斗争状况。

第1段原文:

> 1848年2月25日法国被迫实行共和制,6月25日革命被强加给法国。在6月以后,革命意味着推翻资产阶级社会,而在2月以前,它却意味着推翻一种国家形式。

马克思接着回顾1848年六月起义失败后至1849年6月13日事件期间的历史发展过程,揭露了资产阶级共和派的反动性和妥协性,小资产阶级的软弱性和动摇性,提出了无产阶级夺取政权后,将生产资料收归社会公有的

---

① 《马克思恩格斯文集》(第二卷),人民出版社,2009年,第105页。

任务。

1.第2~67段,通过叙述资产阶级共和派垮台的历史,揭露资产阶级共和派的反动性和妥协性

资产阶级共和派镇压1848年法国六月起义以后,掌握了共和国的全部权力。紧接着,资产阶级共和派消灭了民主主义共和党人即小资产阶级共和党人的政治影响,为自己下台和路易·波拿巴上台创造了客观条件。

第2~3段原文摘录:

> 六月斗争是资产阶级共和派领导的······在工人的革命力量被消灭的同时,民主主义共和派即具有小资产阶级思想的共和派的政治影响也被消灭了······

马克思在这里叙述了法国1848年革命中的一段关键时期,特别是六月斗争及其政治后果。六月斗争由资产阶级共和派领导并取得胜利,随后政权落入他们手中。巴黎在戒严状态下无力抵抗,外省则处于资产阶级共和派报纸《国民报》的舆论控制之下。资产阶级获胜后表现出强势和傲慢,农民则对财产表现出狂热。在此背景下,下层社会的威胁被消除,工人的革命力量被摧毁。同时,民主主义共和派(代表小资产阶级利益)的政治影响也被削弱,他们的代表在多个领域失去地位。这些民主主义共和派曾与资产阶级共和派结盟,但在六月事变中共同攻击无产阶级后,他们失去了自己的支持基础。资产阶级共和派随后公然破坏了与民主主义共和派的虚假同盟,后者被边缘化并降为三色旗派(即资产阶级共和派)的附庸。与此同时,反对共和的资产阶级集团(如奥尔良派和正统派)在制宪国民议会中处于少数地位。在六月事变前,他们不得不伪装成资产阶级共和主义者。六月胜利后,奥尔良泊和正统派虽然一度受到欢迎,但在军事专政和巴黎戒严的背景下,他们只能谨慎行事。整个政治格局在六月斗争后发生了深刻变化,资产阶级共和派成为主导力量,而民主主义共和派和反共和的资产阶级集团则面临不同的挑战和困境。

第4~7段原文摘录:

　　自1830年起,资产阶级共和派以他们的著作家、他们的代言人、他们的专门人才、他们的野心家、他们的议员、将军、银行家和律师为代表,聚集在巴黎的一家报纸即《国民报》的周围。在外省,《国民报》设有自己的分社。《国民报》派是三色旗共和国的王朝。他们立刻就占据了一切官职——内阁各部、警察总局和邮政总局的职位,以及地方行政长官的职位和军队高级军官的空缺。他们的将军卡芬雅克执掌着行政权……在六月事变之后,制宪议会仍然完全是资产阶级共和主义的代表者……在制宪议会统治的全部期间,当它在前台表演大型政治历史剧的时候,在后台却进行着一刻不停的牺牲祭——军事法庭不断地对被捕的六月起义者判罪,或是不经审判就放逐。制宪议会老练地承认,它不是把六月起义者当做罪犯来审判,而是当做敌人来消灭。

马克思在这里揭示了19世纪30年代法国资产阶级共和派在政治上的崛起和他们对反对派的镇压,同时也展示了制宪议会在维护资产阶级利益方面的双重性和最终腐烂的命运。

接着,马克思对巴罗领导的制宪国民议会的各种行为进行了叙述与批判。

第8段原文摘录:

　　制宪国民议会的第一步行动就是成立了调查委员会,……制造出一桩控诉二月革命的完整的案件,这个案件可以概括如下:3月17日——游行示威,4月16日——阴谋,5月15日——谋杀,6月23日——内战!

这就消解了二月革命的合理性,将之污蔑为一次偶然的阴谋和暴动事件。

随后,在第9~17段,马克思再次将目光转向更具根本性质的经济领域。封建贵族的复辟必然反对小资产阶级的要求和利益。在六月起义中,最狂热地为拯救和恢复信用而奋斗的莫过于小资产阶级,但在封建贵族和金融贵族恢复自身统治后,小资产者发现自己的财产全部都被前者夺去,从而纷纷陷入破产。这再一次体现出小资产阶级的软弱与摇摆。

马克思继续分析道:"巴黎小资产者大批破产造成的后果势必远远超出直接受害者的范围而持续发生作用,因而势必再次破坏资产阶级的交易,同时因六月起义造成的耗费加大了国家的赤字,而国家财政收入则因生产停滞、消费紧缩和输入减少而持续下降。卡芬雅克和国民议会别无他法,只好靠发行新公债寻找出路,而新公债又使他们更加受到金融贵族的束缚。"[1]这就直接宣告了金融贵族要求恢复自身统治。

马克思还特别提到了劳动权这个概括无产阶级各种革命要求的口号,强调这种口号在资产阶级社会中的意识形态性质,并阐发了无产阶级在这个朦胧口号下所要表达的真实目的。

第23段原文摘录:

　　劳动权这个初次概括无产阶级各种革命要求的笨拙公式。现在劳

---

① 《马克思恩格斯文集》(第二卷),人民出版社,2009年,第111页。

动权换成了 droit à l'assistance，即享受社会救济权，而哪一个现代国家不是这样或那样地养活着自己的穷人呢？劳动权在资产阶级的意义上是一种胡说，是一种可怜的善良愿望，其实劳动权就是支配资本的权力，支配资本的权力就是占有生产资料，使生产资料受联合起来的工人阶级支配，也就是消灭雇佣劳动、资本及其相互间的关系。

马克思对"劳动权"的诠释是非常深刻的，这种诠释以对社会制度的前提性考察为基础。劳动权或者更清楚地说，劳动所有权是近代政治哲学的核心话题，也是资产阶级意识形态的中心范畴。资产阶级关于自由、平等、正义的讨论都围绕着劳动所有权展开，同时，劳动所有权也是资产阶级诱骗无产阶级来共同反对封建地主阶级，推翻封建制度的口号。马克思早在青年时期就对劳动所有权问题展开深入思考，在《1844年经济学哲学手稿》中，马克思通过对异化劳动的分析，指出国民经济学家鼓吹的劳动所有权只是资本占有的权利。随着历史唯物主义和政治经济学研究的深入，马克思进一步指出，资产阶级口中的劳动所有权向实际的资本占有权的转变是资本主义经济运行的必然规律，只有推翻资本主义制度，由社会共同占有生产资料，才能真正实现劳动所有权。因此，像李嘉图学派社会主义者们幻想在资产阶级制度下争得劳动所有权，必然是错误和荒谬的。

进一步说，在资本主义社会中，劳动不过是资本主义生产关系下劳动者的生存形式，因此，要谈论劳动，真正的劳动，就必须脱离资本主义这个劳动的前提性束缚，才能彰显出劳动作为人的自由的活动的本质内涵，实现劳动解放。

此后，马克思继续对革命的形势和发展过程展开分析。

第31~36段,这里摘录原文的几个段落:

> 1848年12月10日是农民起义的日子。……拿破仑是最充分地代表了1789年新形成的农民阶级的利益和幻想的唯一人物。……拿破仑在农民眼中不是一个人物,而是一个纲领。……12月10日的事变是农民推翻现政府的政变。……他们在一瞬间扮演了革命剧中的活跃的主角。……对于大资产阶级中的多数来说,选举拿破仑意味着跟他们曾不得不暂时利用来对付革命的那个集团公开决裂,……法国一个最平庸的人获得了最多方面的意义。……但是各个阶级都在自己的选票上把以下口号同这个名字写在一起:"打倒《国民报》派,打倒卡芬雅克,打倒制宪议会,打倒资产阶级共和国!"……小资产阶级和无产阶级一致投票拥护拿破仑,是为了反对卡芬雅克,并且用集中选票的办法剥夺制宪议会的最后决定权。……法国现在除了有一个山岳党之外,还有一个拿破仑——这就证明两者都不过是他们名义上所代表的那些伟大现实的毫无生气的讽刺画罢了。

马克思认为,农民选举路易·拿破仑只是出于对1793年革命的迷信,拿破仑这个名字最为充分地代表了农民阶级的利益和幻想,农民把拿破仑当作一个纲领,而不是一个人物,因而也就忽略了路易·拿破仑所代表的真实的利益集团。同时,其余各阶级受形势所迫,不自觉地帮助农民获得了选举胜利。马克思逐个对各阶级的阶级利益和政治心理进行分析。无产阶级要求选举拿破仑是为了撤换卡芬雅克,推翻制宪议会,这样就可以宣布大资产阶级的胜利无效;对小资产阶级来说,拿破仑获得胜利意味着债务人对债权人的统治。而大资产阶级也支持拿破仑,因为这有利于实现王朝复辟,限制工业资产阶级。同样,军队也支持拿破仑,这样就可以在战争中继续攫取利益。这样,历史的形势就使得一个最平庸的人获得了最多方面的意义。

12月20日,卡芬雅克下台,制宪会议宣布路易·波拿巴为共和国总统,这是农民推翻共和派资产阶级专制的政变。波拿巴就任总统以后,任命路易-菲力浦的最后一个大臣奥迪隆·巴罗组阁。资产阶级共和派被革除了它所占据的一切高级职位,接着路易·波拿巴通过制宪议会解散进一步消除共和派的一切势力。制宪国民议会在下台之前,批准查封革命无产阶级的俱乐部,否决大赦六月起义者的提案,在对无产阶级态度上,表现出它的资产阶级本性。

第44~45段原文摘录:

> 在农民的眼中,路易·波拿巴意味着取消捐税! 可是,……巴罗内阁再不能教他一句比"恢复盐税!"更为尖刻辛辣的活来嘲弄他的选民了……那个贯串着制宪议会整个后半期的长期决斗从此开始了。一月二十九日事件、三月二十一日事件、五月八日事件是这个危机时期中的重大事件,同时也正是六月十三日事件的先兆。

这两段文字简单描述了路易·波拿巴担任法国总统后发生的一系列政治事件。一开始,农民们期望波拿巴能取消捐税,特别是盐税。但波拿巴上台仅几天,其内阁就决定恢复盐税,这让农民们非常失望,感觉被背叛。制宪议会看到这是一个机会,试图通过否决盐税来推翻内阁,并想扮演农民利益的保护者。然而,制宪议会没有意识到,内阁有总统支持,总统又有大量选民支持。制宪议会的行动反而激怒了波拿巴和他的内阁,加剧了双方的冲突。这一系列事件成为了制宪议会与波拿巴政府之间长期政治斗争的开始,最终导致了更严重的政治危机。简单来说,就是波拿巴政府的一个决策引发农民不满,制宪议会试图利用这一点,但结果却适得其反,加剧了政治紧张局势。

第46~52段原文摘录：

> 法国人——例如路易·勃朗——把一月二十九日事件看成是宪法中所包含的矛盾的表现：矛盾一方是享有主权、不许解散、通过实行普选权而产生的国民议会；另一方是总统。……波拿巴与卡芬雅克之间的竞选斗争，就以主张或反对国民议会解散的请愿斗争形式复活了。……布朗基、巴尔贝斯、拉斯拜尔等人曾于5月15日率领巴黎无产阶级冲入制宪议会的会场，企图把它解散。

在第53段~67段，马克思继续对革命过程中的政治斗争进行了叙述。总之，马克思通过对革命过程中各阶级交织的阶级利益及其复杂的政治表现形式的精妙分析，展示了当时的法国社会结构及其对政治进程的影响。同时，这种分析也在一定程度上表现出马克思对法国无产阶级的同情态度。无产阶级对资产阶级国家意识形态的盲目听信是情有可原的，因为阶级利益如此之交错复杂，政治形势变化如此之迅速，使得无产阶级难以抓住政治背后的物质利益，夸大了国家和宪法的独立性。同时，法国大工业的不成熟也导致法国无产阶级未经受到有效锻炼，尚未清楚认识到自身的阶级利益，从而听信了资产阶级"自由！平等！博爱！"的政治口号，并在这个口号下忘却了自己的革命身份，导致在日后的斗争中丧失主动权。

2.第68~75段，通过叙述秩序党与山岳党斗争的历史，揭露小资产阶级的局限性

尽管秩序党在选举中获胜，但统治并不稳固，社会秩序仍面临严峻挑战。

第68段一开始就指出，从3月初开始，立法国民议会存在两大政治集团——秩序党和民主社会主义党(或红党,山岳党为其先锋队与指挥)之间的对立,它们与中间派别(如《国民报》派的三色旗共和派)也有复杂的关系。秩序党由奥尔良派(代表金融贵族和工业资产阶级的利益)和正统派(代表大地产的利益)联合组成,这两个派别在复辟王朝和七月王朝时期曾分别独占政权,但在共和国时期,它们为了共同维护资产阶级的利益而联合;而民主社会主义党(或红党)代表更激进的政治或社会变革力量;中间的三色旗共和派更多地提出和理想化了一种资产阶级的共同政治制度。资产阶级的两大集团虽然内部存在分歧,但需要在同等掌握政权的条件下维护共同的阶级利益,联合起来形成了秩序党以对抗革命无产阶级和其他过渡阶级。总之,这段文字揭示了法国政治格局的动态性和复杂性。不同政治派别之间的联合与对立、妥协与冲突,都是根据当时的政治、经济和社会状况而不断变化的。

第69段进一步详细描述了秩序党在法国政治格局中的地位、选举纲领、影响力以及其在选举中的胜利。一开始,马克思就直接指出:

> 秩序党在自己的选举纲领中直截了当地宣布了资产阶级的统治,即保全这个阶级统治的存在条件:财产、家庭、宗教、秩序! 当然它是把资产阶级的阶级统治以及这个阶级统治的条件描绘为文明的统治,描绘为物质生产以及由此产生的社会交往关系的必要条件。

这种宣传策略旨在将资产阶级的统治合法化,并为其赢得更广泛的社会支持。秩序党具有较强的组织能力和经济实力,能够利用意识形态和政权资源来巩固自己的地位,在社会中具有广泛影响力。波拿巴分子并不是资产阶级中的一个真正的集团,与秩序党在本质上存在差异,但可能在一定程度上与秩序党有合作或利用关系。秩序党在选举中获得了胜利,向立法议会输送了绝大多数的议员。这表明秩序党在当时的法国政治中具有强大的影响力和选举能力。

第70段,马克思揭示,在面对联合的反革命资产阶级时,小资产阶级和农民阶级中已革命化的成分会与革命无产阶级联合。议会内小资产阶级的代表因失败而接近无产阶级的社会主义者,议会外的小资产阶级也因利益被否决和破产而接近无产者。山岳党与社会主义者多次庆祝和解并联合行动,最终社会党与民主党结合成社会民主党(红党)。

在接下来几段中马克思叙述,法兰西共和国在六月事变后陷入动荡,经历了争夺总统位置、总统与制宪议会斗争等一系列事件。在这过程中,法国社会各阶级的发展加速,农民和外省革命化,对拿破仑失望后转向红党,寻求实际利益。军队也感染革命热情,但对波拿巴失望。红党虽未取得完全胜利,但获得巨大支持。山岳党作为民主派小资产阶级的先锋,与无产阶级的社会主义者联合,成为革命营垒的指挥官。在制宪议会后期,山岳党体现了共和主义的激情,成为议会中的革命代表。《国民报》派因不彻底而失去影响力,山岳党则代表中间群众的利益,站在革命真理一边。农民和小资产者的社会要求相似,因此中间阶层视赖德律—洛兰为英雄,他成为民主派小资产阶级的领袖。尽管遭受挫折,无产阶级这次促使山岳党走上街头进行游行而非巷战。这次以山岳党为首的运动最终被镇压,1849年6月的事件被视为1848年6月的讽刺。6月13日的撤退因尚加尔涅的夸大战斗报告而显得不那么重要,反映出每个时代都需要自己的英雄人物。

总之,制宪议会后半期的政治活动主要就是2个政党间的冲突与斗争。秩序党代表奥尔良王朝即大地主和正在形成的金融贵族的阶级利益,以财产,家庭,宗教,秩序为口号。山岳党则是小资产阶级民主派和小资产阶级社会主义者的联合政党,在共和派被秩序党击败后,山岳党则成了秩序党打击的新目标。1849年5月28日,立法国民议会开幕,两派围绕外交政策问题发生了冲突。随着小资产阶级的失败,秩序党获得了完全的胜利。马克思指出,在资产阶级共和国建立过程中,小资产阶级曾反对过无产阶级,协助资产阶级镇压了六月起义,它并没有意识到它所反对的正是它的盟友、它的群众基础,这使它在同大资产阶级斗争时,丧失了战斗力,其结果必然是失败。这时,资产阶级共和国才算真正建立。

马克思根据对法国二月革命到六月十三日运动的历史事件的考察,得出一个历史唯物主义结论:时势造英雄。即"每一个社会时代都需要有自己的大人物,如果没有这样的人物,它就要把他们创造出来"。①

(三)1849 年六月十三日事件的后果

马克思在这一部分深入分析了六月十三日事件的后果,并总结这段历史的革命经验,指出了工农联盟的历史必然性,提出"革命是历史的火车头"和不断革命的思想。

马克思的上述结论是通过总结分析法国立法议会的历史,以及秩序党与山岳党、资产阶级和小资产阶级之间的喧嚣的斗争而得出的。马克思认为,秩序党采取的镇压措施和波拿巴及其内阁的各项法案的通过和实施,说明两个权力集团在镇压反对资产阶级专政的一切阶级方面是完全一致的。这样资产阶级的共和国就迫使农民、小资产者,社会的一般中等阶层逐渐站到无产阶级一边,把资产阶级共和国当作敌人来对待。同时,农民在革命进程中接连遭到失望的实际经验也促使他们逐渐发生革命转变。六月十三日事变后的各次选举都表明了这个最守旧阶级的革命化。这样,马克思就得出了革命同盟军和工农联盟的必然性结论。"反对资产阶级专政,要求改造社会,要把民主共和机构保存起来作为他们运动的工具,团结在作为决定性

① 《马克思恩格斯文集》(第二卷),人民出版社,2009年,第137页。

革命力量的无产阶级周围，——这就是所谓社会民主党即红色共和国派的一般特征。"①无产阶级是最坚决最彻底革命的阶级，所以在反对资产阶级政府普遍联合中，应该站在革命联盟的领导地位，坚持革命的领导权。

不仅如此，马克思在对 1848 年革命过程中无产阶级、农民阶级、小资产阶级的转变分析中，指出革命对于群众的锻炼作用，"在这运动的旋涡中，在这历史动荡的痛苦中，在这革命的热情、希望和失望的戏剧性的起落中，法国社会各阶级从前以半个世纪为单位来计算自己的发展时期，现在却不能不以星期为单位来计算了。"②

分别来看，无产阶级在这场革命中终于看穿了资产阶级的虚伪本质和资产阶级国家的意识形态性质，他们开始清楚地认识到自身的阶级利益和历史使命，并理解了建立工农同盟以壮大革命的力量的必要性。农民阶级则在一次次失望当中认识到拿破仑这样一个名字毫无实际意义，路易·波拿巴只是利用农民实现自己的政治目的，其所要维护的只是金融贵族的利益，这表现在其对农民的苛捐杂税之上，因此农民要想获得解放，就必须支持反对资产阶级的无产阶级专政。而小资产阶级也开始意识到，资产阶级的掌权只会使自身陷入破产，沦为无产阶级。马克思在对社会各阶级的分析中描绘出了一种挤压模式：秩序党的镇压措施和波拿巴及其内阁的各项法案的通过和实施，说明两个权力在镇压反对资产阶级专制的一切阶级方面，是完全协调一致的。这样资产阶级共和国就迫使农民，小资产者，社会的一般中等阶层逐渐站到无产阶级方面，把资产阶级共和国当作敌人来对待。

可以说，革命锻造无产阶级的阶级意识，为无产阶级带来了盟友和力量，这就为无产阶级发动革命，建立无产阶级专政，推动社会进步提供了基

①　《马克思恩格斯文集》(第二卷)，人民出版社，2009 年，第 164 页。

②　《马克思恩格斯文集》(第二卷)，人民出版社，2009 年，第 135 页。

础。因而，"革命是历史的火车头"①。

此外，马克思还提出了无产阶级不断革命和无产阶级专政的思想。被秩序党攻击的"无政府党"是各种利益的联合，包括资产阶级自由主义到革命恐怖主义的很多派别，它的一端是对旧社会的无秩序加以稍微改良，另一端是把旧社会的秩序推翻。在革命过程中，各种色彩的改良之友和要求极其温和的中等阶级，都被迫团结在最极端的政党的旗帜周围。社会主义派别是构成"无政府党"的主要组成部分。这些派别在一点上是相同的，"那就是宣布自己是解放无产阶级的手段，而无产阶级的解放就是自己的目的"②。

在一般社会主义词句之下，有种空论的社会主义，它原是还没发展起来的无产阶级的理论表现，就其现阶段来说，它已属于资产阶级和小资产阶级的思想体系，它使全部运动服从于运动的一个阶段，妄想用细小的手段和感伤情怀来消除阶级斗争及其必然表现。这种社会主义的实质是把现代社会理想化，描绘一幅没有阴暗的现代社会图画，并不顾社会的现实而力求实现自己的虚幻理想。

而科学社会主义，"就是宣布不断革命，就是无产阶级的阶级专政，这种专政是达到消灭一切阶级差别，达到消灭这些差别所由产生的一切生产关系，达到消灭和这些生产关系相适应的一切社会关系，达到改变由这些社会关系产生出来的一切观念的必然的过渡阶段"③。

实际上，马克思主义国家学说的本质就是无产阶级专政。马克思和恩格斯在欧洲革命期间对国家观的阐发，尤其是对资本主义国家本质的揭露，是伴随着对无产阶级专政这一议题的论述而进行的。在马克思主义尚未成熟时，马克思就提出了无产阶级夺取政权的思想，为无产阶级专政理论的形

---

① 《马克思恩格斯文集》（第二卷），人民出版社，2009年，第161页。

② 《马克思恩格斯文集》（第二卷），人民出版社，2009年，第165页。

③ 《马克思恩格斯文集》（第二卷），人民出版社，2009年，第166页。

成做了直接准备。他在《哲学的贫困》中用"联合体"对工人阶级创造的新社会进行表述,这个"联合体"将发展为"组织成为统治阶级的无产阶级"①,这个说法被列宁视为马克思无产阶级专政思想的重要体现。但这一思想始终以萌芽的形式存在,直到《共产党宣言》发表——这一马克思主义成熟的标志时,马克思还未明确提出无产阶级专政这一概念,也没有指出打碎资产阶级国家机器和无产阶级专政之间的内在联系。只有当成熟的马克思主义经历 1848 年欧洲革命的风暴而向前迈进时,无产阶级专政学说才得以形成。随着 1848 年革命形势的日益严峻,资产阶级政权对无产阶级的排斥日渐显露,马克思感到彻底阐明无产阶级历史使命的必要性,于是提出了响亮的革命口号:"推翻资产阶级!工人阶级专政!"②

(四)1850 年普选权的废除

本部分是恩格斯于 1895 年在出版单行本时与其导言一并增加上的内容,是马克思、恩格斯合写的《国际评述(三)》中有关法国事件的部分。其中,他们科学分析了 1850 年废除普选权以后的阶级斗争状况,论述了发生革命的物质经济根源和革命的必然性。

本章主要包含两个方面的内容。其一,概述了波拿巴发动政变以前的历史。马克思、恩格斯分析了普选法废除以后法国的阶级斗争状况和发展趋势。3 月 10 日和 4 月 28 日的选举,联合起来的小资产阶级获得巨大胜利。秩序党则以废除普选法,制定新选举法和出版法来回应小资产阶级在这两次选举中的胜利。新选举法和出版法的通过,迫使革命的和民主的党派退出了官方舞台。秩序党认为,废除普选权和通过新选举法也是对波拿巴的

---

① 《马克思恩格斯文集》(第二卷),人民出版社,2009 年,第 52 页。

② 《马克思恩格斯文集》(第二卷),人民出版社,2009 年,第 104 页。

胜利,以为这样就可以把总统牢牢地控制在自己手里了。而波拿巴则将选举法看作自己的让步从而换得立法权与行政权之间的协调,并为自身争得了216万法郎的临时补助金。秩序党在反人民的斗争中,不得不加强行政权力,而加强行政权力则使波拿巴地位更加稳固。马克思、恩格斯讽刺性地指出,波拿巴作用的日益增长,是由当时的环境造成的,但他自己却认为这是因为他的名字的特殊魔力。在议会休会期间,秩序党和波拿巴都展开阴谋活动,两者间的矛盾也随之显露出来。波拿巴用到各地巡视的方式把人民鼓动起来反对秩序党。1月11日议会复会时,波拿巴得到延长总统任期的权力,随后把掌握军队权力作为自己的目标,秩序党则穷于内部争吵。随着尚加尔涅将军军权的丧失,最后它自身连同共和国一起粉身碎骨了。可见,正是秩序党所引起的人民的普遍不满及其自身内部不可调和的阶级矛盾导致了自身灭亡,并使得波拿巴以投机的方式窃取了权力。

其二,揭示出革命的必然性及其所需的现实条件。马克思、恩格斯对自1849年末、1850年初起法国和其他一些国家的经济状况进行了详细研究。他们指出工业的繁荣,乃是法国反动统治加强的动力。这时法国的真正统治者是金融贵族集团和工业巨头。他们凭借着经济权力来加强自己的统治地位,采取了反革命的军事独裁,把国家的军事警察官僚机构发展到前所未有的规模。同时,在经济蓬勃发展的情况下,工人满足于生活状况的改善,缺少革命动力。于是,经济危机成为无产阶级革命的客观条件,在经济危机面前,工人重新回到失去工作,生存受到威胁的悲惨境况,并因此重燃革命热情。马克思由此得出了非常重要的结论。他指出,英法等国的经济繁荣表明当时的生产方式还有发展的余地,革命不会在生产力在资产阶级生产关系范围内迅速发展的时候发生。"在这种普遍繁荣的情况下,即在资产阶级社会的生产力正以在整个资产阶级关系范围内所能达到的速度蓬勃发展的时候,也就谈不到什么真正的革命。只有在现代生产力和资产阶级生产方式这两个要素互相矛盾的时候,这种革命才有可能……新的革命,只有在新的危机之后才可能发生。"①但是,由于经济危机是资本主义自身固有矛盾的必然结果,它必然周期性地发生,因此无产阶级革命也就成为一种必然。马克思、恩格斯在此处的分析既展现出他们根据唯物史观,对人类社会历史发展规律的长时段的判断与把握,也表现出他们对社会发展实际状况的关注。在他们看来,革命行动必须与现实的情势相结合才能得到最终胜利,更具辩证意味地说,历史上的必然性必须通过现实中的偶然性才能得到表现。

四、附录:阶级斗争的事件序列

1.1848年2月,资产阶级发动革命,推翻奥尔良政府,建立资产阶级共和国,资产阶级瓜分胜利果实。虽然成立了共和国,但权力在资产阶级手中。法国无产者孤立地奋斗。

2.资产阶级加税。政府引导流氓无产阶级与无产阶级的对立。由此,小资产阶级抱怨斗争破坏了经济与其自身利益。

3.1848年6月22日,无产阶级发动法国六月起义。资产阶级屠杀了3000人,革命失败。资产阶级的面目显露了,资产阶级中的共和派也被压制了。

4.小资产阶级破产。

5.建立资产阶级统治的政府。

6.总统选举,卡芬雅克代表资产阶级共和派利益,路易·波拿巴获得了无产阶级、农民和小资产阶级的选票,战胜卡芬雅克。

7.路易·波拿巴任命巴罗内阁。

8.复杂的变换。

---

① 《马克思恩格斯文集》(第二卷),人民出版社,2009年,第176页。

9.秩序党成立。

10.1849年5月28日立法议会开幕。

11.1849年6月,小资产阶级发动革命。

12.秩序党内奥尔良派与正统派开始和解。

13.1849年7月8日,保皇派与正统派及奥尔良派联合,要求保持现状:立宪共和国。

14.1849年12月20日,国民议会通过恢复酒税决议,税负由农民阶级承担,农民阶级倒向无产阶级,产生无政府派。

15.1850年3月,补缺选举,统治者取得胜利。秩序党随即要求废除普选权。

16.与此同时,工业繁荣,经济好转,革命无法继续前进,生产力-生产关系的矛盾暂时缓和下来。

17.1850年4月28日,人民促成新的选举,小资产阶级获得席位,并因此幻想以合法的方式表达自己的诉求,结果是秩序党废除了普选权,并镇压群众,幻想再次破灭。结论是:推翻资产阶级统治,必须诉诸暴力革命。

第四节 著作研究

《法兰西阶级斗争》不仅记录了一个特定历史阶段的事件,而且提供了运用唯物史观来分析资本主义社会阶级斗争的示例,在马克思主义经典文献中具有重要地位。但相较于《路易·波拿巴的雾月十八日》《法兰西内战》,《法兰西阶级斗争》由于内容上与二者之间存在一定重合,在国外受到的关注较少。与此相反,国内学界则是高度重视《法兰西阶级斗争》,并关注其相较于《路易·波拿巴的雾月十八日》《法兰西内战》的独特性,并取得了丰富成果。本节将对国内国外有关《法兰西阶级斗争》的研究进行简要概括,以便为读者整体把握《法兰西阶级斗争》的研究进展与理论议题提供帮助。

一、国外研究概况

总体上看,国外学者倾向于将《法兰西阶级斗争》放置于《路易·波拿巴的雾月十八日》《新莱茵报》政论及《法兰西内战》这样的文本群中进行整体解读,并联系《共产党宣言》正文首句:至今一切社会的历史都是阶级斗争的历史,据此来理解马克思在审视政治问题时对唯物史观的科学运用。

梅林在《马克思传》中强调《法兰西阶级斗争》是唯物主义历史著述的一部杰作,卢卡奇在《历史与阶级意识》中也称赞《法兰西阶级斗争》对阶级斗争形势的细致分析。由于《法兰西阶级斗争》是直接针对法国政治及其发展进程所作的研究与评价,因而受到法国学者的特别关注。傅勒在《马克思与法国大革命》中对马克思研究法国政治的动机与目的进行了详细阐发,在他看来,马克思对待法国革命和德国革命有着不同的态度,他钦佩法国人民的革命精神而鄙视德国资产阶级的懦弱。马克思认为,法国大革命的成功有赖于各阶级的联合,因而在考察1848年法国革命时,马克思参照法国大革命的经验,特别重视无产阶级与中间阶级的关系。同时,傅勒强调,19世纪政治思想中的一个经典问题就是法国革命的一再复活,马克思对此进行研究既是出于对法国革命精神的赞许,也是为了探究这一吊诡现象背后的实质,从而为无产阶级革命探索出可行道路。埃马纽埃尔·托德尝试运用《法兰西阶级斗争》中的唯物史观方法,来分析当代法国的社会结构与阶级矛盾,并写作《21世纪的法兰西阶级斗争》。在书中,他强调重读《法兰西阶级斗争》对于理解当代法国社会的重要性,认为《法兰西阶级斗争》为理解法国社会当今的原子化与衰落问题提供了深刻的分析框架。

此外,苏联学者也对《法兰西阶级斗争》作出了阐发与研究。彼·费多谢耶夫不仅强调《法兰西阶级斗争》对1848年法国资产阶级民主革命的原因、性质、进程作出了最卓越的分析,而且将《法兰西阶级斗争》的主要内容概括为五个要点:①具体阐述并发展了历史唯物主义的基本原理;②强调革命是社会进步的强大动力;③论证了无产阶级的同盟军问题;④阐述了科学社会主义关于社会革命与改造的原理;⑤阐述了无产阶级专政的根本目的。叶·米·谢米里亨则着重阐发了其中的无产阶级专政思想,并对考茨基的机会主义倾向展开批判。他指出,考茨基宣称马克思唯一一次提到无产阶级专政就是在《法兰西阶级斗争》中,并据此认为这是马克思的失言做法存在明显错误。无产阶级专政是马克思主义的基本东西,这一点,马克思在他给魏德迈的信中就指得很清楚。

当代西方学者主要从唯物史观、文本与历史背景的关系、阶级斗争与国家自主性、无产阶级专政等方面,对《法兰西阶级斗争》进行了研究。如阿尔都塞提出“多元决定论”,试图更全面地解释其中历史发展的复杂性;雷蒙·阿隆在《论治史》中对革命事件中的偶然与必然关系进行了探讨。20世纪法国著名革命史学家傅勒认为,马克思在思考法国一系列革命与国家形式的反复变化时,一方面表现出一种神秘性:如何理解一个如此之早地形成的、但却如此不能掌控其政治历史的市民社会;另一方面,在理论与革命现实的张力下,从抽象的国家理论、历史唯物主义走向具体的政治经济学批判,并做出了杰出的历史分析。①许多西方学者将《法兰西阶级斗争》放在19世纪欧洲革命的大背景下研究,探讨法国革命与欧洲其他国家革命的相互影响,及其对马克思的革命史叙述之间的关系。尤其是研究当时法国的工业发展水平、农业生产方式、阶级阶层的具体构成等对马克思分析阶级斗争的影

---

① [法]傅勒:《马克思与法国大革命》,朱学平译,华东师范大学出版社,2016年,第81~82页。

响,以法国小农经济为例,分析马克思对小农阶级在阶级斗争中地位和作用的判断与当时法国农村实际情况的关系。还有学者从历史背景探讨了马克思对不同社会阶层的冲突,揭示了资产阶级主导的公共政策如何带来不同阶级的希望、恐惧和野心,尤其外部经济危机(如作物歉收和英国工业衰退)对法国经济的影响,以及这些危机如何导致了公众的反抗,这些分析在今天的危机与治理方面仍然具有启发性。

马克思从资产阶级学者那里承接了阶级斗争的概念,对其进行改造并整合到其历史唯物主义与政治经济学批判之中,这极大提升了马克思理论分析深度,并得到后续马克思主义学者的拓展,如英国马克思主义者汤普森的《英国工人阶级的形成》、霍布斯鲍姆的"年代四部曲"等;拉克劳和墨菲针对当代资本主义社会结构的巨大变化,主张在当代社会通过争取文化霸权、身份认同等方式展开新的阶级斗争[1];赖特基于马克思的阶级范畴提出了独特的中产阶级理论,认为中产阶级占据社会阶级结构中的矛盾位置,在政治上被拉向劳动和资本的两个不同方向。[2]当代学者卡利尼科(Alex Callinicos)运用马克思的阶级斗争理论来解读2008年资本主义的经济危机,以之为当代社会贫富分化的现实提供解码指导,探索其经济与政治的多重含义。[3]当然,也有人对马克思阶级斗争理论提出批评或不同的看法,例如,马克斯·韦伯、米歇尔·福柯指出马克思的社会阶级理论具有片面性与还原论特征,这成为当代学者进行社会历史研究的一个热点,即把马克思的阶级斗争理论与韦伯的社会分层理论、涂尔干的社会整合理论等进行比较。一些西方左

---

① [英]恩斯特·拉克劳、查特尔·墨菲:《领导权与社会主义策略》,尹树广、鉴传今译,黑龙江人民出版社,2003年。

② E. O. Wright, *Class Structure and Income Determination*, Academic Press, 1979; E. O. Wright, Classes, Verso, 1985.

③ Marcello Musto, *The Marx Revival: Key Concepts and New Interpretations*, Cambridge University Press, 2020, p.105.

翼学者坚持认为无产阶级专政理论在当代仍有重要意义,是实现社会变革和社会主义的关键。如大卫·哈维强调在当今全球化资本主义时代,无产阶级专政对于打破资本统治、实现社会公平正义的必要性。还有学者结合当代西方政治发展,主张通过参与式民主、工人自治等形式来实现无产阶级在经济和政治上的统治。

总之,历史唯物主义与阶级斗争的革命理论是国外学者研究《法兰西阶级斗争》的主要关注点,在此基础上,他们具体阐发了《法兰西阶级斗争》中的社会主义革命策略、社会改造方法等问题,为后续研究提供了重要参考。

二、国内研究概况

《法兰西阶级斗争》最早的中文译本由柯柏年于1942年在延安解放社出版。改革开放前,国内对于《法兰西阶级斗争》的研究主要以翻译和介绍为主。近年来,随着马克思主义研究的深入,学界从多种角度对《法兰西阶级斗争》进行阐发,形成了理解、挖掘《法兰西阶级斗争》理论价值与实践意义的多重视角。

其一,阐释《法兰西阶级斗争》中蕴含的唯物史观思想及其对现实社会的指导意义。从学理递进的维度来看,就把唯物史观运用于对某个具体国家的现实问题分析而言,《法兰西阶级斗争》是马克思的首次理论努力。例如唐正东提出,马克思在《法兰西阶级斗争》中首次推进了唯物史观具体化的理论历程,通过深化对生产方式内在矛盾在特定条件下的外部表现形式的探讨、把政治斗争史的研究提升到政治发展之历史规律的层面等问题来完成这一理论工作。马克思的这种理论探索不仅使他在法国政治史的研究上实现了方法论及理论成果的创新性突破,而且也为后来者的唯物史观具体化工作树立了榜样。①孙乐强认为,马克思从生产力和生产方式之关系层面分析政治历史事件背后的深层结构与外在表征相统一的"活生生的时事",既展现出历史发展背后起决定作用的物质生活条件,又看到对历史具有加速或延迟作用的历史情势和偶然等诸多因素。②

其二,学者们还关注《法兰西阶级斗争》对无产阶级专政理论和马克思主义国家学说的阐发。《法兰西阶级斗争》是马克思运用唯物史观具体分析现代阶级斗争历史的初次尝试,其中蕴藏着丰富的无产阶级专政思想,同时为马克思提出"无产阶级必须彻底打碎旧的国家机器"的思想提供了现实支撑。例如牟成文、宋晟认为,马克思首次从实证角度为世界无产阶级明确勾画实现政治解放的基本方案,此方案最为本质的展现为马克思所提出的"工人阶级专政"命题③。韩承文提出《法兰西阶级斗争》在马克思主义发展史上占有重要的地位,马克思用阶级斗争的观点和阶级斗争的方法,阐明了1848年至1850年法国革命的性质、动力和特点,指出无产阶级在革命中的重要作用,第一次提出"工人阶级专政"这一科学概念④。也有学者从工农联盟层面进行研究,牟成文、郭金鹏认为,马克思考察了法国社会的大资产阶级、工业资产阶级、小资产阶级、农民阶级和无产阶级的存在状况与基本特性,考察了无产阶级同农民阶级、小资产阶级和其他中间阶级之间具有实行阶级联

---

① 唐正东:《唯物史观具体化:马克思的探索及其意义》,《四川大学学报(哲学社会科学版)》,2022年第3期。

② 张小龙、孙乐强:《历史中的情势与偶然——马克思基于唯物史观的政治哲学探讨》,《江苏行政学院学报》,2021年第2期。

③ 牟成文、宋晟:《"工人阶级专政"的内在逻辑——兼论〈1848年至1850年的法兰西阶级斗争〉的法哲学意蕴》,《科学社会主义》,2021年第6期。

④ 韩承文:《马克思的〈1848年至1850年的法兰西阶级斗争〉》,《历史教学》,1985年第3期。

合的可能性与无产阶级在"世界战争"中居于"领导地位"的必要性。①

在国家学说方面,孙乐强认为,在《法兰西阶级斗争》中,马克思打破了市民社会决定国家的单向模式,详细分析了政治国家对市民社会的反作用,进一步完善了历史唯物主义的基本原理。②牟成文等则提出,《法兰西阶级斗争》讨论了国家与专政之间的联系,"马克思运用1848年至1850年法兰西阶级斗争这一事例实证了无产阶级需要在彻底废除传统国家政治制度基础上重建未来新型国家政治制度并由此代替'资产阶级专政'这一结论"③。

其三,挖掘《法兰西阶级斗争》中的革命理论。在撰写《法兰西阶级斗争》期间,马克思、恩格斯完全投身于欧洲革命斗争当中,这使得他们形成了包括革命立场、条件、过程、目标等方面在内的,全面而连贯的革命理论。着眼于此,国内学者利用1848—1852年整个欧洲革命期间马克思、恩格斯所著的评论和报刊文章这一文本群来对《法兰西阶级斗争》中的革命理论进行研究,以期得到更深刻的理解。例如杨洪源基于此期间的文献从唯物史观的角度对欧洲政治革命进行了分析,他认为马克思不局限于从一般矛盾(生产关系和生产力的矛盾)解释政治革命的发生,还拓展到了经济危机和普遍贫困化。但他认为马克思没有分析一般矛盾是如何引起经济危机和普遍贫困的,并认为这是唯物史观的一般表述在解释层面的限度,因为它并不能确定革命的具体时机。④对此,许多学者持有相反观点。赵睿夫认为,经由对七月革命、二月革命、六月起义等重要历史事件的线索梳理,马克思揭示出信

---

① 牟成文、郭金鹏:《马克思关于法国社会各阶级的分析及其理论意义——以〈1848年至1850年的法兰西阶级斗争〉为例》,《当代世界社会主义问题》,2022年第1期。

② 孙乐强:《〈1848年至1850年的法兰西阶级斗争〉导读》,江苏人民出版社,2019年。

③ 牟成文、宋晟:《"工人阶级专政"的内在逻辑——兼论〈1848年至1850年的法兰西阶级斗争〉的法哲学意蕴》,《科学社会主义》,2021年第6期。

④ 杨洪源:《唯物史观视域下的政治革命分析——基于马克思恩格斯"1848—1852年政治文献"的考察》,《马克思主义哲学论丛》,2017年第4期。

用危机与社会革命之间的必然联系,认为在一定历史条件下的社会信用体系表征着统治阶级的生产关系实质,阐发了"无产阶级的起义,就是消灭资产阶级的信用"的重要判断。①还有学者关注马克思对革命事件的分析方法。梅荣政认为,"基于经济利益的阶级斗争"②是马克思用以理解法兰西第二共和国历史的钥匙。张小龙认为,马克思对法国二月革命、六月起义和波拿巴政变等一系列事件的分析体现了他对一般历史学家和政治学家的超越。马克思没有停留在经济事实层面的描述,而是剖析这些历史事件背后的深层结构内涵和外在表现,在具体文本中实现了政治维度、历史维度和哲学维度的内在统一。③此外,韩喜平、张延曼还阐发了《法兰西阶级斗争》中革命理论的当代价值。他们从斗争是推动历史发展的直接动力这一基本原理出发,将1848年法国革命与新时代伟大斗争的历史特点相结合,论述伟大斗争体现出伟大革命精神的四个特点;④杨长福、黄晓玲也论述了《法兰西阶级斗争》对新时代开展伟大斗争所提供的策略方法。⑤

其四,关于《卡·马克思〈1848年至1850年的法兰西阶级斗争〉一书导言》的研究。1895年1月30日,德国社会民主党的《前进报》出版社经理查·费舍写信给恩格斯,请求他同意该出版社把马克思在1850年《新莱茵报》上发表的论述与关于法国1848年革命的一组文章印成小册子出版,还请求恩格斯

---

① 赵睿夫:《重思马克思的信用与革命关系理论——基于〈1848年至1850年的法兰西阶级斗争〉的文本考察》,《中共福建省委党校(福建行政学院)学报》,2021年第6期。

② 梅荣政:《用唯物史观生动描述和精辟分析重大历史事件的科学典范——马克思〈路易·波拿巴的雾月十八日〉》,《思想理论教育导刊》,2011年第3期。

③ 张小龙、孙乐强:《历史中的情势与偶然——马克思基于唯物史观的政治哲学探讨》,《江苏行政学院学报》,2021年第2期。

④ 韩喜平、张延曼:《实现伟大梦想必须进行伟大斗争——〈1848年至1850年的法兰西阶级斗争〉的新时代解读》,《中共中央党校(国家行政学院)学报》,2020年第2期。

⑤ 杨长福、黄晓玲:《〈法兰西阶级斗争〉中马克思的斗争策略理论及其当代价值》,《重庆科技学院学报(社会科学版)》,2021年第1期。

为这个单行本写一篇导言。恩格斯同意这个计划,并在1895年2月14日至3月6日完成"导言"。这就是著名的《卡·马克思〈1848年至1850年的法兰西阶级斗争〉一书导言》(以下简称"导言")。

这篇"导言"写完后不到5个月,恩格斯就逝世了。这篇"导言"成为恩格斯一生所写的最后一篇重要政治论文,因而被视为恩格斯所留下的"政治遗嘱"。在这篇"导言"中我们不时可以看到这样的词句:"历史表明我们也曾经错了,暴露出我们当时的看法只是一个幻想","今天在一切方面都已经过时了"①等。伯恩施坦曾以此为依据,认为恩格斯在晚年已着手"修正"马克思主义,甚至将这篇"导言"作为修正主义的出发点,因而长期以来,学界关于恩格斯这一著作存在争议。通常认为,恩格斯这篇文章对19世纪和20世纪之交新形势下的无产阶级革命战略和策略进行了新的探索,对各国无产阶级政党怎样根据各自不同的情况转变自己的斗争方针进行了认真思索。但也有学者持不同看法,认为这一著作表明,恩格斯主张工人阶级在任何情况下都只能通过和平途径取得政权。一些学者以这篇"导言"中的个别表述为依据,论证恩格斯晚年已把马克思主义发展到一个新阶段,即民主社会主义阶段,论证恩格斯在晚年实际上已是个社会民主主义者。但是大多数学者认为恩格斯在肯定利用普选权的同时,从来也没有否定过利用暴力的手段夺取政权,多次发声为其澄清正名,主要观点如下。

第一,利用普选权实际上是马克思和恩格斯一直持有的一个观点,而不是恩格斯到晚年,只是到了写作"导言"的1895年才提出来的。正如恩格斯在这篇"导言"中所指出的,《共产党宣言》早已宣布,争取普选权,争取民主,是无产阶级的首要任务之一。马克思和恩格斯在早年其他著作中也有类似的观点。如马克思于1850年为法国工人党起草的《法国工人党纲领导言(草

---

① 《马克思恩格斯文集》(第四卷),人民出版社,2009年,第538页。

案)》中提出："这种集体所有制只有通过组成为独立政党的生产阶级或无产阶级的革命活动才能实现；要建立上述组织，就必须使用无产阶级所拥有的一切手段，尤其包括借助于由向来是欺骗的工具变为解放工具的普选权。"①因此，不能由于恩格斯晚年强调利用普选权，就将恩格斯判定为社会民主主义者。如果这样，那么马克思和恩格斯早已是社会民主主义者了。聂运麟认为，恩格斯提出的合法斗争新策略，是无产阶级谋求一般利益和目的的策略，而不是取得政权的策略；是根据当时的历史条件制定的，并将随着条件的变化而不断发展变化。恩格斯在将合法运用革命斗争提到首位时，丝毫也没有否定暴力革命，没有放弃必要时运用革命暴力的策略；合法斗争为无产阶级革命斗争的战略目标服务，并服从于无产阶级革命斗争的战略目标，因而恩格斯的革命斗争策略根本区别于社会民主主义或民主社会主义。②

第二，恩格斯在肯定利用普选权的可能性时，处处强调西方民主的"制度局限"和"阶级局限"，恩格斯实际上对西方民主制度始终抱有很大的戒心。梅荣政认为，恩格斯为《法兰西阶级斗争》写的导言，分析了当时革命形势的变化，告诫无产阶级在不利的条件下要避免同统治阶级进行决战，应该利用议会讲坛宣传自己的主张，教育无产阶级、争取群众、积聚力量，为将来的决战做好准备。"导言"没有否定暴力革命的思想，相反，一直反对机会主义的断章取义、肆意歪曲。"向社会主义和平过渡的首创者"③同恩格斯及其思想毫无关系。殷叙彝认为，"导言"经过删节的文本尽管在革命性方面受到了一些损失，但是本质并没有改变，根本谈不上宣扬无论如何也要守法的观点，否则恩格斯也不必要求考茨基在《新时代》上发表这一文本来消除《前

①　《马克思恩格斯全集》(第25卷)，人民出版社，2001年，第442页。

②　聂运麟：《论述马克思主义革命斗争策略的经典文献》，《马克思主义研究》，2007年第7期。

③　梅荣政、李静：《革命权是唯一的真正"历史权利"——恩格斯：《〈1848年至1850年法兰西阶级斗争〉一书导言》研究》，《政治学研究》，2007年第1期。

进报》造成的恶劣影响了。伯恩施坦片面地援引"导言"中肯定议会斗争重要性的言论,声称恩格斯似乎已把普选权和议会活动看成工人阶级争取解放的唯一手段,以及格诺伊斯等人认为恩格斯晚年的策略思想同伯恩施坦的"和平长入社会主义"观点非常接近的说法,是完全错误的。恩格斯仍旧认为今后必须通过一次暴力革命夺取政权,但是应当通过长期耐心的准备工作、尽量减少决战时的牺牲,使胜利更加容易取得,这同"和平长入社会主义"的思想当然是有本质区别的①。张飞岸认为,恩格斯晚年并没有否定革命而成为一个改良主义者,他只是把议会斗争作为一种暂时的斗争策略,是伯恩施坦而不是列宁修正了马克思主义。改良主义源于小资产阶级的软弱性和妥协性,它把社会主义的价值局限于狭隘的经济利益,淡化了无产阶级的阶级意识,阉割了马克思主义的革命锋芒,给国际共产主义运动带来了很大的负面影响。②

第三,恩格斯在肯定利用普选权的同时,从来也没有否定过利用暴力手段夺取政权,恩格斯始终坚持合法的改良斗争和暴力革命"两手论"。钟益文认为,恩格斯根本没有一厢情愿地期待"通过工人阶级的合法斗争取得政权",恰恰相反,"导言"通篇贯穿着以革命的两手对付反革命的两手的辩证思维和基本方针。恩格斯虽然肯定了普选权在工人阶级政党斗争中的作用,但并没有把议会斗争当作唯一手段,更谈不上期望当时仍处于半专制统治下的德国"和平过渡到社会主义",利用普选权的策略是为无产阶级同资产阶级的未来决战作准备的。③孙玉霞认为,恩格斯在晚年依据欧洲主要资

---

① 殷叙彝:《这是恩格斯的政治遗嘱吗?——恩格斯〈卡·马克思《1848年至1850年的法兰西阶级斗争》一书导言〉发表的前前后后》,《红旗文稿》,2008年第14期。

② 张飞岸:《恩格斯晚年的合法斗争思想——关于恩格斯〈卡尔·马克思《1848年至1850年的法兰西阶级斗争》一书导言〉的研究》,《马克思主义研究》,2007年第7期。

③ 钟益文:《恩格斯是坚持和发展无产阶级革命学说的典范——正确理解恩格斯〈卡·马克思《1848年至1850年的法兰西阶级斗争》一书导言〉的精神》,《当代世界与社会主义》,2007年第3期。

本主义国家社会现实发生的新变化,从无产阶级革命实践的需要出发,对早前形成并得到广泛传播的马克思主义理论作出一些新的解释与补充,为马克思主义理论的创新树立了典范。"导言"提供了马克思主义理论创新的核心原则——既要从实践中不断变化的社会现实出发,突破已有的认识提出新的思想;又绝不放弃马克思主义基本原理,坚持实现共产主义的最终目标,两者是一个整体。[①]张全景认为,恩格斯在"导言"中坚持了无产阶级革命学说。恩格斯对马克思《法兰西阶级斗争》的分析方法和基本观点给予充分肯定,深刻指出马克思的基本观点是正确的,经受了实践的检验。恩格斯还根据经济发展和斗争形势的变化,对马克思和他在1848年关于革命进程和策略的一些看法,进行了反思,坚持了马克思主义的基本原则,改变了被实践证明了的错误结论,同时又勇于理论创新,提出符合时代需要的新的观点。[②]

　　其实,恩格斯还在世的时候,即在完成"导言"写作的1895年3月6日至8月5日逝世这不到5个月的时间里,他本人就曾数次强烈地对个别人歪曲他的"导言"的基本思想,把他说成力主工人阶级在任何情况下都只能通过和平途径取得政权的做法表示不满。例如,当时党的机关报《前进报》以社论的形式发表了题为《目前革命应当怎样进行?》的文章,文章未经恩格斯的同意,从"导言"中断章取义地引了几段话,而这几段话给人造成这样一种印象,似乎恩格斯成了"无论如何要守法"的捍卫者。恩格斯阅后非常气愤,当即向《前进报》编辑李卜克内西提出强烈抗议,对如此地歪曲他的观点表示不满。恩格斯在1895年4月1日"致卡尔考茨基"的信中这样说道:"今天我

---

　　① 孙玉霞:《恩格斯晚年理论创新的核心原则及其当代意义——基于〈卡·马克思《1848年至1850年的法兰西阶级斗争》一书导言〉的分析》,《马克思主义研究》,2021年第1期。

　　② 张全景:《恩格斯晚年放弃了无产阶级革命学说吗?——学习恩格斯〈卡·马克思"1848年至1850年的法兰西阶级斗争"一书导言〉的体会》,《求是》,2007年第11期。

惊讶地发现,《前进报》事先不通知我就发表了我的《导言》的摘录,在这篇经过修饰整理的摘录中,我成了一个温顺平和、无论如何都要守法的人。我特别希望《导言》现在能全文发表在《新时代》上,以消除这个可耻印象。"①

两天后,即1895年4月3日,恩格斯又致信保尔·拉法格:"李卜克内西刚刚和我开了一个很妙的玩笑。他从我给马克思关于1848—1850年的法国的几篇文章写的导言中,摘引了所有能为他的、无论如何是和平的和反对使用暴力的策略进行辩护的东西。近来,特别是目前柏林正在准备非常法的时候,他喜欢宣传这个策略。但我谈的这个策略仅仅是针对今天的德国,而且还有重要的附带条件。对法国、比利时、意大利、奥地利来说,这个策略就不能整个采用。就是对德国,明天它也可能就不适用了。"②可见,所谓合法斗争并不是一个新问题,还在恩格斯在世时,就有人利用这篇"导言"企图把恩格斯说成是一个完全反对暴力革命的改良主义者,而恩格斯在当时就已旗帜鲜明地对此表示了反对。

综上所述,国内学者从《法兰西阶级斗争》出发,探讨了马克思唯物史观、阶级理论、国家学说、革命观与恩格斯晚年的思想发展等问题,分析了欧洲革命的发生原因,革命过程、革命方法论及无产阶级专政的必要性。但也存在一些不足,这表现在学者们在探析《法兰西阶级斗争》中的思想时,集中于主要内容和主要事件进行概括和解析,缺少对阶级理论和唯物史观之间互构关系的分析,及在马克思思想发展史的层面理解《法兰西阶级斗争》的地位和意义。

笔者在本章以研读的形式进一步分析了文本中丰富的历史、政治与革命思想,以及马克思对此前尚未得到解决的问题的回应,阐发了马克思在文

---

① 《马克思恩格斯文集》(第十卷),人民出版社,2009年,第699页。

② 《马克思恩格斯文集》(第十卷),人民出版社,2009年,第700页。

本中对唯物史观的初步阐释、对无产阶级专政和国家学说的深化,以及马克思的革命观与恩格斯晚年的思想发展等几个方面,力图呈现一个更为清晰完整的研究结构,更深刻而全面地彰显《法兰西阶级斗争》作为科学社会主义经典著作的文本价值。

第四章　马克思《路易·波拿巴的雾月十八日》研读

Die Revolution,

Eine Zeitschrift in zwanglosen Heften.

Herausgegeben von

J. Weydemeyer.

Erstes Heft

Der 18te Brumaire des Louis Napoleon

von

Karl Marx.

New-York.

Expedition: Deutsche Vereins-Buchhandlung von Schmidt und Helmich.

William-Street No. 191.

1852

最先刊载《路易·波拿巴的雾月十八日》的

《革命。不定期刊物》第一期的扉页

第一节　著作简介

《路易·波拿巴的雾月十八日》(以下简称《雾月十八日》)是马克思创作的一部重要的政治著作,它由马克思于1851年12月2日波拿巴政变后,应魏德迈之邀,至1852年3月下旬完成的7篇时政评论文章所组成,随后发表于同年不定期的《革命》刊物第一期上。马克思在该著中对1848年二月革命、1851年路易·波拿巴的政变至法兰西第二共和国兴亡这段曲折的法国革命史进行了基于唯物史观的理论分析,概括了社会动荡时局中各阶级基于自身经济利益而采取的政治行动及其导致的雾月重演的历史悲喜剧,并总结出政治与经济层次之间互动的"复调"的历史规律性。

马克思在著作中以生动的语言概括法国阶级斗争的局势、条件及波拿巴的政变过程,批判性地叙述了路易·波拿巴以资产阶级狡猾手腕,在各种阶级矛盾的冲突中,借助其祖父拿破仑的余威左右逢源,最终恢复帝制的历史故事。与其他文学的、哲学的、社会的、历史的研究不同,马克思"则是证明,法国阶级斗争怎样造成了一种局势和条件,使得一个平庸而可笑的人物有可能扮演了英雄的角色"。①换言之,马克思把个人、历史事件与整体局势联系在一起,从三个不同的层次上展开对法国革命历程深刻而科学的分析。他基于唯物史观的基本框架,运用阶级分析方法,"从抽象上升到具体",把这个特定历史事件中相关的历史人物、社会局势、意识形态、经济因素连结成一幅丰富而生动的历史图景,深刻剖析了路易·波拿巴的独裁专制,揭示了法国农民、工人、资产阶级民主派、共和派之间错综复杂的政治斗争中的

---

① 《马克思恩格斯文集》(第二卷),人民出版社,2009年,第466页。

决定性因素。在此过程中,马克思透彻分析了法国各阶级之间的矛盾,深刻揭示了法国资产阶级的本质,展现出丰富的逻辑层次及思维深度。同时,马克思还通过对法国历史事件的研究,揭示了人类社会的发展规律,为后来的马克思主义理论研究和政治实践提供了重要的思想指导。

马克思的政治历史叙述贯穿着阶级斗争这条明线,这一点在《共产党宣言》中已经直言不讳地宣告世界。在《共产党宣言》中,马克思用唯物史观概略叙述了全部的近代史。而在《雾月十八日》中,马克思更进一步,从抽象到具体地运用唯物史观结合政治历史叙述,总结出阶级斗争的政治理论及政治历史发展的规律性,是对唯物史观的具体化的一次很好的检验。正是由于深刻认识到政治历史发展的规律,因而即使马克思遭到现实革命的挫折而退回书斋,他也依然热情不减地期待革命高潮的到来,并为之做出积极准备,这鲜明地展现在《资本论》等重要经典著作中。可以说,《雾月十八日》是马克思运用唯物史观对以法国为代表的资本主义现代国家的政治学分析与批判,从这个批判中指出阶级斗争的复杂性,揭示国家与市民社会之间深层的互动关系和内在逻辑,以及资本主义民主政治内在的困境与所谓历史重演规律的典范。

《雾月十八日》不仅是马克思运用唯物史观为政治变局进行分析的典范,还为我们留下了珍贵的历史第一手文献材料,已经成为当今历史叙事、政治学与社会学的经典著作,对于理解19世纪法国的历史进程和政治变革具有重要学术价值,也是研究马克思主义国家政治理论的重要参考。

《雾月十八日》初版不顺。1852年4月9日,身在美国的魏德迈在给马克思的书信中说,由于一个刚从法兰克福迁到美国的德侨缝工出资40美元,才让《雾月十八日》得以出版。魏德迈还亲自写编者按语,"由于马克思的独创见解、深刻而全面研究的结果,以及由于他的典范的语言风格远远超过政治家的一般水平之上,甚至他的敌手也不得不佩服他"[1]。时代的发展有力地证明了《雾月十八日》的科学与深邃,因而它产生的影响越来越大,而且经久不衰,恩格斯称之为"一部天才的著作"[2]得到了历史的证明。因为它运用唯物史观对法国革命时期的阶级斗争、经济社会中的阶级状态进行了细致入微的分析,进一步论证了唯物史观有关社会经济基础决定上层建筑的科学性。同时,在恩格斯看来,《雾月十八日》中有关"复调历史"的历史规律的论述也为理解社会发展提供了深刻启示。就此而言,在"社会学的历史转向"渐成气候之时,在社会学呼唤着"返回历史视野""把革命带回来"之际,重温和研读《雾月十八日》会有一种别样的意趣。[3]

作为马克思主义的重要政治著作,《雾月十八日》在中国得到广泛传播与研究。其第一个中文译本由陈仲联翻译、1930年于上海南强书店出版,当时书名为《拿破仑第三政变记》。《雾月十八日》全文被编入《马克思恩格斯文集》第二卷(人民出版社,2009年),以及《马克思恩格斯全集》第8卷(人民出版社,1961年)。

第二节　写作背景

一、时代背景

1789年法国大革命后,《人权宣言》的颁布标志着君主专制制度的结束

---

[1]　[德]弗·梅林:《马克思传》,樊集译,生活·读书·新知三联书店,1965年,第102页。

[2]　《马克思恩格斯文集》(第二卷),人民出版社,2009年,第468页。

[3]　应星:《马克思〈路易波拿巴的雾月十八日〉新释》,《社会学研究》,2017年第2期。

和民主思想的兴起。但在实践过程中,君主立宪制的尝试受挫,1792年国民公会宣布成立法兰西第一共和国,但随着不同的政治派别相继掌权与倾轧,权力不断更迭,直到1799年的雾月政变导致拿破仑上台,建立法兰西第一帝国,这种动荡才得以暂时缓和。拿破仑的统治持续到1814年,期间法国经历了一系列的战争和征服,同时出现了经济繁荣。其后,拿破仑被第一次流放和波旁王朝的复辟标志着帝国时代的结束,法国再次回到君主专制统治之下。然而拿破仑的回归和百日政权的建立又一次打破了这一格局。但好景不长,拿破仑被第二次流放和波旁王朝的最终复辟再次恢复了君主专制制度。1830年,法国爆发七月革命推翻波旁王朝,建立资产阶级君主制,这样的制度更迭非但没有给法国人民带来向往的幸福与自由,反而带来更为深重的灾难。1848年,对于法国来说是发生翻天覆地变化的一年,经济状况动荡不安、政治局势混乱复杂、思想认识受到束缚。在这样的社会背景下,二月革命爆发,七月王朝统治崩溃,在随后的3年时间里,法国出现了一系列混乱统治,最终使得政治"小丑"波拿巴趁机复辟帝制,建立了法兰西第二帝国。

(一)经济的萎缩与衰落

七月王朝将封建君主国变成了资产阶级君主国,这看似为法国资本主义的发展开辟了更为广阔的道路,但是由于七月王朝所代表的利益主体是金融贵族,这些金融贵族一方面通过掠夺他人的财产发家致富,另一方面竭力将资本从工业吸收到金融信贷中,因而严重阻碍了法国资本主义的发展,导致法国社会的衰落。同时,面对频发的自然灾害、物价上涨和粮食奇缺的社会现实,法国统治阶级非但没能采取有效的缓解措施,反而不断地搜刮民财,人民生存难以得到保障,社会矛盾不断激化。正如马克思在1852年同恩格斯的通信中阐述的那样,法国在1848年革命中想要推翻的绝对不是资产阶级,而"是贫困,可恶的贫困。接着就是为贫困而簌簌流出社会主义的热泪"①。

1848年前后,在欧洲工业发展转折过程中,法国出现了普遍的失业和极度的贫困。从法国社会的经济发展情况来看,主要以手工劳动为主,工业化速度和程度都远远落后于同期的英国。经济上的落后给法国社会带来了消极的结果,从1845年到1847年,3年时间里法国棉纺织品的出口总额由12770万法郎下降到390万法郎,大量小企业主与小商人相继破产,大批工人失业,并在1848年初集中爆发。此外,世界性的经济危机也波及法国,原本根植国外市场的工厂主和大商人涌入国内市场,激起大规模的竞争,再次使小杂货商和小企业主陷入困境。

"人祸"只是一个方面,"天灾"也同时存在。1845年到1847年的马铃薯病虫害和农业歉收使物价居高不下,形成鲜明对比的是,金融贵族过着奢靡的生活。就这样,在工业发展落后的大背景下,经济危机与粮食歉收的双重影响使得不堪忍受饥饿与贫困的民众开始发动暴力斗争,将不满情绪政治化,残酷的镇压使得革命的火苗越烧越旺,群众性的革命运动使革命形势走向成熟。种种状况表明,二月革命爆发是不可避免的结局。

(二)政治局势的混乱

七月王朝时期,政治风气极为腐败,众议院与内阁沆瀣一气,完全受到金融贵族的掌控,"决定法国命运的不是图伊勒里宫,也不是贵族院和众议院,而是巴黎交易所"②。尤其基佐内阁当政期间,对革命起义的残酷镇压激起工业资产阶级与广大底层人民愈加激烈的抗争,使得当时的法国社会呈

①　《马克思恩格斯全集》(第28卷),人民出版社,1973年,第30页。
②　韩承文主编:《一八四八年欧洲革命史》,上海人民出版社,1983年,第35页。

现出经济萧条、民不聊生的残败之象。于是,国内要求实行社会改革与建立共和制度的呼声越来越高。

1847年8月到1848年二月革命前夕,法国工人运动接连不断、此起彼伏,政府的一次次武力镇压丝毫没有击退顽强的工人。在群众运动高涨形势的带动下,资产阶级积极展开反对七月王朝的斗争,多次举行"宴会运动",原定于1848年2月22日举行的"宴会运动"被迫取消,这为1848年二月革命的爆发拉开了序幕。起义过程中,法国工人阶级作为资产阶级强有力的追随者,英勇地对抗封建势力,随后将革命的果实拱手让与资产阶级。起义过后,随着封建势力这一强大外敌的日益衰微,资产阶级毫不犹豫地将枪口转向无产阶级,当权的资产阶级共和派开始实行一系列敌视无产阶级的措施,这为六月起义的爆发埋下了伏笔。

1848年6月,面对资产阶级共和派政府颁布的封闭"国家工场"这一挑衅性法令,巴黎工人展开了激烈反抗,从法国六月起义被捕者的个人信息中可以看出,起义者主要由城市中的小规模手工业者、小本经营的商人、现代工厂中的劳工构成。另一边,选择站在资产阶级共和国阵营当中的人员则要多得多,他们包括金融贵族、工业资产阶级、军人及农民等。所以,此次势力相差极大的起义遭到了反动势力的残酷镇压,由此带来的直接结果是无产阶级完全被排斥在政权之外,法国的政治权力完全掌握在资产阶级手中。

随着无产阶级逐渐远离政治舞台,资产阶级内部各个党派开始争权夺利。1848年12月,波拿巴当选为法国总统,此后,他联合由大资产阶级组成的秩序党打击资产阶级共和派,而后又站在秩序党的身后同新山岳党进行斗争,最后利用秩序党内部的矛盾分裂将其击败。最终,在秘密组织"十二月十日会"的支持下,波拿巴于1851年12月发动政变,解散议会、独揽大权,并在次年12月废除了共和制,宣布复辟帝制。

（三）社会思潮的涌现

在经济萧条、政治复杂的大背景下，人们的思想观念必定是混乱、受束缚的，主要表现为：一方面，由于拿破仑带给法国一段极其辉煌的时期，他作为一名"英雄"、一段"传奇"在法国留下了深远的影响，因而在法国民众之中产生了一股怀旧之情。另一方面，社会矛盾的显露及阶级斗争的爆发带来了思想领域的"繁荣"，不同立场、相异观点的思想开始涌现。

具体而言，拿破仑作为法兰西第一帝国的缔造者，为法国带来了一段充满奇迹而又短暂的辉煌时期。在他去世后的几十年里，作家的创造、戏剧的表演等多渠道宣传使得生活在19世纪三四十年代的法国民众对拿破仑愈加怀念，所谓的"拿破仑传说"既渗透到了普通家庭之中，又在军队中产生了狂热崇拜。路易·波拿巴胜利的全部秘密就在于，他依靠同他的名字相联系的传统才得以在短时期内保住法国社会斗争中相互斗争的阶级之间的均势。波拿巴为了获得舆论支持与民众信任，极力为自己造势，写作了《空想政治》《拿破仑思想》《论消灭贫穷》等多本小册子，通过宣传拿破仑的光荣事迹唤起人们记忆，借助拿破仑的威望抬高自己，呼吁人们将现实岁月与那个曾经荣耀的年代联系在一起。总之，拿破仑思想的传播为波拿巴开启政治之路、日渐靠近权力中心、最终复辟帝制起到了极大的助力作用。

与此同时，在同资产阶级、封建阶级的思想观念进行斗争的过程中，各形各色的社会主义学说应运而生，在充满阶级矛盾与政治立场分歧的法国思想界上演了一幕幕理论斗争的政治大剧。在当时，空想社会主义与无政府主义得到广泛传播。其中，路易·勃朗提出社会改良方案，主张依靠资产阶级国家建设社会生产性质的"社会工场"来改造资本主义社会，然而其计划的空想与反动在其领导的卢森堡委员会的实践中完全显露出来，由此证明了其理论的破产。而布朗基则认为，通过暴力和少部分人的密谋发动突袭暴动就可以建立起一个社会的民主的共和国,但是由于布朗基未找到革命的真正动力,所以他所做的一切都是徒劳。总之,这些社会主义思潮由于不能科学地认识资本主义社会的根本矛盾,只会使工人阶级的思想愈加混乱,阶级的正当利益更加难以保障,最终导致工人运动误入歧途。

二、马克思写作《雾月十八日》的原因

与各色错误社会主义思潮不同,马克思拥有独特的思想经验和丰富的理论准备。此时,马克思已经完成了历史唯物主义的基本建构,并在旅居法国期间受各种社会主义思潮和政治经济学研究的影响,而转向政治经济学批判,运用政治经济学对社会状况进行具体分析,从而在思想中初步实现了宏大的历史唯物主义叙事与面向具体的资本主义社会政治经济分析之间的层次性关联与融合,这也是马克思区别于其他资产阶级庸俗政治经济学家的关键之处。根据恩格斯回顾,"从1850年春天起,马克思又有空从事经济研究,并且首先着手研究最近10年的经济史。结果,他从事实中完全弄清楚了他之前半先验地根据不完备的材料所推出的结论,即:1847年的世界贸易危机孕育了二月革命和三月革命;从1848年年中开始逐渐复兴而在1849年和1850年达到全盛状态的工业繁荣,是重新强大起来的欧洲反动势力的振奋力量。这是有决定意义的"。[①]

在社会政治方面,马克思基于法国现实中的政治事件而展开历史唯物主义分析,也因此展现出更高的理论视野。面对法国1848年到1852年的各种政治乱象,马克思不受表面现象的迷惑,深入社会结构当中,把握历史内在的运动逻辑,揭示出政治斗争不过是生产方式内在矛盾的外部表现而已。

---

① 《马克思恩格斯文集》(第四卷),人民出版社,2009年,第535~536页。

马克思是在贫困交加中撰写此作的,如他在书信中所说,"甚至最近的法国丑事也没有象这该死的痔疮那样打破我的生活常规"①,而且资金短缺,"外衣进了当铺";而且这一年复活节,马克思的小女儿也病死了。尽管面临如此困顿,马克思仍然把人类的解放事业作为自己的毕生追求,矢志不渝。他始终关心无产阶级的革命活动,而近代法国作为社会主义政治思潮的重要发祥地,自然得到马克思的特别关注。他在1844年曾这样评述欧洲三国的无产阶级:"必须承认,德国无产阶级是欧洲无产阶级的理论家,正如同英国无产阶级是它的国民经济学家,法国无产阶级是它的政治家一样。"②

1848年法国革命是欧洲历史上的一次重大事件,不仅对法国本身产生了深远的影响,也对整个欧洲乃至世界的历史进程产生了重要的影响。马克思认为,法国革命揭示了社会的矛盾和阶级斗争的现实性,同时也揭示了社会变革的可能性。为此,马克思专门写了三部重要的政治著作,即1850年完成的《法兰西阶级斗争》、1852年完成的《雾月十八日》和1871年完成的《法兰西内战》,集中论述19世纪的法国革命。

在这三部著作中,最后一部《法兰西内战》是对1871年巴黎公社的历史经验的总结,同时也是为国际工人协会写的宣言,属于论战或檄文性质的纲领性文件,侧重语言上的简明与革命性。前两部虽然都针对1848年前后的革命历史事件,但重心有所不同,《法兰西阶级斗争》侧重于两个"六月事件",即1848年无产阶级的六月起义、1849年资产阶级民主派的六月失败事件;而《雾月十八日》侧重于两个"雾月十八日":1848年12月20日波拿巴当选总统、1851年12月2日波拿巴发动政变。由于后者是马克思在政变之后的思考,因而对于法国革命政治的历史研究而言,学界公认《雾月十八日》在

---

① 《马克思恩格斯全集》(第二十八卷),人民出版社,1973年,第475页。

② 《马克思恩格斯全集》(第三卷),人民出版社,2002年,第390页。

马克思对法国政治史的分析中是学术价值最高的。①

三、对同时期相关论著的批判

路易·波拿巴推翻成立不久的议会制共和国而复辟帝制后,法国政治制度出现了历史性倒退,当时很多亲身经历者都对波拿巴复辟帝制进行各种冷嘲热讽和批判。然而马克思对这些停留于现象表层的描述和发泄不满情绪的文字不以为然。例如,他对雨果的《小拿破仑》评论道:仅通过文学语言的讽刺咒骂与崇高理想化的道德呼吁,无法认清1848年二月革命以来法国政治局势复杂多变的社会内在根本原因,也不可能改变法国出现的历史性倒退现状;而针对蒲鲁东的《政变》,马克思则斥其陷入了对政变主人公波拿巴的辩护之中。因此,马克思认为有必要写作一本正确揭示政变原因、客观分析社会局势、辩证评析历史人物的作品,来帮助人们形成关于这场政变全面而正确的认识。在这种背景下,马克思运用唯物史观深刻剖析了革命的原因、性质、进程与结果,揭示出其中阶级利益、意识形态、历史人物等因素的相互作用,并对历史发展的客观规律进行了深刻的阐发。

雨果的《小拿破仑》是一部历史剧。该剧以拿破仑三世(即路易·拿破仑·波拿巴)的政治生涯为背景,通过戏剧的形式展现了法国19世纪中叶的历史变革和政治斗争,在法国流传很广,产生了巨大社会影响。法国作家莫洛亚说:在全世界印行了一百万份的事实证明,精神力量战胜了武力政变。在剧中,作为左翼共和主义者的雨果运用戏剧手法,展现了拿破仑三世如何通过各种手段巩固自己的权力,以及他与不同政治势力之间的复杂关系,揭

① [法]傅勒:《马克思与法国大革命》,朱学平译,华东师范大学出版社,2016年,第88页。白云真编著:《马克思〈路易·波拿巴的雾月十八日〉研究读本》,中央编译出版社,2013年,第87~99页。

示了这一政治变革背后的权力斗争和个人野心,表达了对拿破仑三世统治的讽刺与批判,展现出自己民主共和的政治立场和崇高的社会理想。同时,雨果也通过对剧中人物的生动刻画,凸显出人性的复杂性和多面性,展现了他作为一位伟大文学家的艺术才华和深刻洞察力。

《小拿破仑》不仅是一部历史剧,更是一部政治剧,雨果通过这部作品表达了自己对政治、权力和历史的深刻思考,批评了拿破仑三世的权力欲望和对个人权力的追求,强调了民主共和制度的重要性。同时,雨果也呼吁人们关注社会不公和阶级斗争,寻求通过改革来解决这些问题。

然而马克思对其进行了直接的批评:"维克多·雨果只是对政变的主要发动者作了一些尖刻的和机智的痛骂。事变本身在他笔下被描绘成了一个晴天霹雳。他认为这个事变只是某一个人的暴力行为。他没有觉察到,当他说这个人表现了世界历史上空前强大的个人主动性时,他就不是把这个人写成小人物而是写成巨人了。"①尽管雨果在剧中也表现出对民主制度的深切向往和对个人崇拜的警惕,批判拿破仑三世对民主制度的颠覆,强调人民应该拥有参与政治决策的权利。但在《小拿破仑》中,雨果夸大了拿破仑三世个人在政治变革中的作用。他认为,是拿破仑三世凭借自己的智谋和野心,通过政变上台,建立了第二帝国,从而改变了法国历史的走向。这种观念忽略了更深层的社会、经济和文化因素在历史发展中的作用,是英雄史观的典型表现。

蒲鲁东的《政变》号称所谓客观历史编纂,其中,蒲鲁东探讨了1851年路易·波拿巴掌权的过程及其背后的政治、经济和社会因素,但仍没有深入社会内部。在《政变》中,蒲鲁东对路易·拿破仑·波拿巴(即后来的拿破仑三世)展开批评。他认为,这场革命被一群野心勃勃的领导者所操纵,他们试

---

① 《马克思恩格斯文集》(第二卷),人民出版社,2009年,第465~466页。

图通过政变来建立自己的权力基础,而不是真正为人民的利益而奋斗。蒲鲁东认为,真正的革命应该是自下而上的,由普通人民发起和参与,而不是被少数领导者所控制。蒲鲁东在《政变》中还提出了自己的社会哲学和政治主张。他宣扬个人自由的重要性,反对国家和政府的干预,并提倡互助主义和合作主义,认为人们应该通过自愿的联合和互助来实现共同的目标。然而这种无政府主义立场显然只会将革命带向歧途。

马克思在给约·巴·施韦泽的书信《论蒲鲁东》中谈及《政变》时说,"不仅是拙劣之作,而且是卑鄙之作,然而是适合小资产阶级观点的卑鄙之作。在前一本著作中他向路易·波拿巴献媚,实际上是竭力把他弄成适合法国工人口味的人物"①。马克思始终对蒲鲁东的无政府主义持有强烈的批判态度。早在1846年,马克思就针对蒲鲁东《贫困的哲学》专门发表《哲学的贫困》予以回应。在晚年,马克思在《〈政治经济学批判〉大纲》《政治冷淡主义》等著作中对蒲鲁东的"人民银行"、互助主义展开直接驳斥。归根结底,马克思对蒲鲁东的批判来自历史唯物主义的底层逻辑,蒲鲁东把人看作观念或永恒理想为实现自身而利用的工具,而马克思则从现实的人出发,强调人与社会历史间的互动关系。

虽然在当时,《雾月十八日》所产生的影响远不及《小拿破仑》与《政变》,但这部著作与马克思的思想一样,经受住了现实的检验,因为它不仅是一个时政评论,更是历史唯物主义的具象化作品。

值得一提的是,作为与马克思同时期的思想家,凭借1835年出版的《论美国的民主》而名声显赫的托克维尔②在经过一段时间的思考与研究后,于1856年写就《旧制度与大革命》,它很快被公认为研究法国大革命的经典之

①　《马克思恩格斯文集》(第三卷),人民出版社,2009年,第23页。

②　马克思对托克维尔的著作没有直接评论,但对其在法国政治实践中的角色与作用进行了评价,参见后面相关研究部分。

作。同时,托克维尔也是那段法国历史的直接参与者,而且以比较重要的政治身份参与其中,他在1849年曾短期出任外交部长,1851年12月波拿巴政变后愤而退出政坛。托克维尔在1850年12月给友人的信中谈道,"我所思索的只能是当代的问题",但"我必须为我的思想找到某种坚实而连续的事实基础。只有在书写历史时我才能找到这个基础"①。托克维尔关注的是长时段的运动而非那些"革命日",因此他完全切断了叙事的连续性,采用"从假设到文献资料,又从文献资料到一般观念"的方式来寻求对法国革命的结构性解释。他当时的计划是研究拿破仑称帝的10年历史,通过展示"这个宏伟事业的诞生、发展、衰落到覆灭",从而"生动地反映前一时代,还有它随后的时代"。②在波拿巴政变后,托克维尔于1852年底将研究的重心转向了旧制度:"我希望去努力理解,当大革命突然爆发时,旧制度的法国究竟是怎样的,人民的状况如何,公共行政的习惯如何"③。在1856年完成《旧制度与大革命》后,托克维尔打算继续分析拿破仑一世的雾月十八日,而非波拿巴的雾月十八日;他之前对1848年二月革命的回忆录仅具有私人写作性质,生前并没有出版。

托克维尔认为,近距离的观察不如远距离的回顾能更为准确地把握历史事件,提出要深入指引大革命的精神中来理解法国的政权变迁、观察法国的社会现实,指出"今日的法国完全就是昔日的投影,历史与现实处处都体现着令人瞠目结舌的共通点"④。的确,法国大革命在推翻封建制度后,并未带来革命预期的结果,而是致使执政者与民众间矛盾的公开化,社会动荡愈演愈烈。为什么法国没能建立自由、平等的民主共和国? 为什么法国民众还是会支持波拿巴复辟帝制?

①② 　[法]托克维尔:《托克维尔回忆录》,董果良,译,商务印书馆,2010年,第192页。

③ 　[法]托克维尔:《托克维尔回忆录》,董果良译,商务印书馆,2010年,第192、221页。

④ 　[法]托克维尔:《旧制度与大革命》,吉家乐译,中国华侨出版社,2013年,第3页。

　　托克维尔对法国大革命后法国政治制度向旧制度回复的现象进行了考察与研究,他认为,波拿巴复辟帝制是由于专制主义的精神早已深深根植于法兰西的土壤之中,1848年的二月革命仍然是对1789年法国大革命的一种效仿,这与马克思引用黑格尔的"复调历史"如出一辙。专制政治的重现主要因为人们虽然想要通过革命来摆脱专制统治的束缚,但是他们却无法摆脱旧时的习惯与情感,更没有理解真正意义的自由。法国大革命的爆发、旧制度的崩溃只表明民众对封建专制统治的不满与反抗,并不必然带来良好的新制度,而要建立并运行一个新的、民主的、自由的政治体制与法律秩序必然有着更高的要求,这个要求不单局限于政治层面,更是涵盖教育、社会文化等多方面,尤其要求民众具备一定的政治素养与政治能力。

　　托克维尔强调,旧制度下专制政府对公共事务的垄断导致各阶层间的隔离,他们仅关心阶层内部的利益,而阶层之间则是分裂与对抗。同时,制度变革也不能简单依靠普通民众,因为他们没有科学的自由意识,没有相应的政治素养,也没有运用政治权利保卫自由的能力,更是缺少新制度所需要的政治实践能力。政治制度的大变革必然导致一场又一场的政治斗争,而要想将革命成果保存下来,则需要相应的社会层面的变迁,尤其是社会习俗与文化、民众政治觉悟与认知的进步。这显然不及马克思的唯物史观深刻,虽然也触及政治制度与社会基础间的层次性关系。

　　托克维尔还对法国大革命时期发生的政治失序进行了研究。尽管大革命带来了许多积极的变革,但也暴露出人性中的弱点和缺陷,那就是在追求自由和民主的过程中,人们往往会因为过于激进而失去理智,从而导致社会混乱。因此,托克维尔主张在追求变革时要保持理性和节制。为防止民主的极端趋势,他希望以贵族政治的某些形式因素来进行限制,从而捍卫所谓的终极政治价值——自由。站在马克思主义立场来看,托克维尔显然站在资产阶级一边,作为资产阶级理论家,托克维尔最为关心的是资产阶级民主制度的合理性,而对社会主义的价值理念则持有尖锐的反对态度。

<h1 style="text-align:center">第三节　内容导读</h1>

《雾月十八日》全文包括马克思所写1869年第二版序言、恩格斯所写1885年第三版序言及7章正文。主体内容在《马克思恩格斯文集》(第二卷)(人民出版社,2009年)第461~578页。

一、1869年第二版序言

《雾月十八日》在1869年出版第二版,并附有马克思撰写的序言。在这篇序言中,马克思回顾了该书第一版出版后的历史发展,特别是1851年至1852年法国的政治变革,进一步分析了路易·波拿巴如何利用政治局势和人民的不满情绪上台并建立独裁统治。

马克思首先交代《雾月十八日》写作的缘由。当时,魏德迈准备在纽约出版一个政治周刊,并请求马克思为它写有关政变的历史,初定每周都写一篇,后来计划有变,魏德迈改出《革命》月刊,《雾月十八日》就出现在第一期。《革命》刚刚出版,便有数百份发送到德国,但由于当时"不合时宜"并没有公开发售。同时,此书还"是在形势的直接逼迫下写成的,而且其中的历史材料只截止到(1852年)2月"[①],因为当时法国的政治局势异常复杂,波拿巴三世通过政变上台后,对整个欧洲的政治格局产生了深远的影响,无产阶级运动士气有所下降。马克思作为一位敏锐的政治观察家和思想家,深感有必

---

① 《马克思恩格斯文集》(第二卷),人民出版社,2009年,第465页。

要对这一重大历史事件进行深入剖析和批判,只有揭示出波拿巴三世政变上台的真相及其背后的社会经济根源,才能帮助无产阶级认清历史发展和未来社会变革的方向,坚定革命信心。因此,马克思迅速完成了这部著作。到了1869年,情况又有所变化,一方面是读者的需求扩大,另一方面是由于马克思在德国的朋友们的催促下,发行了第二版。

在序言中,马克思接着对同一时期出版的两部相关论著进行了比较性的评论,一部是维克多·雨果的《小拿破仑》,另一部是蒲鲁东的《政变》(《从十二月二日政变看社会革命》)。

对于前者,马克思的评论主要集中在历史观和文学手法上。对其历史观,马克思直接指出,雨果在这部作品中试图通过描述"小人物"小拿破仑的成长过程来反映大历史的变迁,并不了解阶级斗争和人民群众等社会现实,因此他笔下的小人物被赋予了过多的个人英雄主义色彩,并遮蔽了社会历史发展的真正动力以及社会经济结构和阶级斗争的决定性作用,这是唯心主义历史观的表现。对其文学手法,马克思有褒有贬,雨果在《小拿破仑》中使用的"尖刻和俏皮"的手法虽然有一定的艺术效果,但因为过于夸张和戏剧化从而缺乏真实性和思想深度。在马克思看来,文学应该反映社会的真实面貌而不是用夸张的手法来迎合读者的口味。

对于后者,马克思的评论主要针对历史观。马克思认为蒲鲁东在《政变》中对历史的理解存在问题,后者试图将政变描述为以往历史发展的结果,这就反而成为为波拿巴的"历史辩护","陷入我们的那些所谓客观历史编纂学家所犯的错误"[①],这也是没有看到事件背后的社会经济结构和阶级斗争的决定性作用的结果。马克思认为,政变的发生是社会经济结构和阶级斗争的必然结果,而不是个别英雄人物所能左右的,所以,蒲鲁东对政变

---

① 《马克思恩格斯文集》(第二卷),人民出版社,2009年,第466页。

的理解和分析缺乏深度和科学性。

然后,马克思声明,他在第二版中除了去掉一些"已经不再能理解的暗示"①与印错的字之外,内容保持不变。同时,马克思仍然借助第一版结束语中的一个暗喻来表达自己的复调历史观:如果皇袍终于落在路易·波拿巴身上,那么拿破仑的铜像就将从旺多姆圆柱顶上倒塌下来。马克思认为,路易·波拿巴上台所建立的独裁统治是对拿破仑时代民主、共和精神的背叛。拿破仑虽然实施军事独裁,但他的统治带有一定的现代性和进步性,如废除封建制度,建立中央集权的国家机构,推行现代化的教育改革等,这些举措都为法国社会的现代化进程奠定了基础,滋养了民主共和精神。然而路易·波拿巴的上台却是通过政变和阴谋实现的,其统治完全基于个人的权力和私欲,这与拿破仑时代的民主共和精神背道而驰,也违背了法国大革命的历史进程。因此,在马克思看来,如果路易·波拿巴能够成功上台并建立独裁统治,那么这就意味着拿破仑时代的民主共和精神已经被彻底颠覆。马克思的这句话在一定程度上也表达了他对路易·波拿巴上台所代表的独裁统治的深深忧虑和对拿破仑时代民主共和精神的赞许。

最后,马克思回到阶级斗争的政治话题。马克思批判了德国当时流行的"凯撒主义"。当时德国将资产阶级社会中政治、道德的衰退,人民精神的堕落状态与古罗马社会对比,并借此鼓吹建立集权主义体制,期盼少数精英领导群众走出当下的困境。对此,马克思引用西斯蒙第的名言:"罗马的无产阶级依靠社会过活,而现代社会则依靠无产阶级过活。"②这就是说,不同时期的阶级斗争形式的不同,根本在于其物质经济条件的历史性区别。所以,古罗马时期,"阶级斗争只是在享有特权的少数人内部进行,只是在富有

---

① 《马克思恩格斯文集》(第二卷),人民出版社,2009年,第466页。

② 《马克思恩格斯文集》(第二卷),人民出版社,2009年,第467页。

的自由民与贫穷的自由民之间进行"①,还轮不到奴隶等广大从事生产的底层民众,他们只不过是生产工具,还未由自在的无产阶级转变为自为的无产阶级,还不是社会政治运动的积极参与力量,而当代无产阶级已经展现出革命的力量,展现出主体性。真正的解放,只有依靠无产阶级实施普遍的、广泛的革命才能最终实现。

总之,序言虽短,但马克思在1869年第二版序言中进一步阐述了自己的历史唯物主义观点和研究方法,对法国历史和政治变革进行了深刻地剖析和批判,强调了历史唯物主义的科学结论:历史的发展是由社会经济结构和阶级斗争决定的,而不是由个别英雄人物或政治事件所主导的。这篇序言不仅为理解《雾月十八日》提供了重要的背景参照,也为研究历史和社会科学提供了宝贵的思想资源。

二、恩格斯写的1885年第三版序言

恩格斯开篇以《雾月十八日》初版后33年还需重印的事实为据,直言"这是一部天才的著作"②,并对事变背景进行了说明。

随后,恩格斯概括了《雾月十八日》的内容,指出其历史性地叙述了二月事变以来法国历史的全部进程及其内在联系,而政变不过是这种历史内在联系的外在表现,它这种联系的自然的、必然的结果。或许历史中充满了各种个人英雄的画像,但他们的背后都是历史内在深刻力量之间的相互作用与影响。作为历史解读者,只有深刻地把握到这种历史现象背后的根本力量及其运动,才能对各种事变有科学而透彻的理解。

---

① 《马克思恩格斯文集》(第二卷),人民出版社,2009年,第466页。
② 《马克思恩格斯文集》(第二卷),人民出版社,2009年,第468页。

恩格斯说,正是由于马克思"深知法国历史"①,他对法国历史上的阶级斗争有深刻的把握,才能透彻地洞察政变事件的历史逻辑。这也让我们联想到恩格斯晚年在对德国大学生群体中流行的对历史唯物主义的误解进行批判时,曾指出他们不过是用历史唯物主义来裁剪现实。透过历史现象而探寻到历史本质及其规律自然是历史唯物主义的基本任务,但是这并不意味着要根据预设的本质和规律来歪曲现实,使现实沦为理论的注脚。相反,正确地运用历史唯物主义理解历史,要像马克思那样,尽可能全面、详尽地理解整个历史发展过程,然后才能正确地探索出历史的内在本质和规律,验证乃至发展历史唯物主义,这是我们今天学习、运用历史唯物主义所必须坚持的态度。

恩格斯还提出,"马克思最先发现了重大的历史运动规律。根据这个规律,一切历史上的斗争,无论是在政治、宗教、哲学的领域中进行的,还是在其他意识形态领域中进行的,实际上只是或多或少明显地表现了各社会阶级的斗争,而这些阶级的存在以及它们之间的冲突,又为它们的经济状况的发展程度、它们的生产的性质和方式以及由生产所决定的交换的性质和方式所制约"。②这个规律是理解《雾月十八日》的钥匙,马克思不仅在对政变的分析中运用了这条规律,而且恩格斯认为《雾月十八日》发表之后的33年历史再次验证了这条历史规律。

有学者认为,恩格斯这里侧重于历史叙述方面而非阶级斗争与国家方面,只是一种不同的视角,因而不必太在意这个"重大的历史运动规律"的说法。但笔者认为,这一提法与恩格斯晚年的思想发展有关。他于1884年刚完成《家庭、私有制和国家的起源》一书——这是恩格斯晚年最后一部重要

---

① 《马克思恩格斯文集》(第二卷),人民出版社,2009年,第468页。

② 《马克思恩格斯文集》(第二卷),人民出版社,2009年,第469页。

著作,其内容主要就是基于马克思的唯物史观对原始社会进行分析,因而,当恩格斯回过头去看马克思对当时历史事件的政治叙述时,自然就侧重其历史唯物主义内涵。

三、正文部分

《雾月十八日》正文共七个部分。大体脉络是马克思首先阐发唯物史观,然后运用唯物史观细致入微地对革命历程中的事件、人物、阶级及其相互间的斗争、合作关系进行叙述。所以,对于读者而言,只有先对唯物史观的基本原理有所掌握,才能理解马克思的叙述方式,以及他以文学化手法表达出的暗喻和讽刺。最后,马克思跳出政变这个短暂的历史现象,回归人类社会历史发展规律的长尺度,对资产阶级革命展开批判,阐发了继续推进无产阶级革命的坚定信念,为下一次革命的到来进行充分准备。对于当代马克思主义者来说,阅读、学习《雾月十八日》一方面要根据马克思的原文与其历史背景来准确把握其核心思想,另一方面则要立足当今时代发展变化,继承发扬马克思的革命精神,不困惑于一时的世界社会主义运动低潮,积极放眼世界历史,努力开辟21世纪世界社会主义运动新境界。

(一)1848年2月—1851年12月

马克思开篇引用黑格尔名言:一切伟大的世界历史事变和人物,可以说都出现两次。他忘记补充一点:第一次是作为悲剧出现,第二次是作为笑剧出现。

这段引用出自黑格尔的《历史哲学》。其中,黑格尔认为,一切伟大的世界历史事变和人物,第一次是作为偶然性引发冲突的悲剧出现,第二次则是作为"理所当然的"事情出现。这一观点体现了黑格尔对于历史发展过程的辩证理解。在他看来,悲剧性冲突是无可排解的必然性冲突,冲突的双方必然在悲剧中共同毁灭,这种冲突由于两种普遍力量的对立而产生,而非由个人原因或偶然因素导致。这两种普遍力量或伦理理想,都具有一定的正义性和合理性,在悲剧中,冲突对立的双方各有它那一方的辩护理由,然而每一方在实现自己的伦理理想时,都不可避免地要否定或破坏对方,这就造成了双方共同毁灭的悲剧结局。而在第二次发生时,就不会再存在对立的双方,冲突之后形成的和解已经实现。为了保持黑格尔语义的完整性,这里把他的整段文字引述如下:

> 罗马共和国已无法在罗马继续存在。我们尤其能从西塞罗的著作中看到,所有公共事务都是由更杰出的公民的私人权威——他们的权力、他们的财富——所决定的;而所有的政治交易都充满了喧嚣的程序。因此,在共和国内已不再有任何安全可言;这种安全只能寄托于某个人的单一意志。凯撒,这位可以被视为罗马人为实现目标而调节手段的典范——以最精准的洞察力形成决议,并以最大的活力和实际技能执行这些决议,而不带有任何多余的内心激动——从历史的大局来看,凯撒做的是正确的事;因为他提供了一个中介要素,以及人们所处环境所需要的那种政治纽带。凯撒实现了两个目标:他平息了内部纷争,同时又在帝国疆界之外引发了新的纷争。因为世界的征服在此之前仅限于阿尔卑斯山圈之内,但凯撒开辟了一个新的事业舞台:他创立了一个即将成为历史中心的剧场。然后,他通过一场不在罗马本身,而是通过对整个罗马世界的征服所决定的斗争,实现了普遍的主权。
>
> 他的立场确实与共和国相对立,但严格来说,只是与共和国的影子相对立;因为那个共和国所剩下的东西已经完全无力。庞培以及所有站在元老院一边的人,都将他们的 dignitas auctoritas——他们的个人统

治——抬高为共和国的权力;而那些需要保护的平庸之辈则躲在这个名义下寻求庇护。凯撒终结了这个名义的空洞形式主义,使自己成为主宰,并以武力将罗马世界团结在一起,对抗孤立的派系。尽管如此,我们还是看到罗马最杰出的人们认为凯撒的统治只是偶然之事,整个局势都依赖于他的个人性格。西塞罗、布鲁图和卡西乌斯都是这样想的。他们相信,只要这个人(即凯撒)不再挡道,共和国就会自然而然地恢复。在这种惊人的幻觉驱使下,性格高尚的布鲁图和比西塞罗更具实际行动力的卡西乌斯,暗杀了他们本应赏识其美德的那个人(即凯撒)。但很快,事实就证明,只有单一的意志才能指引罗马国家。现在,罗马人不得不接受这一观点;因为在世界历史上的所有时期,当政治革命重复发生时,它就会在人们的观念中获得认可。拿破仑就是这样,两次被击败,波旁王朝也两次被驱逐。通过重复,那些最初看似只是偶然和临时的事物,就变成了真实且得到确认的存在。①

与黑格尔的"历史目的论"模式不同的是,马克思所说的"笑剧"(相对于"悲剧"),则是指那些在历史进程中再次出现的类似事件或人物,但他们由于缺乏真正的普遍力量,而只能以一种荒诞或滑稽的形式出现,成为历史上的笑柄。这表现出马克思的唯物史观的革命性。第二次即便是和解状态,但这种和解没有显现出积极主动的革命性,因此反而落于悲剧之后。马克思以戏剧化的方式论述历史事件,展开历史叙述,也为无产阶级提供了指向未来美好生活的前景,从而冲淡了残酷而复杂的阶级斗争所带来的心理失衡。共产主义到来之前的人类"史前史"是一种否定之否定的历史辩证运动,它不断地展现出悲剧与喜剧的色彩。沃尔什说,马克思"把历史认为在

---

① G.W.F. Hegel, The Philosophy of History, Tr. J. Sibree, Batoche Books, 2001, pp.331–332.

朝着一种在道德上是可愿望的目标而前进着的辩证历程,即一个无阶级的共产主义社会,那事实上才会是一个真正自由的社会;尽管他把达到那种幸福的事情状态放在了不太遥远的未来而不是放在现在。而历史戏剧中的主要演员,在他看来却不是民族或国家而是经济上的各个阶级;虽则在这里每个阶级又是要做出自己的特殊贡献的"[①]。维塞尔进一步提出,在马克思的历史戏剧中,"无产阶级扮演主角圣普罗米修斯,肩负着世界历史使命,身处斗争冲突中,周围是其他活跃或不活跃的剧中人"[②]。

马克思把这种历史悲喜剧运用到对1789年、1848年两次法国革命事件的叙述中,描绘了一幅历史漫画:科西迪耶尔代替丹东,路易·勃朗代替罗伯斯庇尔,1848—1851年的山岳党代替1793—1795年的山岳党,侄儿代替伯父。显然,这里马克思对1789年法国大革命,包括其中的丹东、拿破仑等历史人物,基本是持历史进步看法的,而对1848年革命尤其波拿巴政变则持负面看法。但马克思并不停留于嘲讽,而是进一步深入历史戏剧的内部寻找政治"木偶"的操控手,发掘其背后的经济原因,从现实的经济社会出发来解释政治变化。

接着马克思说:人们自己创造自己的历史,但是他们并不是随心所欲地创造,并不是在他们自己选定的条件下创造,而是在直接碰到的、既定的、从过去承继下来的条件下创造。这些条件是什么呢? 就是现有的各种客观条件,包括社会的传统文化习俗、语言文字等,它们固然也是人类创造出来的,但不是由当下的人们创造的,而是其历代先辈创造的,因而对当下的人来说,它们就像"先验的"存在,表现出高度的稳定性而不以人的意志为转移。后来,海德格尔说的"被抛"状态指的就是这种情况。当然,这并不是人在其

---

①　[英]沃尔什:《历史哲学导论》,何兆武译,广西师范大学出版社,2001年,第168~169页。

②　[美]维塞尔:《普罗米修斯的束缚——马克思科学思想的神话结构》,李昀等译,华东师范大学出版社,2014年,第223页。

中无能为力,但它们却规定了人们推动变革的方式与方法。有些传统的东西"像梦魇一样纠缠着活人的头脑"①,甚至成为改革的阻力,因此资产阶级便战战兢兢地请出亡灵为自己效劳。马克思借用剧场、人物与表演服装这三个要素,对近现代的历史,特别是1789年以来法国革命的历史进行了生动的描述:路德换上了保罗的宗教服装;1789—1814年的法国大革命与之后的拿破仑帝国,是古罗马共和国与帝国的再现;而1848年革命则是在法国大革命与拿破仑帝国之间徘徊、模仿。马克思还将这种"模仿"比喻为语言翻译,强调此时革命的观念还像外语一样与现实隔离开来,仍然没有像本土语言那样被革命者内化于心,运用自如。

马克思指出,对旧的观念的模仿作为革命手段,其性质要根据目的,即基于前提条件,运用传统采取何种行动来完成何种历史使命来评价,拿破仑这些英雄人物,"同旧的法国革命时的党派和人民群众一样,都穿着罗马的服装,讲着罗马的语言来实现当代的任务,即解除桎梏和建立现代资产阶级社会"。②而在之后的一代人那里,革命的历史使命被世俗利益所替代,资产阶级在罗马共和国的高度严格的传统中,找到了"把自己的热情保持在伟大历史悲剧的高度上所必需的自我欺骗"资产阶级革命气概被平庸生活的气息所代替。马克思还讽刺克伦威尔资产阶级革命的历史结局是"洛克就排挤了哈巴谷"。③

对于马克思而言,革命"使死人复生是为了赞美新的斗争,而不是为了拙劣地模仿旧的斗争"。④1848—1851年,旧革命的革命精神还存在,正像《共产党宣言》所比喻的那样,以幽灵的形式在欧洲游荡。同时,马克思还指出一个历史事实:自以为借助革命加速了自身前进运动的民族,忽然发现自

① 《马克思恩格斯文集》(第二卷),人民出版社,2009年,第471页。

② 《马克思恩格斯文集》(第二卷),人民出版社,2009年,第471页。

③④ 《马克思恩格斯文集》(第二卷),人民出版社,2009年,第472页。

己被拖回到一个早已死灭的时代。这似乎也不以他们的"意志"为转移,因为政治革命背后有着深层的社会原因,以及与过去时代难以消除的深度关联,因而,在新的历史条件下,社会革命必须经历不同的过程,而不再是简单模仿,不能再依靠"隐瞒自己的内容"的政治宣传,而要走向面对社会的真实内容,"从前是辞藻胜于内容,现在是内容胜于辞藻"。①无产阶级必须阐发自己的要求、观点和意图,他们必须像马克思在《共产党宣言》中所说的那样,向全世界公开宣告,要与传统的观念作彻底的决裂。

马克思接着对二月革命中人民的愿望与结果之间颠倒的结局进行了多层次的解读。从表象上看,社会制度回到了"君主专制",国家回到传统的政治形式。但马克思马上指出:看起来仿佛社会现在忽然落到它的出发点后面去了,实际上社会还只是在为自己创造革命所必需的出发点,创造为保证现代革命能具有严重性质所绝对必需的形势、关系和条件。在阅读马克思的著作时,读者一方面能够直接地看到他用精彩的文学描述所生动呈现的历史事件,被其激烈的充满革命的批判语言所感染;另一方面,也能够感受到其深邃的历史唯物主义眼光,而这也是最为根本的。由此,我们也能理解,马克思为什么在对1789年资产阶级革命的突飞猛进与胜利表示肯定的同时,指出疾风暴雨的革命狂欢之后,政治到达顶点后,社会却不能自然地"与时俱进",而"长期沉溺于消沉状态"。②相对于以暴力改变政治制度而言,社会层面的革命与建设则是一个长期而复杂的艰巨历史任务。正是对这一点有着深刻而清醒的认识,毛泽东才在革命胜利进入北京时说,革命的胜利只是一个小考,社会建设才是真正的大考。

马克思接下来把法国革命从1848年2月24日到1851年12月所经过的

---

① 《马克思恩格斯文集》(第二卷),人民出版社,2009年,第473页。

② 《马克思恩格斯文集》(第二卷),人民出版社,2009年,第474页。

历程大致划分为三个时期,并对其中主要的政治事件进行了叙述。全书结构也基本按照这个历史分期来展开。

第一时期:二月革命时期,1848年2月24日—5月4日,即路易-菲力浦统治被推翻到制宪会议开幕的时期。菲力浦(绰号"胖子")曾参加法国大革命,在1830年七月革命后被资产阶级自由派推上王位。他多次镇压巴黎共和派起义,包括1834年里昂工人起义、布朗基领导的1839年巴黎起义。1848年被推翻后不久郁郁而终。

推翻封建王朝,建立临时政府,这是革命的序幕时期,并制造出普遍友爱的表象骗局。临时政府由所有参加革命的人组成,包括王朝反对派、共和派资产阶级、民主共和派小资产阶级和社会主义民主派工人。这种结局在很大程度上也是由形势所迫。二月革命原定目标是改革选举制度,"以求扩大有产阶级内部享有政治特权者的范围和推翻金融贵族独占的统治"①,但随着事态扩大,人民参加斗争导致国民自卫军与军队消极待命、王室逃离,共和国得以建立。武装的无产阶级首先将临时政府宣布为社会共和国,但实际上,在当时的历史条件下无产阶级并不能完成这个伟大的历史使命。但其他政党人士由于都因在政府里获得最好的位置而心满意足了,所以放弃了既定的目标。但是马克思指出,在这种表面上的和谐下掩藏着错综复杂的阶级对立与冲突。在共和国的旗帜下,原来共同对抗王朝的不同阶级相互之间的矛盾开始出现。无产阶级表面虽然获得胜利,但背后各种社会旧势力已经集结,并得到了广大的农民与小资产阶级的支持,无产阶级已经走上了失败的必然道路。这是马克思根据唯物史观的敏锐发现,而且把历史事件分为表象与内部运动来分别考察,是辩证思维的科学运用。

第二时期:共和国成立与制宪国民议会时期,1848年5月4日—1849年5

---

① 《马克思恩格斯文集》(第二卷),人民出版社,2009年,第476页。

月 28 日。这个时期又细分为三个阶段：第一阶段，1848 年 5 月 4 日—6 月 25 日。巴黎剧变的政治局势让整个法国社会为之惊慌失措。选举产生的国民议会本应代表国家，但其实际上降低到资产阶级的水平，无产阶级意识到这一点，并试图采取行动将其解散，但遭到失败，无产阶级政党领袖布朗基等人退出革命时期的社会政治舞台，路易-菲力浦的资产阶级君主制共和国开启，巴黎无产阶级旋即发起了声势浩大的六月起义，但遭遇失败。第二阶段：1848 年 6 月 25 日—12 月 10 日，资产阶级共和派专政，起草新宪法，巴黎戒严。此后，资产阶级专政因波拿巴当选总统而被废除。第三阶段：1848 年 12 月 10 日—1849 年 5 月 28 日。制宪议会与波拿巴所操控的秩序党展开斗争，制宪议会灭亡，共和派资产阶级遭受失败。

马克思运用阶级分析方法对六月起义的失败进行分析。无产阶级的对立面有金融贵族、工业资产阶级、中等阶层、军队、组成别动队的流氓无产阶级、知识分子、牧师和农民等，而无产阶级自己却从未与其他阶级组成一个成功的联盟。对无产阶级而言，此时的问题是深层的社会问题，而非表面上的"共和国还是君主国"这种政治制度之争。"财产，家庭，宗教，秩序！"社会上形成了上述共识，从而导致这样的结果：任何最单纯的资产阶级财政改革的要求、任何最平凡的自由主义的要求、任何最表面的共和主义的要求、任何最浅薄的民主主义的要求，都同时被当作"侵害社会的行为"①加以惩罚，当作"社会主义"加以指责。

到此，马克思的话题被打断，第一部分结束。

第二至六部分，马克思开始详细地叙述革命期间的各类事件。

---

① 《马克思恩格斯文集》(第二卷)，人民出版社，2009 年，第 480 页。

(二)共和党的倒台

接着第一部分的具述,马克思指出,六月事变以后的制宪国民议会的历史,是资产阶级中的共和派统治和瓦解的历史。这个派别是以三色旗的共和党人、纯粹的共和党人、政治的共和党人、形式的共和党人等称呼而闻名的。卡芬雅克,这个指挥了六月屠杀事件的资产阶级共和派的将军,获得了一种独裁的权力,代替了执行委员会。

资产阶级共和派(自命为七月王朝的合法继承人)没有想到能够获得胜利的果实,这个果实是他们从无产阶级起义中偷来的,而不是通过资产阶级举行反对国王的自由主义叛乱争取来的。历史的笑剧就在于,资产阶级认为最革命的事件,实际上却是最反革命的事件。革命的事件与革命的结果出现了分离,而且现实政治活动与其对革命条件和形势的认识之间也出现分离,无产阶级在行动,而资产阶级消极观察,结果却是无产阶级劳而无功,资产阶级坐享其成,由此马克思用对比的方式暗示,对历史条件的把握比激进的行动更为重要,不合时宜的冒进活动只会将成果拱手让人。不过,资产阶级共和派最后在更深层次的社会基础逻辑面前也会陷入失败:法国落后的农业社会只会持久地支持君主专制,而要想让它一去不复返,必须改变社会基本结构,特别是以工业化的生产方式来重构社会组织形式。

马克思接着对新宪法展开分析,指出1848年新宪法实质上不过是1830年宪章的共和主义化的版本。1848年各种自由权必然汇总到人身、出版、言论、结社、集会、教育和信教等的自由,都穿上宪法制服而成为不可侵犯的了。然而宪法又强调,这些权利的行使不得与"公共安全"存在冲突,因而展现出明显的自我矛盾。实际上,资产阶级共和派只是想用宪法来保护资产阶级的安全。

然而马克思指出,用如此巧妙的方法使之不可侵犯的这个宪法却有一个致命的弱点,它产生了两个头脑:立法议会、总统。资产阶级共和派想借助宪法确立自身的可靠地位,根据宪法规定,国民议会可以用合乎宪法的办法排除总统,而总统要排除国民议会却只能用违背宪法的办法,即取消宪法本身。可见,宪法本身是在号召以暴力来消灭自己。此外,宪法不仅像1830年的宪章那样尊崇分权制,而且把这种分权制扩大到矛盾重重的地步。一方面是由普选产生,并享有连选连任权的750名人民代表构成的不受监督、不可解散、不可分割的国民议会,它拥有无限的立法权力,最终决定宣战、媾和及商约等问题,独揽大赦权,因而经常站在政治舞台最前面;另一方面是具有王权的一切特性的总统,他有权不经国民议会而任免自己的内阁部长,他掌握行政权的一切手段,而且统率一切武装力量。这样,宪法就把实际权力授给了总统,而力求为国民议会保有精神上的权力。这是宪法自己对自己的否定,它规定总统由所有法国人直接投票选举,使总统与人民之间产生了紧密联系。在马克思看来,国民议会则不同,它并没有与人民形成普遍性关系,虽然各个议员的确反映着国民精神多种多样的方面,但总统才是国民精神的化身。

　　而且在马克思看来,三权分立虽然在形式上看似是一种民主制度,但实际上却是资产阶级维护自身利益的手段。他说:最后,在一个特别滑稽的条文中,宪法把自己托付给"全体法国人民和每一个法国人的警惕性和爱国心"。①这是很不合理的。1848年宪法的结局就是如此,在1851年12月2日被拿破仑三世的三角帽碰倒了。宪法的失败根源在于缺乏坚实的社会基础。

　　马克思还运用阶级分析方法对选举展开专门论述。他指出,12月10日的选举是曾经不得不支付了二月革命代价的农民反对国内其他各个阶级,即农村反对城市的表现。这次选举得到军队方面的巨大同情,因为军队从

---

① 《马克思恩格斯文集》(第二卷),人民出版社,2009年,第487页。

《国民报》派的共和党人那里既没有取得光荣,也没有领到附加军饷;这次选举还得到大资产阶级方面的巨大支持,大资产阶级欢迎波拿巴是把他作为恢复君主制度的一个跳板;选举也受到无产者和小资产阶级的巨大同情,他们欢迎波拿巴是把他作为对卡芬雅克的一种惩罚。

至于纯粹的共和派,在面对保皇党与政府执政时表现出的软弱与其曾经对付人民的暴力方式形成了鲜明对比,他们此时隐退成为影子了,只有涉及其根本利益时,"只要革命冲突有下降到最低水平的危险,这些回忆便又复活起来"。①

总之,革命期间,各种大人物粉墨登场,在不同舞台下变换角色,如贝尔纳上校原本是放逐起义者的暴力者,现在又成为巴黎各军事委员会的领导人。而路易·波拿巴则在1848年12月10日当选总统,结束了卡芬雅克的独裁,解散制宪议会。

马克思还回顾了路易·波拿巴与保皇党这两股重要政治力量之间关系的微妙变化:这两种力量从1848年12月20日起到制宪议会结束时是结为连理的,而在1851年12月2日那天,其中的一种力量消灭了另一种力量。波拿巴就任总统后,组建起以巴罗为首的秩序党内阁。对巴罗这次的上位,马克思以讥讽的语言说道:"然而这个位置并非像他在路易-菲利普时期所幻想的那样,是以议会反对派的最先进领袖的身份得到的,而是以他的一切劲敌即耶稣会和正统派的同盟者的身份得到的,而且他的任务就是把议会送进坟墓。"②

终于,在1849年1月6日,秩序党听任保皇党派,"以命令口吻对国民议会说:为了恢复信用,为了巩固秩序,为了终止不确定的暂时状态而建立完

---

① 《马克思恩格斯文集》(第二卷),人民出版社,2009年,第489页。

② 《马克思恩格斯文集》(第二卷),人民出版社,2009年,第490页。

全确定的状态,必须解散国民议会;议会妨碍新政府进行有效的工作,它只是由于执迷不悟才企图延长自己的生命;它已经使全国感到厌恶了"[1]。到同月29日,制宪议会终于不得不解决关于自行解散的问题了。这一天,军队占据了国民议会举行会议的场所。马克思还继续运用阶级分析方法指出,特别推动秩序党使用暴力去缩短制宪议会生命的原因还在于保皇党人迫切需要推行新的教育法、宗教法等,而这些法律的制定必须符合保皇党人的利益,所以他们要求自己制定这些法律,而不是让那些疑虑重重的共和党人去制定。但马克思强调,这实际上就为波拿巴发动政变,建立起独裁统治埋下了伏笔,实际上,联合的保皇党人破坏议会制度的行动也成为埋葬自己的活动。

最后,马克思对秩序党嘲笑道:当秩序党还只是内阁而不是国民议会的时候,它就这样玷污了议会制度。而当1851年12月2日政变把议会制度逐出法国的时候,它就叫喊起来了!

(三)路易·波拿巴的崛起

马克思继续前一部分的叙述,主要涵盖立法国民议会1849年5月28日开会至1851年12月2日被解散这一时期,即立宪共和国或议会制共和国的存在时期。

马克思首先以其革命性立场对上述议会政治的发展过程进行了总结:在第一次法国革命中,立宪派统治以后是吉伦特派的统治;吉伦特派统治以后是雅各宾派的统治。这些党派中的每一个党派,都是以更先进的党派为依靠。每当某一个党派把革命推进得很远,以致它既不能跟上,更不能领导的时候,这个党派就要被站在它后面的更勇敢的同盟者推开并且送上断头

---

[1] 《马克思恩格斯文集》(第二卷),人民出版社,2009年,第491页。

台。革命就这样沿着上升的路线行进。而1848年革命的情形却恰恰相反，每个党派都向后踢那挤着它向前的党派而向前伏在挤着它后退的党派身上。革命就这样沿着下降的路线行进。

马克思强调，这个时期各种尖锐的矛盾极其错综复杂，并用大量笔墨对各种矛盾进行描述。例如：立宪派公开图谋反对宪法，革命派公开承认自己拥护立宪；国民议会想左右一切，却总是按议会方式进行活动……

马克思在对正统派和奥尔良派这两个秩序党中的巨大利益集团间的矛盾进行叙述后自问：是什么东西使这两个集团依附于它们的王位追求者并使它们互相分离呢？并自答道：这种分离不是理念的分离，而是物质利益的分离。在波旁王朝时期进行统治的是大地产连同它的僧侣和仆从；在奥尔良王朝时期进行统治的是代表资本的金融贵族、大工业、大商业和它的随从者——律师、教授和健谈家。正统王朝是地主世袭权力的政治表现，而七月王朝则是资产阶级暴发户篡夺权力的政治表现。所以，这两个集团彼此分离绝不是由于什么所谓的原则，而是由于各自生存的物质条件，由于两种不同的所有制形式；它们彼此分离是城市和农村之间旧有的对立的必然结果，也是资本和地产间竞争的必然结果。对此，马克思站在历史唯物主义的立场上作出经典论断：在不同的财产形式上，在社会生存条件上，耸立着各种不同的、表现独特的情感、幻想、思想方式和人生观构成的整个上层建筑。整个阶级在其物质条件和相应的社会关系的基础上创造和构成这一切。

通过传统和教育承受了这些情感和观点的个人，会以为这些情感和观点就是他行为的真实动机和出发点。但在马克思看来，任何政治态度的变化，都根源于物质利益，也即思想一旦离开利益，就一定会使自己出丑。哪怕大地产如今仍摆着封建主义的姿态，抱着高贵门第的高傲态度，但其在现代社会发展的影响下已经完全资产阶级化了。正是因为共同的利益，法国资产阶级的两大集团才能联合起来，存在于共同的国家形式之下，甚至让渡自己单个特权集团的统治。联合的保皇党人憎恶共和制,本能告诉他们,共和制虽然帮助他们实现政治统治,同时却破坏着这一统治的社会基础。而一旦这种统治稳定下来,秩序党内部的两大派别之间的矛盾就会暴露出来。

和资产阶级的联合相对抗的,是小资产者和工人的联合,即所谓社会民主派。1848年六月事变以后,小资产阶级发觉自己受骗,就和工人接近起来。同时,山岳党也因同保皇党的斗争而重新获得声望,并与社会主义的领袖们结成了同盟。1849年2月,二者举行和解宴会,制定了共同纲领,设立了共同的选举委员会,提出了共同的候选人。无产阶级的社会要求已失去革命的锋芒而带上民主主义的色彩,小资产阶级的民主主义要求也失去了纯政治的形式而获得社会主义的色彩,这样就产生了社会民主派。不过,这个党派的成员与旧山岳党所包含的成员几乎相同,不过多了几个工人阶级出身的配角和几个社会主义的宗派分子。

接着,马克思基于革命立场对社会民主派进行了批判:它要求民主共和制度并不是为了消灭两极——资本和雇佣劳动,而是为了缓和资本和雇佣劳动间的对抗并使之变得协调起来。然而这种民主主义的改造方法始终无法超出小资产阶级的眼界。马克思深刻地指出,小资产阶级之所以不能超出本阶级的界限,不是因为其只自私地关心本阶级的阶级利益,相反,小资产阶级认为保证它自身获得解放的那些特殊条件,同时也就是唯一能拯救现代社会并避免阶级斗争的一般条件。可以说,小资产阶级也力求实现普遍的解放,但由于受到小资产者的现实生活的决定,因此他们在理论上得出的任务和解决办法,也就是他们的物质利益和社会地位在实际生活中引导他们得出的任务和解决办法。一般说来,一个阶级的政治代表和著作方面的代表人物同他们所代表的阶级间的关系,都是这样。这也再一次证明了,只有遭受普遍压迫,在社会中占绝大多数的无产阶级才有能力承担起人类解放的任务,提出解放全社会的办法。

6月12日，山岳党在与秩序党的国民议会斗争中败下阵来，山岳党在议会中的影响和小资产阶级在巴黎的力量就这样被消灭了。为了反抗秩序党的反动行径，工人发动起义，然而山岳党的大多数却背叛了自己的先锋队，拒绝在它的宣言上签名，这又一次体现出小资产阶级的动摇与软弱。最后，工人的起义被贝·马尼昂索指挥的军队镇压，起义失败。

马克思还站在阶级立场上，对民主党的本质展开了细致的分析。他指出，民主党实际代表的是小资产阶级，而这一阶级又是体现两个阶级的利益互相削弱的那个阶级。所以，民主党人自以为自己完全超越于阶级利益的矛盾与对立之上，代表了人民的利益和权利，而实际却是它无法完整地表达任何一个阶级的利益，这就必然导致了民主党人的失败。民主党人将自身的失败归结为意外和细节上的失误，不是根据形势来放弃旧的观点，而是要求形势适应他们固有的成见，难怪蒲鲁东对他们说："你们就是会吹牛皮！"[①]

当然，6月13日的事变还有另一层意思。由于山岳党曾力求把波拿巴交付法庭审判，所以，山岳党的失败也就是波拿巴的直接胜利，也就是波拿巴个人对他那些民主派敌人的胜利。秩序党赢得了这个胜利，而波拿巴只要把这次胜利写在自己的账簿上就行了。马克思在这里展现出他评价历史人物的方式与雨果的不同之处，表面上看，波拿巴仿佛将其个人的事业与秩序党的事业等同起来，但实际却把秩序党的事业和他个人等同起来。在波澜壮阔的阶级斗争中，波拿巴个人显得无足轻重，因而他只有依附于秩序党及其阶级利益，才能获得实际的意义。这种认识显然要比雨果将波拿巴成功发动政变的原因归结于个人狡猾的手段和阴谋的做法深刻、科学得多。

最后，马克思还借助对国民自卫军的分析指出，资产阶级曾经利用国民自卫军来对抗无产阶级与小资产阶级，但它之所以能够胜利则在于阶级的

---

① 《马克思恩格斯文集》(第二卷)，人民出版社，2009年，第505页。

力量,而不是国民自卫军的武装力量。"军队知道,这种军装不过是一块普普通通的毛料。"①所以,当资产阶级将无产阶级与小资产阶级都驱逐出政治舞台后,就发现本阶级的力量已经不能同封建贵族相抗衡了。资产阶级一旦成为专制者,就不得不亲手把自己用来对付专制制度的一切防御手段进行毁坏,这就为波拿巴的复辟创造了有利条件。这个共和国为了显出自己的真面目来,只缺少一件东西——使议会的休会继续不断,并把共和国的"自由,平等,博爱"这句格言代以毫不含糊的"步兵,骑兵,炮兵!"②

(四)小资产阶级民主派的失败

马克思继续对政变过程展开叙述。1849年10月中旬,国民议会复会。11月1日,波拿巴突然告知议会巴罗-法卢内阁已被免职,新内阁已经组成,这使议会大为震惊。与不明就里的议会不同,马克思运用阶级分析法清晰指出:巴罗内阁由正统派和奥尔良派组成,本质上是秩序党的内阁。波拿巴需要这个内阁,是为了解散共和派的制宪议会,实现对罗马的远征,并摧毁民主派的力量,所以暂时地把政权让给秩序党。当共和派的力量已经消散,波拿巴就不需要躲在秩序党的背后来隐藏起自己的本来面目了。"他任命巴罗内阁,是要借秩序党的名义驱散共和派的国民议会;他解散这个内阁,是宣布他自己的名字和这个秩序党的国民议会无关。"③

巴罗内阁解散,是一个具有决定性意义的转折点,因为,秩序党丧失了行政权。而在法国这样的国家里,行政权支配着50多万官吏大军,控制着大量的利益和生存资源。在法国,国家与市民社会的关系还呈现出一副颠倒的局面:国家管制、控制、指挥、监视和监护着市民社会——从其最广泛的生

---

① 《马克思恩格斯文集》(第二卷),人民出版社,2009年,第508页。

② 《马克思恩格斯文集》(第二卷),人民出版社,2009年,第509页。

③ 《马克思恩格斯文集》(第二卷),人民出版社,2009年,第510页。

活表现到最微不足道的行动,从其最一般的生存形式到个人的私生活;在这里,这个寄生机体由于极端的中央集权而无处不在、无所不知,并且极为敏捷、极其灵活,而现实的社会机体却极无独立性、极不固定;因此,如果国民议会不同时简化国家管理,不尽可能缩减官吏大军,最后,如果不让市民社会创立本身的、不依靠政府权力的机关,一旦它失掉分配阁员位置的权限,也就失掉任何实际影响了。但是法国的特殊情况又使得法国资产阶级的利益和国家机器紧密联系起来。它在这里安插自己的多余人口,并且以国家薪俸形式来补充它用利润、利息、租金和酬金形式所不能获得的东西。对此,加拿大马克思主义历史学家艾伦·梅克辛斯·伍德也曾强调,法国资本主义与英国资本主义之间实际存在着重要区别。绝对主义传统使得法国内部的卖官鬻爵现象极为普遍,资产阶级将大量财富交由国家统治者以换取政治地位,并利用政治地位以近似于封建主义的方式来扩大私人财富。

在此基础上,马克思进一步指出,资产阶级的政治利益也迫使它每天都要加强专制,每天都要增加巩固国家政权的经费和人员,并进行反对社会舆论的战争,摧残和麻痹独立的社会运动机关。至此,马克思的结论是:法国资产阶级的阶级地位迫使它一方面要根本破坏一切议会权力,包括它自己的议会权力的存在条件;另一方面则使得与它相敌对的行政权力成为不可克制的权力,这也为波拿巴的复辟提供了现实条件。最终,波拿巴成立了一个傀儡政权,即奥普尔内阁,并且通过人事调动掌握了警察权力。

然而内阁更迭的后果,只有在事变持续发展的进程中才能显露出来。马克思回到唯物史观的底层逻辑——经济基础,强调自己的任务不是叙述资产阶级立法活动的历史,而是说明资产阶级在这一活动中所展现出的自我否定。"它的立法活动在这个时期只限于制定两个法律:一个是恢复葡萄酒税的法律,另一个是废除无神思想的教育法。"①紧接着,马克思对这两条法律及其后果进行了细致分析,指出它使农民利益受损,将启蒙运动以来创造的精神成就消失殆尽,并强调这是因为资产阶级与封建势力有着共同的统治要求,这种要求把两个时期的压迫手段结合起来,因而七月王朝时期的奴役手段必须用复辟时期的奴役手段来补充和加强。

紧接着,马克思对上述现象进行了高度的理论概括:资产阶级正确地了解到,它为反对封建制度而锻造出来的各种武器都倒过来朝向它自己了,它所创造的一切教育手段都转过来反对它自己的文明了,它创造的所有的神都离弃了它。它了解到,一切所谓的市民自由和进步机关,都侵犯它的阶级统治,并且既威胁它的社会基础,又威胁它的政治上层建筑,因此这些东西就成"社会主义的"了。资产阶级把它从前当作"自由主义"颂扬的东西指责为"社会主义",表明他们的利益受到了威胁。要恢复国内的安宁,首先必须使它的资产阶级议会安静下来;要完整地保持它的社会权力,就应该摧毁它的政治权力;只有资产阶级作为一个阶级在政治上同其他阶级一样低下,个别资产者才能继续剥削其他阶级,安逸地享受财产、家庭、宗教和秩序的福利;要挽救它的钱包,必须把它头上的王冠摘下,而把保护它的剑像达摩克利斯的剑一样悬在它自己的头上。但是在资产阶级的共同利益方面,国民议会表现得非常无能。

资产阶级与封建贵族,秩序党总统之间的矛盾已经如此明显,但1850年3月10日的补缺选举,这样一个偶然事件缓和了总统与秩序党间的紧张关系。无产阶级联合起巴黎小资产阶级报复了1849年6月13日的失败,选举了六月起义的一个参加者来对抗波拿巴的内阁阁员拉伊特,这让波拿巴突然认识到自己又要面对革命了,于是又拉拢秩序党。然而秩序党未能把握

---

① 《马克思恩格斯文集》(第二卷),人民出版社,2009年,第513页。

好良机夺取内阁政权。社会民主党也丧失了革命意志，它"在宪制选举斗争时期曾满怀着革命的激情，当现在应该拿起武器来证明自己的选举胜利的重大意义的时候，他们却以宪制精神鼓吹秩序，宣扬庄严的宁静和合法行为，也就是盲目地服从自封为法律的反革命势力的意志"。①山岳党只能作一些无畏的抗议。革命最前缘的边哨就只剩下《国民报》和《新闻报》这两个资产阶级的报纸了。马克思在此特别提到当时市民社会的发展：1850年是少有的工商业繁荣的年头，所以巴黎的无产阶级有充分就业的机会。在马克思看来，这一经济因素促使工人们"让民主派来驾驭自己，为了一时的安逸而忘记了自己阶级的革命利益，由此放弃了作为制胜力量的光荣，屈服于自己的命运"②。

马克思继续对议会斗争的结果进行论述。1850年5月31日的法律，是资产阶级政变的成果。资产阶级过去所有革命的胜利，都只具有临时的性质，因为，只要现届国民议会一退出舞台，这些胜利就成问题，乃至失效了。但是，1850年5月31日的新选举法却使资产阶级的胜利具有了长久的意义，因为这个法律通过实际地废除三百多万人的选举权，而把总统选举从人民手里暗中转到国民议会手里。这样，资产阶级就利用选举法成倍地加固了自己的统治。同时，马克思也辩证地指出，自1848年以来，选举的历史已经无可辩驳地证明，资产阶级的实际统治越强大，它对人民群众的精神统治就越软弱。因为资产阶级的统治行为随着它的力量的增强而愈发露骨，这也就事实性地拆穿了其自身的伪善。

可见，两种合作的政治力量在最后分裂。波拿巴就任总统后立即组织了以奥迪隆·巴罗为首（请注意，即以议会资产阶级的最自由主义的一派的

① 《马克思恩格斯文集》（第二卷），人民出版社，2009年，第518~519页。

② 《马克思恩格斯文集》（第二卷），人民出版社，2009年，第519页。

老领袖为首)的秩序党内阁,而巴罗则是以背叛其议会派别的身份获得位置的,任务是终止议会。当秩序党还只是内阁而不是国民议会的时候,它就玷污了议会制度;而1851年12月2日政变则把议会制度逐出法国。

(五)制宪国民议会和波拿巴

第三时期:立宪共和国与立法国民议会时期,1850年5月31日—1851年12月2日(雾月十八日)。

马克思主要叙述了在革命危机之后,国民议会和波拿巴之间的斗争重新爆发,波拿巴逐渐走向集权与专制独裁,为复辟铺垫道路的历史进程。波拿巴厚颜无耻地要求国民议会大幅增加总统年薪,从60万法郎增倍,但遭到反对。由于国民议会此时已经丧失了其他阶级的支持,波拿巴可以公开地对其进行挑衅,于是小冲突逐渐转化为两个权力间的大规模斗争。与此同时,国民议会各党派之间并不团结,例如秩序党又分解成了各个派别,其中每一派都忙于自己的复辟阴谋,这种阴谋因路易-菲力浦之死而更加活跃起来,这也是使波拿巴复辟阴谋最终得逞的一个现实因素。

马克思用大量笔墨,细致地叙述了这些政治斗争。波拿巴的"慈善会"巡游团是由各种罪犯、骗子等流氓无产阶级组成的,波拿巴是流氓无产阶级的首领,他只有利用这些流氓无产者才能最大地实现自己的个人利益。他"把各国人民的历史生活和他们所演出大型政治历史剧,都看做最鄙俗的喜剧,看做专以华丽的服装、辞藻和姿势掩盖最鄙陋的污秽行为的化装舞会。"

马克思还重点叙述了波拿巴与军队首领尚加尔涅之间的冲突,指出这种冲突导致前者与秩序党间的关系更加紧张。马克思指出,秩序党本应可以在这场冲突中取得胜利。"根据宪法,秩序党是有权这样作的。它只要任命尚加尔涅为国民议会议长,并调来任何数量的军队来保护自己的安全就够了。"①然而秩序党却希望用政治手段和论据规劝波拿巴放弃撤职尚加尔涅的决定。这不仅让波拿巴发现了秩序党的软弱,而且推开了由尚加尔涅为代表表示愿意听从他指挥的军队,因而把这支军队永不复返地让给了总统,这就表明资产阶级已经丧失了统治的能力。议会内阁已经不存在了。秩序党现在既已丧失了控制军队和国民自卫军的权力就只能求助于"无力的原则"②,并以狂怒迎接了新的内阁。更糟糕的是,秩序党的上述做法进一步助长了波拿巴独裁专制活动。1月18日的不信任案是对内阁的打击,而不是对总统的打击。波拿巴的内阁阁员愈是成为单纯的哑配角,波拿巴就愈是明显地把全部行政权力集中在他一人身上,愈容易利用行政权力来达到个人目的。

此外,马克思还大量描写了波拿巴骗子般的生活细节及其贪污行为,并概括道:"波拿巴是一个浪荡人,是一个骄横的流氓无产者,他比无耻的资产者有一个长处,这就是他能用下流手段进行斗争。"③

(六)波拿巴的胜利

马克思在这一部分继续并完成历史叙述。他对波拿巴派在修改宪法问题上与共和派、秩序党的冲突进行了分析。议会制共和国已不仅是法国资产阶级中的两派(正统派与奥尔良派,即大地产与工业)能够平分秋色地进行统治的中立地盘,还是他们共同进行统治的必要条件,是共同阶级利益借以支配资产阶级各派的要求和社会其他一切阶级的唯一的国家形式。同时,这两派之间又存在着复杂的矛盾。"为延长总统权力而作局部的修改,将为帝制派篡夺权力开辟道路。为缩短共和国寿命而作全面的修改,又必然

---

① 《马克思恩格斯文集》(第二卷),人民出版社,2009年,第533页。
② 《马克思恩格斯文集》(第二卷),人民出版社,2009年,第534页。
③ 《马克思恩格斯文集》(第二卷),人民出版社,2009年,第531页。

会引起各个王朝的要求之间的冲突,因为波旁王朝复辟的条件和奥尔良王朝复辟的条件不仅各不相同,而且是互相排斥的。"①

秩序党的解体还不止它分解成各个基本构成部分,这两个巨大派别中的每一派,又会继续分解下去。对此现象,马克思用精细的文学笔法描述道:"看来,先前在两大营垒中每一个营垒(不论是正统派或奥尔良派)内部曾经互相斗争互相排斥的一切旧有色彩,如同干纤毛虫碰到了水一样,又都重新活起来了。"②尽管他们能够暂时结合起来对抗威胁他们的共同对立面,但他们内部的重重矛盾与分歧是根深蒂固的,一旦外部结合要素解除,内部的层层矛盾就会"自然"地显露出来。围绕修宪问题的议会派别斗争出现了诡异的结果:议会的多数表示反对宪法而要修改(以延长总统掌权期限),但没有达到要求修宪的3/4而失败。议会与宪法之间的裂痕出现了。而"秩序党关于修改宪法的决议表明,它既不能统治,又不能效劳"③,于是,秩序党就开始自我放逐,退出政治舞台——议会从8月10日到11月4日休会近3个月。

马克思对这种由议会代表制度的内在矛盾所导致的危机进行了生动描述:"不仅议会党分裂为原来的两大集团,不仅其中的每一个集团又各自再行分裂,而且议会内的秩序党和议会外的秩序党也分裂了。资产阶级的演说家和作家,资产阶级的讲坛和报刊,一句话,资产阶级的意识形态家和资产阶级自己,代表者和被代表者,都互相疏远了,都不再互相了解了。"④作为民主政治产物的代表制,在现实中出现了异化的危机,"代表"不再是真正的代表,反而产生了作为代表的特殊利益。这不禁让我们想到马克思在《莱茵

---

① 《马克思恩格斯文集》(第二卷),人民出版社,2009年,第541页。

② 《马克思恩格斯文集》(第二卷),人民出版社,2009年,第544页。

③ 《马克思恩格斯文集》(第二卷),人民出版社,2009年,第546页。

④ 《马克思恩格斯文集》(第二卷),人民出版社,2009年,第546~547页。

报》时期对普鲁士省等级议会的深刻批判,以及在《黑格尔法哲学批判》中对官僚体系的剖析。

马克思还进一步指出,商业资产阶级和它的政治家之间的分裂,更加不可挽救,更具有决定的意义。因为,他们是现实政治的主导阶级。"正统派责备自己的政治家背弃了原则,而商业资产阶级却正好相反,责备自己的政治家固守已经变得无用的原则。"①政治层次的逻辑与经济层次的逻辑出现了深刻的裂痕,并预示着整个社会-政治层面的危机。经济层次上的变化是:"握有绝大部分权力的商业资产阶级,即金融贵族,已经变成波拿巴派了"②,这些人的利益当然是和国家权力的利益相吻合的。全部现代金融业,全部银行业,都是和国家信贷极为密切地联系在一起的。因而,对资产阶级而言,政治层次上国民议会与波拿巴的斗争是无足轻重,乃至适得其反的。"这部分资产阶级表明,为了保持他们的公共利益,他们本阶级的利益,他们的政治权力而进行的斗争,是有碍于他们私人的事情的,因而只是使他们感到痛苦和烦恼。"③

总之,矛盾的背后都是经济利益,宪法的修改与否取决于经济利益。对于这一认识,马克思以历史事实来佐证:"当商业情况良好的时候(1851年初还是这样),商业资产阶级激烈地反对任何议会斗争,生怕这种斗争会使商业吃亏。当商业情况不好的时候(从1851年2月底起已成为经常现象了),商业资产阶级就抱怨议会斗争是商业停滞的原因,并要求为了活跃商业停止这种斗争。"④所以,资产阶级要求保持现状。正是着眼于此,马克思才在资产阶级在修改宪法问题上前后表现如此不一致的情况下,深刻地指出"这

---

① ② 《马克思恩格斯文集》(第二卷),人民出版社,2009年,第547页。

③ 《马克思恩格斯文集》(第二卷),人民出版社,2009年,第548页。

④ 《马克思恩格斯文集》(第二卷),人民出版社,2009年,第549页。

里面没有任何矛盾"①。当然,经济利益的变化往往不会同步反映到思想观念的层面,因此资产阶级上层建筑的不同组成部分——政治与意识形态之间出现了断层。马克思不仅把握到这种断层,而且对其进行了描述:"资产阶级对于自己的著作界的代表和自己的报纸所表现的愤怒,比它跟议会代表们的破裂更为明显。……使法国,而且使整个欧洲都感到惊愕。"②换言之,资产阶级在意识形态上的虚假性暴露得比其在政治上更加明显。启蒙运动以来,资产阶级所宣扬的"自由、民主、平等、公正"等普世价值,在遭遇现实的经济利益分配时,都让位了。在阶级利益面前,资产阶级不但嫌弃议会制度的存在,更嫌弃作为其喉舌的意识形态,因为这种意识形态成了无产阶级的教育因素。由此可见,面对现实的经济利益,政治、意识形态的自我调整速度存在明显差异,从而出现了层次之间的断裂或裂痕,并最终给整个欧洲留下一副虚伪的普世价值的面具。

马克思还批判了《经济学家》杂志之类的资产阶级喉舌,它们说"无知的、没有教养的、愚蠢的无产阶级群众"背叛了"社会中等和上等阶层的才能、知识、纪律、精神影响、智力源泉和道德威望"。③其实,愚蠢、无知和卑鄙的一群,正是资产阶级本身。

此外,马克思指出,现实中的经济危机也为波拿巴复辟创造了有利时机。马克思提到1851年一次小的商业危机,而法国资产阶级把造成这种商业停滞的根源归结于政治因素,并厌恶议会和行政权力间的斗争,以及临时治理形式的不稳定。他们"气急败坏地向自己的议会制共和国喊道:'无终结的恐怖,还不如以恐怖告终'"。④实际上,危机的产生是资本主义体系的

---

① 《马克思恩格斯文集》(第二卷),人民出版社,2009年,第549页。

② 《马克思恩格斯文集》(第二卷),人民出版社,2009年,第549~550页。

③ 《马克思恩格斯文集》(第二卷),人民出版社,2009年,第550~551页。

④ 《马克思恩格斯文集》(第二卷),人民出版社,2009年,第553页。

必然结果,1849年和1850年是物质繁荣和过度生产程度最高的年度,这种过度生产的结果直到1851年才显露出来,这年年初,过度生产因工业展览会即将举行而特别加重了,同时发生的还有1850年和1851年的棉花歉收,他们共同引起商业停滞。

然后,马克思转向波拿巴谋划的政变,指出这是先前的事变进程的必然而不可避免的结果。10月10日,波拿巴向内阁阁员宣布决定恢复普选权,在国民议会复会当天,波拿巴要求恢复普选权和废除1850年5月31日的法律。对于议会否决普选制的行为,马克思再一次感慨,议会的行为"又一次证实它已从自由选出的人民代议机关变成了一个阶级的篡权议会,再度承认它自己割断了联结议会头部和国民身躯的肌肉。"①作为替代,国民议会提出议会总务官法案,想借助这个法案确立自身直接调动军队的权力,这样国民议会就指定军队来充当自己和人民之间、自己和波拿巴之间的仲裁者,但马克思强调,国民议会不是直接调动军队,而是把自己调动军队的权力当成讨论的题目,这又一次暴露了自身的软弱。议会政治的种种失败实际上已经宣告了它不能再代表资产阶级的利益了,议会外的资产阶级群众又一次庄严地证实自己已与议会内的资产阶级决裂。工业资产阶级就这样卑屈地鼓掌欢迎了12月2日的政变,欢迎了议会的灭亡,欢迎了自己的统治地位的毁灭和波拿巴的独裁。

最后,马克思把波拿巴与克伦威尔、拿破仑曾经解散议会的做法进行了比较,指出前者行为之卑劣。"第二个波拿巴所拥有的行政权无论和克伦威尔或拿破仑所拥有的比起来都完全不同,他不是在世界史册中,而是在十二月十日会的史册中,在刑事法庭的史册中为自己寻找榜样。"②波拿巴采取收

① 《马克思恩格斯文集》(第二卷),人民出版社,2009年,第555页。
② 《马克思恩格斯文集》(第二卷),人民出版社,2009年,第557页。

买、贿赂、绑架等方式将议会代表驱逐,用军队占领巴黎各重要据点和议会大厦,并宣告国民议会和国务会议已被解散。

马克思接下来把二月革命的历史按照时间分为三个阶段作了一个简括的概述。

(七)马克思的总结

马克思在这部分运用唯物史观的基本原理对事件中的法国农民阶级进行了深入分析,对历史人物与时代条件间的互动机制进行了系统的理论阐发。在此部分,马克思还谈到了国家的独立性问题,指出国家在与市民社会分离后,有可能暂时强化自己的政治逻辑,并凌驾于市民社会之上。

马克思首先提出问题:法国资产阶级反对劳动无产阶级的统治,结果是把政权送给了以十二月十日会的头目为首的流氓无产阶级。为什么巴黎无产阶级在12月2日后没有举行起义呢?

马克思着眼于革命发展的内在逻辑展开叙述。由于当时资产阶级的倾覆还只是表现在法律上,而法令还没有被实际执行,因而资产阶级还保留着阶级力量。无产阶级的任何重大起义都会立刻使资产阶级重新活跃起来,使它和军队共同反对工人,使工人再次陷入失败。马克思还以12月4日发生的事件举例:资产者和小店主唆使无产阶级起来战斗,然而资产阶级一旦实现自己的眼前利益——恢复秘密投票,就马上背叛了无产阶级,"次日早晨留在家里的正是小店主和资产者"。①

因此,马克思认为,无产阶级进行革命的时机实际上尚未到来,应该等待波拿巴所代表的大资产阶级与工业资产阶级、小资产阶级间的矛盾上升到无法调和的地步,这时,无产阶级才会得到自己的盟友,争取到中间力量,

---

① 《马克思恩格斯文集》(第二卷),人民出版社,2009年,第563页。

革命才有可能取得胜利。在1851年12月2日之前,革命已完成前半段准备,主要是使议会权力臻于完备以便推翻。此后,革命进入后半段,目标是使行政权达到最纯粹形式并孤立,成为唯一对立面,以便集中力量反对。一旦革命完成后半段准备,预计将引发欧洲的广泛欢呼,"掘得好,老田鼠!"①预示着革命的成功和旧权力的倒台。

马克思紧接着对行政区展开分析,并在此过程中阐发了国家与市民社会间的关系。他指出,这个行政权力有庞大的官僚机构和军事机构,有复杂而巧妙的国家机器,它的形成可以追溯至第一次法国革命。第一次法国革命所抱的目的是破坏一切地方、区域、城市和各省的特殊权力以造成全国的公民的统一,它必须把专制君主制已经开始的事情——中央集权加以发展,但是它同时也就扩大了政府权力的容量、属性和帮手的数目。拿破仑完成了这个国家机器——这也是马克思对法国大革命世界历史意义一个方面的概括——实现了现代国家的建构。正统王朝和七月王朝并没有增添什么新的东西,不过是扩大了分工,这种分工随着资产阶级社会内部的扩大分工愈益造成新的利益集团,即造成国家管理的新对象,而愈益扩大起来。每一种共同的利益,都立即脱离社会而作为一个最高的普遍的利益与社会相对立,都从社会成员自己行动的范围中划分出来而成为政府活动的对象——从某一村镇的桥梁、校舍和公共财产起,直到法国的铁路、国有财产和国立大学止。最后,议会制共和国在它反对革命的斗争中,除采用高压手段外,还不得不加强政府权力的工具和集中化。一切变革都是使这个机器更加完备,而不是把它毁坏。那些争夺统治权而相继更替的政党,都把这个庞大国家建筑物视为自己胜利的主要战利品,国家异化为一个凌驾于社会之上的怪物——寄生虫。但是在君主专制时代,在第一次革命时期,在拿破仑统治时

---

① 《马克思恩格斯文集》(第二卷),人民出版社,2009年,第564页。

期,官僚不过是为资产阶级的阶级统治进行准备的手段。在复辟时期,在路易-菲力浦统治时期,在议会制共和国时期,官僚虽力求达到个人专制,但它终究是统治阶级的工具。只是在第二个波拿巴统治时期,国家才似乎成了完全独立的东西,和市民社会比起来,国家机器已经大大地巩固了自己的地位。

然后,马克思对国家权力的来源进行深入分析:国家权力并不是悬在空中的,波拿巴代表着一个阶级,而且是法国社会中人数最多的一个阶级——小农。自给自足的小农人数众多,他们的生活条件相同,但是彼此间并没有发生多种多样的关系。他们的生产方式不是使他们互相交往,而是使他们互相隔离,这种隔离状态由于法国的交通不便和农民的贫困而更为严重。他们进行生产的地盘,即小块土地,不允许在耕作时进行任何分工,应用任何科学,因而也就没有任何多种多样的发展,没有任何不同的才能,没有任何丰富的社会关系。因而,他们不能以自己的名义来保护自己的阶级利益,无论是通过议会或通过国民公会,他们都不能代表自己,所以一定要别人来代表他们。他们的代表一定要同时是他们的主宰,是高高站在他们上面的权威,是不受限制的政府权力,这种权力保护他们不受其他阶级侵犯。小农的政治影响表现为行政权力支配社会。在这种背景下,历史传统在法国农民中间造成了一种迷信,以为一个名叫拿破仑的人将会把一切失去的福利送还他们——这就是所谓"拿破仑观念"或"波拿巴主义"。

具体而言,波拿巴主义是一种政治思想和制度,源自法国历史中的波拿巴家族,特别是拿破仑一世和拿破仑三世。该主义强调中央集权、国家对经济的干预,以及军事力量的重要性。在波拿巴主义下,国家的行政部分由一个人统辖,并对国家的所有其他部分实行独裁。其中,拿破仑三世试图通过加强军队建设、推行军事改革和宣扬民族主义情绪等手段,增强国家的军事实力和民族凝聚力。这些措施在一定程度上起到了巩固统治的作用,然而这种国家机器中的问题和矛盾是极其明显的。例如,政府对经济的强制干预导致了财政困难和通货膨胀等问题,中央集权的加强引起了地方的不满和反抗,同时波拿巴政府的腐败和专制统治也加剧了社会矛盾。马克思运用唯物史观对它的本质进行了剖析。波拿巴主义是在资本主义社会中,当统治阶级无法依靠立宪和议会手段来维持统治,而工人阶级也未能确立其主导地位时出现的一种统治形式。在这种制度下,国家的真正任务是保障资产阶级社会的安全和稳定,同时使资本主义的迅速发展成为可能。

波拿巴王朝所代表的不是革命的农民,而是保守的农民。在资产阶级生产关系下,法国农民的意识中发生了新思想和传统的斗争,这一过程是在教士的不断斗争的形式下进行的,结果必然是生产关系战胜观念,资产阶级最终战胜教士。

马克思进而对比了两个拿破仑时期的所有制形式:

第一次革命把半农奴式的农民变成了自由的土地所有者。"拿破仑的"所有制形式保证农民能够自由无阻地利用他们刚得到的法国土地并满足其私有欲,但这个在19世纪初期原是保证法国农村居民解放和富裕的条件,在这个世纪却已变成使他们受奴役和贫穷化的法律了,而这个法律正是第二个波拿巴必须维护的("拿破仑观念")第一个观念。如果他和农民一样,还有一个错觉,以为农民破产的原因不应在这种小块土地的所有制中去探求,而应在这种土地所有制以外,在一些次要情况的影响中去探求,那么,他的实验一碰上生产关系,就会像肥皂泡一样地破灭。因为小块土地所有制的经济发展根本改变了农民对社会其他阶级的关系。

另一个"拿破仑观念"是作为政府工具的教士的统治。马克思指出,这种观念也必然在资产阶级社会中破灭。"如果说刚刚出现的小块土地由于它和社会相协调,由于它依赖自然力并且对从上面保护它的权威采取顺从态度,因而自然是相信宗教的,那么,债台高筑、同社会和权威反目并且被迫越出自己的有限范围的小块土地自然要变成反宗教的了。"①

最后，"拿破仑观念"登峰造极的一点是军队占压倒的优势，这当然也是与小农的特殊利益分不开的。"军队是小农的光荣，军队把小农造就成为英雄，他们保护新得的财产免受外敌侵犯，颂扬他们刚获得的民族性，掠夺世界并使之革命化。"②同时，马克思还犀利地指出，所谓爱国主义也不过是财产观念的理想形态，可见，思想观念的背后全部是赤裸裸的经济利益。

因而，马克思作出结论："一切'拿破仑观念'都是不发达的、朝气蓬勃的小块土地所产生的观念。"③然而"拿破仑观念"又是和波拿巴所处的阶级地位相冲突的。后者作为一种已经成为独立力量的行政权力，自命为负有保障"资产阶级秩序"的使命，但是这个资产阶级秩序的力量是中等阶级，所以波拿巴自命为中产阶级的代表。但波拿巴之所以能够掌握行政权力，又因为他摧毁了并在每天摧毁这个中等阶级的政治力量，所以波拿巴又认为自己和资产阶级不同，他自命为农民和一般人民的代表，想使人民中的下层阶级在资产阶级社会的范围内得到幸福，于是就有一些预先抄袭"真正的社会主义者"的贤明政治的新法令出现。但是波拿巴又首先觉得自己是十二月十日会的头目，是流氓无产阶级的代表，因为他本人、他的亲信、他的政府和他的军队都属于这个阶级，而这个阶级首先关心的是自己能生活得舒服，是能够从国库中汲取加利福尼亚的彩票利益。同时，他又认为工业和商业，即中等阶级的事业，应该在强有力的政府下像温室中的花卉一样繁荣，于是就让出铁路承租权，但这些又为流氓无产阶级牟利创造了条件。

总之，波拿巴身上汇集了各个阶级间的矛盾。他想要扮演一切阶级的家长似的恩人，但是他要是不从一个阶级取得些什么，就不能给予另一个阶

---

① 《马克思恩格斯文集》(第二卷)，人民出版社，2009年，第571~572页。

② 《马克思恩格斯文集》(第二卷)，人民出版社，2009年，第572页。

③ 《马克思恩格斯文集》(第二卷)，人民出版社，2009年，第572~573页。

级一些什么。波拿巴被他的处境的自相矛盾的要求所折磨,作为一个魔术家不得不以日新月异的意外花样吸引观众把他看作拿破仑的替身,换句话说,就是不得不每天举行小型的政变,于是他就使整个资产阶级经济陷于全盘混乱状态,侵犯一切在1848年革命中看来是不可侵犯的东西。

马克思对波拿巴持否定看法,并肯定1799年拿破仑通过"雾月政变"建立的现代国家,而否定1851年的"现代国家"。当然,这并不意味1851年的法国较之1793年的法国是完全恶化和倒退的,相反,前者只是以军事手段建立了现代国家的框架与法律,而具体的内部精细化则是由后者完成的。在这种意义上,马克思之所以如此讥讽波拿巴,是因为他对历史人物的评价更注重于对这一人物在当时时代的贡献,更倾向于把历史人物还原到当时的历史环境中去思考其功过,这也是历史唯物主义方法的重要内涵。

第四节　著作研究

自《雾月十八日》1852年公开出版至今已经过去了一百七十余年,其间,这一文本受到学界越来越大的关注,表现出跨越历史阶段的生命力。不过,引用或涉及其中局部性内容的研究虽然颇丰,但直接对著作进行整体性分析的成果仍然较少。在马克思主义理论学界,《雾月十八日》的关注度相比于其前后的《共产党宣言》与《1857—1858年经济学手稿》而言,常被忽视或一笔带过。反而在政治学领域,由于其包含着马克思关于政党与国家的大量叙述,而引发广泛讨论。总体上看,学界对《雾月十八日》的研究进程大体分三个阶段。

其一,从出版到20世纪初,恩格斯、列宁等经典马克思主义者对其展开内容解读与理论阐释,继承并发扬了唯物史观。恩格斯最早指出,"马克思的《雾月十八日》,那里谈到的几乎都是政治斗争和政治事件所起的特殊作用,当然是在它们一般依赖于经济条件的范围内"[①]。恩格斯自己在这一时期也有相关著作《德国农民战争》(1850年)、《德国的革命与反革命》(1851—1852年),可以将这些著作与马克思《雾月十八日》联系起来进行解读,进而更为全面地把握唯物史观的内涵与方法。列宁在《国家与革命》中,从唯物史观的根本立场出发,对马克思的国家理论作出进一步发展。他引用《雾月十八日》中关于无产阶级打碎资产阶级国家机器的论述,批评某些社会民主党人对这个观点的遗忘,以及对这个观点的歪曲。[②]

与此同时,第二国际内部也利用《雾月十八日》中的论述来为自己的政治主张论证、辩护。梅林在对德国革命经验进行总结性分析的著作《德国社会民主党史》中强调,在马克思的丰富文献中,《雾月十八日》是一颗独特的明星。马克思在《雾月十八日》中运用唯物史观透彻分析了当代事件,这部著作的内容与形式同样辉煌。[③]拉布里奥拉也关注《雾月十八日》对唯物史观的运用与发展。在他看来,这部著作为将唯物史观由抽象的理论转变为分析的工具提供了启示。罗莎·卢森堡在《社会改良还是革命?》中,依据《雾月十八日》对法国阶级斗争的叙述与剖析,阐发了无产阶级革命的复杂性,并以此对第二国际内部的机会主义思潮进行批判。她强调,动摇性和不彻底性是无产阶级在革命过程中经常出现的问题,为此必须在同现存制度的不断斗争中培养无产阶级的意志,而机会主义的策略只会加深动摇性与不彻底性。

其二,西方马克思主义者对《雾月十八日》的阐释与拓展。葛兰西高度

---

① 《马克思恩格斯文集》(第十卷),人民出版社,2009年,第600页。

② 《列宁选集》(第三卷),人民出版社,2012年,第133~134页。

③ [德]弗·梅林:《德国社会民主党史》(第2卷),青载繁译,生活·读书·新知三联书店,1964年,第235页。

赞扬《雾月十八日》中的马克思主义历史方法论，即"把散见于各处的理论观点搜集起来，加以整理和诠释"[①]。阿尔都塞、萨特、哈贝马斯等人则从不同的角度出发讨论文本，排斥"以苏解马"，反对将政治性的每一个因素都还原为经济因素，并在此过程中逐渐形成了个人对马克思主义的独特见解。在阿尔都塞看来，在《共产党宣言》和《雾月十八日》中，马克思都将国家说成一套镇压性的机器，所以他将国家政权与国家机器之间的区分视为马克思国家观的重要内容，认为"从马克思的《雾月十八日》和《法兰西阶级斗争》以后就明确地存在着这个区分"[②]，并且提出了"意识形态国家机器"这一观点，丰富了马克思主义国家理论。法兰克福学派代表人物哈贝马斯在1976年出版的《重建历史唯物主义》中指出，《雾月十八日》是马克思以历史学家的身份使用唯物史观这一理论范畴的典型范例，然而他却认为历史唯物主义不能全面解释社会的进化与发展，于是提出了重建历史唯物主义的理论设想。

到了20世纪60年代，新马克思主义者承续前人的思考，进一步深化了《雾月十八日》中的国家论题。米利班德认为，马克思在《雾月十八日》中揭示出波拿巴主义国家仍然是阶级统治和镇压的工具，而非中立性的调节阶级冲突的工具。但需要指出的是，米利班德作出上述分析并非为了证明打碎国家机器，进而使国家最终消亡的科学意义，相反，是要以此强调改良资本主义国家以及国家存在的必要性。普兰查斯在《政治权力与社会阶级》中认为，马克思在《雾月十八日》中揭示出国家的意识形态作用。国家不会自动展现出阶级统治与镇压的本质，这种本质往往隐藏在维护社会共同利益的假象背后。

值得一提的是，法国革命史学家傅勒以历史比较视角，就马克思对于

---

① [意]安东尼奥·葛兰西著，李鹏程编：《葛兰西文选》，人民出版社，1992年，第483页。

② 陈越：《哲学与政治：阿尔都塞读本》，吉林人民出版社，2003年，第333页。

1848—1851年间法国运动与法国大革命之悲哀叙述进行了评述，"在马克思看来，这似乎代表了政治革命时代的结束，以及向一个社会革命的时代的过渡。与政治革命相比，社会革命要缓慢得多，也要深刻得多"①。

其三，20世纪90年代冷战结束至今的三十多年，世界政治经济格局的变迁深刻影响到学术领域的发展。学者们对《雾月十八日》的研究角度更加多样，不过他们的出发点更多是为自己的思想体系、理论模式提供一种策略、寻求一种支撑。第一，从政治文化视角切入，聚焦于书中所展现的法国社会在特定历史时期的政治文化土壤。他们剖析彼时大众的政治心理、意识形态倾向以及社会舆论氛围，认为波拿巴得益于当时法国民众对权威的渴望以及政治迷茫心态，进而与当下西方社会的民粹主义兴起、政治极化现象进行关联性的现实研究。第二，从国家关系视角，以马克思笔下波拿巴政权周旋于欧洲列强之间，通过纵横捭阖谋取生存空间，洞察国家间权力博弈、地缘政治斗争的历史镜鉴，联系到当今国际舞台上新兴国家的崛起与守成大国的应对策略，提出现实主义或建构主义的解释。第三，从文化研究维度，有学者借鉴马克思笔下波拿巴利用拿破仑的历史光环、传统节庆等文化元素为自己的统治披上合法性外衣，对历史记忆、文化符号的运用，研究当代政治人物利用网络新媒体进行"形象包装"、文化宣传的策略来巩固或颠覆政权。例如，法国哲学家德里达按照谱系学的术语对《雾月十八日》进行理解，指出："《路易·波拿巴的雾月十八日》又一次以相同的频率部署了幽灵政治学或鬼魂谱系学，更确切地说：是各代鬼魂们的祖传逻辑一类的东西。马克思在那里一直不停地驱魔"②，他看似是对马克思主义进行阐释，实则只是在论证其解构主义观点。

---

① ［法］傅勒：《马克思与法国大革命》，朱学平译，华东师范大学出版社，2016年，第221页。

② 德里达：《马克思的幽灵：债务国家、哀悼活动和新国际》，何一译，中国人民大学出版社，1999年，第151页。

　　我国从20世纪30年代开始翻译出版《雾月十八日》,起初主要集中于对文本的基本解读和对马克思政治理论的初步探讨。随着时间的推移,学术研究逐渐深入,学者们引入一些前沿的理论与创新方法进行阐释,从剖析历史唯物主义的深邃内涵、文史互文的语言风格,精准运用阶级分析法解读历史现象,到探究国家政治哲学的精妙要义,钻研历史叙述方法的独特匠心,再到品味马克思笔端的语言文字风格之魅力,取得了一些研究成果。例如,周勇胜遵循恩格斯在《雾月十八日》第三版序言中将其视为一部科学的历史唯物主义著作的判断,叙述马克思如何揭示了法国社会的阶级斗争、国家权力与社会经济结构之间的复杂关系。①刘奔运用马克思在《雾月十八日》中分析"活的历史"变化的历史为主方法,联系苏联的解体和东欧地区的政治变动进行现实的阐释。②龙太江等通过对比《湖南农民运动考察报告》,指出《雾月十八日》是唯物史观与阶级分析方法的经典运用,其中蕴含着马克思对农民阶级二重性和工农联盟思想的深刻分析。③孙乐强认为马克思在《雾月十八日》打破了市民社会决定国家的单向模式,详细分析了政治国家对市民社会的反作用,发展了其政治哲学。此外,还有学者针对历史偶然性、国家主体性与国家治理,以及文学修辞等多方面进行了探讨。与此同时,《雾月十八日》在中国的传播热度与影响力也逐渐扩大,不断拓展边界,展现出马克思主义经典著作的生命力,越来越多的学者巧妙地将书中的智慧结晶与当今世界,包括中国社会的蓬勃发展进程中的政治格局、经济走势、社会万象等现实问题紧密相连,深度阐发其契合当下的时代价值,使其成为照亮

---

　　① 周勇胜:《〈雾月十八日〉与历史唯物主义》,陕西人民出版社,1987年。

　　② 刘奔:《从"活的历史"研究中掌握活的马克思主义——纪念马克思〈路易·波拿巴的雾月十八日〉发表140周年》,《哲学研究》,1992年第6期。

　　③ 龙太江、汪晓:《马克思与毛泽东关于农民问题分析的比较研究——基于〈路易·波拿巴的雾月十八日〉与〈湖南农民运动考察报告〉的分析》,《大连干部学刊》,2022年第7期。

现实发展道路的理论明灯。

　　总体而言,学界对《雾月十八日》基于各自不同的学科,从不同的角度或层面进行了探索。哲学研究者认为该书是唯物史观的卓越运用;历史学研究者从中发现了一种崭新的"事件史"分析范本;政治学研究者宣称"国家相对自主性"的思想是马克思最早在这里阐发的;社会学研究者惊叹于马克思通过细致的历史叙述所展现出的阶级斗争的生动图景;文学艺术研究者则着迷于马克思的隐喻与修辞,以及文史互文的历史叙述方式。从科学社会主义的视角来看,《雾月十八日》主要在如下方面实现了对科学社会主义的丰富与发展,并引起学者们的广泛讨论。

一、历史事件叙述与分析中的唯物史观运用

　　马克思说:"人们自己创造自己的历史,但是他们并不是随心所欲地创造,并不是在他们自己选定的条件下创造,而是在直接碰到的、既定的、从过去承继下来的条件下创造。"[①]他生动地阐释了历史运动的规律,揭示了历史发展的偶然性与必然性。书中还谈到不同所有制形式和社会生存条件产生不同的社会意识。"在不同的财产形式上,在社会生存条件上,耸立着由各种不同的,表现独特的情感、幻想、思想方式和人生观构成的整个上层建筑。整个阶级在其物质条件和相应的社会关系的基础上创造和构成这一切。"[②]法国各个阶级都有其不同的利益诉求,而这种利益诉求又是由其所处的各个阶级所决定的。要调和各种利益诉求需要诉诸国家,并使国家异化为一个高高位于社会之上的权力机构,而法国政体的多变及各个掌权派间的斗

---

① 《马克思恩格斯文集》(第二卷),人民出版社,2009年,第470~471页。

② 《马克思恩格斯文集》(第二卷),人民出版社,2009年,第498页。

争又使得法国政治出现了真空,波拿巴巧妙地利用了这段真空,虽然掌权人士并不支持路易·波拿巴称帝,但却由于深处泥沼之中,只能眼睁睁地看着波拿巴戴上帝国的皇冠。正如书中所说,"他想窃取整个法国,以便将它再赠给法国"①,这生动地体现了路易·波拿巴的这种令人可耻的做法。

马克思运用唯物史观,对上述历史进程进行了宏观与微观相结合的系统阐述,不仅彰显出唯物史观的科学性,而且提供了合理运用唯物史观的典型示范。梅荣政认为,了解马克思对法国1848年革命经验的总结和对路易·波拿巴政变的评述这个范例,不仅可以帮助我们进一步领会历史唯物主义的一些重要原理,而且可以帮助我们提高运用科学的历史观和方法论研究历史问题的能力。②祁涛也认为,《雾月十八日》既呈现了唯物史观的宏观结构,也透露了唯物史观的微观机制,展现了历史唯物主义内涵的丰富性。对历史中"情势"因素的发掘,也为列宁开辟出俄国革命这条出人意料的道路提供了思想资源。③《雾月十八日》中的历史叙述与分析方法还具有深刻的社会学意义。曾经长期浸润在社会学、历史学和人类学中的美国学者休厄尔(W.H.Sewell)一直致力于推动社会科学与历史学的对话和融合。他提出,社会学尤其是历史社会学应该把"时间性"(temporality)的概念引入理论生产,并以"事件性的时间性(eventful temporality)"为基础倡导"事件社会学(eventful sociology)"的分析路数。④但事件社会学的真正开创者并不是休厄尔或他所说的其他一些美国当代学者,而是早在一百多年前就已留下经典名作《雾月十八日》的马克思。

---

① 《马克思恩格斯文集》(第二卷),人民出版社,2009年,第576页。

② 梅荣政:《用唯物史观生动描述和精辟分析重大历史事件的科学典范——马克思:〈路易·波拿巴的雾月十八日〉(节选)研读》,《思想理论教育导刊》,2011年第3期。

③ 祁涛:《论结构的历史与情势的历史——〈路易·波拿巴的雾月十八日〉的历史线索及其哲学遗产》,《哲学研究》,2018年第3期。

④ 应星:《略述历史社会学在中国的初兴》,《学海》,2018年第3期。

二、阶级斗争状况叙述中的阶级分析方法

马克思在《雾月十八日》正文第2~6部分,用大量篇幅分析从革命到政变过程中阶级结构与斗争的演变并指出,是阶级利益决定了各阶级对于革命的态度,以及与其他阶级间的合作或斗争关系。这是对马克思的核心问题——一个时段内一种历史倒退或"革命下行"如何发生——的回答,是对唯物史观的具体化,并且是以历史事件与历史发展大趋势出现起伏性背离为抓手而实现的具体化。

阶级斗争理论并不是马克思发明的,甚至用阶级斗争的视角来看待法国大革命和法国政治,也不始于马克思。早在基佐写作《法国文明史》和米涅写作《法国革命史》时,就已开始采用阶级斗争的视角。正如马克思在致魏德迈那封著名的信中所说的:"无论是发现现代社会中有阶级存在或发现各阶级间的斗争,都不是我的功劳。在我以前很久,资产阶级历史编纂学家就已经叙述过阶级斗争的历史发展,资产阶级经济学家也已经对各个阶级作过经济上的分析。我所加上的新内容就是证明了下列几点:(1)阶级的存在仅仅同生产发展的一定历史阶段相联系……"①

19世纪中叶的法国,从二月革命、六月起义到波拿巴称帝,不同节点、不同阶段、阶级之间的关系复杂多变,虽有面对共同敌人时暂时性的合作,但更多的是由于阶级利益不同而带来的无休止的斗争。二月革命时无产阶级与资产阶级曾为反对封建专制而合作,推翻了七月王朝,不过,即使是在联合的过程中,二者之间也存在着分歧和矛盾。无产阶级表现出英勇斗争的

---

① 《马克思恩格斯文集》(第十卷),人民出版社,2009年,第106页。

无畏精神,"二月共和国"是"工人在资产阶级消极支持下争得的"①。而到了六月起义,当巴黎无产阶级和人民群众正在积极为推翻王权、反对立法议会而牺牲奉献之时,资产阶级却趁机宣布成立临时政府。马克思看出了临时政府的本质"它只能是各个不同阶级间妥协的产物,这些阶级曾共同努力推翻了七月王朝,但他们的利益是互相敌对的。临时政府中绝大多数是资产阶级的代表"②。

到了政变时期,波拿巴之所以能成功当选法国总统,除了受由阶级斗争创造出来的形势的影响之外,也离不开当时法国社会中各个阶级的"认同"。不仅军队方面给予他以极大的"支持",而且大资产阶级方面也给予他以巨大"同情",此外,无产者和小资产者为惩罚卡芬雅克的残暴统治也将选票投给了波拿巴。在夺取政权的具体过程中,波拿巴将流氓无产阶级当作自己坚实的阶级基础,把自己作为该阶级的首领发号施令。于是,由流氓无产阶级秘密组成的十二月十日会"正如国家工场对于社会主义工人,别动队对于资产阶级共和派的意义一样"③,在波拿巴政变之路上发挥了巨大的作用。马克思在《雾月十八日》中通过对各阶级在政治斗争中的表现的叙述与分析,展现出各阶级经济地位的差异对于他们对革命的态度的决定性作用,并指出由此产生的阶级革命性又与革命路线的发展趋势联系紧密。当一个阶级保持较强革命性的时候,革命沿上行线路发展;当一个阶级本身就具有局限性的时候,革命便沿下行线路行进。从法国1848年到1852年的整体趋势来看,革命路线虽然出现了短暂的上升,但是最终的趋势却是下行。

柄谷行人将上述马克思分析阶级斗争和革命的方法概括为结构性的历史分析方法,并认为这种方法使他能够洞察历史的结构性反复和深层规律。

---

① 《马克思恩格斯文集》(第二卷),人民出版社,2009年,第100页。

② 《马克思恩格斯文集》(第二卷),人民出版社,2009年,第85页。

③ 《马克思恩格斯文集》(第二卷),人民出版社,2009年,第524页。

柄谷行人还尝试运用这种历史分析方法来透视世界近代史,特别是通过文学文本的解读来观察日本明治维新以来的现代化历程和思想话语空间,以揭示特定文化和社会现象的深层结构和规律,并提出法西斯主义就是马克思笔下波拿巴主义的一种历史重演。有学者从社会学的视角出发,提出马克思在《雾月十八日》中将阶级斗争学说与国家自主性理论有机地融合在一起,对波拿巴政变这样一个极其复杂的历史事件进行了透彻的解剖,揭示出阶级之间的张力与缝隙构成了国家权力的重要来源,展现出丰富的社会学的想象力。[1]也有学者提出,马克思对阶级斗争和革命进程的阶级分析深刻揭示出历史的主体以及代表不同阶级利益的主体力量相互斗争、倾轧的图景,展现出无产阶级的历史创造作用。[2]

此外,马克思通过阶级分析还阐发了不断革命的思想。马克思认为,1848年革命历史进程使得议会权力不断趋于完善,行政权日益完备并导致社会集中一切破坏力量来反对这个权力。那时,整个欧洲就会起来欢呼无产阶级革命。无产阶级革命不能寄希望于利用单一的革命事件一蹴而就,而是要不断准备其革命的前提条件,让社会中的矛盾与对立加剧,从而促使整个社会发生质变。由此,也有学者提出,马克思在《雾月十八日》中得出"现代生产力和资产阶级生产方式这两个要素互相矛盾"是革命发生的条件的结论,"而《资本论》的意义正在于,基于对资本主义社会的全面考察,从而真正地理解并创造革命的社会条件"。[3]

①　应星:《事件社会学脉络下的阶级政治与国家自主性——马克思〈路易·波拿巴的雾月十八日〉新释》,《社会学研究》,2017年第2期。

②　崔增辉:《马克思对历史主体概念的实践证成——基于〈1848年至1850年的法兰西阶级斗争〉和〈路易·波拿巴的雾月十八日〉的考察》,《社会主义研究》,2024年第2期。

③　夏莹、邢冰:《被想象的"政治"与被革命化的"社会"——当代视域下对〈路易·波拿巴的雾月十八日〉的再阐释》,《天津社会科学》,2021年第3期。

三、马克思的国家理论

与《法兰西阶级斗争》《法兰西内战》相比,马克思在《雾月十八日》中更多地对资产阶级国家展开批判,对国家与国家权力如何展开、扩大进行论述,并直接对建构无产阶级国家和无产阶级专政展开论述。

如果说马克思在《黑格尔法哲学批判》中,还是在法哲学的框架下理解市民社会与政治国家的关系,那么在《德意志意识形态》《哲学的贫困》与《共产党宣言》中,马克思则开始对现代国家的权力来源进行历史性把握。马克思在《哲学的贫困》中提出,劳动阶级通过政治斗争实现从自在到自为的转变,"经济条件首先把大批的居民变成劳动者。资本的统治为这批人创造了同等的地位和共同的利害关系。所以,这批人对资本说来已经形成一个阶级,但还不是自为的阶级。在斗争(我们仅仅谈到它的某些阶段)中,这批人联合起来,形成一个自为的阶级。他们所维护的利益变成阶级的利益。而阶级同阶级的斗争就是政治斗争"①,从而初步形成了无产阶级专政的观点。国家反映着阶级间的利益冲突,是阶级利益对立与不可调和的产物。马克思在《共产党宣言》中还进一步指出,"一切阶级斗争都是政治斗争"。②

在马克思看来,谈论国家政治必须联系到它现实的社会基础,这是马克思超越黑格尔的重要之处。但是市民社会的大众又是如何与高高在上的国家政权联系起来的呢? 如果没有中间的政治装置,国家如何持续运行呢? 因而,马克思进一步将视野投放到对政府机构的运行、政党与其所代表的社会群体的分析当中。在革命期间最典型的社会群体的划分就是阶级,马克

---

① 《马克思恩格斯文集》(第一卷),人民出版社,2009年,第654页。

② 《马克思恩格斯文集》(第二卷),人民出版社,2009年,第40页。

思在《雾月十八日》中，凭借其对法国社会状况的熟稔，对政党议会政治如何介入资产阶级国家机器的建构过程进行了细致叙述，尤其关注其中各党派的阶级代表性问题与其阶级利益选择方面的左右变化，深刻揭示了资产阶级民主政治的虚伪性质，指出其最终的结果是资产阶级国家的危机。资产阶级国家直接站在了市民社会的对立面，站在了革命的对立面。因此，有学者提出，马克思在《雾月十八日》中实际上建构起了一种"国家政治学批判"①的理论。

在此基础上，马克思阐发了资产阶级国家的二重性：一是作为阶级统治的工具，从属于经济基础；二是作为市民社会异化的产物，其本身具有独立性，这是社会分工扩大的结果。当然，马克思的现代国家思想，只是提供了一个初步的理论框架，因为马克思还没有对民族国家、国家认同、民族主义认同等国家理论的基础性内容进行一般性的研究与阐释。虽然他曾在1844年草拟《关于现代国家的著作的计划草稿》，尝试从国家与市民社会的核心问题出发，分析现代国家的本质与特点，并在1858年给拉萨尔书信中说要写六本书：资本论、土地所有制、雇佣劳动、国家、国际贸易、世界市场，但这些计划都没能最终完成。

此外，马克思在《雾月十八日》中对波拿巴政权及波拿巴主义国家的论述，还展现出他对国家权力、国家机器等内容的思考。起初，资产阶级似乎可以通过所谓的"自由""平等""民主"等口号暂时麻痹广大民众，但是现实的境况让民众认清了资产阶级的虚伪与冷漠，随之开始奋起反抗。面对一次次动乱，资产阶级为了保护他们的现有利益，自愿放弃阶级专政，希望以具有铁腕政权特点的个人专制取而代之。尤其是法国无产阶级在1848年六月起义中展现出了极大的战斗力与爆发力，这强有力地冲击了资产阶级的

---

① 张宗杰：《对马克思"国家政治学批判"的三重证成——基于〈路易·波拿巴的雾月十八日〉的文本分析》，《天府新论》，2023年第1期。

神经,使得资产阶级企图让"刽子手"卡芬雅克来当总统以巩固本阶级的统治,但是在寻找"母亲的儿子"的过程中,最终找到了"伯父的侄子"路易·波拿巴。为维护资本主义私有制,资产阶级还不断完善资产阶级国家机器,主要体现在对议会和政府这两大机构的强化上。之所以需要议会,是因为资产阶级需要通过"选举""民主"等手段赋予统治以合法性。只是议会选举带来的可能是资产阶级的反对者,从而会为资产阶级的统治带来不稳定因素。因此,资产阶级开始限制议会的立法权,强化政府权力,使得行政权更加集中、不断膨胀,最终彻底打破了资产阶级的权力制衡,造成行政权一方独大的局面。当行政权恶性膨胀到超出资产阶级的控制范围时,资产阶级就自觉或不自觉地成了行政权的"奴役"对象,致使资产阶级的阶级专政被个人专制取代。

马克思通过分析国家机器与国家权力、行政权与立法权,揭示了资本主义国家的特征与实质。《雾月十八日》一书中存在不少关于国家机器问题的讨论,包含了对行政权、官僚机构、军事机构的论述。通过梳理文本内容可以发现,这些讨论又最终落脚于对社会状况的科学剖析,他指出:任何的国家权力绝不是悬空无依的,它们各自表达了一个阶级对其他阶级的支配关系,并最终展现为国家机器之于社会的全面控制与彻底镇压,并且认识到不同权力间的斗争最终会以波拿巴的"获胜"而告一段落。

马克思还通过阶级分析,对不同国家权力争夺国家机器的斗争进行论述,指出这些斗争主要发生在波拿巴与资产阶级之间,体现为行政权与立法权之间的矛盾。秩序党统治时期的法国是议会制共和国,在反对革命的斗争中,除采用高压手段外,秩序党选择进一步扩张政府权力以加强中央集权,这为波拿巴复辟创造了有利条件。在波拿巴统治时期,议会权力被行政权力消灭,此时国家机器借助官僚体制凌驾于社会机体之上,使行政权获得了对社会的绝对统治权力。也就是说,在波拿巴主义国家时期,行政权已经具有了明显的独立性,相较于市民社会,国家机器已经极大地巩固了自己的地位,并推动新的国家朝着更加集权的方向迈进。

在《雾月十八日》中,马克思一方面不是依据传统的国家学说来研究法兰西第二共和国的覆灭,也并非局限在"君主国"或"共和国"等抽象问题上,而是从政治经济学的角度出发剖析市民社会。另一方面,在察觉到国家出现的新变化后,马克思进一步认识到资产阶级国家机器的本质,指出无产阶级必须消除对资产阶级国家机器的幻想,主张工人与农民联合起来,一起摧毁资产阶级国家机器。马克思还进一步探究国家"相对自主性"的内涵,从而加深了对国家与市民社会关系的理解。

日本学者柄谷行人对《雾月十八日》给予高度评价,认为马克思的《雾月十八日》不仅是对法国1848年革命和路易·波拿巴上台的新闻报道或时事分析,更是对国家即政治过程的原理性阐释。他强调,这部作品是对近代政治学的批判,与《资本论》对近代经济学的批判相呼应。国内学者郑寰还阐发了马克思在《雾月十八日》中对政党与国家关系展开的思考:"一方面,国家形式规定了党派在政治舞台上的作用,约束了党派对权力集团和政治上阶级组织的作用的一般结构。另一方面,国家形式必须根据社会阶级结构,以及政党共同统治的社会条件加以分析。"①

总之,通过上述研究可以发现,《雾月十八日》不仅是一部出色的唯物史观著作,更是一部集中表现马克思对政治问题和社会主义运动的基本看法的科学社会主义著作。马克思对阶级斗争的本质、影响因素与必要条件的分析与阐发,对国家与市民社会之间辩证关系的说明为当代世界社会主义运动实践提供了根本性的思想参照。

---

① 郑寰:《马克思论秩序党人的失败——再读〈路易·波拿巴雾月十八日〉》,《科学社会主义》,2017年第4期。

第五章　马克思《法兰西内战》研读

《法兰西内战》英文第三版的扉页

第一节 著作简介

《法兰西内战》是马克思代表国际工人协会(第一国际)总委员会致欧美全体会员的宣言,是科学社会主义最重要的经典文献之一。在文中,马克思通过分析巴黎公社的发展过程和历史意义,总结其历史经验与教训,提出建设无产阶级政党的思想,发展了马克思主义关于无产阶级革命和无产阶级专政的学说,指出了无产阶级打碎资产阶级国家机器,通过人民民主专政,实现共产主义的科学道路,并对列宁、毛泽东等马克思主义者的社会主义理论与实践起到了十分重要的指引作用。

《法兰西内战》的首个中文译本由吴黎平、刘云(张闻天)翻译,于1938年在延安解放社出版。党中央多次把它作为党员干部的必读经典,也曾多次集中组织学习《法兰西内战》与巴黎公社经验。当然,在我国社会主义建设过程中,也曾存在盲目模仿巴黎公社,僵化、教条化地理解马克思主义无产阶级专政思想的倾向,并对党的形象产生了一些负面影响。在这种意义上,正确把握《法兰西内战》的科学内涵是推动新时代中国特色社会主义建设的重要要求。

第二节 写作背景

马克思始终高度关注法国革命史,并以此为材料来总结分析阶级斗争的发展规律与影响因素,从工人阶级的视角创作了多部叙述、剖析革命史的经典著作。因此,深入理解法国自1789年大革命至19世纪末的历史背景对于理解《法兰西内战》尤为重要。

首先,法国巴黎公社革命的爆发具有深刻的经济因素。1848年法国无产阶级革命失败后,西欧工人运动暂时陷入低潮,而资本主义则进入稳定发展期,封建势力逐渐消亡。在此期间,法国在第二帝国时期迅速崛起,基本完成工业革命,在经济地位上仅次于英国。资本主义经济的发展造成社会贫富差距进一步拉大,财富与资本日益集中在资产阶级手中。尽管工人工资有所提升,但他们的生活负担却持续加重。因此,国内阶级矛盾进一步激化,1860年后,源自社会底层的革命斗争开始显现出复苏的态势。

其次,普法战争是巴黎公社革命爆发的重要导火索。这场战争是普鲁士王国以实现德国统一,与法兰西第二帝国争夺欧洲大陆霸权为目的而进行的。尽管战争由法国发起,但最终却以普鲁士的全面胜利和德意志帝国的建立而告终。1870年7月14日,普鲁士首相俾斯麦就西班牙王位继承问题发表了具有挑衅性的"埃姆斯密电",此举激怒了法国政府。随后,法国于7月19日对普鲁士宣战,但战争初期法军便连遭败绩。至9月2日,法国皇帝拿破仑三世率领的近十万法军在色当投降。

法国在色当的惨败引发了一系列连锁反应。1870年9月4日,掌握金融经济的大资产阶级在法国国内发动政变,工人和小资产阶级群众涌入波旁宫立法团会议厅,要求废除帝制、恢复共和。共和派议员甘必大在市政厅正式宣布成立共和国,建立临时政府。随着法兰西第二帝国的覆灭和法兰西第三共和国的建立,帝制在法国的历史上画上了句号,共和制度逐渐稳固。与此同时,尽管德意志民族统一的障碍已经消除,但在战争中尝到甜头的普鲁士当局却决心继续进行战争,向巴黎进军,这使得原本的普鲁士自卫战争转变为侵略战争,而对法国而言,这场战争则转变为一场进步的民族解放战争。在此期间,人民要求实行普遍武装,但国防政府却出于防范革命运动的目的,而与俾斯麦进行秘密谈判。然而普鲁士方面并未就此收手,而是仍长驱直入,巴黎最终投降。

　　经济和政治上的双重困境使得法国人民陷入饥困交加的境地。于是,巴黎人民于10月31日举行起义,但遭到法国政府的镇压。1871年1月18日,普鲁士国王威廉一世在法国凡尔赛宫加冕为皇帝,德意志帝国正式成立。1月26日,在梯也尔政府与普军指挥部进行最后谈判后,双方签订关于巴黎投降的条约,并于1月28日签订了停战协定。2月26日,双方在凡尔赛签订了初步和约。

　　但巴黎无产阶级并未因此放弃斗争。1871年3月18日,巴黎人民再次起义,梯也尔政府逃往凡尔赛宫,资产阶级政府在巴黎的统治土崩瓦解。此次起义标志着世界历史上无产阶级革命的第一次胜利,巴黎工人建立起人类历史上第一个无产阶级政权——巴黎公社。然而在国内外反动政府的镇压下,巴黎公社最终失败。在公社存在的短暂期间内,法国与普鲁士于5月10日在法兰克福签署了正式和约,确认了凡尔赛和约草案的基本条款,增加了赔款金额,割让了阿尔萨斯-洛林的大部分地区。这场战争不仅促使普鲁士王国完成了德意志的统一,还使其取代了法国在欧洲大陆的霸主地位。

图5.1　色当会战后拿破仑三世与俾斯麦会谈

作为无产阶级革命领袖,马克思、恩格斯十分关心巴黎无产阶级的革命斗争,高度肯定他们的革命首创精神,并尽力从各方面给公社以支援。马克思给第一国际各支部写了数百封书信,号召他们发扬国际主义精神,支援法国革命。国际总委员会始终与马克思保持联系,针对巴黎公社先后开了7次会议,给予各方面的支持。即使在公社被镇压后,他们也不遗余力地声援、营救公社成员,同时强烈谴责梯也尔政府。在5月28日凌晨巴黎公社最后的147名社员被残杀后不久,马克思在5月30日第一国际总委员会会议上宣读《法兰西内战》,高度肯定巴黎公社在无产阶级运动历史上的丰功伟绩,同时也对巴黎公社的经验和教训进行了总结,丰富和发展了科学社会主义。

第三节　内容导读

《法兰西内战》共分为三部分:恩格斯于1891年所写的导言、国际工人协会总委员会关于普法战争的两篇宣言,以及四章正文。

恩格斯在导言中对马克思关于普法战争的两篇宣言和《法兰西内战》正文作了总的介绍,并进行高度评价,认为它总结了法国五十年来阶级斗争的基本经验,指出了无产阶级掌握武装的极端重要性。同时,恩格斯还对《法兰西内战》的科学内涵作了进一步的提炼与阐发,不仅强调无产阶级要取得革命胜利,必须有马克思主义政党的领导,铲除旧的国家机器,建立无产阶级专政,而且着眼于在20年后,巴黎公社的历史意义已经充分显露的时代条件,对《法兰西内战》中的叙述作出了有益补充,从而根据历史事实进一步科学论证了上述结论。

国际工人协会总委员会关于普法战争的两篇宣言中的第一篇强调无产阶级必须以革命的手段反对、制止掠夺性的战争,揭露了法国统治阶级发动战争的罪恶目的以及普鲁士统治者参加战争的险恶用心,为法国工人阶级与德国工人阶级提供了正确对待战争的方针和策略,提出只有在全世界消灭剥削制度以后才能根绝一切战争,实现人类的持久和平;第二篇宣言则关注普法战争的性质变化,揭露了普鲁士政府的掠夺计划和德国资产阶级所谓爱国主义的实质,并号召全世界工人阶级团结起来,发扬无产阶级国际主义精神,反对侵略战争。

在正文四章中,第一章是全书的主线,中心思想是叙述普法战争所引起的法国政局的变化,揭露法国资产阶级政府投降卖国、挑动内战的卑鄙行径。第二章记述了梯也尔政府发动内战,3月18日巴黎工人阶级武装起义的经过,分析和总结了巴黎工人阶级这次斗争的经验教训。第三章是全书的重点,马克思根据巴黎公社的实践经验,论述了无产阶级革命必须用暴力打碎资产阶级国家机器,建立无产阶级政权,实现无产阶级专政的革命原则。第四章,马克思进一步揭露梯也尔政府勾结俾斯麦,残酷镇压巴黎公社的罪行,歌颂巴黎无产阶级的英勇斗争和自我牺牲精神,论述了巴黎公社与第一国际的关系,阐明了巴黎公社的历史意义。

一、恩格斯写的1891年版导言

1891年,在为纪念巴黎公社20周年而准备出版《法兰西内战》德文第三版(纪念版)之际,恩格斯重新校订了译文,并为该版写了导言。巴黎公社之后,西方资本主义世界获得一段相对稳定的和平发展时期,自由资本主义开始走向垄断阶段。与此同时,欧美许多国家的无产阶级充分利用议会民主制度,创立政党与报刊,建立工会与合作社,发动工人运动,传播马克思主义,并取得一定成效,其中最具代表性的当属德国社会民主党的迅速发展壮大。这使得一些社会民主党人士滑向和平改良主义,开始远离阶级斗争。

对此,恩格斯在此篇导言中重申了巴黎公社的基本原则和无产阶级专政理论,对两篇宣言和《法兰西内战》进行了概括,并通过回顾法国自1789年以来的阶级斗争史,强调无产阶级掌握武装,发动暴力革命的重要性。恩格斯还对《法兰西内战》中的叙述作了一些补充,比如他分析了在内战中蒲鲁东派和布朗基派的做法,指出这两派"都做了恰恰与他们那一派的学说相反的事情,遭到历史的嘲弄"[①];他还分析了公社的具体政策,指出公社一开始就认识到,工人阶级一旦取得统治权,就不能继续运用旧的国家机器来进行管理,因此为了防止国家和国家机关由社会公仆变为社会主人,公社实行了两大政策:第一,它把行政、司法和国民教育方面的一切职位交给由普选选出的人担任;第二,它对所有公职人员,不论职位高低,都只付给跟其他工人同样的工资。恩格斯在此还谈到以新的真正民主的国家政权来代替旧的国家政权的问题,并且重申无产阶级专政的内涵,"近来,社会民主党的庸人又是一听到无产阶级专政这个词就吓出一身冷汗。好吧,先生们,你们想知道无产阶级专政是什么样子吗? 请看巴黎公社。这就是无产阶级专政"[②]。

恩格斯的导言起初以《论法兰西内战》为题发表于德国社会民主党《新时代》杂志上,后来附于《法兰西内战》单行本中。

(一)第1~15段

第1~6段,恩格斯首先对总委员会就普法战争发表的两篇宣言进行了简略说明,赞扬马克思对内战所作的预言——法德战争(普法战争)之后,德国从防御方转变为侵略方后,德国人民将遭遇到比前一阶段更残酷的不幸——表现出其天才的能力。因为,客观事实表明,德国人民"又经受了整

---

① 《马克思恩格斯文集》(第三卷),人民出版社,2009年,第108页。
② 《马克思恩格斯文集》(第三卷),人民出版社,2009年,第111~112页。

整20年的俾斯麦统治……非常法和对社会党人的迫害……警察不是专横如故,法律不是同过去不差分毫地遭到可怕的歪曲?"①

随后,恩格斯对俄国、法国和德国之间的关系进行了分析,指出新的帝国主义之间的战争将不可避免,而德国人民在这场战争中自然将会遭受更大的痛苦。在这种意义上,恩格斯认为,德国工人应该在这两篇宣言和《法兰西内战》中汲取经验,团结起来反对帝国主义战争。

第7段,恩格斯开始叙述法国自1789年大革命之后的政治经济发展,并指出这种发展塑造了阶级斗争的基本样貌。巴黎的每次革命都带有无产阶级的性质,因为无产阶级在用鲜血换来胜利之后就能够提出基本的要求,虽然这些要求还不清晰,但都指向消灭资本家与工人之间的对立。这些要求冲击了现存社会制度,导致掌权的资产阶级将解除工人武装作为第一信条,于是,在每次工人赢得革命以后就产生新的斗争,其结果总是工人失败。

第8段,恩格斯以法国1848年革命为例,对上述结论作出论证。他指出,推翻封建统治的任务要求资产阶级求助于人民,"于是他们不得不逐步让资产阶级和小资产阶级中的激进阶层和共和阶层走在前面。可是,在这些阶层背后的是革命的工人,他们从1830年以来已经取得了比资产者,甚至比共和派所设想的要多得多的政治独立性"。②工人利用武装帮助资产阶级获得了胜利,建立起共和国,但对如何掌握运用国家,包括对"社会共和国"本质的理解尚不明确。而资产阶级共和派趁此将解除工人武装作为直接目的,刻意引发六月起义以对工人进行残酷镇压与屠杀,这在1871年中表现得更加残忍。可见,资产阶级将工人拥有武装视为对自身统治的极大威胁。

第9段,恩格斯强调,资产阶级由于失去了无产阶级的支持,也在与封建

---

① 《马克思恩格斯文集》(第三卷),人民出版社,2009年,第99~100页。

② 《马克思恩格斯文集》(第三卷),人民出版社,2009年,第101页。

力量的对抗中败下阵来。资产阶级已经再也不能管理法国了,至少当时不能。"那时资产阶级大部分还是保皇主义的,并且分裂为三个王朝政党和一个共和党。它的内部纷争,使得冒险家路易·波拿巴能把一切权力阵地,即军队、警察和行政机关尽行占据,并且在1851年12月2日把资产阶级的最后堡垒即国民议会也打碎了。"①这样就开始了第二帝国。同时,恩格斯指出,路易·波拿巴的统治不经意地为法国工业的发展创造了条件。"路易·波拿巴以在工人面前保护资产阶级并反过来在资产阶级面前也保护工人为借口,夺去了资本家手中的政权"②,而他的统治同时又便利了投机事业与工业活动,使整个资产阶级的经济繁荣与发财致富达到了前所未有的程度,而这在路易-菲力浦目光狭窄、畏缩不前的体制下,在只由大资产阶级中一小部分人独揽统治权的条件下,是完全不可能的。

第10段,第二帝国所秉持的"波拿巴观念"唤起了法兰西沙文主义,进而与普鲁士之间产生领土争端。1866年的普奥战争加剧了波拿巴与俾斯麦的对抗,1870年,普法战争最终爆发。

第11~15段,恩格斯按照时间节点叙述了内战的发展过程,即巴黎公社与梯也尔政府之间的斗争过程。

(二)第16~24段,恩格斯对巴黎公社的活动与历史意义进行了回顾,对马克思《法兰西内战》中的叙述作了部分补充

第16~20段,恩格斯对巴黎公社内部两派进行了介绍与评论。

公社委员会中多数派是布朗基主义者,少数派是蒲鲁东社会主义者。前者只是一种自在的社会主义者,凭着革命的无产阶级的本能才是社会主义者,因而导致公社在经济方面的无为。对此,恩格斯遗憾地说道:"银行掌

①② 《马克思恩格斯文集》(第三卷),人民出版社,2009年,第102页。

握在公社手中,这会比扣留一万个人质更有价值。"①同时,恩格斯对二者的分工作了阐述:"对于公社在经济方面的各种法令,无论是值得称道还是不值得称道的方面,首先要由蒲鲁东派负责;而对于公社在政治方面的行动和失策,则要由布朗基派负责。"②在此基础上,恩格斯根据历史事实指出无论是蒲鲁东派还是布朗基派,都做了恰恰与他们那一派学说相反的事情,使这些学说遭到了历史的嘲弄。这不仅暴露出布朗基主义与蒲鲁东主义的理论局限,也展现了工人阶级的革命自觉。

第21~24段,恩格斯对马克思国家理论进行阐述。公社一开始就得承认,工人阶级在获得统治时,不能继续运用旧的国家机器来进行管理,而要对机器与管理方式本身都进行革新。工人阶级为了不致失去刚刚争得的统治,一方面应当铲除全部旧的、一直被利用来反对它的压迫机器,另一方面应当以宣布它自己所有的代表和官吏毫无例外地可以随时撤换,来保证自己有能力支配他们。因为,旧国家机器是旧社会的产物,是旧社会里剥削阶级压迫被剥削阶级的工具。如果只是控制、运用国家机器,让它延续旧的官僚机构的运行模式,那么国家机器与官僚会为了自身的特殊利益(虽然它应该代表人民的普遍利益)而发生异化,从社会公仆转变为社会的主人。恩格斯还以美国为例展开进一步地说明,指出其两党轮流执政的实质已经异化为两大政客利益集团的共同统治。因此,无产阶级在夺取政权后必须废除旧的国家机器,包括军队、警察与官僚机构。在这种意义上,恩格斯高度重视巴黎公社的有益经验:"为了防止国家和国家机关由社会公仆变为社会主人——这种现象在至今所有的国家中都是不可避免的——公社采取了两个可靠的办法。第一,它把行政、司法和国民教育方面的一切职位交给由普选选出的人担任,而且规定选举者可以随时撤换被选举者。第二,它对所有公

---

①②　《马克思恩格斯文集》(第三卷),人民出版社,2009年,第108页。

职人员,不论职位高低,都只付给跟其他工人同样的工资。"①

恩格斯还批判那种认为国家是超阶级的,至高无上的传统国家学说,其以黑格尔的"国家学说"为典型。

恩格斯在第23段提到《法兰西内战》第三章已详细描述打碎旧国家政权、建立真正民主新政权的情形,但再次简述此问题对德国尤为重要,因为德国存在对国家的哲学迷信,这种迷信已渗透至资产阶级及许多工人的意识中。按照某些哲学观点,国家被视为"观念的实现"或尘世的上帝王国,是永恒真理和正义的实现场所,这导致了对国家及相关事物的盲目崇拜。人们习惯于认为公共事务和利益只能由国家及其官员处理,而认为从世袭君主制转向民主共和制就是巨大进步。然而,作者指出,国家实质上是阶级镇压的工具,民主共和国也不例外。对无产阶级而言,国家即使作为争取阶级统治斗争中的"胜利果实",在本质上也是一个祸害。因此,胜利的无产阶级需像公社一样,尽快消除国家的最坏方面,直至新一代能在自由社会条件下成长,最终摒弃国家这一"废物"②。

恩格斯对于现代国家的看法与马克思一致,即强调国家是阶级压迫的工具,并认为国家最终必然消亡。同时,马克思、恩格斯指出,由于巴黎公社解放了社会中绝大多数人,因而是不同于现代国家的政权形式,这种国家实行无产阶级专政,是大多数人的利益代表。列宁对此指出:"恩格斯甚至宣布公社已经不是原来意义上的国家。"③同时,列宁面对现实的客观条件,在直接参与政治建设过程中,从理论与实践双重维度对无产阶级专政与无产阶级国家理论进行了丰富与发展,提出无产阶级可以在替换现代国家的实质内容的基础上,继承国家的政治架构。列宁在《国家与革命》中强调无产

---

① 《马克思恩格斯文集》(第三卷),人民出版社,2009年,第110~111页。

② 《马克思恩格斯文集》(第三卷),人民出版社,2009年,第111页。

③ 《列宁专题文集·论社会主义》,人民出版社,2009年,第24页。

阶级专政等同于无产阶级国家，而且国家形式的消亡不是短期的事情，由此引发了列宁-考茨基之争。从理论上来说，考茨基对马克思、恩格斯的民主政治思想、国家消亡理论的理解没有错；然而从实践上来说，列宁正是由于采取了有效的措施，在面临非常相似的内外困境下，才取得了俄国十月革命的胜利，避免了同巴黎公社一样的失败命运。不过，就如巴迪欧所说，列宁的革命举措是正确的，但在后续的建设时期则需要进行调整，否则就落入考茨基所批判的"党-国"理论和实践错误，这在斯大林时期表现得淋漓尽致。列宁自然也认识到这一点，并一直希望把俄国建成巴黎公社式的民主国家。他曾强调要建设"从下到上遍及全国的工人、雇农和农民代表苏维埃的共和国"，要求"废除警察、军队和官吏"①，"一切官吏应由选举产生，并且可以随时撤换，他们的薪金不得超过熟练工人的平均工资"②，但由于身体原因，最终未能实现。

因此，在短短的过渡时期之后，在无产阶级所期待的无阶级社会建立之后，如何按照巴黎公社的原则和马克思的国家理论，打碎资产阶级国家机器，建立社会主义民主政治，一直是一个有待后人解决的难题。

第24段，恩格斯指出，巴黎公社的本质就是无产阶级专政。

对于恩格斯在此阐明的无产阶级专政与国家理论，列宁曾给予高度评价。这个总结根据"公社以后20年的全部经验而作得非常深刻，并且是专门用来反对流行于德国的'对国家的迷信'的，完全可以称为马克思主义在国家问题上的最高成就"③。

---

① 《列宁专题文集·论社会主义》，人民出版社，2009年，第20页。

② 《列宁专题文集·论社会主义》，人民出版社，2009年，第21页。

③ 《列宁选集》（第三卷），人民出版社，2012年，第177页。

二、两篇宣言

马克思写的两篇宣言揭露了战争的实质,阐明了波拿巴和第二帝国的结局。第一篇宣言(马克思写于1870年7月19—23日)是马克思应总委员会委托,针对拿破仑三世发动对普鲁士的战争而写,意在戳穿普鲁士统治者参加战争的险恶用心,鼓舞无产阶级团结起来反对掠夺性的战争,指出只有在全世界消灭剥削制度以后才能实现人类的持久和平。

第二篇宣言则是马克思于1870年9月6日至9日,应国际总委员会委托而写。由于第二帝国崩溃,普法战争从"法攻普守"转变为"普攻法守",委员会针对战争局势再次发表宣言。马克思利用了恩格斯提供的一些关于普鲁士反动势力因利益驱动试图吞并法国领土野心的材料,指出普法战争的性质发生了变化,揭露了普鲁士政府的掠夺计划和德国资产阶级所谓爱国主义实质,指明德国工人阶级对待战争应采取的策略,号召全世界工人阶级团结起来,发扬无产阶级国际主义精神,反对侵略战争。马克思在宣言中所表达出的对战争的观点,也成为评价正义与非正义战争的基本尺度。

马克思还揭露了德国的野心,"当波拿巴军队腐朽透顶的情况刚一变得显而易见的时候,普鲁士军事上的幕后操纵者就决定要打一场征服战争了"①,在这种情况下,马克思对法国工人寄予希望,认为"他们不应当重复过去,而应当建设未来"②,也对世界工人寄予希望,"每一个国家的国际工人协会支部都应当号召工人阶级行动起来。如果工人们忘记自己的职责,如果他们采取消极态度,那么现在这场可怕的战争就只不过是将来的更可怕的

---

① 《马克思恩格斯文集》(第三卷),人民出版社,2009年,第120页。
② 《马克思恩格斯文集》(第三卷),人民出版社,2009年,第127~128页。

国际战争的序幕,并且会在每一国家内使刀剑、土地和资本的主人又一次获得对工人的胜利"①。

(一)国际工人协会总委员会关于普法战争的第一篇宣言

路易·波拿巴利用法国内部的阶级斗争夺取政权,实行专制,同时对外挑起战争。对此,马克思曾在《法兰西阶级斗争》中指出虽然工人阶级一致抵制复辟,但"不幸,由于农村地区的极端愚昧无知,形势发生了逆转"②。而在这里,马克思则进一步指出,1870年7月的军事阴谋是1851年12月的修正版。

随着战争苗头的显现,国际的巴黎会员发表《告全世界各民族工人书》,倡导全世界的工人们联合起来,反对战争。马克思引用7月22日的《马赛曲报》上的宣言:"这次战争是正义的吗?不!这次战争是民族的吗?不!这完全是王朝的战争。为了人道,为了民主,为了法国的真正利益,我们完全并坚决拥护国际反对战争的声明。"③这深刻体现出当时法国工人的反战立场。

马克思根据工人阶级的觉醒状况,强调"不管路易·波拿巴同普鲁士的战争进程如何,第二帝国的丧钟已经在巴黎敲响了。它以一场模仿丑剧开始,仍将以一场模仿丑剧告终"。④这场历史悲喜剧如同马克思在《法兰西阶级斗争》中的嘲讽一样,"正是欧洲各国政府和统治阶级使路易·波拿巴能够把复辟帝国的残酷笑剧表演了18年之久"⑤。

马克思接着从德国方面分析战争,认为这场战争的外表看起来是被动的防御,但实质是俾斯麦与波拿巴作为两国的统治阶级代表,暗中勾结,出

---

① 《马克思恩格斯文集》(第三卷),人民出版社,2009年,第128页。

② 《马克思恩格斯文集》(第三卷),人民出版社,2009年,第114页。

③④⑤ 《马克思恩格斯文集》(第三卷),人民出版社,2009年,第115页。

于镇压本国人民的需要而发动的。这无关乎萨尔瓦多战役的胜败。通过战争,普鲁士从法国学到了真专制、假民主的现代面具,而同时又保留了自己旧制度固有的"一切妙处"①。对此,马克思认为,德国工人阶级要发挥历史主动性,不能听任战争演变为反对法国(其实是反对法国人民)的战争,因为战争的后果会加倍反噬到德国人民的头上。马克思对德国人民的国际主义原则保有信心。他引用代表5万萨克森工人的代表大会一致通过的决议——"永远也不会忘记世界各国的工人都是我们的朋友,而世界各国的专制君主都是我们的敌人"②——对此作出论证。虽然有俄国政府也将参与进来的不祥之兆,但马克思指出,德国一旦请求或接受俄国的援助,就会失去所有得到的同情,因为德国曾被俄国统治数十年之久。同时,马克思还提到英国工人阶级的声援,并在法国、德国、英国工人阶级的联合中看到新社会的曙光。他感慨道:

> 单是这一史无前例的伟大事实,就向人们展示出更加光明的未来。这个事实表明,同那个经济贫困和政治昏聩的旧社会相对立,正在诞生一个新社会,而这个新社会的国际原则将是和平,因为每一个民族都将有同一个统治者——劳动!
>
> 这个新社会的开路先锋就是国际工人协会。

(二)国际工人协会总委员会关于普法战争的第二篇宣言

马克思首先强调第一篇宣言中的那句悲喜剧话语(见上页),并以此作为看待波拿巴政权的"过去性"的基调。马克思进而指出,他对第二帝国生

---

① 《马克思恩格斯文集》(第三卷),人民出版社,2009年,第116页。
② 《马克思恩格斯文集》(第三卷),人民出版社,2009年,第117页。

命力的看法完全正确,对德国战争性质由防御转为反对法国人民的担心也被验证。

马克思针对普鲁士国王威廉在"普法战争"前的声明——"他是同法国皇帝作战,不是同法国人民作战"——进行了评述,指出这一声明的虚伪性质。同时,马克思指出,为了配合威廉的举动,德国自由资产阶级宣称占有阿尔萨斯和洛林是为了防止法国的侵略,但实际上,"把军事上的考虑当成决定国界的原则"是荒谬的时代错乱。因此,马克思讽刺道:"有权势者的走卒总是用虚伪的自我吹嘘毒化社会舆论。"①

在此基础上,马克思基于国际关系的分析,指出普鲁士的侵略战争并不会使德国获得自由与和平,而只会给俄国可乘之机。"在这个旧制度范围内,一国之所得即是他国之所失"②,因此侵略法国的战争只会让德国陷入被俄国侵略的境地。

马克思随即对普法战争的性质与德国工人阶级的态度进行了澄清,德国工人阶级反对任何形式的侵略战争,因而当法国侵略德国时,工人坚决支持德国的反抗。但是当战争转变为德国对法国的侵略时,德国工人阶级要求承认法兰西共和国:

　　德国工人阶级坚决支持了它所无力阻止的这场战争,把这看做是争取德国独立、争取法国和全欧洲从第二帝国这个可恶的梦魇的羁绊下解放出来的战争。正是德国的产业工人和农业劳动者一起,撇下了半饥半饱的家庭而组成了英勇的军队的骨干。他们在国外战场上有许多人战死,而回国后还要有许多人穷死饿死(1870年德文版中增加下列

① 《马克思恩格斯文集》(第三卷),人民出版社,2009年,第124页。

② 《马克思恩格斯文集》(第三卷),人民出版社,2009年,第125页。

字句:"而爱国主义的空谈家会安慰他们说,资本无祖国,而工资是由非爱国主义的国际性的供求规律来调节的。因此,难道工人阶级现在不应该表示自己的态度,不再让资产阶级老爷们用他们工人阶级的名义来讲话?")所以他们现在也要求得到"保证"——保证使他们付出的无数牺牲不致白费,使他们获得自由,使他们对波拿巴军队的胜利不会像1815年那样变成德国人民的失败。而他们所要求的第一个这样的保证,就是使法国以光荣的和平并承认法兰西共和国。

马克思还援引了德国社会民主工党中央委员会在9月5日发表的一个宣言,其中,委员会坚决要求实现这些保证:

> 我们抗议兼并阿尔萨斯和洛林。我们了解我们是代表德国工人阶级说话的。为了法国和德国的共同利益,为了和平和自由的利益,为了西方文明战胜东方野蛮的利益,德国工人决不能容忍兼并阿尔萨斯和洛林……我们将忠实地同我们的全世界工人同志们站在一起,为无产阶级共同的国际事业而奋斗!

不过,马克思对现实的观察是冷静的。法国工人在和平时尚不能阻止法国发动战争,而德国工人如何阻止得了德国军事胜利中的狂热者呢?与工人阶级审判波拿巴的诉求不同,德国的统治者总是为同是统治者的波拿巴庇护。

同时,马克思还指出,尽管法兰西共和国的建立值得欢呼,但它实际上缺乏社会根基,只是钻了机会的空子,而且临时政府是由奥尔良党、资产阶级共和党组成的,他们对工人阶级是惧怕的。因而,法国工人阶级目前的处境仍然十分困难,"在目前的危机中,当敌人几乎已经在敲巴黎城门的时候,一切推翻新政府的企图都将是绝望的蠢举"。①对此,马克思倡导法国工人们暂时避免直接冲突,而是利用共和国的议会政治等方式加强阶级组织,积蓄力量以待时机。当然,当革命爆发,巴黎公社成立后,马克思并不固守原来的判断而是感到无比的欣喜——对于任何推动历史发展的革命,马克思总是以现实为考虑基点。

最后,马克思发出庄严宣告:

> 每一个国家的国际工人协会支部都应当号召工人阶级行动起来。如果工人们忘记自己的职责,如果他们采取消极态度,那么现在这场可怕的战争就只不过是将来的更可怕的国际战争的序幕,并且会在每一国家内使刀剑、土地和资本的主人又一次获得对工人的胜利。共和国万岁!

三、正文部分

《法兰西内战》的正文分四章。副标题指明,这篇文章还是以"国际工人协会总委员会宣言"致协会欧洲和美国全体会员的名义所发出的宣告。

(一)揭露"国防政府"的丑恶嘴脸

马克思用很大的篇幅揭露了国防政府及其成员梯也尔、特罗胥等人的可耻历史、叛国行为和残酷镇压巴黎人民的罪恶行径。马克思根据已经被公布出来的巴黎总督关于投降的话语指出:"可见,还在共和国宣告成立的

---

① 《马克思恩格斯文集》(第三卷),人民出版社,2009年,第127页。

当天晚上,特罗胥的同僚已经知道他的'计划'就是使巴黎投降。"①紧接着,马克思指出,国防政府的官员在私人信件中早就公开承认他们"防御"的不是普鲁士的士兵,而是巴黎的工人,"国防政府在民族义务和阶级利益之间的这一冲突中,没有片刻的犹豫便把自己变成了卖国政府"②。除此之外,马克思还从个人品质方面揭露了国防政府一些主要成员的丑恶嘴脸。

随后,马克思将批判重点转向首相梯也尔,指出"他的政治生涯的记录就是一部法国灾难史"③,他不仅自私、虚伪、贪财,而且毫无骨气,善于政治投机,但是"为了批准俾斯麦强加给法国的和约,法国最坏的人便是最佳人选"④。

(二)叙述3月18日事件的经过

本章包括梯也尔政府夜袭蒙马特尔高地,工人革命掌握巴黎以及3月22日旺多姆广场上的小插曲。马克思在这一部分指出了中央委员会的一个致命错误,即"当梯也尔通过偷袭蒙马特尔已经发动了内战的时候,中央委员会却不肯把这场内战打下去,因而犯了一个致命的错误,即没有立刻向当时毫无防御能力的凡尔赛进军,一举粉碎梯也尔和他的那帮乡绅议员们的阴谋"⑤,这是非常令人心痛的,因为当时梯也尔政府已经在屠杀公社成员了,而这种行为没有得到应有的惩罚和反抗更是助长了他们的气焰。"当梯也尔和他的那些十二月将军们发现公社的报复法令只不过是空洞的威胁,连在巴黎抓到的假扮国民自卫军的宪兵密探和身上搜出燃烧弹的警察都得到了

---

① 《马克思恩格斯文集》(第三卷),人民出版社,2009年,第132页。
② 《马克思恩格斯文集》(第三卷),人民出版社,2009年,第132页。
③ 《马克思恩格斯文集》(第三卷),人民出版社,2009年,第135页。
④ 《马克思恩格斯文集》(第三卷),人民出版社,2009年,第139页。
⑤ 《马克思恩格斯文集》(第三卷),人民出版社,2009年,第147页。

饶恕,他们立刻就又开始大批枪杀俘虏,直到杀完为止。"①

马克思指出,梯也尔完全知道,只有接受和约条款才能将精力用于反对共和国及其堡垒的战争。当梯也尔等人在外国侵略者的监视和卵翼下把对外战争变成一场国内战争——一场奴隶主叛乱时,武装的巴黎便成为实现反革命阴谋的唯一严重障碍。因而,梯也尔着手解除巴黎武装,夺取大炮。同时,由于1870年9月4日的巴黎工人革命是波尔多国民议会政府的唯一合法根据,因而解除工人武装也就是否认了国民议会及其代表的共和国。因此,巴黎工人面临着要么是顺从羞辱性的命令放下武器,要么必须挺身而出,以自我牺牲的精神保卫法国。

在这种背景下,梯也尔发动内战,1871年3月18日工人发动革命起义,掌控了巴黎。杀死了勒孔特、托马两位将军,发生旺多姆广场事件。但革命军没有抓住向凡尔赛进军、彻底粉碎梯也尔集团的机会,而是在3月26日的公社选举中与秩序党较量,这体现出法国工人政治上的不成熟,为最终失败埋下了伏笔。

4月初,梯也尔第二次对巴黎开战,国民自卫队失利,杜瓦尔将军被枪决,俘虏被残杀。

(三)总结巴黎公社的经验

这部分是全著重点。

1. 第1~4段,简明概括巴黎公社的特征

马克思对1871年3月18日巴黎公社的成立感到十分欣喜。马克思引用公社宣言——无产者已经懂得,夺取政权以掌握自己的命运——来讥讽资产阶级思想家们对巴黎公社的不理解。同时,马克思强调,工人夺取政治权

---

① 《马克思恩格斯文集》(第三卷),人民出版社,2009年,第149页。

力并不等同于简单的权力更迭,因为,"工人阶级不能简单地掌握现成的国家机器,并运用它来达到自己的目的"。①

2.第5~6段,对中世纪以来的,包括法国革命各个时期的国家形式进行分析,指出它们共同的压迫性质

第5段原文摘录:

> 中央集权的国家政权连同其遍布各地的机关,即常备军、警察、官僚机构、教会于法院——这些机关是按照系统的和等级的分工原则建立的——起源于专制君主制时代,当时它充当了新兴资产阶级社会反对封建制度的有力武器。……中世纪的垃圾还阻碍它的发展。18世纪法国革命……从社会基地上清除了那些妨碍建立现代国家大厦这个上层建筑的最后障碍。第一帝国……政治性质也随着社会的经济变化而同时改变。现代工业的进步促使资本和劳动之间的阶级对立更为发展、扩大和深化。国家政权……变成了阶级专制的机器。……资产阶级共和党人在建树了他们唯一的六月勋业以后,不得不从"秩序党"的前列退居后列,"秩序党"——它是一个由占有者阶级的所有相互倾轧的党派构成的联盟……路易·波拿巴任总统的议会制共和国。……秩序党共和国的自然产物就是第二帝国。

这段文字概述了国家政权从专制君主制时代到现代社会的演变历程。起初,中央集权的国家政权及其机构作为新兴资产阶级反对封建制度的工具而兴起,但受到中世纪残余的阻碍。法国革命清除了这些障碍,为现代国家大厦的建立奠定了基础。随后,政府被置于议会的控制之下,成为有产阶

---

① 《马克思恩格斯文集》(第三卷),人民出版社,2009年,第151页。

级的工具,并逐渐演变为各党派和冒险家争夺的对象。

中央集权的国家政权及其军事官僚机构起源于君主专制时代,这是西欧近现代民族国家形成过程中出现的特殊历史现象,特别是法国,从中世纪封建制度到君主专制,再到中央集权的民族国家,这个过程中是经过几次革命逐渐完善起来的——对于中国等其他文明,则不尽相同。首先,在中世纪封建割据时期,各封建领主事实上是相对独立的政治实体,而国王既没有军队也没有官僚机构,王权徒有虚名。到中世纪后期,资产阶级兴起,商业活动的发展需要破除封建割据,建立具有普遍性的市场,因而对封建自给自足的经济模式产生瓦解作用,动摇封建割据的社会基础。资产阶级与王权形成了政治同盟,从而使得中央集权逐渐加强,最终形成与国内市场相一致的君主专制的政治国家。中央建立自己的常备军,设立司法机构,以及从中央到地方的各级官僚机构。

但在新的社会中,帝国的政治立场随着经济活动的进一步发展而逐渐发生改变,劳资矛盾开始显现,替代了之前的封建-反封建的矛盾,国家机器变成了资本支配劳动的工具。这一时期,1830年七月革命使政权从土地贵族转移到以路易-菲力浦为代表的金融资本家手中,与此同时,两次里昂工人起义更为深刻地暴露出劳资矛盾,1848年二月革命无产阶级开始独立走上历史舞台,但那时的巴黎无产阶级对"社会共和国"没有清晰的科学认知。因此,无论是资产阶级君主制还是资产阶级共和国,都是资产阶级借人民名义进行的统治。意识到自身受到期盼的巴黎无产阶级发动六月起义,并由于孤军奋战,最后陷入失败。资产阶级为了巩固统治,进一步扩大权力范围强化国家机器,其结果是,波拿巴借机实现个人独裁专制,最后构建起第二帝国的国家政治形态。国家政权完全成为资本压迫劳动的工具,资产阶级压迫工人阶级的机器。

第6段原文摘录：

> 这个以政变……普选……宝剑为权杖的第二帝国，声称它倚靠农民阶级，即依靠没有直接卷入劳资斗争的广大生产者群众。……事实上，帝国是在资产阶级已经丧失统治国家的能力而工人阶级又尚未获得这种能力时唯一可能的统治形式。全世界都欢迎这个帝国……资产阶级社会免除了各种政治牵挂，得到了甚至它自己也梦想不到的高度发展。工商业扩展到极大的规模；金融诈骗风行全世界；民众的贫困同无耻的骄奢淫逸形成鲜明对比。表面上高高凌驾于社会之上的国家政权，实际上正是这个社会最丑恶的东西，正是这个社会一切腐败事物的温床。……帝国制度是国家政权的最低贱的形式，同时也是最后的形式。它是新兴资产阶级社会当做自己争取摆脱封建制度的解放手段而开始缔造的；而成熟了的资产阶级社会最后却把它变成了资本奴役劳动的工具。

马克思在此揭示出第二帝国的本质，剖析其影响，指出其是为资产阶级服务的上层建筑。第二帝国深刻地反映出法国资产阶级的软弱——他们将全部精力投入经济活动当中，因而丧失了曾经在反封建革命中的政治能力，与此同时，无产阶级进行的斗争也威胁着资产阶级的政治统治，因而资产阶级已经不能直接掌握政治权力了，它必须寻找一个代表来帮助自身进行统治；而另一方面无产阶级也不够成熟，未能有效团结起小资产阶级和农民，这些现实条件最终导致波拿巴利用农民的愚昧而渔翁得利，建立个人专制独裁的帝国。这段历史表明，新兴资产阶级在争取摆脱封建制度的过程中，曾经将国家政权作为解放手段，但随着资产阶级的成熟，这个政权却变成了资本奴役劳动的工具。这反映了国家政权在资本主义社会中的本质和作用,也揭示了资本主义社会的内在矛盾和腐朽性。

从这段长文可以看出,马克思对资产阶级国家政权的憎恶——它本来应该服从于社会的需要,而在现实中却凌驾于社会之上,官僚机构的权力带来各种腐败,还摆出高高在上的姿态,这一态度与马克思青年时期是一致的。

3.第7~12段,叙述巴黎工人对国家机器的改造工作

马克思通过回顾巴黎工人对国家机器的改造工作及其政治组织形式,指出无产阶级不是、也不可能简单夺取政权。因为政权是阶级压迫的工具,而无产阶级是要消灭阶级的,所以无产阶级不能延续其原有形式,如设立常备军、警察、官僚与教会、法庭等,而是需要组织起新的政治形式。接着,马克思对巴黎公社在打碎资产阶级国家机器后,重新建立政治组织形式的措施进行了比较具体的论述,它们包括:

(1)废除常备军(包括警察),用人民武装来代替。

(2)实施普选制,代表对选民负责,并可以随时撤换。

(3)废除一切官僚特权,限制公职人员工资。

(4)着手摧毁精神压迫工具,宣布教会与国家分离,剥夺教会财产。

(5)一切学校对人民免费开放,教育和科学摆脱阶级成见和政府权力的桎梏,不受干涉。

(6)法官也由选举产生,对选民负责,可以随时撤换。

读到这里,读者可能会同时产生两个问题:一是常备军与警察废除后,如何镇压资产阶级反抗与外敌干涉?对此的回答需要考虑到马克思对国家政权的定义以及无产阶级专政的内涵。事实上,后者在镇压阶级敌人上并不弱于以往国家的力量,因为无产阶级占社会中的绝大多数,这完全不同于传统的阶级社会。代表人民的多数当然不需要那些少数享有特权的官僚、军队而可以直接进行这些工作。国家政权的职能行使越是全民化,就越不

需要国家政权。二是无产阶级为何不能用旧的国家机构呢？这是因为后者的性质与特点必然会使其发生异化，从人民公仆蜕变为人民主人，跃居社会之上。因此，巴黎公社废除国家机器的常备军、警察与官僚是一项伟大的创举。

同时，为了防范社会公仆异化为社会主人，公社还采取了两个具体措施，一是把行政、司法与教育交给可以随时撤换的普选代表；二是限制工资与废除特权。这样，就有效防止政治权力向经济权力的异化，恩格斯对此也表示高度赞赏："这样，即使公社没有另外给代表机构的代表签发限权委托书，也能可靠地防止人们去追求升官发财了。"①

在此基础上，马克思对巴黎公社的组织形式与基本精神作了补充说明。巴黎公社旨在成为法国工业中心的政治模范，通过在城市建立自治政府取代集权政府，并设想将这一模式推广到所有村落。公社计划用国民军替代常备军，实现军事力量的民主化。政治体系中，代表由选民直接选举产生，可随时罢免，确保民主监督。公社强调真正的民族统一应通过其体制实现，消除凌驾于民族之上的国家政权。同时，公社主张废除旧政权的压迫性机关，保留合理职能并由民选公职人员执行。普选权在公社中用于直接参与管理，反对等级授职制，坚持民主自治原则。

第12段原文摘录：

> 在公社没有来得及进一步加以发挥的全国组织纲要上说得十分清楚……普选权不是为了每三年或六年决定一次由统治阶级中什么人在议会里当人民的假代表，而是为了服务于组织在公社里的人民……如果用等级授职制去代替普选制，那是最违背公社精神不过的。

---

① 《马克思恩格斯文集》(第三卷)，人民出版社，2009年，第111页。

马克思借助这种方式,进一步阐述无产阶级专政国家的结构和组织原则。公社成为村落的政治形式,每一地区的农村公社通过设立在中心城镇的代表会议来处理共同事务,而每一代表又由普选制选举产生,可以随时撤换。同时,马克思强调,公社并不是要破坏民族统一,相反是要在体制上、组织上对民族统一加以保证,从而避免以民族统一之名建立凌驾于民族之上的国家政权的危险。马克思在这里将无产阶级国家的政治组织形式与企业内部进行对比,也体现出无产阶级国家的主要职能——组织、管理生产。

4.第13~17段,阐发公社的阶级属性与历史使命

第13段原文摘录:

> 一般说来,全新的历史创举都要遭到被误解的命运……被误认为是那些(已经死亡的)社会生活形式的翻版。……中世纪公社的再现……公社与国家政权的对抗被误认为是反对过分集权这一古老斗争的被夸张了的形式。……公社体制会把靠生活供养而又阻碍社会自由发展的国家这个寄生赘瘤迄今所夺去的一切力量,归还给社会机体。……公社的存在本身自然而然会带来地方自治,但这种地方自治已经不是用来牵制……

马克思首先阐述了对巴黎公社的几种错误认识:4个"误认为"和2个"以为"。误认为公社是已经死亡的社会形式的翻版,误认为公社是中世纪公社的复活,误认为公社要用小邦联盟代替民族统一,误认为公社与国家政权的对抗是反对过分集权的夸张形式;以为公社要恢复城市对乡村的统治,以为公社是在仿效普鲁士城市制度。在此基础上,马克思通过比较巴黎公社的实际措施与错误认识,澄清了巴黎公社的革命性与先进性。

公社实现了所有资产阶级革命都提出的廉价政府这一口号……但是,无论是廉价政府或"真正共和国",都不是它的终极目标,而只是它的伴生物。

公社由于废除了常备军和国家官吏,因而节约了两项最大的开支,实现了廉价政府。同时,公社对阶级统治的反抗以及实施的普选制又为否定君主制,建立真正的共和国奠定了基础。但马克思强调,这些措施归根结底都只具有过渡的性质,廉价政府或真正的共和国都不是它的终极目的。紧接着,马克思指出了公社的实质及其历史使命。

第15~16段原文摘录:

……证明公社完全是一个具有广泛代表性的政治形式……它实质上是工人阶级的政府,是生产者阶级同占有者阶级斗争的产物,是终于发现的可以使劳动在经济上获得解放的政治形式。……如果没有最后这个条件,公社体制就没有存在的可能,就是欺人之谈。……劳动一解放,每个人都变成工人,于是生产劳动就不再是一种阶级属性了。

马克思的这两段文字深刻揭示了公社这一政治形式的本质、特征及其在历史进程中的重要地位。其一,公社的多样性和广泛代表性。马克思指出,人们对公社有多种多样的解释,这反映了公社作为一个政治概念的复杂性和多面性。不同的人根据自己的立场、利益和经验,对公社有着不同的理解和解读。同时,多种多样的人把公社看成自己利益的代表者,这表明公社具有广泛的代表性。它能够吸引和凝聚不同阶层、群体和个人的利益诉求,成为他们表达意愿和争取权益的平台。这种广泛代表性是公社区别于旧有政府形式的重要特征之一。其二,公社与旧有政府形式的对比。马克思强调,一切旧有的政府形式都具有非常突出的压迫性。这意味着在旧有的政府形式下,统治阶级通过强制手段维持其统治地位,对被统治阶级进行压迫和剥削。而公社则与之形成鲜明对比,它旨在实现人民的自治和民主,消除压迫和剥削。其三,公社的实质和秘密。马克思指出,公社的实质是工人阶级的政府。这意味着公社是工人阶级为了争取自身权益而建立起来的政治形式,它代表了工人阶级的利益和愿望。同时,公社是生产者阶级同占有者阶级斗争的产物。这揭示了公社产生的历史背景和社会基础,即它是生产者与占有者之间长期斗争的结果,是工人阶级在斗争中逐渐形成的政治组织和力量。最后,马克思强调公社是终于发现的可以使劳动在经济上获得解放的政治形式。这表明公社不仅具有政治上的意义,还承载着经济解放的愿景。在公社制度下,劳动者能够摆脱被剥削和压迫的地位,实现经济上的自由和独立。

马克思还特别对公社体制存在的前提条件进行了说明:劳动在经济上的解放。如果生产者仍然处于被剥削和压迫的社会地位,那么他们的政治统治就无法真正实现。因此,公社体制必须致力于改变生产者的社会地位,使他们从社会奴隶变成自由人。马克思由此强调了劳动解放对于公社体制存在的重要性,指出了生产者政治统治与社会地位之间的矛盾,提出了公社作为铲除阶级基础的杠杆的构想,并预见了劳动解放后阶级属性消除的美好愿景。

第17段原文摘录:

近60年来出现了大量的关于劳动解放的高谈阔论和巨著……(公社)是想要剥夺剥夺者。它是想要把现在主要用做奴役和剥削劳动的手段的生产资料,即土地和资本完全变成自由的和联合的劳动的工具,从而使个人所有制成为现实。但这是共产主义,"不可能的"共产主义啊!……

如果联合起来的合作社按照共同的计划调节全国生产,从而控制全国生产,结束无时不在的无政府状态和周期性的动荡这样一些资本主义生产难以逃脱的劫难,那么,请问诸位先生,这不是共产主义,"可能的"共产主义,又是什么呢?

尽管近60年来,关于劳动解放的话题和著作层出不穷,但当工人试图自主实现劳动解放时,那些为资本主义社会辩护的人就会立刻站出来,试图掩盖资本主义的缺陷和丑恶现实,仿佛它仍处于完美无瑕的状态。他们指责公社试图消灭文明的基础——所有制,但实际上,公社的目标是消灭那种导致多数人劳动成果被少数人占有的阶级所有制,剥夺剥夺者,使生产资料成为自由联合的劳动的工具,从而实现个人所有制。尽管有人称这是"不可能的"共产主义,但统治阶级中一些有见识的人已经意识到现存制度的不可持续性,并开始呼吁实行合作生产。如果合作生产不是骗局,而是真正取代资本主义制度,按照共同计划调节全国生产,结束资本主义生产中的无政府状态和周期性动荡,那么这就是"可能的"共产主义。

第18段原文摘录:

> ……乌托邦……经过一系列将把环境和人都加以改造的历史过程。……解放那些由旧的正在崩溃的资产阶级社会本身孕育着的新生社会因素。

总之,在马克思看来,公社是无产阶级政权的重要表现形式,无产阶级政权有利于劳动在经济上获得解放。同时,劳动解放本身也是公社得以存在的基础,因而公社必须利用政治权力来积极改变经济基础,消除阶级赖以存在的条件,剥夺剥夺者,使土地与资本归社会所有,用联合起来的按照共同计划的全国生产代替整个社会生产的无政府状态,消除经济危机,而这正是共产主义的基本内涵。不仅如此,马克思还进一步强调,这一社会改造过程必然是漫长的、历史性的,因而无产阶级取得政权并不是要以一纸法令强制推行社会改造,而是要经过长期斗争,逐渐地把经济、社会环境和人全部加以改造,从而最终实现共产主义,这就是无产阶级以及无产阶级国家的历史使命。

5.第19~24段,叙述巴黎公社与其他阶级间的关系

其一,公社与资产阶级的关系。公社获得政权后,工人阶级在空前艰难的条件下虚心、诚恳而卓有成效地工作,同时他们的工资却比资产阶级官员低得多,这鲜明对比表现出资产阶级社会的腐败低效,因而使资产阶级更加令人憎恶。

其二,公社与小资产阶级的关系。马克思指出,"这是使工人阶级作为唯一具有社会首创能力的阶级得到公开承认的第一次革命"[1],这次革命得到了巴黎"中等阶级的大多数,即店主、手工业者和商人"的承认,同时,马克思强调,中等阶级之所以承认这次革命不是因为其真正认识到巴黎公社的历史意义,而是因为他们被迫在帝国与公社之间进行抉择。因为帝国曾在各个方面侮辱了他们,所以中等阶级只能选择公社。也因此,马克思强调,他们中大多数人未必能够经受住严峻的考验。

其三,公社与农民的关系。公社的胜利是农民的唯一希望。战争带来的损失与压力全都以附加税的形式主要转嫁到农民身上,而公社宣布战争的费用由战争发动者偿付。此外,公社还免除农民血税、债务等,农民因此认识到公社对他们有利。基于这种现象,马克思深刻指出:"这种过去时代的偏见,怎么能够抵得住公社对农民切身利益和迫切需要的重视所具有的

---

[1] 《马克思恩格斯文集》(第三卷),人民出版社,2009年,第160页。

号召力呢?"①这又一次体现出历史唯物主义中的经济逻辑。

马克思进而得出结论,巴黎公社之所以能够成功,是因为它不仅代表了无产阶级,而且是"法国社会的一切健全成分的真正代表,也就是真正的国民政府"②。不仅如此,全世界的工人也将支持巴黎公社,"公社使全世界的工人都归属于法国"③。

6.第25~32段,概括巴黎公社实行的社会措施,阐发无产阶级政权的特点

马克思强调,巴黎公社是一次伟大的历史创举。在经济政策上,巴黎公社从当下的围城状态出发,采取明智而温和的财政措施,而不是像资产阶级那样大肆掠夺教会财产。在意识形态领域,巴黎公社以查禁秩序党报纸来回应凡尔赛方面的阴谋和收买活动。在宗教方面,巴黎公社揭穿教会的无耻勾当,批判凡尔赛政府鼓吹宗教迷信和愚民政策。在组织建设上,巴黎公社成员身体力行,克己奉公,并公布自己的言行以正试听。当然,马克思也指出了巴黎公社的一些局限:巴黎公社成员中存在着前革命的遗老或者革命的空喊家的"威望",他们对当前的运动没有深刻的了解,固执己见,并由于在人民之间存在一些影响而阻碍了工人阶级的真正运动。摆脱他们是需要时间的,可是历史没有给公社以足够的时间。但瑕不掩瑜,"公社简直是奇迹般地改变了巴黎的面貌!"④

7.第33~42段,批判凡尔赛旧政府——这是与巴黎公社相对立的旧世界,并驳斥梯也尔谎言

马克思指出,梯也尔领导的国民议会代表法国一切死亡事物,只能靠军刀维持生命的假象,甚至还以在相同地点举行议会的方式来可笑地模仿

①②③ 《马克思恩格斯文集》(第三卷),人民出版社,2009年,第162页。
④ 《马克思恩格斯文集》(第三卷),人民出版社,2009年,第165页。

1789年革命,企图以此争得民众的支持。最后,马克思得出结论:"巴黎全是真理;凡尔赛全是谎言。"①

总之,在第三章中,马克思将巴黎公社的经过大致归纳为五条:

第一条,"工人阶级不能简单地掌握现成的国家机器,并运用它来达到自己的目的"②,无产阶级必须打碎中央集权的国家政权。当然这并不是说不要中央政府,马克思强调"仍须留待中央政府履行的为数不多但很重要的职能,则不会像有人故意胡说的那样加以废除,而是由公社的因而是严格承担责任的勤务员来行使"③。

第二条,建立各基层的自治政府。"在外省,旧的集权政府就也得让位给生产者的自治政府"④,公社成为村落的政治形式,通过普选制选出代表,借助在中心城镇的代表会议来处理它们的共同事物,从而避免催生凌驾于社会之上的旧性质的国家政权。

第三条,建设廉价政府。公社实现了所有资产阶级革命都提出的"廉价政府"这一口号,因为它取消了两个最大的开支项目,即常备军和国家官吏,当然,廉价政府只是公社的副产品,公社没费多少力就完成了资产阶级所信誓旦旦要实现的宏大目标,"公社体制会把靠社会供养而又阻碍社会自由发展的国家这个寄生赘瘤迄今所夺去的一切力量,归还给社会机体。仅此一举就会把法国的复兴推动起来"⑤,由此公社不仅给共和国奠定了真正民主制度的基础,而且还将在此基础上最终建立起共产主义社会,国家也将随之自行消亡。

---

① 《马克思恩格斯文集》(第三卷),人民出版社,2009年,第166页。

② 《马克思恩格斯文集》(第三卷),人民出版社,2009年,第151页。

③ 《马克思恩格斯文集》(第三卷),人民出版社,2009年,第155页。

④ 《马克思恩格斯文集》(第三卷),人民出版社,2009年,第155页。

⑤ 《马克思恩格斯文集》(第三卷),人民出版社,2009年,第157页。

第四条,公社将实现劳动解放。公社的真正秘密就在于它实质上是工人阶级的政府,是生产者阶级同占有者阶级斗争的产物,是终于发现的可以使劳动在经济上获得解放的政治形式。这一点非常重要,生产者的政治统治不能与他们永久不变的社会奴隶地位并存,如果人在经济上一无所有,谈何保证自己的政治权利? 马克思因此非常严肃地指出,如果没有从经济上解放这个条件,"公社体制就没有存在的可能,就是欺人之谈"①。

第五条,公社使个人所有制成为现实。公社"想要把现在主要用做奴役和剥削劳动的手段的生产资料,即土地和资本完全变成自由的和联合的劳动的工具,从而使个人所有制成为现实。"②马克思直接指出,这就是共产主义,工人阶级不是要实现什么理想,而只是要解放那些由旧的正在崩溃的资产阶级社会本身孕育着的新社会因素,他们这样做了,并将自己写入了历史,而资产阶级永远不能理解这一点。

在总结出巴黎公社的上述实践经验之外,马克思还热情赞扬了巴黎公社改造社会的成就。在巴黎公社执政期间,"尸体认领处里不再有尸体了,夜间破门入盗事件不发生了,抢劫也几乎绝迹了"③,"真正的巴黎妇女又出现在最前列,她们像古典古代的妇女那样具有英勇、高尚和献身的精神。努力劳动、用心思索、战斗不息、流血牺牲的巴黎——它在培育着一个新社会的同时几乎把大门外的食人者忘得一干二净——正放射着它的历史首创精神的炽烈的光芒!"④

(四)论述巴黎公社的英勇斗争和梯也尔政府的罪恶行径

在这一部分,马克思分析了梯也尔政府在反攻前后的种种表现,指出梯

①② 《马克思恩格斯文集》(第三卷),人民出版社,2009年,第158页。
③④ 《马克思恩格斯文集》(第三卷),人民出版社,2009年,第165页。

也尔政府之所以能够发起反攻,是因为俾斯麦充当了梯也尔政府的打手,释放了部分被俘兵员,而"俾斯麦准予放回被俘兵员的人数,刚好既够打内战之用,又足以保持凡尔赛政府对普鲁士的屈从和依赖"①,这直接体现出梯也尔与俾斯麦之间的相互勾结,前者为了大资产阶级的利益显然背叛了人民。同时,作为一个政客,梯也尔非常善于表演,他一会儿承认共和国,一会儿又说只追究一小部分公社成员的责任,"那些乡绅议员百思不得其解,他们既没有领会这套把戏,又不懂得玩弄这套把戏非用伪善、狡辩、拖延这样一些手法不可"②。实际上,这种前后矛盾不过反映出当时梯也尔政府与巴黎公社的实力对比。当梯也尔获得普鲁士释放的俘虏,因而再一次积攒起一定的军事实力时,他立刻对国民议会说:我将毫不留情! 在反攻开始后,梯也尔政府血洗了巴黎,并且对受害者大肆诽谤,但这不过是证明了"现代资产者已把自己看做旧封建主的合法继承人。旧封建主认为自己用任何武器镇压平民都是正当的,而平民拥有武器,不论什么样的武器,都是犯罪"③。马克思同时也对俾斯麦进行了辛辣地讽刺:"历史上何曾有过战胜者不仅为战败政府充当宪兵,而且还充当受雇杀手以求胜利完美无缺这种怪事?"④而实际上,马克思非常清楚这种怪事发生的根本原因——俾斯麦与梯也尔拥有共同的敌人,即无产阶级,阶级间的矛盾显然超越了民族之间的矛盾。

　　除了揭露梯也尔政府的罪恶行径之外,马克思高度赞扬了巴黎公社成员的英勇斗争精神,"工人的巴黎及其公社将永远作为新社会的光辉先驱而为人所称颂。它的英烈们已永远铭记在工人阶级的伟大心坎里。那些扼杀它的刽子手们已经被历史永远钉在耻辱柱上,不论他们的教士们怎样祷告

① 《马克思恩格斯文集》(第三卷),人民出版社,2009年,第168页。

② 《马克思恩格斯文集》(第三卷),人民出版社,2009年,第171页。

③ 《马克思恩格斯文集》(第三卷),人民出版社,2009年,第178页。

④ 《马克思恩格斯文集》(第三卷),人民出版社,2009年,第179页。

也不能把他们解脱"①。

第四节　著作研究

对于《法兰西内战》这部马克思分析1871年巴黎公社形成、发展过程及其背后深层次社会政治动力的经典著作,学界给予高度重视,形成了丰富的、跨时代的研究成果,这也侧面表明了这部作品在马克思主义和革命研究领域所具有的持久的影响力。通过对这一著作进行阐发与解读,学者们不仅能够更好地理解历史运动,制订革命策略的原则方法,而且能够深入把握政治权力的运作方式以及无产阶级政权的性质,从而为社会主义国家建设提供思想借鉴。

一、国内外相关研究简述

《法兰西内战》发表迄今一百五十余年来,学界从多方面对其进行研究与探索,理论成果涵盖历史学、政治学、社会学等多个领域。

按照时间上看,马克思、恩格斯逝世后,列宁率先结合俄国的具体历史条件对《法兰西内战》中所总结的无产阶级革命、专政的经验教训进行思想的提炼与深化,为俄国十月革命和苏维埃政权提供了理论支持。他在《国家与革命》中深入阐发了国家消亡和普选制的思想,并对无产阶级专政理论进行了总结概括。在此基础上,列宁对马克思的国家理论作出两点补充:一是将无产阶级专政确认为无产阶级国家的根本特征,二是将国家消亡的时间

---

① 《马克思恩格斯文集》(第三卷),人民出版社,2009年,第181页。

延长。

与此同时,第二国际内部也对《法兰西内战》进行了研究与解读。伯恩施坦在《法兰西内战》中为其"运动就是一切"的主张寻求理论依据。他认为,《法兰西内战》中"工人阶级并没有期望公社做出奇迹……为了谋求自己的解放,并同时创造出现代社会在本身经济因素作用下不可遏止地向其趋归的那种更高形式,他们必须经过长期的斗争,必须经过一系列把环境和人都加以改造的历史过程"这段论述,表明马克思并不关心最终目的,相反,他只是要求工人不断地进行斗争,不断解放资产阶级社会中孕育的新社会因素。这样,伯恩施坦就取消了无产阶级专政和打碎资产阶级国家机器的任务,将阶级斗争局限在改良资产阶级国家的框架之内。当然,这种主张受到来自罗莎·卢森堡、倍倍尔、考茨基等其他第二国际重要代表人物的批判。此外,考茨基还撰写《无产阶级专政》一文对列宁以及其领导的俄国十月革命提出直接批评。在他看来,马克思在《法兰西内战》中所总结的最重要的经验就是民主与普选制。巴黎公社虽然失败了,但是它开创了令后世称颂和值得借鉴的民主政治模式。考茨基强调,无产阶级专政指的不是一种政治体制,而是一种状态模式,进而否认在过渡时期采取专政的必要性,并由此走向了马克思、恩格斯的反面。

苏联解体、东欧剧变后,以巴迪欧为代表的左翼思想家对《法兰西内战》中的无产阶级革命思想作了进一步的解读与阐释。当然,也有学者对马克思对巴黎公社的解读持有反对态度。例如,东尼·格鲁克斯泰因否认巴黎公社是无产阶级专政的尝试,他认为巴黎公社是一场远离和消除政治的运动,巴黎公社试图实现真正的工人自治,并没有建立政党。戴维·赫尔德则批评马克思所概括的巴黎公社的民主形式,强调巴黎公社所制定的民主选举模式仍然不能真正代表人民,马克思是以古典民主模式从外部来理解巴黎公社。①萨托利认为巴黎公社的民主是无政府主义的,没有任何强制实施手段和有效组织的民主,是一种"最原始、最简单、田园诗般的管理方式"。在此基础上,萨托利提出,马克思对巴黎公社民主的赞扬是空想的、缺乏根据的。阿维纳瑞则为马克思辩护道:"马克思在作为未来的一种模式的公社中看到的不是它所制定的现实的、具体的任务,而是这些任务的各种潜在性在未来的一种投射。只有这种投射才赋予公社以其历史意义。于是,马克思并不讨论实际存在的公社,而是讨论可能存在的公社,不是 in actu(现实的)公社,而是 in potentia(潜在的)公社。"②

当代学者在相关研究中,对社会主义政治制度进行了战略、战术不同层次的区分。例如巴罗认为,马克思在巴黎公社中看到了不同于1848年的一种"打破现代国家权力"的新政治形式,从而改变了之前对无产阶级夺取政治权力的看法;但这种战术策略层面的变化并不动摇其社会革命仍然是社会主义政治战略终局的基本原则,社会主义不仅仅是工人阶级通过夺取现有国家的控制权来征服政治权力,而更是一场可能漫长而深刻的社会革命。③莱波德从政治思想史角度,论述了马克思关于社会主义政治制度的观念来自于共和传统中的激进元素:他支持用人民代表制取代代议制政府;他倾向于立法至上并批判权力分立;他相信有必要通过将国家的行政和镇压机构置于人民控制之下来改造它们,社会主义需要自己特定的政治结构而非现有的"统治阶级的政府机器"——这可能是马克思在讨论巴黎公社时发展出的最重要的见解。④还有一些学者受后现代主义的影响选取债务、语言

---

① [英]戴维·赫尔德:《民主的模式》,燕继荣等译,中央编译出版社,1998年,第175页。

② [以]阿维纳瑞:《马克思的社会与政治思想》,张东辉译,知识产权出版社,2016年,第271页。

③ Clyde W. Barrow, Marxist Political Theory, Diversity of Tactics, and the Doctrine of the Long Civil War, *New Political Science*, 2019(4).

④ Bruno Leipold, Marx's Social Republic: Radical Republicanism and the Political Institutions of Socialism, in *Radical Republicanism*, ed. by Bruno Leipold et.al., Oxford University Press, 2020, p.193.

等问题进行解读。例如,博斯特将《法兰西内战》解读为一种以债务为核心统一修辞手法的革命性修辞,马克思以之为一种说服手段将不同的政治群体团结起来支持起义的巴黎公社;而且债务、历史和社群这三个核心概念也有助于当下发扬光大马克思历史叙述的生命力所在,因为马克思强调了法国政府针对法国穷人和被剥夺公民权者的惩罚性债务政策,导致了人民公社的暴力及其一系列后果。①

国内学界始终对《法兰西内战》抱有高度的研究热情。《法兰西内战》的首个中文译本由吴黎平、刘云(张闻天)翻译,于1938年在延安解放社出版。中华人民共和国成立后,党中央多次把它列为党员干部的必读经典,也曾多次集中组织学习《法兰西内战》与巴黎公社经验。

改革开放后,学界在回到文本,重新阐发、澄清《法兰西内战》科学内涵的基础上,结合中国特色社会主义建设实际,集中对《法兰西内战》中的国家治理、反腐倡廉等思想进行挖掘与阐释。董世明将《法兰西内战》中的廉政思想总结为分析腐败根源、打碎旧的国家机器、防止国家和机关工作人员由公仆变为主人、建立廉价政府、实行民主选举和罢免、加强监督工作、实行政务公开等7条经验。②陈明凡还将《法兰西内战》视作反腐倡廉建设的理论基石,并特别对其中"防止国家由社会公仆变为社会主人"的论断进行了深入分析。③还有学者对《法兰西内战》中的国家治理思想及其启示意义作了概括总结。杜玉华认为,巴黎公社的经验为新时代中国特色社会主义坚持以人民为中心的发展思想,坚持和完善中国特色社会主义制度,坚持党的统一

① Matthew Wesley Bost, *The Riddle of the Commune: Subjectivity and Style in Karl Marx's The Civil War in France*, The University of Minnesota, 2013.

② 董世明:《从〈法兰西内战〉看马克思的廉政思想》,《马克思主义与现实》,2008年第5期。

③ 陈明凡:《反腐倡廉建设的理论基石——重读〈法兰西内战〉》,《高校理论战线》,2012年第8期。

领导提供了思想启示。①吴照玉则提出,当代国家治理问题集中在国家、社会与公民三者的关系上,如何处理好三者之间的关系是现代社会治理的重要内容。正是在这个层面上,《法兰西内战》对国家与市民社会关系的阐发,对人民主权的强调为当代中国国家治理提供了十分重要的思想资源。②

  总体上看,国内外学界对《法兰西内战》的研究共同指向现实的政治问题,即无产阶级革命与专政问题,而这一问题源于列宁与考茨基的论战,因此,以列宁与考茨基之间围绕《法兰西内战》所展开的论战为线索,进一步系统梳理相关研究,有利于更为深入地把握《法兰西内战》的理论内涵与实践价值。

二、一个围绕《法兰西内战》的学术争议:列宁与考茨基之辩

  如前所述,列宁与考茨基是早期《法兰西内战》研究者的代表人物,也是最具影响力的人物,二者围绕《法兰西内战》中的无产阶级专政思想展开激烈且深入的论战。列宁认为,马克思在《法兰西内战》中揭示了资产阶级统治的剥削性质,资产阶级民主的虚伪性,要求以无产阶级专政代替资产阶级统治,无产阶级专政第一次使广大劳动人民成为主人,在扩大无产阶级民主的同时,对资产阶级实行专政。列宁还将上述认识落实到实践当中,建立了苏维埃政权,并在此过程中丰富和发展了马克思的无产阶级专政学说。这表现在:一是将无产阶级专政确认为无产阶级国家的性质,二是进一步强调了无产阶级国家的必要性,推迟了国家消亡的时间。

---

  ① 杜玉华:《从〈法兰西内战〉看马克思的国家治理思想及其当代价值》,《马克思主义研究》,2020年第5期。

  ② 吴照玉:《国家治理现代化的马克思主义理论渊源——对〈法兰西内战〉的政治哲学解读》,《教学与研究》,2020年第4期。

考茨基对列宁及其社会主义实践持反对态度,并于1918年写作《无产阶级专政》对列宁和苏维埃政权展开攻击,其主要依据同样为《法兰西内战》。考茨基认为,无产阶级专政既不是政治体制,也不能作为无产阶级国家的性质,它只能被视作一种暂时的状态或模式。考茨基的认识具有明显的错误,他否认在社会主义建设过程中实施专政的必要性,甚至认为在资本主义向社会主义的过渡阶段也不应实行专政,这显然违背了马克思的本意,也无益于推动社会革命的前进。

东欧剧变后,西方左翼思想家以《法兰西内战》为依据,对苏联模式展开反思。例如,巴迪欧认为,苏联的"党-国"模式并不符合无产阶级专政的要求,只有巴黎公社才是无产阶级掌握政权的典范,虽然其在行政效率、决策能力上落后于"党-国"模式,但是其未来却直接指向了共产主义。

穆罕默德·塔巴克同样认为苏联模式是无产阶级专政的一次失败尝试,并通过概括无产阶级专政的基本特征在巴黎公社与苏联政权之间进行区分。[①]他认为,无产阶级专政与国家是不相容的,是反对官僚制度并且是真正民主的,无产阶级专政的主要职能是监督经济发展。在巴黎公社的无产阶级专政实践中,经济与政治权力领域没有结构上的分隔。塔巴克强调,巴黎公社的经验是反思苏联模式缺陷,探索无产阶级专政科学模式的有益参照。"苏联创造的,以其官僚主义国家和由这个国家造成的工人的政治被动性为特征的无产阶级专政失败的经验,使我们不得不重新考虑作为一个切实可行的替代方案的巴黎公社的优点。"

需要指出的是,有西方学者认为,在马克思语境下的"专政"只是对付资产阶级反革命的强制措施。哈丁提出,是恩格斯最早在导言中称公社是无

---

① ［美］穆罕默德·塔巴克:《马克思的无产阶级专政理论再认识》,李惠斌译,美国《科学与社会》,2000年第3期。

产阶级专政,而马克思从未称公社是"无产阶级专政",有关公社的描述也没有过渡的东西。但这种观点是存疑的。无产阶级专政的内涵丰富,不仅包括强制,而且包括制定标准、规则,从而有目的地把社会改造成为共产主义的长期计划。前者是批判性的,后者则具有鲜明的建构性与建设性。革命时代需要侧重前者,而和平时代则要侧重后者。

此外,专政与民主之间的关系也是学者研究《法兰西内战》的重点问题。从文本上看,马克思在1848年对集中的理解包含着民主的内涵,在他看来,集中全部生产资料的"巨大的全国联合体"等同于"联合起来的个人"。[①]马克思所有著作的主题都可以归纳为劳动解放与人类解放,马克思认为这需要经济上的集中与政治上的民主。资产阶级虽然实现了经济上的集中,但同时制造出政治的专制,这使得劳动在脑力、体力两个方面对人的生存和人的自由造成损害,并形成死劳动对活劳动的支配,限制了人的自由全面发展。

俄国十月革命实现了对资产阶级政治的否定与超越,但根据巴迪欧的看法,苏维埃政权仍然面临着"经济上的集中如何与政治上的民主协调起来"的问题。对民主与专政之间的关系,考茨基也曾作出过相关论述。他认为,一个在群众中扎根很深的政权,没有丝毫理由去损害民主。之所以使用暴力不是为了放弃民主,而是为了保卫民主。民主政权最可靠的基础是普选制。作为民主的专政,只有在这样的非常情况下才值得考虑:如果各种有利条件的特殊巧合允许一个无产阶级政党取得政权,尽管大多数居民不赞成或者坚决反对这个政党。但考茨基同时强调,这本身表明社会的落后状况。因为这只是政治革命,还不是社会革命。落后的国家在这一过程中应该积极推动新的生产方式的建立,从而使整个社会结构发生深刻变化,实现

---

① 《马克思恩格斯文集》(第二卷),人民出版社,2009年,第53页。

社会革命。为了达到这一目的,无产阶级政权要尽量避免内外战争,尽量维护和平与普遍的交往,尤其是与发达国家之间保持良好的国际关系,从而利用其先进的生产力与管理经验快速改变落后的状态。

接下来,考茨基还对继续执政道路政策作了阐发。他不仅要求保护所谓"少数派"的政治权利,而且宣称将局限在政治领域谈论民主与专政的关系问题。当然这些说法脱离了现实的政治局势,因而显得过于抽象,表现出书呆子气质。

事实上,正如马克思所说:"公社的真正秘密就在于:它实质上是工人阶级的政府,是生产者阶级同占有者阶级斗争的产物,是终于发现的可以使劳动在经济上获得解放的政治形式。"①这说明,马克思始终从经济基础出发来考察政治形式。这个经济基础是指劳动获得解放,即在生产活动中,劳动者是在解放的状况下自觉参与劳动,而非在受剥削的状况下被迫参与社会分工与劳动。假如没有这个前提条件,那么"公社体制就没有存在的可能,就是欺人之谈"。②换言之,光有政治上的公社式民主形式,而没有经济活动中的实质内容,那这个形式就是虚假的,因为政治形式是为劳动解放服务的,这一点是无产阶级专政与资产阶级统治的根本区别。用马克思的话来说,就是:"生产者的政治统治不能与他们永久不变的社会奴隶地位并存。"③无产阶级专政的政治形式最终需要把现在主要用做奴役和剥削劳动的生产资料,即土地和资本完全变成自由的和联合的劳动的工具,从而使个人所有制成为现实。社会层次是比政治层次更深刻的层次,因此在社会层次上来看,问题更加明确,那就是,生产资料占有形式必须保证"自由的和联合的劳动"④——这是劳动解放的经济条件。它决定着上层建筑中的国家政权

---

① 《马克思恩格斯文集》(第三卷),人民出版社,2009年,第158页。

②③ 《马克思恩格斯文集》(第三卷),人民出版社,2009年,第158页。

④ 《马克思恩格斯文集》(第三卷),人民出版社,2009年,第158页。

形式。

马克思在作出上述论述时,目光显然投向的是欧洲发达国家,这是其没有言明的前提。只有在欧洲发达国家,社会生产力的发展才能创造出马克思所说的那种劳动解放的可能性,否则,社会中的主要问题将始终是社会生产力发展,在这种背景下,如何跨越"卡夫丁峡谷",完全是一个时代错乱的问题。这也为我们新时代中国特色社会主义建设提供了思想启示:我们必须脚踏实地,实事求是,在社会主义初级阶段的基本前提下快速而充分地发展社会生产力,并在这个前提条件下相应地进行社会主义的民主政治实践,所谓相适应,就是在现有经济层次的基本逻辑的规定下,通过改革与完善社会主义制度来进一步推动社会生产力的发展,维护公平正义,以通往"自由的和联合的劳动"这个根本目标。

列宁完全赞同将高度发达的社会生产力作为国家消亡的前提条件,正是沿着这个逻辑,列宁更现实地看到俄国经济条件的局限性,因而只能在一个较长的时间内保留无产阶级国家。所以,他的结论是"要使国家完全消亡,必须有完全的共产主义"[①]。也是基于这种逻辑,列宁"无产阶级的革命专政"(作为过渡阶段的革命措施)延伸到整个社会主义初级阶段。客观地讲,这与马克思关于无阶级社会的政治构想之间是存在差异的。不过,列宁对经济状况的把握是客观、冷静的,因而他实施"新经济政策"以适应社会经济结构的变化。但经济社会的改造显然是一个历史性的过程,因而"新经济政策"并不能立刻消除经济社会与政治之间的张力。考茨基抓住了这一点,并攻击道:"这个专政并不同时就是废除民主,而是以普选制为基础的最广泛地应用民主。这个政府的权力应该服从普选制。""社会主义的劳动组织

---

① 《列宁专题文集·论社会主义》,人民出版社,2009年,第35页。

不应该是一种兵营组织。"①

最后,怎样理解马克思提出的"打碎国家机器"的任务也是学界讨论《内战》的关键议题。

有学者认为,马克思"打碎国家机器"的构想是以托克维尔在《论美国的民主》中描述的美国乡村的直接选举为原型的。后者提出:"在美国乡镇,人们试图以巧妙的方法打碎(如果我们可以这样说的话)权力,以使最大多数人参与公共事务。"②同时,马克思也了解到美国民主并没有根除腐败,因此建议实行进一步民主:用随时可以撤换来替代四年一选,这是马克思对民主措施的改进。不过,从西方民主的发展进程中可以看到,现实情况是复杂的,单纯从选举设计方面进行规定与约束仍然不够,为了杜绝权力滥用与腐败,还需要结合法制与道德教育,尤其是要建立完善的法律体系。事实上,美国自身也在19世纪后期陷入政治泥潭,并引发社会的普遍不满,直到通过"扒粪运动"推行现代文官制度(官僚制),这种状况才得到一定的改善。

就此而言,着眼于社会的复杂性,在完善的选举制度下,采取现代文官制度,并加以定期而规范的监督管理,这或许能够成为保证建构新的国家机器,使之服务大众而非凌驾于社会之上的有效手段。否则,就会很容易出现考茨基所描述的状况,工人、农民进入政权机构之后,他们就不再是工人和农民,而是成了掌权者,成了官僚。国家则重新变质为官僚压迫劳动者的机器。

---

① 李惠斌:《从马克思的〈法兰西内战〉看中国的民主政治制度》,《当代世界与社会主义》,2013年第6期。

② [美]托克维尔:《论美国的民主》(上卷),董果良译,商务印书馆,1988年,第75页。

三、新时代背景下的三个研究主题

《法兰西内战》不仅为科学分析社会政治变迁与发展提供了科学方法，也为社会主义建设实践提供了思想参照，这些内容在当代仍具有深刻的现实意义，启发学者们进行更为深入地研究与阐释。笔者在此尝试结合党的二十大精神，对《法兰西内战》对于新时代中国特色社会主义建设的启示作用进行理论联系实际地概括与讨论，以期达到抛砖引玉的效用。

（一）坚持党的统一领导，坚持人民公仆思想

有学者指出，在变革时期，执政党的作用是领导人民群众完善法治，实现政府转型，实现人民当家作主的政治目标，建设一个和谐社会。这个历史任务决定了执政党必须站在人民群众一边，为打碎权力而努力。在目前情况下，如何打碎权力，是一个太大的题目，没有党的领导，是不可能实现的。但是，如果党的领导干部忙于傍资本、傍政府、争权力、争红利，要完成这个任务，也只能是空谈。这一论述提出了集中与防范腐败间的辩证关系问题。

马克思对此也有深刻的认识，他在总结巴黎公社的经验教训时指出："革命应当是团结的，巴黎公社的伟大经验这样教导我们。"①巴黎公社高度重视民主，却没有建立起稳固有力的领导核心，"以致每个代表都自作主张，根据自己的职权发号施令"。②从历史上看，巴黎公社在成立之初，就存在着巨大的内部两派矛盾，从政治派别和人数上进行区分，布朗基派和新雅各宾派占2/3，是多数派；蒲鲁东派及其拥护者占1/3，是少数派。布朗基派"是在

① 《马克思恩格斯全集》（第十八卷），人民出版社，1964年，第180页。
② ［法］普·利沙加勒：《一八七一年公社史》，柯新译，人民出版社，1962年，第220页。

密谋派别中培育出来的,是靠相应的严格纪律团结在一起的",主张集权;蒲鲁东派则"对联合简直是切齿痛恨的",反对集权。两派虽然都维护巴黎公社,但是主张不同,彼此相互消耗,影响了公社的威信,造成了思想混乱,在一定程度上削弱了革命力量。对此,恩格斯直言不讳:"不言而喻,对于公社在经济方面的各种法令,无论是值得称道还是不值得称道的方面,首先要由蒲鲁东派负责;而对于公社在政治方面的行动和失策,则要由布朗基派负责。"①这些经验与教训启示我们,一方面必须坚持中国共产党的领导;另一方面,要坚持中国新型政党制度,中国共产党与各民主党派长期共存、互相监督、肝胆相照、荣辱与共,实现团结和民主的统一。

不仅如此,马克思在《法兰西内战》中提出的人民公仆思想也为新时代推进反腐倡廉工作提供了重要理论资源。"工人阶级为了不致失去刚刚争得的统治,……应当保证本身能够防范自己的代表和官吏,即宣布他们毫无例外地可以随时撤换"②,"为了防止国家和国家机关由社会公仆变为社会主人……公社采取了两个可靠的办法。第一,它把行政、司法和国民教育方面的一切职位交给由普选选出的人担任,而且规定选举者可以随时撤换被选举者。第二,它对所有公职人员,不论职位高低,都只付给跟其他工人同样的工资"③。旧政府认为自己永远不会犯错误,而公社与此不同,它公布了自己的言论和行动,把自己的一切缺点都告诉民众。巴黎公社关于人民公仆的思想对于我们铲除腐败土壤、转变政府职能,规范政府官员权力,建设高效、精简、阳光的廉洁政府有着重要的借鉴意义。

---

① 《马克思恩格斯文集》(第三卷),人民出版社,2009年,第108页。

② 《马克思恩格斯文集》(第三卷),人民出版社,2009年,第110页。

③ 《马克思恩格斯文集》(第三卷),人民出版社,2009年,第110~111页。

(二)坚持人民主体地位,促进民主政治建设思想

《法兰西内战》阐述了自下而上式的人民自治运动,人民群众是民主政治建设的主体。马克思认为:"公社……这是人民群众把国家政权重新收回,他们组成自己的力量去代替压迫他们的有组织的力量;"[①]"每一个地区的农村公社,通过设在中心城镇的代表会议来处理它们的共同事务;这些地区的各个代表会议又向设在巴黎的国民代表会议派出代表。"[②]只有通过人民自己实现人民管理制,才能使人民摆脱被剥削压迫的境地,让人民真正地把权力掌握在自己手中,实现劳动解放。

马克思在《法兰西内战》中还对"人民"这一概念的内涵作了具体分析。首先,工人阶级是人民的主导力量,马克思指出:"公社的真正秘密就在于:它实质上是工人阶级的政府,是生产者阶级同占有者阶级斗争的产物,是终于发现的可以使劳动在经济上获得解放的政治形式。"[③]其次是农民,它写道:"公社对农民说,'公社的胜利是他们的唯一希望',这是完全正确的。"[④]资产阶级政府"挑起了反对革命的国内战争,借以把他们约定要付给普鲁士人的50亿赔款的主要重担转嫁到农民身上。与此相反,公社在最初发表的一项公告里就已经宣布,战争的费用要让真正的战争发动者来偿付。公社能使农民免除血税,能给他们一个廉价政府,能把现今吸吮着他们鲜血的公证人、律师、法警和其他法庭吸血鬼,换成由他们自己选出并对他们负责的领工资的公社勤务员"[⑤]。最后是中等阶级,马克思这样写道:"然而这是使

① 《马克思恩格斯文集》(第三卷),人民出版社,2009年,第195页。
② 《马克思恩格斯文集》(第三卷),人民出版社,2009年,第155页。
③ 《马克思恩格斯文集》(第三卷),人民出版社,2009年,第158页。
④ 《马克思恩格斯文集》(第三卷),人民出版社,2009年,第160页。
⑤ 《马克思恩格斯文集》(第三卷),人民出版社,2009年,第161页。

工人阶级作为唯一具有社会首创能力的阶级得到公开承认的第一次革命；甚至巴黎中等阶级的大多数，即店主、手工业者和商人——唯富有的资本家除外——也都承认工人阶级是这样一个阶级。"①在公社与帝国之间，中等阶级之所以选择了公社，是因为"帝国在经济上毁了他们，……帝国在政治上压迫了他们"②。从而也就有了这样的事实，"在波拿巴派和资本家这样一些高等流氓从巴黎逃跑以后，真正的中等阶级秩序党就以共和联盟的形式出现，站到了公社的旗帜下，并且反驳梯也尔的胡编乱造，保卫公社"③，"在历史上破天荒第一次，小资产阶级和中等资产阶级公开地团结在工人革命旗帜下，他们宣布这场革命是拯救他们自己和拯救法国的唯一手段！他们和工人一起构成国民自卫军的主体，他们和工人在公社里一起开会，他们在共和联盟里为工人做中介人"④。

马克思的人民主体思想涵盖各个领域、各个方面。首先，人民是经济主体。无产阶级革命的经济纲领就是"占有生产资料，使生产资料受联合起来的工人阶级支配"，"公社是想要消灭那种将多数人的劳动变为少数人的财富的阶级所有制。它是想要剥夺剥夺者。它是想要把现在主要用做奴役和剥削劳动的手段的生产资料，即土地和资本完全变成自由的和联合的劳动的工具，从而使个人所有制成为现实"。⑤其次，人民是政治主体。恩格斯在导言中，把资产阶级国家称之为"祸害"，就是因为资产阶级国家是压迫和掠夺人民群众的工具。然而巴黎公社却是人民群众获得社会解放的政治形式，是人民当家作主的政权，"为了防止国家和国家机关由社会公仆变为社会主人——这种现象在至今所有的国家中都是不可避免的——公社采取了两个可靠的办法。第一，它把行政、司法和国民教育方面的一切职位交给由

---

①②③　《马克思恩格斯文集》(第三卷)，人民出版社，2009年，第160页。

④　《马克思恩格斯文集》(第三卷)，人民出版社，2009年，第203~204页。

⑤　《马克思恩格斯文集》(第三卷)，人民出版社，2009年，第158页。

普选选出的人担任,而且规定选举者可以随时撤换被选举者。第二,它对所有公职人员,不论职位高低,都只付给跟其他工人同样的工资"①。再次,人民是文化主体。"公社在铲除了常备军和警察这两支旧政府手中的物质力量以后,便急切地着手摧毁作为压迫工具的精神力量,即'僧侣势力',方法是宣布教会与国家分离,并剥夺一切教会所占有的财产。……一切教育机构对人民免费开放,完全不受教会和国家的干涉。这样,不但人人都能受教育,而且科学也摆脱了阶级偏见和政府权力的桎梏。"②最后,人民是利益主体。"人们对公社有多种多样的解释,多种多样的人把公社看成自己利益的代表者,这证明公社完全是一个具有广泛代表性的政治形式。"③

当代社会,中国正处于并将长期处于社会主义初级阶段,我国立足这一基本国情,实行人民代表大会制度,发展全过程人民民主。中国作为社会主义国家,坚持人民是国家的主人,人大代表通过民主选出,代表人民的利益,参与国家法律法规的制定,通过人民代表大会行使国家权力。发展社会主义民主就是要体现人民意志、保障人民权益、激发人民创造活力,用制度体系保证人民当家作主,并提出了健全人民当家作主制度体系,发展社会主义民主政治的任务,体现出新时代中国共产党人对科学社会主义的继承与发展。

(三)坚持统一战线思想,聚力中华民族复兴

《法兰西内战》还蕴含着丰富的统一战线思想。马克思指出:"民族的统一不是要加以破坏,相反,要由公社在体制上、组织上加以保证,要通过这样的办法加以实现。"④统一战线是党和国家事业取得胜利的重要法宝。随着

---

① 《马克思恩格斯文集》(第三卷),人民出版社,2009年,第110~111页。

② 《马克思恩格斯文集》(第三卷),人民出版社,2009年,第155页。

③ 《马克思恩格斯文集》(第三卷),人民出版社,2009年,第157页。

④ 《马克思恩格斯文集》(第三卷),人民出版社,2009年,第155~156页。

时代的变化发展,统一战线的内涵不断完善更新,习近平在党的十九大报告中指出,"巩固和发展爱国统一战线。统一战线是党的事业取得胜利的重要法宝,必须长期坚持爱国。要高举爱国主义、社会主义旗帜,牢牢把握大团结大联合的主题,坚持一致性和多样性统一,找到最大公约数,画出最大同心圆"①。第十三届全国人民代表大会第一次会议通过宪法修正案,将"包括全体社会主义劳动者、社会主义事业的建设者、拥护社会主义的爱国者和拥护祖国统一的爱国者的广泛的爱国统一战线"更改为"包括全体社会主义劳动者、社会主义事业的建设者、拥护社会主义的爱国者、拥护祖国统一和致力于中华民族伟大复兴的爱国者的广泛的爱国统一战线",进一步扩大了统一战线的内涵。只有建立最广泛的爱国统一战线,最大限度地团结一切可以团结的力量,统一思想,凝心聚力,在坚持和发展中国特色社会主义伟大事业上形成巨大合力,才能努力实现中华民族伟大复兴。

除此之外,《法兰西内战》中还蕴含着国家治理思想、廉政建设思想、阶级斗争理论等丰富内容,有待后来者展开更为深入而系统的研究与阐释。虽然,巴黎公社距今已有一百五十余年的历史,但是它的原则与精神仍然散发着耀眼的光芒,指引着世界社会主义运动的前进方向!

---

① 习近平:《决胜全面建成小康社会 夺取新时代中国特色社会主义伟大胜利——在中国共产党第十九次全国代表大会上的报告》,人民出版社,2018年,第39~40页。

第六章 马克思《哥达纲领批判》研读

1890—1891年《新时代》杂志第9年卷第1册第18期上发表的

恩格斯为《哥达纲领批判》写的序言

第一节　著作简介

《哥达纲领批判》是科学社会主义的重要纲领性文献，其中，马克思全面系统地批判了拉萨尔主义的错误理论，厘清了科学社会主义与非科学的社会主义思潮的本质区别，进而阐发了有关未来社会的原则构想，经典地表述了无产阶级专政是历史发展的必然结果——这个概念是马克思在1850年《法兰西阶级斗争》中提出的，但其思想在《共产党宣言》发表时就已出现在报刊上并得到了传播，而且在1845年《德意志意识形态》中就已经出现了这样的观念。马克思还阐明无产阶级国家、重建个人所有制的基本原理，并首次根据社会生产力发展状况将共产主义社会划分为初级阶段和高级阶段，而在《资本论》中马克思还只是提出了一个模糊的认识，实现了对科学社会主义的进一步发展。

《哥达纲领批判》也被翻译成《对德国工人党纲领的几点意见》，表达了马克思针对当时刚刚通过的《哥达纲领》所提出的不同意见，因此在行文方面，马克思直接采用比较激烈的论战形式，将《哥达纲领》中的拉萨尔主义内容逐条加以批判，同时对共产主义社会第一阶段的经济、政治、社会制度，以及实现共产主义高级阶段的路径作了系统阐释，捍卫和发展了科学社会主义理论。大体内容包括：

第一，概括了共产主义社会发展所要经历的两个阶段及其特征。为了达到更为直接地揭示拉萨尔派主张的谬误的目的，马克思沿着拉萨尔的逻辑，从分配问题入手，对共产主义社会特征展开论述。他首先批判了拉萨尔派提出的"劳动是一切财富的源泉"的错误观点，指出在资本主义社会，资产阶级占有生产资料，工人只有得到资本家的雇用才能进行劳动，才能创造财富,因此说劳动是一切财富的源泉,就掩盖了资本家对工人的剥削,回避了生产资料所有制这个根本问题。马克思还基于对生产与分配的辩证认识,批判了拉萨尔派提出的公平分配劳动所得、不折不扣的劳动所得、平等的权利等口号,强调所谓"公平的分配"归根结底是由生产方式所决定的,在资本主义社会中,资本家将利润、工资看作"公平的"分配,而这些对工人阶级来说显然是不公平的分配,因为资本家占有的利润来源于工人创造的剩余价值。在生产资料私有制条件下,所谓"公平分配劳动所得"只能是一种空洞的幻想。分配方式决定于生产方式,要改变资本主义的分配方式,必须首先改变资本主义的生产方式。

在此基础上,马克思进一步对未来新社会的分配方式作出说明。在此过程中,马克思第一次明确地揭示并具体分析了共产主义社会的两个阶段及其相互区别的基本特征——马克思在《资本论》第一卷中就已经有了这个结论的理论准备,甚至早在1850年总结革命经验、反对沙佩尔派时就预示了一种不断革命的思想,当然,这不是单一层次上的线性不断革命,而是随着时代发展为解决社会复杂结构的新矛盾而逐层深入的社会革命,这与"两个阶段"思想具有高度的思想连贯性。马克思设想:"在一个集体的、以生产资料公有为基础的社会中,生产者不交换自己的产品;用在产品上的劳动,在这里也不表现为这些产品的价值,不表现为这些产品所具有的某种物的属性,因为这时,同资本主义社会相反,个人的劳动不再经过迂回曲折的道路,而是直接作为总劳动的组成部分存在着。"[①]这是共产主义社会两个阶段的共性特征。但在共产主义社会的第一阶段,由于在经济、道德和精神上都还带着资本主义社会的痕迹,所以消费品的分配还只能遵循等价交换的原则,实行按劳分配,"每一个生产者,在作了各项扣除以后,从社会领回的,正好

---

① 《马克思恩格斯文集》(第三卷),人民出版社,2009年,第433~434页。

是他给予社会的"。①只有"在共产主义社会高级阶段,在迫使个人奴隶般地服从分工的情形已经消失,从而脑力劳动和体力劳动的对立也随之消失之后;在劳动已经不仅仅是谋生的手段,而且本身成了生活的第一需要之后;在随着个人的全面发展,他们的生产力也增长起来,而集体财富的一切源泉都充分涌流之后,——只有在那个时候,才能完全超出资产阶级权利的狭隘眼界,社会才能在自己的旗帜上写上:各尽所能,按需分配!"②

第二,强调农民是无产阶级的可靠同盟军,再次阐发工农联盟思想,强调共产主义的国际主义性质。马克思批判拉萨尔派提出的"对工人阶级说来,其他一切阶级只是反动的一帮"的谬论,指出其在理论上的错误和在实践中的危害,揭露拉萨尔派诬蔑农民是"反动的一帮""不过是为了粉饰他同专制主义者和封建主义者这些敌人结成的反资产阶级联盟"③,并强调无产阶级与民主派小资产阶级、农民等中等阶级结成同盟军的重要性。马克思还批判了拉萨尔派用狭隘民族主义对待工人运动、无视德国工人阶级的国际职责的错误态度,强调没有全世界无产者的联合,就没有世界无产阶级革命的胜利。

第三,强调工人阶级只有消灭雇佣劳动制度,才能摆脱贫困和被剥削的地位。马克思批判拉萨尔派把资本主义社会中的工资问题和无产阶级的贫困化说成是自然规律,即"铁的工资规律"的做法,指出把"废除工资制度连同铁的工资规律"作为党的奋斗目标,是"真正令人气愤的退步"。紧接着,马克思阐明了资本主义工资的本质,"工资不是它表面上呈现的那种东西,不是劳动的价值或价格,而是劳动力的价值或价格的隐蔽形式"④。工人出

---

①　《马克思恩格斯文集》(第三卷),人民出版社,2009年,第434页。

②　《马克思恩格斯文集》(第三卷),人民出版社,2009年,第435~436页。

③　《马克思恩格斯文集》(第三卷),人民出版社,2009年,第438页。

④　《马克思恩格斯文集》(第三卷),人民出版社,2009年,第441页。

卖给资本家的是劳动力,而不是劳动。劳动力在使用过程中能创造出比他自身的价值更大的价值,资本家付给工人的工资是劳动力的价值,而剩余价值被资本家无偿占有。马克思关于资本主义工资本质的论述及剩余价值学说,揭开了资本主义剥削的秘密,说明工人阶级贫困的原因不在于马尔萨斯认为的工人人口太多,而在于雇佣劳动制度。在这种意义上,宣扬所谓"铁的工资规律",把无产阶级的贫困归因于人口的自然繁殖,把资本主义特有的工资规律说成是"自然规律",显然掩盖了资本主义的剥削性质,起到了为资本主义制度辩护的作用。

第四,论述无产阶级实现共产主义的正确途径。马克思批判拉萨尔派提出的"依靠国家帮助建立生产合作社"的主张,指出在资本主义社会,工人创立的一些消费和信贷合作社虽然能够起到减轻中间剥削,稍稍改善工人生活的作用,因而表明工人在力争变革现存的生产条件,但整体上看,这种合作社的价值是有限的,不可能从中产生社会主义。当国家政权和生产资料仍掌握在资产阶级手中时,工人创建的小规模的合作社,不是被资本主义大企业所吞没,就是蜕变为资本主义企业。依靠资产阶级国家帮助并不是无产阶级实现共产主义的新途径,而是历史的陈货,是拉萨尔从法国天主教社会主义首领毕舍那里剽窃来的,是要把工人运动"从阶级运动的立场完全退到宗派运动的立场"①。拉萨尔派将依靠国家帮助建立生产合作社作为改造社会的万灵药方,沉迷于改良主义幻想,实质是逃避阶级斗争和无产阶级革命。马克思强调,只有通过社会革命彻底变革现存的生产条件,才能真正实现共产主义。

第五,阐述了"过渡时期"和无产阶级专政的理论。马克思批判拉萨尔主义把"自由国家"作为党的奋斗目标,通篇不谈无产阶级专政和未来国家

---

① 《马克思恩格斯文集》(第三卷),人民出版社,2009年,第443页。

制度的严重错误。他指出,在资本主义社会向共产主义社会的过渡时期,只能是无产阶级的革命专政。因为,共产主义不是要以一种私有制代替另一种私有制,而是要消灭生产资料私有制,建立公有制。它不可能在资本主义社会中自发产生出来,只有依靠无产阶级革命推翻资产阶级统治,建立自己的国家政权,并运用政权反过来消灭资本主义私有制之后才能建立起来,从而实现经济上的彻底改造。这是一个重大的社会革命转变过程,并且由于在此过程中无产阶级必须同一切旧势力,包括思想观念、意识形态、剥削阶级和风俗习惯,进行斗争,因而这个过渡时期的国家只能是无产阶级专政。

第二节　写作背景

　　1871年德国统一后,德国工人运动面临新的形势与挑战,工人们迫切需要一个统一的领导力量。在此背景下,德国工人运动中的两个主要派别爱森纳赫派和拉萨尔派经过多次谈判最终达成合并的意愿,并制定《德国工人党纲领》作为德国工人运动的原则参照。然而在制定党纲的过程中,爱森纳赫派领导人为了尽快达成合并,未能坚守原则,将一些拉萨尔主义的错误观点纳入纲领草案,这一行为引起了马克思、恩格斯的强烈不满。恩格斯致信奥·倍倍尔,强调自己对这一纲领的反对态度,马克思则写作《哥达纲领批判》以正面批判拉萨尔主义的错误观点,澄清无产阶级革命与无产阶级专政的科学内涵,以期消除《德国工人党纲领》在党内党外所造成的恶劣影响。1875年,《哥达纲领批判》写作完成,但李卜克内西担心这份语气激烈的文献会使刚刚合并的两派再次分裂,因而并没有及时发表,而是只在党内小范围传阅。1878年,"反社会党人法"的通过使得政治环境恶化,使发表这份文献显得更不符合时宜。直到1891年政治环境有所改善,在恩格斯的一再坚持下,这份文献才得以首次公开发表于德国党内的理论刊物《新时代》第1卷第18期上。恩格斯还写了一篇序言。

拉萨尔(1825—1864)是普鲁士著名的政治家、哲学家、法学家、社会主义者,德国早期工人运动重要领导人,全德工人联合会的创立者。1848年,他以主要撰稿人的身份加入马克思《新莱茵报》的工作当中,此后被捕入狱。1860年,拉萨尔开始多次与俾斯麦商谈,并积极参加德国工人运动,发表《工人纲领》《公开答复》等小册子,阐述自己的工人运动理念。1863年,他当选全德工人联合会主席,在德国工人中具有一定的影响力和声望。

拉萨尔的思想与主张在工人运动史上产生了重要影响,主要包括如下几点:

(1)工人应该是组成为阶级而展开斗争的团体。

(2)工人阶级的贫困由"铁的工资规律"造成,当工人工资超过平均工资时,就会刺激人口增长,加剧工人内部竞争,使工资下降;当工人工资低于平均工资时,人口随之减少,工资上升。因此,工人工资只能停留在仅够维系生命和繁衍后代的必需水平,这是"铁的工资规律"。

(3)与马克思、恩格斯的科学认识不同,拉萨尔认为国家是公正和自由的表达,因此他主张无产阶级应该积极与资产阶级展开合作,依靠国家的帮助建立生产合作社,通过和平方式实现社会主义。

(4)提出争取直接普选权、义务教育、新闻自由、禁止童工等具体目标,并强调合法斗争,反对无产阶级革命。

第三节　内容精读

《哥达纲领批判》由一篇序言、一封书信和四章正文构成。恩格斯的序言与马克思致威廉·白拉克的信表明了他们对《哥达纲领》极为不满的态度，正文则围绕《哥达纲领》中的错误展开，马克思不仅批判了其中渗透着的拉萨尔主义观点，而且对共产主义社会发展阶段进行了区分，并概括了适应于不同阶段的分配原则，提出了在过渡时期必须坚持无产阶级革命专政的著名论断。

一、恩格斯写的1891年版序言

1891年《哥达纲领批判》正式发表后，恩格斯为了表示对本书的支持，专门为其撰写序言，并将马克思与威廉·白拉克之间的通信附上。《马克思恩格斯选集》《马克思恩格斯文集》中文版在整理《哥达纲领批判》文稿的过程中还将奥古斯特·倍倍尔与恩格斯间的通信附印其后，为我们更好地学习和理解《哥达纲领批判》提供了资料支持。

从历史上看，德国社会主义工人党自成立之日起，就不断受到各种机会主义的干扰。起初，杜林主义走俏，在1878年旨在限制社会党人的"非常法"颁布后，德国社会主义工人党内又出现以"苏黎世三人团"为代表的右倾机会主义和以莫斯特为首的"左"倾无政府主义，1890年，德国社会主义工人党又受到福尔马尔右倾机会主义和"青年派"的"左"倾冒险主义的影响。马克思、恩格斯始终坚持与各类错误思潮展开斗争，捍卫科学社会主义的原则与立场，并帮助德国社会主义工人党扫清了"左"、右倾机会主义的思想障碍，提高了党的理论水平和战斗力。1890年，德国社会主义工人党正式改名为"德国社会民主党"。同年，德国普鲁士政府宣布废除反社会党人法，为德国社会民主党积极开展社会活动提供了必要的条件。在此背景下，德国社会民主党在某次会议上决定起草新的党纲，并定于在次年送交在爱尔福特召开的全党代表大会进行讨论，从而以此取代原有的《哥达纲领》。

　　为保证在1891年召开的德国社会民主党代表大会上能够顺利制定出一个符合社会主义精神的纲领,恩格斯决定公开发表15年前的《哥达纲领批判》,并为《哥达纲领批判》写了序言。恩格斯写此序言的目的有两个:一是为了使德国社会民主党能够起草一个正确的党纲,以取代原来的党纲——《哥达纲领》。二是"第一次明确而有力地表明了马克思对拉萨尔从他开始从事鼓动工作以来所采取的方针的态度,而且既涉及拉萨尔的经济学原则,也涉及他的策略"①。

　　同时,恩格斯介绍了现在刊行的《哥达纲领批判》所作的一些修改:删掉了一些针对个别人的尖锐的词句和评语。对于这一修改,恩格斯解释道:"手稿中有些地方语气很激烈,这是由下述两种情况引起的:第一,马克思和德国运动的关系,比同其他任何一国运动的关系都更为密切;因此这个纲领草案中所表现的明显的退步,不能不使我们感到特别愤慨。第二,那时国际海牙代表大会闭幕才两年,我们正在同巴枯宁和他的无政府主义派进行最激烈的斗争,他们要我们对德国工人运动中发生的一切负责;因而我们不得不预先想到,他们也会把我们说成是这个纲领的秘密制定者。这些顾虑现在已经消失,保留有关语句的必要性也随之消失。"②

　　恩格斯这段话表明,马克思原本对纲领所作的批判比当前呈现出来的要更加尖锐和激烈,因为在马克思看来,原则问题不能有一丝一毫的妥协。这也再次表明马克思与恩格斯坚定而鲜明的党性,充分地证明了马克思和恩格斯对于共产主义事业的忠诚。

---

① 《马克思恩格斯文集》(第三卷),人民出版社,2009年,第423页。
② 《马克思恩格斯文集》(第三卷),人民出版社,2009年,第423~424页。

二、马克思给威廉·白拉克的信

马克思与威廉·白拉克的通信随《哥达纲领批判》的发表而一同公开,通过对这封书信的解读,可以更为深入地了解《哥达纲领批判》的创作背景。马克思一经审阅《哥达纲领》,就感到异常气愤,并在与威廉·白拉克的通信中明确指出:党的纲领是判定党的运动水平的里程碑,而这个合并的纲领却是一个极其糟糕的、会使党精神堕落的纲领。马克思还随通信一起寄出了自己撰写的《对德国工人党纲领的几点意见》,表明自己坚决与机会主义划清界限的立场,并解释了为什么自己对于这份纲领持有如此激烈的否定态度。"在国外有一种为党的敌人所热心支持的见解——一种完全荒谬的见解,仿佛我们从这里秘密地操纵所谓爱森纳赫党的运动。例如巴枯宁还在他新近出版的一本俄文著作中要我不仅为这个党的所有纲领等等负责,甚至要为李卜克内西自从和人民党合作以来所采取的每一个步骤负责。"①在这封信中,马克思还作出了"一步实际运动比一打纲领更重要"②的经典论断。

马克思强调,爱森纳赫派过分热衷于合并,以至于在短时间内非常匆忙地通过了这份机会主义纲领,这种行为太过草率。爱森纳赫派不能正确地认识当下局势,从而"向那些本身需要援助的人们无条件投降","拿原则来做交易",以致这次合并"是用过高的代价换来的"③。在马克思看来,拉萨尔派的首领向爱森纳赫派靠拢是形势所迫,因而如果一开始就向他们声明爱森纳赫派的原则,那么拉萨尔派也会满足于共同的行动纲领和组织计划,这

---

① 《马克思恩格斯文集》(第三卷),人民出版社,2009年,第425~426页。

②③ 《马克思恩格斯文集》(第三卷),人民出版社,2009年,第426页。

样也同样能够达到统一力量的现实目的。而制定原则性纲领显然与行动纲领和组织计划不同,前者"是在全世界面前树立起可供人们用来衡量党的运动水平的里程碑"①。因此,《哥达纲领》不仅将在德国工人内部造成负面影响,甚至还会阻碍国际工人运动的发展。

1875年3月,恩格斯与奥古斯特·倍倍尔的通信早于马克思与威廉·白拉克的通信,前者表明了恩格斯与马克思对于《哥达纲领》的一致看法。之所以会写这封信给奥古斯特·倍倍尔,是因为当年《新社会民主党人报》等媒体公开声明,要起草两党合并后的共同纲领。而这一草案存在一系列荒谬的观点,因而受到恩格斯的严厉批评。恩格斯指出:"这个连文字也写得干瘪无力的纲领中差不多每一个字都应当加以批判。它是这样一种纲领,一旦它被通过,马克思和我永远不会承认建立在这种基础上的新党,而且我们一定会非常严肃地考虑,我们将对它采取(而且还要公开采取)什么态度。"②然而同年5月,这份草案只是经过简单的语法和文辞修改,就在合并大会上顺利通过。因此,这份信件在很大程度上也反映了恩格斯对《哥达纲领》的看法。

恩格斯首先强调,爱森纳赫派"在理论方面比拉萨尔派的领袖高明一百倍,而在政治机警性方面却差一百倍;'诚实的人'又一次受到了不诚实的人的极大的欺骗"③。虽然恩格斯支持德国两党进行合并,但他坚持认为,合并并不意味着失去原则,尤其是在政治问题以及理论问题上,爱森纳赫派决不能和已经逐步丧失群众基础的拉萨尔派妥协。然而在两党合并的实际过程中,虽然拉萨尔派处于极大的不利地位,爱森纳赫派最终还是选择了妥协。

针对上述问题,恩格斯从五个方面进一步展开批判。一是认为纲领并

---

① 《马克思恩格斯文集》(第三卷),人民出版社,2009年,第426页。

② 《马克思恩格斯文集》(第三卷),人民出版社,2009年,第415页。

③ 《马克思恩格斯文集》(第三卷),人民出版社,2009年,第411页。

没有真正反映出工人阶级的利益;二是斥责纲领背离了无产阶级国际主义、背离了最初所设定的无产阶级革命道路;三是宣扬错误的"铁的工资规律";四是强调纲领接受拉萨尔派的"国家帮助"主张的做法,使社会主义降低到资产阶级共和主义者的水平;五是没有对工会的地位给予应有的肯定。此外,恩格斯还重点批评了"自由的人民国家"口号,指出这一口号非但无法有效地发挥作用,反而会导致理论上的致命混乱。恩格斯在这封信中所透露出的思想和态度,与马克思之间是完全吻合的,这也是二者思想上高度一致性的证明。在某种程度上,我们可以将这封信当作《哥达纲领批判》的姊妹篇,对其进行更为深入的学习和分析,这对于我们更好地掌握《哥达纲领批判》的精神和思想有着重要意义。

与《哥达纲领批判》一样,这份信件没有及时公开。三十多年后,它才在奥·倍倍尔《我的一生》一书中第一次公开发表。

三、正文部分

"德国工人党纲领批注"共包含四部分的内容。

(一)逐条批判《哥达纲领》,澄明科学社会主义基本原则

通过对拉萨尔派关于分配问题的错误认识的批判,高度概括了共产主义社会发展的两个阶段及其特征,据此分别提出"按劳分配"与"各尽所能,按需分配"两种分配原则,并阐发了实现共产主义的革命策略。文字共76段,分5节展开。

1. 第1~20段,批判《哥达纲领》脱离劳动的物质条件和生产资料所有制问题,空谈"劳动"和"社会"的做法

马克思先如实陈述了拉萨尔的观点:劳动是一切财富和一切文化的源

泉,而因为有益的劳动只有在社会中并通过社会才是可能的,所以劳动所得应当不折不扣和按照平等的权利属于社会一切成员,进而对此展开分析与批判。

其一(第2~3段),批判"劳动是一切财富和一切文化的源泉"的错误说法。

马克思一开始就表现出很强的针对性,表现在用了一大段篇幅——这在本著中是很少见的——来说明"劳动不是一切财富的源泉"。马克思强调,劳动不过是一种自然力即劳动力的表现,而缺乏相应的对象,即劳动资料,劳动则什么也不能创造。拉萨尔派从一开始就忽视了生产资料的所有制问题,因而也就遮蔽了无产阶级与资产阶级斗争中的核心问题,这显然会使工人运动误入歧途。

其二(第4~13段),批判纲领空谈"劳动"和"社会"关系的做法。

马克思直接指出,纲领的前提与结论之间存在逻辑断裂。纲领本应从"劳动是一切财富的源泉"这一前提推论出资本主义的无偿占有,然而,它却借助于"而因为"生硬地得出任何"有益的"劳动都不能离开社会,因而只有不必用来维持社会的那一部分劳动产品才归各个劳动者所得的结论。马克思强调,这一结论老套而空洞,因而可以随意加以解释与发挥,并由此产生为资产阶级及其剥削活动辩护的作用。

其三(第14~20段),马克思对纲领条目进行修改,提出正确的说法。马克思最后直接指出根本问题,批判纲领把拉萨尔的"不折不扣的劳动所得"作为第一个口号写在党的旗帜上,并再次强调创造财富的劳动的社会性,指出劳动的社会性愈发展,劳动所创造的财富和文化就愈多,劳动者和剥削者的两极分化就愈严重。这是从奴隶社会到资本主义社会的全部历史的发展规律。这个规律使无产阶级和资产阶级之间的阶级矛盾和斗争日益尖锐起来,必然引起革命,而无产阶级的历史使命就是铲除资本主义社会这个历史祸害。

2.第21~24段,批判《哥达纲领》只反对资产阶级而不反对封建主阶级的反动立场,澄清了无产阶级革命的对象

第21段,马克思陈述拉萨尔的观点:在现代社会中,劳动资料为资本家阶级所垄断。由此造成的工人阶级的依附性是一切形式的贫困和奴役的原因。

对此,马克思首先指出,这是从国际章程中抄来的,但是经过"修订"后就成为错误的了。国际章程虽然没有指明哪一阶级垄断了劳动资料,但是通过对垄断劳动资料的内涵进行阐释——即对生活源泉的垄断,国际章程已经说明无产阶级同时反对资本家与土地所有者。纲领只谈劳动资料为资产阶级所垄断,认为这是造成一切形式贫困和奴役的根源,而不提土地所有者对地产的垄断,实际上把贵族地主阶级排除在革命对象之外,这显然是错误的。马克思进一步指出,拉萨尔派的这种"修订"不只是一个简单的理论失误,还更为露骨地展现出拉萨尔对德国封建势力的谄媚与投降。

3.第25~59段,批判纲领的"公平分配"观,第一次阐发共产主义社会的阶段性特征及其分配原则

第25段,马克思仍然首先叙述拉萨尔的观点:劳动的解放要求把劳动资料提高为社会的公共财产,要求集体调节总劳动并公平分配劳动所得。

马克思的批判围绕"劳动所得"和"公平分配"展开,具体可分为5个小节:

其一(第26~28段),澄清"劳动所得"这个核心概念。马克思指出,"劳动所得"的说法是模糊的,因为它没有说清楚所得的是劳动产品还是产品的价值,而由于剩余价值的存在,二者之间在量上显然是不同的,这也体现出拉萨尔在政治经济学问题上的局限。

其二(第29~31段),澄清"公平的分配"。马克思问道:"什么是'公平的'

分配呢?"在马克思看来,"公平"是一个法权概念,属于上层建筑的范畴,现实的经济关系决定了"公平"观念的内涵,因而资产者也断言今天的分配是"公平的"分配,可见这一用语的模糊性质。不仅如此,马克思还通过将之与纲领的第一段联系起来解读,指出纲领的自我矛盾。纲领要求劳动所得在一切社会成员中公平分配,而这显然包括了不劳动的社会成员,那么所谓"公平"和"平等的权利"就成了空话。

由此,马克思推断,拉萨尔所谓的"平等的权利"的实质只能是:在共产主义社会中,每个劳动者都应当得到拉萨尔的"不折不扣的劳动所得"。

其三(第32~50段),马克思继续批判"不折不扣的劳动所得"的谬论。

马克思强调,如果我们把"劳动所得"理解为劳动的产品,那么集体的劳动所得就是社会总产品,这个总产品不能不折不扣地进行分配。因为,在生产领域,为了保障社会的持续发展,应该从中扣除再生产、扩大再生产以及用来应付不幸事故和自然灾害的后备基金;在分配领域,还要扣除一般管理费用、满足共同需要的教育、医疗费用以及为丧失劳动能力的人等设立的基金。最后,马克思指出,不仅不折不扣现在已经变成有折有扣的了,而且"劳动所得"本身也将随着商品交换活动的消失而失去任何意义。

其四(第51~57段),分阶段地阐明了共产主义社会的基本特征及其分配原则。

第51段,马克思首先整体介绍了共产主义社会第一阶段的基本特征。

马克思指出:共产主义社会刚从资本主义社会产生而来,在各方面,在经济、道德和精神方面都还带着它脱胎出来的那个旧社会的痕迹。在共产主义社会第一阶段,社会生产力尚未充分发展,劳动也没有成为个人生活的第一需要,因而只能沿用等价交换原则进行分配,每一个生产者,在作了各项扣除以后,从社会领回的,正好是他给予社会的。他给予社会的,就是他个人的劳动量。

第52段,马克思基于等价交换原则,论述共产主义社会第一阶段分配方式的平等性质。

马克思强调,共产主义社会第一阶段虽然通行的是调节商品交换的等价交换原则,但由于消灭了生产资料私人占有,因而每个人都必须参与劳动,同时分配所得也只能作为自己的消费资料,而不能积累、转化为支配他人的生产资料,这就有效防止了剥削的产生。

第53段,马克思再一次强调共产主义社会第一阶段的分配原则与资本主义社会中的分配原则间的区别,指出平等的权利虽然仍然是资产阶级的权利,但由于能够确保劳动之间的交换始终保持等量的性质,因而原则与实践之间已经不再矛盾。

第54~55段,马克思进而阐发了共产主义社会第一阶段实行按劳分配的必然性,按劳分配的含义,按劳分配的进步意义及其局限性,并作出"权利决不能超出社会的经济结构以及由经济结构制约的社会的文化发展"[1]的重要论断。

马克思强调,虽然共产主义社会第一阶段消灭了剥削,因而真正实现了权利平等以及在此基础上的平等分配,但这种分配不关注个人的自然禀赋差异,默认不同等的工作能力是劳动者的天然特权,因而容易导致不平等的分配结果。但马克思强调,这种不平等是权利平等的固有局限,更是决定必须采取权利平等原则的社会生产力状况的局限。因为,要避免这些弊病,权利就不应当是平等的,而应当是不平等的,而权利又决不能超出社会的经济结构以及由经济结构制约的社会的文化发展。

第56段,马克思阐发了共产主义高级阶段的分配原则及依据。

共产主义社会高级阶段将克服权利平等的局限性,实施各尽所能,按需

---

[1] 《马克思恩格斯文集》(第三卷),人民出版社,2009年,第435页。

分配。或者说,此时平等问题本身已经消失,因为劳动和所需资料已经与个性高度关联起来,既然个性是多种多样,这种资料的分配自然也必然是有差异的。但马克思也指出了实现这种分配的前提条件:劳动不仅是谋生手段,而且成为生活的第一需要,集体财富的一切源泉充分涌流。这也对应到马克思前面所说的经济结构和由经济结构制约的社会的文化发展。

最后,马克思在57段进行小结,强调上述批判的目的在于指出拉萨尔派犯了多大的错误,从而消除党内的错误认识。

其五(第58~59段),批判纲领宣扬的"分配决定论"。

在马克思看来,分配问题受制于社会生产,由生产方式所决定,同样,从通行的分配方式中,也能够透视生产方式本身的性质,因而共产主义运动的目标始终应该指向变革生产方式,这是对现有的资本主义分配方式的前提性,也是更为根本性的批判与超越。拉萨尔派停留于原始层次上的分配逻辑,而不试图超越,显然犯了根本性的错误,是古典政治经济学将生产与分配拆分开来,孤立进行考察与讨论的结果,体现出拉萨尔派的形而上学思维。

4. 第60~69段,马克思基于统一战线思想,批判《哥达纲领》把农民和小资产阶级看成是"反动的一帮"的错误观点,阐明无产阶级的同盟军

拉萨尔的错误观点:劳动的解放应当是工人阶级的事情,对它说来,其他一切阶级只是反动的一帮。

针对这一观点,马克思不仅指出工人解放劳动的说法存在明显歧义和含糊,而且强调拉萨尔派之所以如此篡改国际章程是为了得出"其他阶级只是反动的一帮"①的谬论。马克思重点对这一谬论进行了驳斥,他指出,早在《共产党宣言》中,自己和恩格斯就说明了中间等级的革命潜力,这一等级与

---

① 《马克思恩格斯文集》(第三卷),人民出版社,2009年,第437页。

资产阶级之间存在着根本的利益矛盾,因而并不同资产阶级组成反动的一帮。不仅如此,以辩证的眼光来看,资本主义的发展必然加剧中间等级与资产阶级间的矛盾,使中间等级陷入破产,因而后者也将转入无产阶级革命的队伍,成为无产阶级的同盟军。

谈到这里,马克思还进一步指出,拉萨尔实际上熟知《共产党宣言》,其之所以提出所谓"反动的一帮"的说法,只是为了粉饰他同专制主义者和封建主义者结成的反资产阶级联盟。

5. 第 70~76 段,批判纲领中狭隘的民族观点,论述无产阶级国际主义原则

第 71~72 段,马克思指出纲领用拉萨尔最狭隘的民族观点来理解工人运动,这是对《共产党宣言》关于无产阶级革命和国际联合思想的曲解。

马克思指出,单纯从形式上看,工人阶级必须首先在国内作为阶级组织起来,它的直接的斗争舞台就是本国。但是,由于资产阶级建立起了成熟的世界市场,使经济、政治都具有国际主义性质,那么工人阶级为了与之展开斗争也必须实现国际联合。

第 73~76 段,德国工人党把自己的国际主义归结为"各民族的国际的兄弟联合"这一资产阶级口号,并且只是要宣传这种意识,并没有提出具体的举措,这实际上是在逃避自己的"国际职责"[①],放弃了国际主义,陷入了俾斯麦的国际阴谋政策之中。

马克思强调,正确的说法应该是"各国工人阶级在反对各国统治阶级及其政府的共同斗争的国际兄弟联合"[②],这样就明确了国际联合的目标与具体举措。

---

①② 《马克思恩格斯文集》(第三卷),人民出版社,2009年,第439页。

（二）集中揭露拉萨尔派工资理论的谬误，凸显经济问题的根本意义

在这一部分，马克思对拉萨尔派提出的所谓"自由国家"和"铁的工资规律"展开批判。当然，从马克思批判的顺序——"关于'自由'国家，我后面再讲"——也能看出马克思始终将经济问题视为共产主义运动的根本问题，因而需要突出强调。

拉萨尔提出，德国工人党从这些原则出发，用一切合法手段去争取建立自由国家——和——社会主义社会：废除工资制度连同铁的工资规律——和——任何形式的剥削，消除一切社会的和政治的不平等。

马克思运用剩余价值学说，对"铁的工资规律"展开集中批判，揭示了资本主义工资的本质，说明雇佣劳动制度是无产阶级受剥削、受压迫的根源，工人阶级为了获得解放必须废除雇佣劳动制度。

首先，在第2~4段，马克思揭露拉萨尔"铁的工资规律"的实质。

他指出拉萨尔"铁的工资规律"完全是捏造出来的，其论据是马尔萨斯的人口论。拉萨尔把无产阶级的贫困归因于人口的自然繁殖，而这一说法的直接结果就是把贫困的根源从雇佣劳动制度转移为人口增长，这样就使贫困成为一条普遍规律，因而也就起到了为雇佣劳动制度辩护的作用。

其次，在第5~9段，马克思指出，德国工人党接受了拉萨尔的工资理论，表现出党的理论水平的倒退。

在马克思看来，他与恩格斯花费了大量的时间与精力才使剩余价值学说对工资的科学认识在党内生根发芽，广泛传播，然而现在党内竟有人轻率地将拉萨尔错误的观点写入纲领，进而在党内再次造成思想混乱，这是"真

正令人气愤的退步"。①

最后,马克思对拉萨尔的格言进行了修改,将"消除一切社会的和政治的不平等"改为"随着阶级差别的消灭,一切由这些差别产生的社会的和政治的不平等也自行消失"②,从而明确了共产主义的平等主张。

(三)拆穿改良主义幻想,重申社会革命的必要性

马克思论述了无产阶级实现共产主义的正确途径,批判拉萨尔"依靠国家帮助建立生产合作社"的改良主义幻想,指出其实质是否定阶级斗争和无产阶级革命,并重申只有通过社会革命彻底变革现存的生产条件,才能真正实现共产主义的观点。(共7段)

拉萨尔提出,为了替社会问题的解决开辟道路,德国工人党要求在劳动人民的民主监督下,依靠国家帮助建立生产合作社。在工业和农业中,生产合作社必须广泛建立,以致能从它们里面产生总劳动的社会主义的组织。

马克思明确指出,这是改良主义的幻想,这一幻想将阶级斗争替换为模糊的"开辟道路"③,把现实的发动社会革命以改变生产方式的历史运动替换为依靠"国家帮助",这不仅提出了一条错误的路径,而且也把工人贬低为消极等待的蒙昧大众。当然,这也是与拉萨尔所秉持的英雄史观分不开的。

在此基础上,马克思继续批判拉萨尔的"劳动人民"和"民主"概念。为了将自己的纲领包装得更加符合工人利益,拉萨尔提出国家建立的合作社应该接受劳动人民的民主监督,但马克思指出,"劳动人民"和"民主"本身都是有歧义的。德国的"劳动人民"不是无产者,而是农民;而让劳动人民向现存国家提出要求,则意味着人民实际上还没有掌握政权,也没有认清现存国

---

① 《马克思恩格斯文集》(第三卷),人民出版社,2009年,第441页。

②③ 《马克思恩格斯文集》(第三卷),人民出版社,2009年,第442页。

家的剥削性质。

最后,马克思总结道:拉萨尔所宣扬的其实是19世纪40年代法国基督教社会主义者毕舍早就提出过的主张,这一主张曾被当时法国一伙手工业者和工人奉为救世药方。它并不反映整个工人阶级解放运动的立场和要求。《哥达纲领》中写进了这个"特殊的万灵药方",表明它从阶级运动的立场完全退到宗派运动的立场。工人阶级要想创造合作生产的条件,必须"力争变革现存的生产条件"①。

(四)驳斥"自由国家"口号,深化科学社会主义国家学说

马克思阐述了过渡时期和无产阶级专政理论,批判拉萨尔的"自由国家"②,第一次提出从资本主义到共产主义的过渡时期必须坚持无产阶级专政的著名论断。全文共43段,分三节展开:

马克思首先说明,现在我来谈民主的一节,接着直接引用拉萨尔的格言:A.国家的自由的基础。

1.第3~9段,批判纲领在国家问题上的错误观点

其一,第3~5段,马克思批判把争取建立"自由国家"作为党的奋斗目标的谬论。

马克思对自由国家这一概念本身提出质疑,在他看来,使"国家"变成自由的无非就是使国家摆脱利益实体,或市民社会的决定性作用,赋予国家以独立性,这种看法是中世纪狭隘臣民的见识。按照这种标准,当时的德国、俄国都是"自由国家",然而这种自由正标志着国家的异化程度。进而,马克思强调,工人阶级所要追求的自由绝不是要建立什么"自由国家",而是要把

---

① 《马克思恩格斯文集》(第三卷),人民出版社,2009年,第443页。

② 《马克思恩格斯文集》(第三卷),人民出版社,2009年,第444页。

国家由一个高居于社会之上的机关变成完全服从于这个社会的机关。

其二,第6~9段,批判德国工人党对国家和市民社会关系的肤浅理解。

德国工人党接受了纲领意味着它没能发现纲领的上述严重错误,这同时也就表明德国工人党没能正确把握国家和市民社会的关系。它不把"现存社会"当作"现存国家"的基础,反而把国家当作一种具有自己的"精神的、道德的、自由的基础"①的独立存在物。这是错误的。

马克思根据对国家与市民社会关系的科学认识,进一步批判纲领中现代国家、现代社会的说法。他指出,所谓"现代社会"是指资本主义社会,这种社会由于受到特殊的历史发展的影响,在不同地域展现出不同特征,这也就决定了国家这一组织形式随国境的变化而有不同的具体内涵。因此,"现代国家"这一概念只是一种虚构。同时,马克思指出,这些不同的现代国家当然也有一个共同点,即建立在现代资产阶级社会之上。如果在这种意义上谈"现代国家制度",那么"现代国家制度"必然随着其根基——资产阶级社会的消亡而消亡。

2.第10~12段,指出从资本主义社会到共产主义社会的革命转变时期,国家只能是无产阶级革命专政

在资本主义社会和共产主义社会之间,有一个从前者到后者的革命转变时期。与这个过渡时期相适应的国家只能是无产阶级革命专政。《哥达纲领》对此避而不谈,只是抽象地把"人民"和"国家"这两个词相连接,这是毫无意义的。

3.第13~17段,揭露纲领中的政治要求纯粹是资产阶级民主主义的陈词滥调

其一(第13~16段),马克思指出,纲领中关于普选权、直接立法、人民权

---

① 《马克思恩格斯文集》(第三卷),人民出版社,2009年,第444页。

利等政治要求,都是资产阶级民主派的回声。这些要求在有的资产阶级民主共和国中已经实现了。纲领连建立民主共和国的要求都没有提,却向军事专制的德意志帝国提出只有在民主共和国里才有意义的东西,并且还宣称"用合法手段"①去争得这类东西,这是十分荒唐的,它表明拉萨尔派的理论水平甚至在庸俗民主派之下。

其二(第17段),进而批判纲领中提出交纳单一的累进所得税的主张。

马克思强调,国家的经济基础不是赋税,而是以生产资料所有制为基础的生产关系的总和,如果把赋税作为国家的经济基础就会混淆国家和政府的区别,抹杀国家的本质。依靠税收改革不可能触动资本主义制度,也不可能改变资产阶级国家的性质。

4.第18~43段,批判纲领把平等的国民教育、信仰自由、工厂立法等要求作为"国家的精神的和道德的基础"②的论调,指出这些要求充满了拉萨尔派对德意志帝国的"迷信",是对社会主义的背叛

纲领中写道,德国工人党提出下列要求作为国家精神的和道德的基础:①由国家实行普遍的和平等的国民教育,实行普遍的义务教育,实行免费教育。②正常的工作日。③限制妇女劳动和禁止儿童劳动。④对工厂工业、作坊工业和家庭工业实行国家监督。⑤调整监狱劳动。⑥实行有效的责任法。

马克思逐一展开批判。第一,马克思指出平等、免费等词语都是模糊的,因为它们没有规定教育的水平,也没有明确教育费用的来源。同时,马克思强调,由国家实行国民教育也是完全要不得的,因为现存国家的教育是压迫人民的手段。此外,马克思还提出了劳动教育主张,强调工人阶级应该消灭宗教。

①② 《马克思恩格斯文集》(第三卷),人民出版社,2009年,第446页。

第二,马克思指出,所谓"正常的工作日"也是含糊的,应该具体说明工作日的时长。

第三,马克思强调,限制妇女、禁止儿童劳动这些要求也包含同样的问题,没有说明劳动的形式和儿童年龄的界限。马克思认为,普遍禁止儿童劳动并不符合大工业发展的要求,相反应该根据不同的年龄阶段调节儿童劳动时间,实现生产劳动和教育的早期结合。

第四,马克思指出,根据德国的情况,应该更为明确地指出工厂视察员只有经过法庭才能撤换,工人可以向法庭告发视察员的失职,同时视察员必须是医生。

第五,马克思认为,在一般纲领性的文件中不应出现像"调整监狱劳动"①这样微不足道的要求。

马克思还认为,在"实行有效的责任法"要求中,"有效的"一词显然也不够清晰、明确。

最后,马克思感慨道:我已经说了,我已经拯救了自己的灵魂。原文是拉丁文:Dixi et salvavi animam meam,源于《旧约全书·以西结书》,意思是:我已经尽了责任。这也体现出马克思面对当前德国工人运动状况的一种无奈。

第四节 著作研究

《哥达纲领批判》是马克思晚年时期的重要著作,其中不仅包含着马克思对共产主义社会基本特征的深刻思考,对共产主义社会发展分阶段、分层

---

① 《马克思恩格斯文集》(第三卷),人民出版社,2009年,第449页。

次的考察,而且包含他对共产主义社会中的财富分配、政治形式、教育方式等多种具体问题的阐述,因而受到后来者的广泛关注与讨论。

一、相关研究概况

《哥达纲领批判》是少数几部马克思正面阐发共产主义社会构想的经典著作之一,其中包含的建构性内容不仅为理解共产主义社会的本质、特征与基本样态提供了根本参照,而且为深入理解马克思的政治、社会乃至伦理思想提供了文本依据。

(一)国外研究概况

《哥达纲领批判》作为科学社会主义的一份纲领性文件,犹如一座灯塔,照亮了无产阶级革命与无产阶级专政实践的前行之路。而列宁在《国家与革命》中率先追随这道光芒,坚定而勇敢地探索,不仅借助阐发马克思对拉萨尔主义的批判来对第二国际中的机会主义倾向进行驳斥,澄清了科学社会主义的核心观点与基本原则,而且将马克思关于未来社会制度、分配原则与发展取向的原则构想应用于俄国革命实践当中,进一步阐述了无产阶级专政的必要性、实质与形式,并深入探讨了共产主义社会第一阶段与共产主义社会高级阶段的样态,为俄国乃至世界无产阶级革命指明方向。

与之相反,伯恩施坦出于为其"运动就是一切"谬论辩护的目的,有意回避《哥达纲领批判》中的共产主义社会构想。他借助对《法兰西内战》中马克思所提出的"工人阶级必须经过长期的斗争,必须经过一系列将把环境和人都加以改造的历史过程。工人阶级不是要实现什么理想,而只是要解放那些由旧的正在崩溃的资产阶级社会本身孕育着的新社会因素"①这一论断的片面解读,来否定无产阶级专政的必要性与科学性。对于上述观点,考茨基曾在《议会制度、人民立法和社会民主党》《伯恩施坦和社会民主党的纲领》中依据《哥达纲领批判》中的无产阶级专政思想作出严厉批判。但俄国十月革命后,考茨基对无产阶级专政的认识有所转变,从既承认无产阶级专政必要性,又承认有可能以和平的方式实现无产阶级统治的暧昧态度转向直接的批判。在《无产阶级革命及其纲领》中,考茨基"修正"《哥达纲领批判》中"政治过渡时期的国家只能是无产阶级的革命专政"的论断,并提出在民主国家资产阶级统治时期与无产阶级统治时期之间的过渡时期,通常"采取联合政府的形式"②。因此也被列宁斥为资产阶级的"辩护士"。

20世纪70年代以来,随着西方政治哲学的发展,学者积极探索马克思的公平正义思想。在此背景下,《哥达纲领批判》由于蕴含着马克思关于分配和权利平等的深刻思考,成为把握马克思公平正义思想乃至马克思政治哲学的核心文本。艾伦·伍德与胡萨米之间的激烈讨论是引发"马克思与正义"争论的直接因素,他们在《马克思对正义的批判》《马克思论分配正义》《马克思论权利和正义:对胡萨米的回复》中多次依据《哥达纲领批判》对共产主义社会第一阶段与共产主义社会高级阶段分配原则的论述,来探讨马克思是否存在分配正义思想以及是否批判资本主义分配为非正义的。加拿大学者凯·尼尔森还更为细致地区分了《哥达纲领批判》分配原则中的道德因素和科学因素。他认为,在《哥达纲领批判》中,马克思为我们提供了诸如奴隶、历史祸害等一个个强有力的带有明显感情意蕴的规范短语,这种规范性是与辩证唯物主义和历史唯物主义相一致的,这是我们把握马克思政治

---

① 《马克思恩格斯文集》(第三卷),人民出版社,2009年,第159页。

② 中共中央马克思、恩格斯、列宁、斯大林著作编译局资料室编:《考茨基言论》,生活·读书·新知三联书店,1973年,第44页。

哲学的根本立足点。①

值得一提的是,罗尔斯在《政治哲学史讲义》中对《哥达纲领批判》中的共产主义社会第一阶段构想作出系统阐释,认为这个社会是"生产者自由联合的社会",其中既没有异化也没有剥削。社会成员将准确理解他们的社会,且不会用虚假的观念来理解该社会的运行机制。②法国学者伊莎贝尔·加罗则认为,《哥达纲领批判》在某种意义上可以被看作对《资本论》中观点的提炼总结,由此马克思结合当时的资本主义生产条件、生产关系和分配关系之间的紧密联系以及当时的阶级斗争和政治前景,彻底批驳了拉萨尔把劳动问题简化为抽象的荒谬方式,并对真正的公平分配进行了论述。③

在社会主义发展阶段的划分与经济制度方面,日本学者不破哲三认为,马克思在《哥达纲领批判》中提出的,关于"从资本主义到共产主义的过渡时期"的理论具有划时代的意义,不仅揭示了社会主义初级阶段的内在特征,还指明经济制度的过渡性和矛盾性,这启示我们,在现代社会的复杂条件下,按劳分配制度将会面临公平与效率、机制僵化等诸多挑战。④这种结合现实、与时俱进的前瞻性为我们现代社会主义理论的进一步发展提供了启示。罗默在其著作《社会主义的未来》中认为,马克思在《哥达纲领批判》中关于社会主义阶段的经济制度的提法是基于当时社会历史条件,而现代社会的复杂性要求重新审视市场的作用。他进而提出"市场社会主义"的概念,并将市场—计划之对立具体到如何设计制度,使市场服务于社会公平与效率的目标上,主张在社会主义制度中保留市场机制,同时通过民主和公共

---

① Kai Nielsen, Marxism and the moral point of view: morality, ideology, and historical materialism, Westview Press 1989.

② [美]罗尔斯:《政治哲学史讲义》,杨通进等译,中国社会科学出版社,2011年,第372页。

③ [法]伊莎贝尔·加罗、张春颖:《〈哥达纲领批判〉关于社会主义的创新》,《当代世界与社会主义》,2013年第5期。

④ [日]不破哲三:《社会主义の原点と未来》,新日本出版社,1990年。

所有制对市场进行监管和引导。①如何平衡效率与公平,如何处理国家、市场与民主之间的关系,如何应对全球化与环境危机等,这才是基于现实条件下的积极实践观,对马克思《哥达纲领批判》中的社会主义核心思想的进一步深入发展与有效回应。

此外,还有学者在国家理论、政党建设、阶级斗争与统一战线等方面对《哥达纲领批判》进行了多角度的解读与阐发,丰富和拓展了《哥达纲领批判》的文本内涵。同时,学者们在此过程中所引起的争论也为当代国内学者进一步展开研究提供了启示。

(二)国内研究概况

《哥达纲领批判》最早由熊得山译成中文,1922 年发表在北京《今日》杂志第 1 卷第 4 号(马克思特号)上;1925 年上海解放丛书社出版了李春蕃(柯伯年)的中译本;1939 年延安解放社出版了何思敬、徐冰的中译本。这些早期的翻译工作为国内学界研究该著作提供了基础文本。新中国成立后,中译文收录在《马克思恩格斯全集》第一版第 19 卷,1963 年由人民出版社出版,随后在 1964、1965 年出版了单行本,1972 年收入《马克思恩格斯选集》第一版第 3 卷发表。这进一步推动了其在国内的传播与研究,例如,有学者用中国社会主义建设的实践为马克思在《哥达纲领批判》中提出的社会主义政治制度、按劳分配、平等思想作辩护。

改革开放以来,国内学界积极与西方学界展开交流,并自觉对现存争论作出回应。在正义问题方面,学者们均认为马克思持有一种正义理论。有学者强调马克思所主张的分配正义与既往的分配正义之间存在本质的不同,"马克思主义正义观同以往正义观的显著区别在于,它的核心是人而不

---

① John Roemer, *A Future for Socialism*, Harvard University Press, 1994.

是财产权,马克思在对财产权批判基础上最终建构起的是旨在实现人的自由全面发展的彰显人性的价值"①。还有学者尝试从政治经济学的角度介入对公平正义问题的讨论中,提出必须根据生产关系来理解公平正义问题,拉萨尔的错误正在于"要求按照平等权利来进行公平分配,全然无视生产关系之于分配关系的决定作用"②。我们也应该注意,虽然马克思在《哥达纲领批判》中从分配问题切入到公平正义的讨论,但这并不意味着马克思讲的正义就是分配正义,相反马克思只是根据论战对象来确定了切入点。马克思的正义思想最终落脚于生产方式,这是马克思正义思想与西方政治哲学中的正义思想的根本区别。忽视了这一点,必然导致严重的错误。例如,匈牙利学者赫勒根据休谟设置的物质资源适度匮乏的前提来剪裁马克思的正义思想,认为共产主义实现了物质资源的极大丰富因而不存在讨论正义的条件,共产主义超越了正义的观点,显然限制了马克思政治哲学的发展空间。

学界还着眼于改革和完善中国特色社会主义分配制度的实践需要,对《哥达纲领批判》中共产主义社会第一阶段的分配原则进行阐释。有学者在按劳分配设想与按劳分配原则之间进行区分,认为按劳分配设想是要求比按劳分配原则更高的更完善的社会条件。我国正处于并将长期处于社会主义初级阶段,这一国情决定了我们不能原封不动地遵照按劳分配设想设计分配制度,但是为了避免资本主义的弊病,我们必须遵循按劳分配原则。这一原则包括,"一是'一种形式的一定量劳动同另一种形式的同量劳动相交换',即等量劳动获得等量报酬;二是'每个劳动者得到的份额同他的劳动时间成正比',即以劳动者付出的劳动(扣除公共需要劳动)为根据分配个人的

---

① 冯霞、简智荣:《〈哥达纲领批判〉的分配正义观对新时代共同富裕的启示》,《社会主义研究》,2022年第4期。

② 王峰明:《经济关系与分配正义——〈哥达纲领批判〉中马克思的"权利-正义观"辨析》,《哲学研究》,2019年第8期。

生活消费品,多劳多得,少劳少得。"①在这种观点看来,遵照按劳分配原则适应社会主义市场经济的特点,它不要求取消商品交换,而是要求劳动者能够参与分享一定数额的企业利润,并由此消灭剥削现象。也有学者直接在《哥达纲领批判》中的分配设想与我国现阶段的按劳分配制度之间进行比较,强调由于我国当前阶段尚不具有实行完全符合《哥达纲领批判》中设想的分配制度的条件,所以我国的分配方式中存在着非劳动收入,社会中存在着收入差距拉大的现象。但《哥达纲领批判》中所阐发的按劳分配原则始终是社会主义的根本原则之一,我们应该"参照马克思《批判》中有关理论来观照我们当前实行的按劳分配制度,并以此为指导方针"②。还有学者对马克思按劳分配理论的当代价值作出总结,认为马克思从思想、制度、实现形式三重维度对按劳分配的科学性、实践性作出论证,只有立足以上三个层面,才能真正理解其对于新时代中国特色社会主义建设的重大意义,"必须根据社会主义发展的具体阶段探索按劳分配的实现形式"③。

在此基础上,学者们进而对"各尽所能,按需分配"的实施方式进行阐发。由于马克思将"各尽所能,按需分配"视为未来社会的理想,并直接将之与人的自由全面发展联系起来,因此"各尽所能,按需分配"成为理解马克思人类解放理想的一把钥匙,也成为引导我国社会发展的美好目标。当前,学者们对"各尽所能,按需分配"的具体实行方式认识不一。尽管形成了分配的物品是个人消费品的共识,但是在按照什么需要进行分配的问题上却存在诸多争论。有学者认为,"共产主义社会中人们的需要是正常的、健康的、

---

① 文洪朝:《中国特色社会主义按劳分配的理论和实践创新》,《毛泽东邓小平理论研究》,2012年第11期。

② 韩蕊:《〈哥达纲领批判〉分配思想与我国现阶段的按劳分配制度之比较》,《山东社会科学》,2015年第2期。

③ 邹升平、梁嘉蔚:《马克思按劳分配理论的三重贡献及当代价值》,《经济纵横》,2021年第4期。

发展了的需要"①,并且由于物质资料的极大丰富,这种需要更多的是更高层次的精神需要。物质产品难以共享,但精神产品完全可以共享,这也是按需分配得以顺利实现的重要条件。有学者在需求与欲望之间作出区分,认为"欲望是纯个体的,需求则是个性和社会性的统一"②。在这种意义上,以极端的或者有损于他人的欲望来宣称按需分配无法实现显然是不合理的。还有学者从生产与需要、资源与需要、条件预设三个方面论证了"按需分配"的现实性,强调不仅生产和资源决定了需要的限度,而且共产主义社会中人本身的发展也决定了需要的社会性和合理性,脱离这些限制去宣扬"按劳分配"的不可能性无疑是错误的。

总之,《哥达纲领批判》既是一部包含马克思思想成熟时期对共产主义丰富思考的科学的著作,也是一部蕴含着诸多话题和讨论场域的开放的著作。目前学界对《哥达纲领批判》的讨论存在着政治、经济、伦理等多重维度,沿着这些维度,并结合当今时代问题与优秀理论成果进一步探索、发展《哥达纲领批判》既是丰富和发展马克思主义的基本要求,也是使《哥达纲领批判》更好地观照新时代中国特色社会主义实践,更好地发挥出其对新时代中国特色社会主义建设指导作用的必然选择。

二、值得继续探讨的话题——党纲与革命形势判断

倍倍尔在《我的一生》中说,自己"已经越过拉萨尔而走向马克思"③,李卜克内西的思想发展轨迹大体也是如此。他们两人于1869年从拉萨尔派出走建党(爱森纳赫派),但早期仍然保留着拉萨尔主义的痕迹。因而,在1875

① 刘建军:《论共产主义社会"按需分配"实现的历史必然性》,《马克思主义研究》,2008年第1期。
② 邵彦敏、金易:《澄清对马克思"按需分配"理论认识的几个误区》,《理论学刊》,2010年第6期。
③ 龚云、杨静:《马克思的朋友圈》,人民出版社,2023年,第138页。

年两党联合时,李卜克内西采纳了充满拉萨尔主义色彩《哥达纲领》作为党纲(而马克思和恩格斯则申明,自己与这份纲领毫无共同点)。马克思与拉萨尔的分歧在很大程度上反映了理想与现实间的张力,拉萨尔派更贴近于当时德国工人运动的实际水平。梅林认为,马克思在理论上高估了爱森纳赫派,低估了拉萨尔派。柯尔施则提出,马克思与拉萨尔在理论上有许多共同之处,而他们之间的分歧在工人们看来无关宏旨。应当说,柯尔施很好地指出了当时的现实状况,马克思主义具有更高的政治站位和更广阔的历史视野,而拉萨尔主义则更关注政治操作,甚至为了这种操作而放弃原则。不过,随着时代变化,马克思主义显示出越来越多的生命力,这是由其科学的本质所决定的。因此,20世纪以来我们看到马克思主义发挥着持续的影响力,而拉萨尔主义却几乎消失于历史之中。

但是,回到现实实践,马克思主义与拉萨尔主义的交锋却把宏观、原则性的纲领如何更好地与现实条件,包括革命形势、经济发展状况结合起来这一关键问题提了出来。这对于我们现在回过头去反思马克思站在唯物史观原则高度提出的主张、及其与拉萨尔的思想的层次互补性具有重要意义。以马克思批判拉萨尔的"劳动是一切财富的源泉"一例而言,一个是批判性的,一个是建构性的;而且层次不同,马克思的批判性直指社会所有制度的层次,然而这种有关社会制度的根本性的革命主题与现实工人运动中的劳动与分配问题不在同一层次上。站在当时具体处境中的工人的角度来说,拉萨尔哥达纲领提出的建构性主张更面对现实,在谴责的同时也尽可能为无产阶级谋求现实可见可行的利益。事实上,李卜克内西等爱森纳赫派领导人基于现实的层面,并没有实质性接受马克思恩格斯的批判意见。从德国工人运动的后续发展来看,当时马克思、恩格斯对革命形势的判断还是有些过于乐观。不仅如此,1921年9月23日,德国社会民主党在《格尔利茨纲领》中甚至正式放弃了马克思主义,并重提拉萨尔主义的口号。

我们或许可以这样理解上述现象：马克思、恩格斯与列宁是那个时代的社会主义、共产主义运动大浪潮中的3个积极的伟大代表，他们代表着共产主义运动的前进方向，但如何现实地向着这一方向前进还要依靠现实的工人阶级。工人阶级不仅受到理论的影响，更身处于现实的社会生活当中。换言之，工人阶级在马列主义与资本主义现实境况所构建的整体空间中运动与活动，因而工人运动的结果常常以对资本主义的"修正"的形式表现出来。当然，这并不意味马克思主义的"失败"，恰恰相反，它展现出马克思主义的历史功绩——它深刻改变了资本主义的现实发展，影响了世界社会主义运动。正如海因里希·伯尔所说，没有卡尔·马克思，当今六分之五的人口依然生活在半奴隶制的阴郁的状态之中。与此同时，资本主义也展现了其生命力，几个国际的不断"妥协"趋势也应从这方面加以全面理解。这种对马克思主义开放性、时代性与实践性的系统认识，是我们正确理解当代世界社会主义运动的重要思想基础。

第七章　恩格斯《家庭、私有制和国家的起源》研读

Der Ursprung der Familie,

des

Privateigenthums

und des Staats.

—

Im Anschluss

an

Lewis H. Morgan's Forschungen

von

Friedrich Engels.

◆→◆←◆

Hottingen-Zürich.
Verlag der Schweizerischen Volksbuchhandlung.
1884.

《家庭、私有制和国家的起源》第一版的封面

第一节　著作简介

恩格斯的《家庭、私有制和国家的起源》(以下简称《起源》)是一部科学社会主义的重要著作。其中,恩格斯在马克思相关研究笔记,当时最新的人类学和考古学发现,尤其是摩尔根《古代社会》(1877年出版)等有关古代社会的研究成果的基础上,探讨了家庭、私有制和国家的历史发展及其相互关系。

对于家庭形态的演变,恩格斯指出社会经济条件变迁,特别是生产方式和财产关系的发展的决定性作用。从原始群婚制到氏族再到一夫一妻制,家庭的这种演变反映出生产力的发展、生产方式的变化和财产关系的转型。其中,私有制的出现具有特别突出的意义,它促使家庭形态从集体的群婚制向以个体为中心的单一模式转变,并最终导致女性地位下降,男性主导的家庭结构形成。这一观点为理解家庭如何反映和影响社会经济结构提供了一个理论入口,尽管它的一些细节和假设在后来的学术研究中受到了挑战和修正。

在此基础上,恩格斯深入分析了私有制的起源,指出私有制是随着生产力的发展和剩余产品出现,私有财产逐渐形成而产生的,并导致社会出现阶级分化。在早期人类社会如原始社会,资源和土地大多归原始共同体所有,社会基于血缘关系的部落组织共享资源和劳动成果。随着农业与畜牧业技术进步、生产力提高,剩余产品开始出现,这为财产积累和私有制的形成创造了前提;同时,生产工具的改进和囤积也为个人或小团体控制更多资源提供了可能。人类社会初期的财产形式可能依旧由家族或小群体共有,但随着剩余产品的增加,特定个体或家庭开始控制生产资料和土地,逐渐发展出私有制。换言之,私有制是随着生产力的增长、生产工具的改进,以及剩余产品的出现而出现的。这一过程同时伴随着生产关系和社会结构的根本性变化,产生新的社会阶级和经济关系;它还深刻影响了法律和政治体系,改变了家庭和性别的关系,加剧了男性对妇女和儿童的控制。

私有制还进一步催生了阶级与国家。恩格斯认为,这是人类社会历史发展中的一个决定性转折点,私有制造成财富和资源的不平等分配,使拥有生产资料的少数人组成统治阶级,而被剥夺生产资料的大多数人成为被统治阶级。为了使社会不至在阶级冲突中灭亡,国家作为一种政治权力机构应运而生,其主要功能就是运用法律和强制手段解决不同阶级间的冲突,维护统治阶级利益。总之,经济因素在私有制、国家的形成和社会结构的变迁中起着核心作用。

《起源》内容丰富,视野广阔,涉及哲学、政治学、历史学、人类学、民族学等多个学科,是马克思主义关于人类社会早期形态研究的一个重要文献,它深刻影响了20世纪的社会科学研究,为后来的社会学、人类学和政治学有关家庭、性别关系、经济基础与上层建筑之间互动机制的研究提供了理论框架。近年来,部分西方学者对恩格斯的观点提出挑战,主要集中在由于时代局限性,以及材料不够充分,恩格斯对母系氏族与群婚制的看法存在模糊之处,解释不及后来的"酋邦"理论等。还有学者认为,恩格斯的一些假设可能过于简化或者忽略了文化因素的作用,对家庭、私有制与国家之间关系的解释存在经济决定论的倾向。

综上,尽管它的某些局部性结论在今天的学术讨论中存在争议,但总体来说,《起源》是一部深具洞察力的作品,为我们理解人类社会的基本结构,把握现代资本主义社会的基本矛盾,提供了科学的历史唯物主义视角。

第二节　著作背景

正如恩格斯在《起源》第一版序言中所说,写作《起源》的主旨在于利用当时人类学家摩尔根的新成果,论证历史唯物主义的正确性与科学性。由此,恩格斯以"两种生产理论"为主要线索,以国家的起源问题为中心,针对家庭、私有制与国家的产生、发展过程进行历史追溯。恩格斯还指出,这本著作的写作"在某种程度上是实现遗愿"①,因为马克思生前本来计划运用历史唯物主义来阐释摩尔根的新近研究成果,但未及完成。②不过,恩格斯本人也有这方面的打算,他曾提到,在论述社会的原始状况方面,摩尔根《古代社会》有如达尔文《物种起源》"那样具有决定意义",尽管是马克思先发现这一点的,并明确说:"假如我有时间,我倒想利用马克思的札记来把这些材料加加工,为《社会民主党人报》的杂文栏或《新时代》写点东西。"③

在很大程度上,《起源》是马克思、恩格斯三十多年持续进行历史学、人类学研究的结晶,按统计,《起源》引用的论著高达五十多种。马克思、恩格斯在《德意志意识形态》中就尝试对人类社会历史的发展进程作出具体和科学的说明,但由于资料有限,此时马克思、恩格斯未能对人类社会的原始形态进行深入阐发。

1853年,马克思和恩格斯在通信中开始讨论印度社会史的相关问题。

---

① 《马克思恩格斯文集》(第四卷),人民出版社,2009年,第15页。

② 马克思在写作《资本论》第2卷时,遭遇土地问题这个前资本主义社会形态研究所必须解决的重要问题,于是,他便大量阅读了人类学方面的材料,并做了摘抄与批注,对国家起源问题展开深入思考。马克思《古代社会史笔记》是研究《起源》中的国家理论的重要参考文献。

③ 《马克思恩格斯文集》(第十卷),人民出版社,2009年,第513页。

同年,马克思发表论文《不列颠在印度的统治》和《不列颠在印度统治的未来结果》,论述了印度农村公社的组织、特点和作用,指出这是一种"半野蛮半文明的公社"①。

1857—1858年,马克思在《政治经济学批判大纲》中,较系统地论述了前资本主义的生产形态。在《亚细亚的所有制形式》中推论人类社会的原始形态为具有"血缘、语言、习惯等等的共同性"②的原始共同体,以土地公有制为基础,并常常表现为共同劳动。

1859年,马克思在《〈政治经济学批判〉序言》中提出:"大体说来,亚细亚的、古希腊罗马的、封建的和现代资产阶级的生产方式可以看做是经济的社会形态演进的几个时代。"③不过,马克思、恩格斯后来均不再使用亚细亚概念,《起源》中也没有出现。

1869—1870年,恩格斯在研究爱尔兰史,并积累起二十多万字资料的基础上,着手编写爱尔兰史,即《起源》中有关凯尔特人的氏族部分。

1874年,恩格斯准备写《流亡者文献》一文,并深入研究了俄罗斯人、日耳曼人和其他民族的农村公社。

1881—1882年,恩格斯先后写就《论古代日耳曼人的历史》《法兰克时代》,1882年,又写成《马尔克》一文。

1879—1880年,马克思阅读了科瓦列夫斯基《公社土地占有制,其解体的原因、进程和结果》一书,并作了详细摘要和一些重要评注。

1881年,马克思在给维·伊·查苏利奇的信和复信的草稿中,较系统地论述了农村公社的构成、性质、特点及其解体过程,第一次明确指出农村公社

---

① 《马克思恩格斯文集》(第二卷),人民出版社,2009年,第682页。

② 《马克思恩格斯文集》(第八卷),人民出版社,2009年,第123~124页。

③ 《马克思恩格斯文集》(第二卷),2009年,第592页。

是一种"次生形态"的公社①,具有公有和私有的"二重性"。

1881年或略早一些,马克思发现了摩尔根的《古代社会》一书,并通过美国的左尔格购得一本。1881年5月到1882年8月,马克思研读了此书,做了十分详细的摘录,即《摩尔根〈古代社会〉一书摘要》。

这样说来,论证历史唯物主义似乎成为推动恩格斯写作《起源》的唯一动力,其实并不尽然。恩格斯之所以在马克思去世后不久很快就从事《起源》写作,甚至为此搁置了《资本论》的编辑工作,除了要完成终生战友马克思未竟的夙愿外,还出于当时的政治斗争形势与理论需要。19世纪80年代是自由资本主义向帝国主义过渡,自由竞争转变为垄断,垄断组织出现的时期,也是阶级矛盾和其他矛盾共同发展的阶段。这一时期虽未发生革命,但国际无产阶级革命运动取得了新进展,尤其是工人运动范围的空前扩展、社会主义工人政党纷纷成立,马克思主义在欧美得到了广泛传播和接受。在这种背景下,资产阶级不断寻求维护自身统治的新方法,表现为在镇压工人运动的同时,培植工人贵族以分化工人阶级。因此,工人政党党内小资产阶级思想有所抬头。此外,政党政治与议会斗争等合法斗争手段的运用也导致机会主义和修正主义思想在党内滋生,机会主义者缺乏长期革命斗争的锻炼,鼓吹以合法的方式实现目的,而修正主义者则试图在资产阶级国家框架内通过改良实现社会主义。这使得对机会主义与修正主义等资产阶级国家观展开批判,消除它们对无产阶级运动的负面影响,进一步说明马克思主义关于国家是阶级剥削与压迫的机器的思想,成为继续推动无产阶级革命发展的重要要求。

可见,《起源》也是马克思主义对包括机会主义、修正主义在内的各种错误思想进行批判的产物。在这种意义上,有必要对当时流行的有关私有制、

---

① 《马克思恩格斯文集》(第三卷),人民出版社,2009年,第586页。

国家起源的各种观点进行简要说明。

一、资产阶级观点

在私有制起源问题上,当时资产阶级内部主要流行如下三种理论观点:其一,天赋人权的劳动起源论。许多资产阶级学者认为,私有财产是人类自然权利的重要部分。他们强调,个体有权利拥有和控制自己通过劳动获取的资源,并将之转化为私有财产,因此私有制是自然法则的直接结果。这一观点由洛克在《政府论》"论财产"章中首次作出系统说明。其二,社会契约论,代表人物有托马斯·霍布斯和让-雅克·卢梭等。他们认为,私有制建立在人们在社会契约中达成的对财产权的共同认可之上,是人们为了避免自然状态下的无政府状态和冲突,而相互协定所达成的共识。其三,还有一些理论家采取进化论的观点来解释私有制的起源,认为私有制是社会和文明进程中的一个自然阶段。他们强调,随着社会从部落向更复杂的社会结构发展,私有制自然而然地形成了,私有制是社会进化的一部分。此外,资产阶级经济学家还注重对私有制益处的宣扬,私有制能够激励个人劳动,增加生产效率,促进社会整体的经济发展。

在国家起源问题上,柏拉图塑造了西方哲学理解国家的基本方式,他认为国家起源于人们之间的自然分工,最初是为了满足基本生活需求。在国家中,农民、工匠和建筑师各自贡献劳动,通过相互交换劳动产品以满足需求。柏拉图还强调,国家的最终目的是实现公正和促进公民的德性发展,每个人都应当履行其角色义务,以维护和谐和正义。他的国家理论深受他的哲学思想、特别是形式论和公正观念的影响。

亚里士多德在《政治学》中,以更加实证和经验主义的方式提出,政治社会是自然发展的结果,而非柏拉图所设想的理想状态。亚里士多德认为人是"社会的动物"（政治动物），人们天生就具有在社会中生活的倾向，自然地趋向于形成更大的社会集团，因而在历史上出现了从家庭到村落再到国家的发展过程，家庭是社会组织的基本单元，由此扩展到村庄（由多个家庭组成），最终形成国家。就此而言，国家是人类社会化本能的自然结果，只有在国家这样的政治社会中，人才能实现其道德和智慧的潜能，过上完善的生活。亚里士多德还探讨了国家的不同政府形式，包括君主制、贵族制和民主制。他认为，最佳的政府形式应该结合这些形式的优点，形成一个稳定而公正的政体，确保各阶层的利益得到平衡。

伊壁鸠鲁认为国家和政治制度的主要目的是防止暴力、保障个人安全。人们可以通过某种形式的契约或协议相互之间达成共识，以寻求快乐与安宁，避免冲突和痛苦，在此过程中国家得以形成。伊壁鸠鲁的观点可以被视为社会契约论的早期形式，在这种观点下，国家和政治活动通常被视为潜在的快乐干扰源，因为它们可能导致冲突和不安。

到了17、18世纪，以霍布斯、卢梭为代表的现代社会契约论者，通过假设个人在自然状态下的决策过程，来解释和正当化政治权力和国家的形成。在《利维坦》（1651年）中，霍布斯提出了一个悲观的自然状态假设，其中，人们的生活是孤独、贫困、卑劣、野蛮和短暂的。为了逃避这种充满恐惧和暴力的生活，人们通过社会契约将他们的自然权利转让给一个绝对的主权者（利维坦），国家由此诞生。在《社会契约论》（1762年）中，卢梭提出"公意"概念，强调社会契约的目的是创建一个公民完全平等的政治共同体，政府的合法性来自人民的普遍和自由参与。卢梭强调，通过社会契约，每个人都把自己和自身权力置于共同体的总意志之下，从而实现真正的自由和平等。①这些社会契约论者的思想对现代民主政治理论和宪法原则产生了深远影响，

---

① ［法］卢梭：《社会契约论》，何兆武译，商务印书馆，2009年，第30页。

他们关于国家起源的理论也为现代政治系统提供了哲学基础和正当性。虽然每位思想家对社会契约的具体理解均有所不同,但他们都共享通过合理的理论框架来解释个体同意形成政府的行为这一主题,关注政府的合法性和权力限制。其中,卢梭的国家理论曾对马克思产生过深远影响,但马克思最终揭示出卢梭的国家理论只是一种虚构,并且遮蔽了其中的阶级冲突和剥削本质。

二、机会主义观点

如前所述,19世纪末,拉萨尔主义在德国工人党内具有重要影响。这一派别将国家视作超越阶级与社会的独立实体,并认为国家能够成为调和社会矛盾的中立力量。因此,以拉萨尔主义者为代表的机会主义者倾向于通过和平的、渐进的改良主义方式来实现社会变革。这尤其明显地体现在《哥达纲领》提出的通过国家帮助建立合作社,以及建立"自由国家"的主张当中。

机会主义的国家观受到马克思、恩格斯的严厉批判,他们根据对国家阶级属性及其剥削性质的认识,指出共产主义必须通过无产阶级革命才能实现,在资本主义社会向共产主义社会过渡的时期,国家的形式必然是无产阶级专政。

三、出版情况

《起源》写作于1884年3月至5月期间,写作顺利但出版遇到了困难,因为当时德国政府对凡是有恩格斯"署名的东西""一律查禁"。直到1884年10月3日,《起源》的第一版才在苏黎世问世。由于《起源》一书把历史唯物主义与实证性的历史资料结合起来,既是科学研究的典范,也是将革命性与科学性高度统一的典范,对于历史学、政治经济学、政治学、社会学、民族学、伦理学等学科的研究都有重要的指导意义,因而一经出版就得到广泛传播,多次版印,被翻译为英、法、意、俄等多种文字。其中,恩格斯还为1891年第四版作了修订,并撰写序言《关于原始家庭的历史》。

《起源》在我国得到传播的时间较早。1908年,《起源》第二章的几段译文首次发表在《天义报》第16—19卷合刊号上;几乎同时,1908年4月25日,由旅居法国的中国无政府主义者创办的刊物《新世纪》第44期上也提及《起源》的一些内容。1920年《东方杂志》刊载了恽代英翻译的《起源》部分内容。1921年《起源》部分章以单行本形式发表。1925年蔡和森将其按照法文翻译的《起源》部分内容编入《社会进化论》讲义,在上海大学印发并讲授。《起源》的第一个全文中译本由旅居日本的李膺扬于1929年翻译,在上海新生命书局出版发行。

第三节　内容导读

《起源》包括第一版序言、第四版序言与9章正文,其中,第9章是对人类社会历史发展进程的整体论述,其余8章为专题论述。在结构上,章与章之间的划分并不严格,很多论述都跨越超出了原本的章节范围。

一、1884年第一版序言

恩格斯在此主要阐述了本书写作的原因、唯物史观的基本原理、对摩尔根著作的评价,以及此书与摩尔根著作之间的异同。

恩格斯开篇指出,本书在某种程度上是为完成马克思遗愿而写的,在写作中,恩格斯受到摩尔根《古代社会》的启发,因此副标题以"就路易斯·亨·摩尔根的研究成果而作"为名。在恩格斯看来,这部著作与唯物史观间的关系非常密切,其关于人类从蒙昧时代经野蛮时代到文明时代的发展过程的研究在"主要点"上验证了唯物史观。这些"主要点"在后续被恩格斯表述为:①直接生活的生产和再生产是社会历史发展的决定因素;②家庭、社会形态遵循从低级向高级发展的规律;③人类社会有着共同的发展规律;④人类社会的未来发展必然导向共产主义。当然,摩尔根并不是一个马克思主义者,他持有上帝创世之类的唯心主义观念,但他不自觉地得出了与马克思相同的结论。因此,摩尔根所发现的历史经验材料还需运用唯物史观来进行科学阐释,反过来说,古代研究成果的全部意义也只有据此才能得到展现,像麦克伦南等资产阶级学者那样,对《古代社会》进行非唯物史观的片面解读只会遮蔽了这些历史材料的重要意义。

恩格斯接着叙述唯物史观的基本原理,即著名的"两种生产"理论:历史中的决定性因素,归根结底是直接生活的生产和再生产。而生产本身又有两种:一是生活资料即食物、衣服、住房以及为此所必需的工具的生产;二是人类自身的生产,即"种的蕃衍"①。

20世纪,学界围绕这一原理产生了一系列争论,提出了多种不同的解读范式,如两种生产共同决定论、两种生产一体论、物质生产一元决定论,还有修正论、一贯论等等。"二元论"②认为,社会发展是物质生产和人的自我生产两者共同作用的结果,这种观点与传统的生产力决定论有所差异。"一体论"

---

①　《马克思恩格斯文集》(第四卷),人民出版社,2009年,第16页。

②　苏联马恩列斯研究院在1947年版《起源》的序言中认为恩格斯这个提法是不精确的,它对各种物质生活条件在社会发展中的作用的解释容易引起错误的观点,因为家庭是不能与劳动、与作为社会发展决定因素的物质生产相提并论的,但我国学界多不以为然。

主张在不同社会形态中,"两种生产"对社会发展的决定性作用有所不同,例如,原始社会可能更多地受到血缘关系的影响,而私有制社会则主要受到经济制度的支配。"一元论"认为应该狭义地理解"直接生活的生产",即其专指物质资料生产。在这种解释下,"两种生产"理论并不改变对唯物史观的传统解释,因为这里的两种生产在本质上都是物质生产的不同表现形式。"修正论"提出,恩格斯的"两种生产"理论是对唯物史观的必要修正,而"一贯论"则试图证明"两种生产"的概念在马克思、恩格斯早期著作中就已经有所体现,并据此强调他们的思想在发展过程中的一致性。

上述不同观点是学者们面对不断变化的历史和社会现实,对理论进行重新评估和阐释的结果,反映出马克思主义理论的开放性与发展空间,由此我们也可以看到马克思主义理论本身的灵活性和适应性,以及它在不同历史时期对社会现实的解释力。当然,由于恩格斯在其著作中并未对"两种生产"概念进行详尽和系统的阐述,这导致"两种生产"至今仍然是一个模糊的问题,甚至构成对唯物史观的"挑战"。批评者认为,这种不明确性使得"两种生产"理论难以被后来者在历史研究、社会研究过程中合理运用。

笔者认为,应该不仅在单纯的人口生产层面来理解恩格斯所说的"种的蕃衍",因为其中还包含着社会关系,例如人与人的关系,家庭关系的生产和再生产,而这可能是理解"两种生产"的关键。读者们在阅读马克思、恩格斯的经典文献时,经常会发现某些用语的字面意思与实质意义存在区别,而这也是由马克思、恩格斯对以往学说的批判态度所决定的。正如恩格斯谈到读者在阅读《资本论》时可能遇到的困难所说的那样,"某些术语的应用,不仅同它们在日常生活中的含义不同,而且和它们在普通政治经济学中的含义也不同。但这是不可避免的。一门科学提出的每一种新见解都包含这门科学的术语的革命"①。这就要求我们将术语放置于文本整体之中进行把握与考察，从而准确理解其内涵。

这里的"种的蕃衍"出现在恩格斯对人类社会早期形态的分析，尤其是在探讨原始社会的组织结构和发展过程之中，大体指"种族的繁衍"或"种族的发展"。"种"指的是人类社会早期以血缘关系为基础的族群，而"蕃衍"则是指这些族群的增长和发展。恩格斯在对原始社会的研究中强调了血缘关系的重要性，指出这些关系衍生出社会的基本结构，并且对社会的经济和文化发展产生了深远的影响。在此语境下，讨论"种的蕃衍"有助于理解如何通过血缘关系的扩展，原始社会的结构与组织方式逐步形成、变化。此外，恩格斯对"种的蕃衍"或"族群繁衍"过程的分析也涉及生产方式的变化、生活方式的变迁以及文化传统的传承。在此过程中，人类早期历史族群内部的结构和外部环境之间的互动作用激发出更复杂的社会形态，揭示出这种作用机制也是恩格斯考察人类社会早期形态的重要目的。

恩格斯接着由此进行对人类社会历史发展的规律性论述："一定历史时代和一定地区内的人们生活于其下的社会制度，受着两种生产的制约：一方面受劳动的发展阶段的制约，另一方面受家庭的发展阶段的制约。劳动越不发达，劳动产品的数量、从而社会的财富越受限制，社会制度就越在较大程度上受血族关系的支配。然而，在以血族关系为基础的这种社会结构中，劳动生产率日益发展起来；与此同时，私有制和交换、财产差别、使用他人劳动力的可能性，从而阶级对立的基础等等新的社会成分，也日益发展起来；这些新的社会成分在几个世代中竭力使旧的社会制度适应新的条件，直到两者的不相容性最后导致一个彻底的变革为止。以血族团体为基础的旧社会，由于新形成的社会各阶级的冲突而被炸毁；代之而起的是组成为国家的

---

① 《马克思恩格斯文集》(第五卷)，人民出版社，2009年，第32页。

新社会,而国家的基层单位已经不是血族团体,而是地区团体了。在这种社会中,家庭制度完全受所有制的支配,阶级对立和阶级斗争从此自由开展起来,这种阶级对立和阶级斗争构成了直到今日的全部成文历史的内容。"①

可见,恩格斯这里是延续上面"两种生产"的提法,对社会发展规律作进一步说明:其一,社会制度受到两种生产的制约,表现出阶段性特征,一定地区的社会制度会随着不同的历史时代而存在不同形式。这里,"劳动"对应于前面的"物质资料的生产","家庭"对应于"人类自身的生产",后者不只是单纯的人的生产、人口的生产,或者纯粹生物意义上的"种的蕃衍"。其二,在劳动生产低下的原始社会,其制度则主要受到"两种生产"的另一种生产"人类自身生产"——即家族血缘关系的制约。而在这样的社会结构中,生产力的发展会导致血缘关系瓦解,私有制与阶级出现,这些社会新生事物的出现与发展对既有社会制度提出了新要求,直到这种制度不能满足新生事物的继续发展,因而引发彻底的社会变革,血族团体被阶级社会所取代,由地区团体构成的国家由此出现。显然,在从原始社会到阶级国家的历史发展过程中,先是人类生产,然后是物质资料的生产起着主导性的作用,但它们都属于社会生产方式的范畴,因而,生产方式决定社会生产关系(从血缘关系到地区性交换的关系)的发展。其三,两种生产相互制约,在阶级社会,家庭关系完全从属于私有制的支配,基于阶级分化的阶级斗争成为文明社会的基本内容。

接着,恩格斯在序言中赞扬摩尔根的伟大功绩,指出其古代史研究的贡献主要表现在两个方面:一是在主要特点上发现和恢复了人类成文史的这种史前的基础,弥补了原始社会史的空白,"摩尔根发现了氏族的真正本质及其对部落的关系,这一卓绝发现把这种原始共产主义社会的内部组织的

---

① 《马克思恩格斯文集》(第四卷),人民出版社,2009年,第16页。

典型形式揭示出来了"①。二是对北美印第安人血族团体的研究为解释古代希腊、罗马和德意志的历史之谜提供了帮助。恩格斯也称赞摩尔根坚韧、严谨的科学态度,特别提到摩尔根从准备材料到得到研究成果花了前后40年的时间。②

最后,恩格斯说明,自己在《起源》中对摩尔根的引述与自己的补充作了分别。有关希腊罗马史部分,恩格斯作了扩充与展开;有关凯尔特和德意志人的章节,基本都是恩格斯的研究;关于经济方面的论证,恩格斯出于不同于摩尔根的目的而进行了重写。其他没有引述摩尔根之处,则是恩格斯自己的文字。而没有明确引证摩尔根的结论,恩格斯文责自负,这也体现了他对他人知识成果的尊重。

二、1891年第四版序言

这个序言有32个自然段。

恩格斯首先说明,在《起源》初版问世后的7年中,对原始社会家庭形式的认识获得了很多新的进展,因此需要利用这些材料对《起源》进行修订与补充。随后,恩格斯对从巴霍芬至摩尔根有关家庭史的观念发展进程作了一个简短评述,而这样做是因为英国史前史学派乃至世界仍无视摩尔根的研究。恩格斯万余字的"家庭史"评述主要包括4个部分的内容:

其一,概括"摩西五经"家庭史观。

恩格斯用1个自然段来阐述19世纪60年代之前,家庭史的研究处于"摩西五经"的影响之下。

---

① 《马克思恩格斯文集》(第二卷),人民出版社,2009年,第31页。

② 具体成果有:1842年"成立大易洛魁社",1847年成为塞讷卡部落养子,1851年出版《易洛魁联盟》,1877年出版《古代社会》,1881年出版《美洲土著的房屋及其家庭生活》。

　　"摩西五经"是基督教和犹太教圣经的前五本书,分别是《创世记》《出埃及记》《利未记》《民数记》和《申命记》,构成所谓"托拉"或"摩西律法"。在这些文本中,家庭不仅是人类社会的基本单元,而且经常被描绘为神与人类之间契约关系的一个重要载体。"摩西五经"中的家庭史观体现出家庭在古代以色列社会中的多重功能和在宗教信仰中的中心地位,家庭不仅是社会的微观缩影,也是维持和传承宗教信仰与文化传统的关键单元,具体表现为:其一,家庭是神的契约伙伴。《创世记》中,神与亚伯拉罕及其后代建立了一个重要的契约,承诺赐予他们土地和繁衍的福祉。这个契约强调了家庭在继承和实现神的应许中的核心作用。其二,家庭是族群延续和繁衍的载体。家庭在"摩西五经"中是传递信仰、文化和社会身份的主要途径。例如,雅各的12个儿子成为以色列12个部落的祖先,展示了家庭如何在维持和发展民族身份中起到桥梁作用。其三,家庭是道德和法律教育的基地。家庭是教育的第一站,父母负责向孩子传授道德准则和摩西律法。在《申命记》中,有详细的指示让父母在家中教导孩子遵守神的诫命。其四,家庭也是神赐福与惩罚的载体:家庭往往是神赐福或施行惩罚的对象。例如,罪行可能导致整个家庭受到惩罚,而忠诚和顺从则为家庭带来神的保护和祝福。其五,家庭是社会和法律结构的基本单位。家庭在"摩西五经"中不仅是宗教和文化的中心,也是社会和法律结构的基础。家庭内部的结构反映了更广泛的社会秩序,其中父亲或家庭长者通常扮演领导角色。

　　恩格斯批评历史与人类学研究停滞不前,把最古老的家长制家庭形式等同于现代资产阶级家庭,无视家庭形式在历史上的演变和多样性,也没有把其他家庭形态如一夫多妻制、一妻多夫制等纳入进来,进行整体性的研究。事实上,古代和一些现存的社会很可能采用母系社会结构,这表明家庭形态具有更大的复杂性。恩格斯也批评了泰勒著名的《人类原始历史的研究》(1865年版)一书,认为其缺乏深度。因为泰勒仅仅将这些非传统家庭形态作为"奇怪习俗"来对待,未能充分认识到这些家庭形态在不同文化和历史阶段中的意义和作用,没有透过"奇异现象"看到家庭史本质。这种反思对于打破固有的研究范式,推动更加开放和多元的社会科学研究具有重要意义。通过批判性地分析传统文献和既有理论,学者们可以更深入地探讨家庭如何在不同的社会和文化背景中发挥作用,以及这些作用是如何随时间而演变的。

其二,指出巴霍芬《母权论》开创人类早期社会的家庭史。

恩格斯接下来用7段来论述巴霍芬(1815—1887,瑞士人类学家)《母权论》(1861年)开启的现代家庭史。首先他直接概括出巴霍芬这本书的4个要点:①"淫游"群婚制度;②群婚制度催生母权制;③妇女在古代享受高度社会地位,乃至完全的统治(Gynaikokratie)地位;④向个体婚制的过渡。恩格斯在1891年6月13日致拉法格的书信中也谈到这一点,他说:"我认为,巴霍芬的新发现可以归结为:(1)他所称的杂婚,(2)母权制是杂婚的必然后果,(3)因此,妇女在古代受到高度的尊敬,(4)向一个女子专属一个男子的个体婚制的过渡,包含着对其余男子所享有的对同一女子的那种传统权利之侵犯,这样,就必须由女子在一定时期内献身于他人来补偿这种侵犯,或换取对这种侵犯的容忍。"[①]在《起源》第二部分"家庭"中,恩格斯还对此展开更为具体地论述。

恩格斯强调,巴霍芬提出的母系氏族存在于父系氏族之前的说法,"在1861年是一个完全的革命"[②]。后者认为,从"淫游"群婚制到专偶婚制的过渡,以及从母权制到父权制的转变,在希腊社会是由新兴的宗教观念所推动的,这种转变引发性别角色和权力结构的变革。巴霍芬还用埃斯库罗斯的

---

① 《马克思恩格斯全集》(第38卷),人民出版社,1972年,第110页。

② 《马克思恩格斯文集》(第四卷),人民出版社,2009年,第22页。

《奥列斯特》三部曲来说明这一转变：克丽达妮斯特拉杀死了她的丈夫亚加米农，而她的儿子奥列斯特又将克丽达妮斯特拉杀死，作为对杀父行为的报复，这个故事在剧中体现出母权制和新兴父权制之间的冲突。

叙述结束后，恩格斯对巴霍芬的相关研究作出评价。尽管巴霍芬的研究开辟了关于性关系和家庭结构历史的新视角，强调了宗教和文化观念对社会结构和个人之间的关系的塑造作用，在当时是相对革新的，但是他的方法有时却过于依赖文学和神话，而不是实证的考古或人类学证据，他的解释可能过度简化了复杂的历史和社会动态。尽管他的理论在学术上存在争议，但他对性关系演变和家庭结构变迁的分析，仍然为文化历史研究提供了重要参考，他的理论也为理解古代社会中性别和权力的转变提供了一个有趣的视角。

其三，叙述麦克伦南家庭史研究及其唯心史观错误。

恩格斯对麦克伦南[①]的家庭史理论与研究方法，以及这些理论在学术界的影响进行了深入探讨与批评。麦克伦南被认为是家庭史研究的先驱，他率先放弃关于原始性关系杂乱的传统观念，试图通过分析古典著作来证明更复杂的家庭和婚姻形态的存在，他认为，"外婚制"是由于内部禁止通婚的规定，迫使部落成员必须向外部寻求婚姻关系而形成的，并试图解释这一制度如何导致一夫多妻制和母系制的产生，以及这些制度又如何转变为父权制。

恩格斯认为，麦克伦南未能充分理解外婚制的多样性和复杂性，将其误解为两种固定的、对立的部落类型——外婚制部落和内婚制部落。这种简化忽视了许多文化中存在的灵活性和多样性，而且有些观点与他自己引用

① 1827—1881，苏格兰古代人类学家、法学家，著有《动植物崇拜》《原始婚姻：抢婚源流考》《古代史研究》等，最先论证并认定母系制度早于父系制度。

的实证数据相矛盾,如他仅仅根据在个别强调男系亲属关系的社会中,男性以假装抢劫的方式迎娶女性,而在其他民族,某一集团的男子只能在集团内部娶妻,就直截了当地虚构出外婚制部落和内婚制部落,这显然是不严谨的。尽管麦克伦南的理论在英国及其他地区获得了广泛认可,但其理论的简化和对历史现象的错误解读导致了研究的局限,阻碍了对家庭史和社会结构更深入的理解。

恩格斯接着对"麦克伦南-摩尔根"之争进行了评述。摩尔根以丰富的历史材料批驳麦克伦南的"外婚制"与"内婚制"对立的说法,提出群婚制的观点。对此,麦克伦南曾予以否认,但摩尔根则根据139个美洲印第安部落氏族的亲属称谓证明了"群婚制"的存在,推翻了麦克伦南人为地编造的理论的最后残余。同时,这个学术争论也反映出19世纪末家庭史和亲属制度研究中的主要理论问题和学术进展。

其四,摩尔根家庭史研究开辟新的时代。

恩格斯给予摩尔根①极高的评价,尤其是《古代社会》对母权制氏族制度的研究,被马克思、恩格斯认为是一切父权制发展的最初形式,从而为全部原始社会古代史奠基,"开始了一个新时代"②。

摩尔根在《古代社会》(1877年版)中主要论述了三个方面的内容:其一,历史分期法。摩尔根在蒙昧时代、野蛮时代、文明时代之间作出划分,尤其是对原始社会进行了更细化的归纳,确定了从低级到高级、简单到复杂的社会发展阶段,指出生产力发展是根本决定性因素。其二,对氏族制度及其解体原因的考察。他明确提出内婚制和外婚制不构成对立,有力地驳斥了麦克伦南关于外婚制部落存在的说法。摩尔根提出,在群婚盛行的时代,部落

① 1818—1881,美国民族人类学家,深入研究了原始社会人类的社会制度、姻亲制度、氏族制度。

② 《马克思恩格斯文集》(第四卷),人民出版社,2009年,第28页。

可能由多个母系血缘亲属集团(氏族)组成,这些氏族内部禁止通婚,但氏族成员可以在部落内的其他氏族中寻找配偶。此外,他还进一步展示了美洲印第安人的氏族系统向古希腊罗马的父权氏族制度转变的过程。这些研究证明了母权制氏族是父权制氏族的前身,为原始历史提供了新的解释框架,与达尔文的进化论和马克思的剩余价值学说具有类似的革命性意义。其三,摩尔根根据亲族制度追溯家族史的研究方法,重塑了家庭史的研究,揭示出家庭是一个历史范畴,随着历史发展而变化,并描绘出杂婚——血缘家族——群婚家族——对偶家族—— 一夫一妻制家庭的家庭史略图。在摩尔根看来,一夫一妻制以经济条件为前提,随着私有制的产生而出现。因而,一夫一妻制家庭产生于私有制、阶级之后,这一观点被认为开启了原始历史研究的新时代。

摩尔根是现代人类学的先驱之一,他提出的人类社会发展的三阶段理论(蒙昧、野蛮和文明)对人类学的发展产生了深远影响。他对亲属系统的研究特别是他的"亲属制度"表格,为理解不同文化中的家庭结构提供了重要工具。《古代社会》出版一百六十余年后,摩尔根关于原始历史的基本观点仍被现代研究所认可,他对原始社会的系统性理解仍具有重要价值,研究方法和结论仍然是学界进行进一步研究的重要参考,这再次证明了他在该领域的开创性贡献。当然,摩尔根的理论如今已经被看作时代产物,受到当时知识和文化视野的限制,其中的一些观点和假说如社会发展的线性进程受到了批评与挑战。当今,学者们更加重视文化的多样性和复杂性,倾向于采用更为细致和经验性的方法来研究社会结构和文化变迁,而不再将人类社会历史发展视作相互隔绝的发展阶段或线性进程。

三、正文部分

（一）史前各文化阶段

《起源》正文第一部分共19个自然段,分4小节:前言、蒙昧时代、野蛮时代、总结。

恩格斯肯定摩尔根关于史前史的分期方法,即根据生活资料的生产水平把人类历史划分为三个时代:蒙昧时代、野蛮时代和文明时代。摩尔根的研究主要关注前两个时代及其向文明时代的过渡,而前两者又各划分为低、中、高阶段,家庭的发展与此并行。

摩尔根的分期法提供了一个从采集、畜牧和农耕到工业和艺术时期这样的理解人类进步过程的框架。恩格斯从中提炼出人类从只具备生存技能到具备社会组织和技术能力的演变历程,并指出了环境因素对文化发展路径的影响。

1.蒙昧时代

（1）低级阶段:人类处于童年期,居住在热带或亚热带森林中,部分生活在树上以避免大型猛兽。饮食主要是果实、坚果和根茎,文化成就主要是音节清晰的语言的产生。这种原始状态早已不复存在。

（2）中级阶段:人类开始使用火、食用鱼类及其他水生动物,生活区域也因此扩展到河流和海岸线。石器的出现体现出这一时期的技术进步,这些石器与火对丰富人类的食物来源起到了推动作用。但由于食物来源仍然无法得到保证,食人习俗可能在这个阶段出现并持续较长时间。

（3）高级阶段:弓箭的发明极大地改变了狩猎活动,使猎物成为日常食物。弓、弦、箭的制造表明人类技术和智力上的进步。部分民族开始出现定居的萌芽,对生活资料的生产方式也有了一定的掌握。

2.野蛮时代

(1)低级阶段:陶器的出现标志着这一阶段的开始,自然条件的差异导致东大陆、西大陆走上了不同的发展道路,各个阶段的界标从此开始在两个半球也各不相同。

(2)中级阶段:东大陆以驯养家畜为中级阶段的开始标志,西大陆则以栽培食用植物和建筑使用干砖和石头为特征。

(3)高级阶段:铁矿石的冶炼和拼音文字的发明与使用推动人类向文明时代过渡,这一时代只在东半球产生,其在生产上的进步极为显著。

在本章最后,恩格斯总结道,根据摩尔根分期法描绘的人类史前史图景,已经包含许多新特征,这些特征都是从生产中得来的。野蛮时代的图景相比于文明时代的图景还是显得"暗淡和可怜"[①],但人们只有在文明时代发展到成熟阶段,才能充分地看到从野蛮时代到文明时代的过渡以及两者之间的显著对立。恩格斯还概括了摩尔根的分期法:蒙昧时代是以采集现成的天然产物为主的时期;人类的制造品主要是用作采集的工具。野蛮时代是学会经营畜牧业和农业的时期,是学会靠人类的活动来增加天然产物生产的方法的时期。文明时代是学会对天然产物进一步加工的时期,是真正的工业和艺术产生的时期。

(二)家庭

恩格斯在这部分基于唯物史观的基本原理,从家庭入手来阐发私有制和国家的起源问题,为马克思主义基于阶级的国家学说提供了历史根据与理论依据。内容涵盖125个自然段,是全书篇幅最大部分,分4个小节展开:

① 《马克思恩格斯文集》(第四卷),人民出版社,2009年,第38页。

1.第1~17段,叙述摩尔根的研究成果,指出摩尔根以亲属制度追溯家庭形式,基本恢复了人类家庭史的面貌

摩尔根在《易洛魁联盟》中详细记录了易洛魁人的社会结构、法律和日常生活,为他赢得作为一个人类学家的声誉,他还在《古代社会》中系统地使用亲属术语来分析社会结构和文化实践,为理解复杂社会结构提供了一个重要框架,并揭示了文化与社会结构之间的互动关系。

恩格斯据此认为,"父母、子女、兄弟、姊妹"等,不只是一种表面的称呼,而是与实际的社会关系与责任直接关联,隐含着一种亲属关系的社会制度。其实,早在17世纪就有人对此记载过,摩尔根则对此进行了更细致的考察,通过几十年的社会调查、材料搜集与研究,摩尔根发现易洛魁人奉行一种同他们的实际的家庭关系相矛盾的亲属制度。例如,一个易洛魁人男子不仅将自己的子女称为儿女,还将兄弟的子女同样视为己出,同时将自己姐妹的子女视为外甥和外甥女;类似地,女性也将自己姐妹的子女视为己出。这种亲属制度的特点不仅存在于易洛魁人中,也存在于全美洲的印第安人、印度的某些部落,还有夏威夷这样的太平洋岛屿中的部落内。

在蒙昧、野蛮民族的社会中,亲属关系扮演着核心的、决定性的角色,其影响个体的权利、义务、婚姻、宗教活动、财产继承资格等多重方面。摩尔根通过对易洛魁人的亲属制度和家庭形式的关系研究,揭示出易洛魁人个体婚制下存在的家庭关系与亲属称呼之间的矛盾现象,这种矛盾意味着传统家庭结构被更广泛的社会关系所覆盖。摩尔根强调,这种看似矛盾的亲属制度直接反映出家庭结构的历史演变,亲属制度是这些变化的滞后反应,是家庭结构变迁的历史记录。

恩格斯引述摩尔根的上述观点——家庭是一个能动的要素;它从来不是静止不动的,而是随着社会从较低阶段向较高阶段的发展,从较低的形式进到较高的形式;反之,亲属制度却是被动的;它只是把家庭经过一个长久时期所发生的进步记录下来,并且只是在家庭已经根本变化了的时候,它才发生根本的变化①——并认为"家庭"相比于亲属关系而言,承载着更多的生产属性,因而是更基础性的,它不仅包含着血缘社会关系的生产与再生产,更是以血缘家庭为单位的物质生产的基本实体。摩尔根进一步把关于印第安人的历史材料与夏威夷群岛家庭形式的历史材料进行比较与分析,指出尽管当地的家庭形式与亲属制度不符,但这种不一致反而指向了一种更原始的家庭形式的存在,这表明亲属制度能够为我们提供关于已经消失的社会结构的宝贵线索。摩尔根由此勾勒出人类家庭史的大概轮廓,提供了对原始社会亲属关系复杂性的深刻见解。家庭、婚姻、亲属制度、进化的趋势是:被共同的婚姻纽带所联结的范围,起初是很广泛的,后来越来越小,直到最后只留下现在占主要地位的一夫一妻制。

恩格斯以此对当时存在的以动物社会来类比人类社会的做法进行批判:"动物社会对于推断人类社会确有某种价值,——但只是反面的价值而已。"②恩格斯强调,动物家庭形式与人类社会相比存在先天的局限。高等脊椎动物主要呈现两种家庭形式:多妻制和成对配偶制。这些家庭形式被成年雄性的忌妒心理所限制,这种嫉妒不仅影响了家庭的稳定性,还可能阻碍了群体形成和社会复杂化的进程。恩格斯指出,这种动物的社会结构与人类的原始社会间有着本质区别,后者具有群体合作性。对于早期人类来说,群体的合作是一种生存上的必需,这种合作远超过了动物界的任何社会结构。恩格斯强调,人类社会是基于群体的力量和集体行动组织起来的,这是从动物状态向人类状态转变的关键因素,因而才有从群婚到产生更复杂的社会关系的可能,群婚被视为人类社会中一种原始的家庭形式,其中群体间

---

① 《马克思恩格斯文集》(第四卷),人民出版社,2009年,第41页。

② 《马克思恩格斯文集》(第四卷),人民出版社,2009年,第45页。

的性关系较少受到忌妒的影响,从而有助于社会关系的稳定和发展。多夫制这种家庭形式同样显示人类社会在处理家庭和性关系上的复杂性和灵活性。动物的家庭形式并不能直接应用于人类,人类的性关系和家庭组织更为复杂,包括从杂乱无序的性关系到更有组织的群婚制。这种过渡不仅反映了人类在生物学意义上的进化,更体现出文化和社会结构的发展。概言之,通过对比动物和人类的社会结构,恩格斯强调了文化和社会因素在人类进化中的关键作用。这也不禁使我们回想起马克思在《1844年经济学哲学手稿》中对人和动物所作的区分,他将劳动和在劳动中形成的交往关系看作人的本质,就此而言,恩格斯对古代社会的研究甚至证明了马克思的人学思想。

最后,恩格斯对所谓"杂乱的性交关系"进行了解释,并批驳韦斯特马尔克"戴着妓院眼镜去观察原始状态"[①]的非历史性视野。

总体来看,摩尔根的研究有力地论证了家庭结构不是固定不变,而是随着社会从较低阶段向较高阶段发展的结论。家庭形式的历史演变不仅反映出人类改变其社会结构以适应环境和内部动态的努力,还提示研究家庭历史对于理解当前社会结构的重要意义。这些观点不仅为恩格斯论证历史唯物主义提供了材料支撑,而且对后续的社会学和人类学研究产生了深远影响。

2.第18~76段,叙述家庭发展的社会原因及其形式

家庭在当代通常被定义为一个由血缘、婚姻或法律关系(如收养)所连接的社会基本单位。家庭的定义在不同的文化、法律环境及历史时期中均有不同,而且随着社会的发展,其形式也在不断演变,如同居伴侣、同性家庭等新型家庭形态越来越被社会接受和认可。现代家庭越来越重视个体自由

---

① 《马克思恩格斯文集》(第四卷),人民出版社,2009年,第47页。

和发展,家庭角色和功能也随之变化。尽管定义和功能随时间和文化背景而不断变化,但家庭作为社会的基本单元,对个体的成长和社会的稳定持续产生深远影响,始终是支持和维持社会结构的关键力量。在人类于数百万年前诞生之后,原始家庭逐渐形成,最早的原始家庭是由杂交发展而来的血缘关系的实体形式。按照摩尔根的意见,从这种杂乱性交关系的原始状态中,大概很早就发展出了以下几种家庭形式:

(1)血缘家庭

这是家庭的第一个阶段。婚姻集团按照辈分来划分,在家庭的这一阶段上,也包括相互的性交关系,并把这种关系看作自然而然的事。恩格斯还提及马克思对瓦格纳以现代眼光非历史性地看待古代兄妹婚制的批评,其中体现出马克思理解道德问题的历史唯物主义立场。当下,血缘家庭已经绝迹,甚至在历史所记载的最蒙昧的民族中间,也找不出一个可以证实的例子,但波利尼西亚所通行的夏威夷亲属制度却为这种家庭曾经的真实存在提供了证据。苏联史学界和我国部分史学工作者,也曾怀疑过血缘家庭是否存在。当然,即使血缘家庭存在,其家庭结构必然也是松散的,因为原始共同体主要建立在更广泛的血缘关系而不是核心家庭单位的基础之上。

(2)普那路亚家庭

普那路亚是夏威夷语,意为亲密的伴侣。在这种家庭形式中,一组兄弟(包括血亲和旁系)共享一组妻子(同样包括血亲和旁系),反之亦然。这种家庭形式中的成员之间存在着复杂的性配对关系,但是遵循严格的社会和性规则,通常禁止直接血亲(如兄弟姐妹)之间的婚配,但允许更远亲属之间的婚配。这反映了早期人类社会如何通过制定复杂的社会规则来逐步限制血亲内婚,促进社会的稳定和建构秩序的实践。

普那路亚家庭不仅仅是一个固定的社会结构,更是一个社会演化阶段:人类从完全的群婚制逐步过渡到有组织的配偶制,即从完全的共妻共夫制向排他的一对一或一对多的婚姻形式过渡。这种家庭形式反映出早期人类尝试在维护血缘关系和社会稳定之间寻求平衡,并在此过程中逐步发展出更为复杂的社会和文化结构。

自然选择在非血缘婚姻家庭出现过程中起到了重要作用,这种家庭对遗传多样性的增加、社会结构的稳定以及文化的发展都产生了深远影响。一方面,非血缘婚姻通过鼓励不同血缘群体之间的配偶选择,提升了遗传多样性。这种多样性是自然选择的关键动力,因为它增加了种群的适应性,使人类能够更好地应对环境的变化和挑战,而且非血缘婚姻减少了遗传疾病的传播。另一方面,非血缘家庭的出现还促进了社会结构的稳定和文化交流融合,而这对于人类社会的发展也有着更为重要的意义。非血缘婚姻家庭通过建立跨血缘关系的联盟,促进了不同社群间的合作与交流,这些联盟通常通过政治、经济或军事合作来巩固、增强社会的整体稳定性和抗风险能力。此外,当不同族群通过婚姻结合时,他们的语言、习俗、信仰和技术也会发生交换,从而实现文化交流与创新。可以说,自然选择在这个过程中并非直接决定具体的社会选择,而是通过影响人类行为和社会结构的生物学基础来间接发生作用。同时,人类的社会结构反过来又影响着遗传选择,形成了一种复杂的相互作用模式,这种进步不仅体现在生物学层面,也深刻体现在社会和文化的多重层次演变与发展上,如此才有人类越来越丰富多彩的社会文化深度。

恩格斯进一步分析了家庭组织的演进过程,特别是原始社会中的性关系和亲属制度的进化,进而提出两个重要的进步。首先是排除了父母与子女之间的性关系,其次是兄弟姐妹之间的性关系也被逐渐排除。这些变化不仅意味着婚姻禁忌的出现,而且反映了人类社会的道德和法律发展以及社会结构的复杂化。

具体而言,对于亲属关系的演变,恩格斯指出,在最初的家庭结构中,父母与子女间的性关系是被接受的,但随着社会的进化,这种关系被社会习俗所禁止。随后,兄弟姐妹之间的性交关系也开始受到限制,这标志着更复杂的社会结构和更发达的道德观念的形成。

亲属关系的演变也推动社会向前发展。通过排除直系和旁系亲属间的性关系,氏族制度逐渐建立。这不仅使社会组织趋向稳定,而且也为原始共产制向更复杂的社会结构转变奠定了基础。恩格斯认为,这种制度的形成是自然选择的一个例证,它使那些限制血亲婚配的部落比其他部落发展得更快。而且,"每个原始家庭,至迟经过几代以后是一定要分裂的。原始共产制的共同的家户经济(它毫无例外地一直盛行到野蛮时代中级阶段的后期),决定着家庭公社的最大限度的规模,这种规模虽然依条件而变化,但是在每个地方都是相当确定的"①。

而社会的发展又导致家庭形式的变迁。例如,摩尔根所描述的普那路亚家庭形式,显示了人类如何通过分裂原始家庭并重新组织社会关系来适应禁止同胞间性交的社会规范。

在此基础上,恩格斯阐发了普那路亚家庭发现的重要意义。它一方面给美洲印第安人中盛行的亲属制度提供了完备的说明,另一方面又是引出母权制氏族的现成的出发点。普那路亚家庭是比澳大利亚级别制度的群婚形式更高的一个发展阶段,因而可以用来说明向更高形式,即对偶制过渡的那种形式。不过,恩格斯后来在研究了法森、豪伊特的《卡米拉罗依和库尔奈》(1880年出版)后,了解到群婚还存在其他形式,因而在《起源》第4版中,恩格斯加入了相关内容。

此外,恩格斯强调,家庭结构的变化也引起了法律和道德的进化。禁止直系和旁系亲属间的性关系不仅是社会适应的结果,也是人类主动利用法

---

① 《马克思恩格斯文集》(第四卷),人民出版社,2009年,第50页。

律和道德来调节复杂的社会关系的产物。

总之,恩格斯通过阐发从简单的性关系到复杂的家庭关系和社会关系的演变,揭示了在人类社会从原始到文明的演进过程中,家庭组织是如何调整自身来适应社会的道德和法律规范的。这种分析不仅为我们理解过去的社会结构提供了一把钥匙,而且对我们更好地理解现代社会,特别是其中的家庭问题具有重要的启示意义。

(3)对偶制家庭

恩格斯分三小节进行叙述:

第一,对偶制家庭出现于摩尔根分期的蒙昧时代的高级阶段与野蛮时代的低级阶段之间,是从群婚向个体婚制过渡的一个中间形态,是自然选择的结果。非血缘亲属之间的婚姻能够产生体质和智力上更为强健的后代,从而加速社会进步,但其具有不稳定性的特点,因为原始共同体解体时期生产力水平仍然低下,男女结合并不牢固。这种家庭实行母权制与我国仰韶文明类似,因为妇女在当时的家庭生产中具有高度的重要性。

恩格斯讨论了原始社会中群婚制向对偶婚的过渡,以及它如何促进社会的发展和个体关系的改变。随着社会的进步,排除血缘关系婚姻的规范逐步扩大,从最初禁止近亲婚逐渐扩展到禁止远亲婚,直至仅限于姻亲关系,这使得群婚制在实际上变得不可能。排除亲属婚配有助于形成更为松散的配偶关系,随着时间的推移,对偶婚制趋于稳定,出现了更多基于母亲家族进行婚姻安排的情形。恩格斯强调,原始社会中的妇女远不是男子的奴隶,而是享有较高的尊敬和权力。因为,在原始共产制家庭经济中,妇女通常掌管家庭事务,有权决定与丈夫的关系,甚至在必要时撤换酋长。这表明在一些社会中,尽管妇女需要承担重劳动,但她们的社会地位和受尊重程度可能比现代社会中某些被宠爱但缺乏实际权力的女性要高得多。

恩格斯基于对还处于蒙昧时代高级阶段的西北部民族、南美各民族的研究,进一步讨论了美洲的群婚(1884年恩格斯从"群婚"改为普那路亚)是否已经完全被对偶婚排除的问题,并得出混合婚制存在的结论。例如,在北美的至少40个部落中,男子与长姐结婚后,也可以与她的未婚妹妹结婚,这显示了一种群妹共夫的现象。而节日性聚会则是这些氏族对过去某一氏族的妇女与另一氏族的所有男子共享的共妻制的模糊记忆,或对原始的共妻制的临时恢复。恩格斯还认为韦斯特马克在《人类婚姻史》中,已经不自觉地发现了在印度和非洲的某些部落中,还存在定期恢复旧时自由性关系的节日的现象。然而韦斯特马克对这些现象的解释却是,它们不是群婚的残余,而是与其他动物共有的交配期的遗迹。

随后,恩格斯开始论述群婚到对偶婚的过渡问题,这也是巴霍芬的第四个伟大发现:广泛流行的从群婚到对偶婚的过渡形式。但恩格斯强调,被巴霍芬说成是对违反古代神戒的赎罪的淫游的实质不过是妇女使自己从旧时的共夫制下摆脱出来的一种方法。在有的民族中,这种摆脱披上了宗教外衣,有的民族则没有宗教约束而表现为妇女在婚前享有极大的性自由,如太平洋岛屿原居民、美洲印第安人。恩格斯再次强调,不能以现代文明的眼光来理解母权制、群婚制等原始社会的通例。

恩格斯还赞同巴霍芬提出的,淫游向个体婚制的过渡主要是由妇女来完成的观点。因为,随着经济条件的发展,古代共产制的解体和人口密度的增大使社会生活失去了森林原始生活的素朴性质,妇女由此在淫游中感到屈辱和压抑,因而迫切地要求保持贞操的权利。

第二,对偶家庭的出现对社会结构的变迁产生了深远影响。对偶家庭产生于蒙昧时代和野蛮时代交替时期,大部分处于蒙昧时代高级阶段,也有个别地方是在野蛮时代低级阶段出现。在发展过程中,对偶家庭逐渐转变为更为稳定的一夫一妻制,这种转变标志着更个体化的家庭结构的诞生,其中财富积累和社会层级的形成发挥了关键作用。

畜牧业的发展开发出前所未有的财富来源,这些新兴的财富来源改变了生产方式,并直接影响到家庭内部的权力关系。家长制家庭的中间形式开始出现,女子家庭地位下降。因为财产的增加将财产归谁所有这个问题提了出来。起初,这些财富由氏族公有,但随着财富进一步积累以及奴隶制度的产生,出现了家庭私有财产。恩格斯认为,家庭私有财产的出现给了以对偶婚和母权制为基础的社会一个强有力的打击,因为按照当时的习惯,丈夫是主要的生活资料——家畜的所有者,后来又成了劳动工具——奴隶的所有者。因此,财富便一方面使丈夫在家庭中占据比妻子更重要的地位,另一方面又产生了利用这个增强了的地位来废除传统的继承制度,使之有利于子女的原动力,进而废除了母权制度。在恩格斯看来,这是人类经历的最深刻的革命之一,不过这个革命没有伤害。紧接着,恩格斯作出了"母权制被推翻,乃是女性的具有世界历史意义的失败"①这一重大论断。因为,这造成了丈夫对妻子、儿女的奴役,家长制家庭就此确立。家长制是现代家庭的萌芽,由若干小家庭组成,服从一个大家长的领导。男性开始在家庭和社会中占据主导地位,这一过程不仅影响了家庭结构,还决定了社会层级的分布方式以及不同性别所扮演的社会角色,加强了男性所拥有的对妻子、子女的法律和社会权力。

第三,恩格斯继续探讨家长制家庭公社(如 Bratstvo)的形成和演变。这种家庭结构从群婚中发展而来,是母权制家庭向现代个体家庭的过渡形式。家长制家庭公社是一种较大的集体生活单位,由一个家庭的多代人组成,他们共同居住、共同劳动,共同享有财产。这种家庭结构的核心是由选举产生的家长,他负责管理公共资源,代表公社进行交易。在马克思、恩格斯的时代,家长制家庭公社在南斯拉夫的扎德鲁加和东方的一些族群中仍然存在,

---

① 《马克思恩格斯文集》(第四卷),人民出版社,2009年,第68页。

它们展示了一种在农业社会中较为集体和共享的生活方式（Zádruga）。此外，这种家庭形式在俄国、德意志和其他一些地区也有记录，这表明它具有一定程度的普遍性。

最后，恩格斯再次强调，这种家庭形式是社会从母权制向个体家庭过渡的一个中间阶段，并且这种家庭形式随着生产力的发展将为在内部实行个体耕作，分配私有财产留下空间。可以说，这种结构在一定时期内有助于维持社会稳定和财富传承，但最终必然向更为现代化的家庭形式转变。

此外，恩格斯还提到多妻制或多夫制，并指出二者只能算作例外，或是奴隶制度的产物，并不是人类社会历史发展中的普遍形式。

（4）专偶制家庭（一夫一妻制）

恩格斯以古希腊时期为例阐释专偶制。这种家庭形式在野蛮时代的中级阶段和高级阶段交替时期从对偶家庭中产生，它的最后胜利乃是文明时代开始的标志之一。专偶制家庭以父权与财产权为基础，通常只有丈夫有权解除婚姻，而妻子必须忠诚并接受丈夫的其他性关系。在古希腊，特别是在希罗英雄时代，这种家庭形式对妇女是异常严苛的。如果说古希腊神话中的女神地位和形象展示了在较早时期妇女较为自由和受尊敬的状况，那么此时妇女则被视为家庭的主要管家和生育工具，她们不得不容忍丈夫的外遇和对女奴的性利用。即使是在斯巴达这样相对自由的城邦，妇女也不得不接受一些不平等的婚姻安排，如多夫制或兄弟共妻等。

随着对偶制家庭形式的发展，尤其是在雅典，对妇女的限制变得更为严格。妇女参与公共生活的机会被严重限制，几乎被隔离在家中，只能从事家务和生育子女，与外界的联系非常有限，社会地位进一步降低。与此同时，雅典的男性却可以自由地享受卖淫服务。而随着时间的推移，雅典家庭甚至成了一种范例，引起了所有希腊人的模仿，这进一步加深了妇女所受到的不平等待遇。

由此,恩格斯揭示出古希腊专偶制家庭制度如何根据男性的利益被设计,及其对妇女的压迫。

3.第77~101段,专偶制的经济根源与阶级压迫的关系

恩格斯通过对古希腊这个古代世界最文明、最发达的民族的专偶制度的考察,指出这种家庭形式与个人性爱没有任何关系,婚姻仍然和以前一样是权衡利害的关系。因此,专偶制不是以自然条件为基础,而以经济条件为基础,它是以私有制对原始的自然产生的公有制的胜利为基础的第一个家庭形式。

恩格斯进而批判道:个体婚制在历史上决不是作为男女之间的和好而出现的,更不是作为这种和好的最高形式而出现的。恰好相反,它是作为女性被男性奴役,作为整个史前时代所未有的两性冲突的宣告而出现的。……在历史上出现的最初的阶级对立,是同个体婚制下的夫妻间的对抗的发展同时发生的,而最初的阶级压迫是同男性对女性的奴役同时发生的。个体婚制是一个伟大的历史进步,但同时它同奴隶制和私有制一起,却开辟了一个一直继续到今天的时代,在这个时代中,任何进步同时也是相对的退步,一些人的幸福和发展是通过另一些人的痛苦和受压抑而实现的。个体婚制是文明社会的细胞形态,根据这种形态,我们可以研究文明社会内部充分发展着的对立和矛盾的本质。但是恩格斯同时指出:旧时性关系的相对自由,决没有随着对偶婚甚至个体婚的胜利而消失,而是在压迫者与被压迫者之间同时产生出两种异化的表现:卖淫与通奸。这与社会生产力的发展同时在无产者与有产者之间产生雇佣劳动与资本是十分相似的。

恩格斯接着对专偶制内部性关系的两种异化形式进行分析与批判。其一,摩尔根所说的淫游制,即与个体婚制并存的男子和未婚妇女在婚姻之外发生的性关系,这种关系在文明时代演变为公开的卖淫。淫游制源于古代宗教仪式,女性为宗教庙宇献身,这一行为最初是出于宗教义务。随着时间

的推移,它演变成允许未婚女性在结婚前拥有性自由的社会制度,是群婚制的一种现代残余。财产不均问题的出现使这种制度经济化,出现了职业卖淫。淫游制在现代社会受到口头上的非难,实际上却为统治阶级男性所利用,体现出男性对女性的社会统治,显示出社会对性别角色的双重标准和不平等对待。其二,专偶制内部通奸的出现。专偶制埋藏着一个深层的矛盾,即一方面有靠淫游制获得享乐的丈夫,另一方面则有因此被忽视和遗弃的妻子。这种矛盾使家庭内部的冲突显露出来,其中男性往往认为自己在获得胜利,但实际上这种"胜利"常常是由妻子的通奸为补充的。与个体婚制并存的这种社会现象,反映了个体婚制内部道德和法律的矛盾。这两种形式是个体婚制经过三千年的历史演化而产生的,是社会在文明时代开始分裂为不同阶级后,自身无法克服的矛盾和对立的缩影。

恩格斯还以阶级分析方法探究了古罗马人的家庭形式,并指出其与古希腊人的区别。在古罗马,尽管男性拥有对妇女的生杀予夺权力,但妇女相较于在古希腊享有更多的自由和尊敬,并能自愿解除婚姻关系。而随着日耳曼人对古罗马的征服,旧有的专偶制家庭与日耳曼人尚未完全从对偶制发展出来的专偶制家庭产生融合,进而在罗马世界的废墟上发展起来了新的专偶制,男子的统治具有了比较温和的形式,而妇女至少在外表上看也有自古代以来从未有过的更受尊敬和更加自由的地位。这一变化为现代个人性爱提供了发展的土壤,标志着一夫一妻制中道德进步的开始,为现代爱情关系奠定了基础。

紧接着,恩格斯再次强调,这个进步绝不是由于德意志人的道德纯洁,而是德意志人将自己生活于其中的对偶制中的妇女地位嫁接到专偶制上来的结果。同时,恩格斯还提出,现代爱情关系的产生不能完全归功于专偶制,因为专偶制作为男子统治女子的形式,是排斥这一点的。这可以在大量的文学作品中找到证明。例如,中世纪普罗凡斯的骑士之爱,这种爱情形式并非基于婚姻忠诚，而是挑战并歌颂非婚姻的爱情关系。换言之，一夫一妻制并不是唯一能促进现代性爱发展的家庭形式，与其并行的多样化的情感表达也起到了关键作用。

　　恩格斯接着分析现代资本主义社会中的两种婚姻制度及其内在矛盾。在天主教国家，由于父母为儿子选择配偶，婚姻中的矛盾特别显著，通常表现为男方的杂婚和女方的通奸，且离婚被禁止。而在新教国家，虽然父母允许年轻人在一定程度上自由选择配偶，但这种选择往往还是基于阶级地位，导致婚姻的自由度有限。在两种情形下，婚姻更多的是权力和经济利益进行交易的结果，而非真正的情感联结。反倒是在无产阶级中，由于缺乏财产和男性统治的基础，婚姻关系更倾向于平等，且较少受到官方规范的束缚。无产阶级婚姻更多地基于个人关系而非财产继承而发生，因此允许更多的自由和平等，且在关系无法维持时，双方可自愿分开，表现出一种更现代和民主的家庭结构。这种情形表明，一夫一妻制的传统意义在现代社会中正在逐渐变化，尤其是在无产阶级中，它具有了新的进步性意义。

　　恩格斯接着论述了资本主义婚姻法中的平等问题。尽管在现代各文明国家中，妇女在法律和社会地位方面均有进步，但现实中仍然存在经济依赖，这使得法律上的平等沦为空话。具体而言，其一，法律上的平等并不能减轻实际中的经济依赖，父母仍然能凭借财产来控制子女的婚姻。其二，与劳动契约类似，由于经济地位和社会权力的不平等，婚姻契约中的"自愿"往往是在不平等的条件下进行的，如果说在劳动市场上，工人由于经济压力而不得不接受不利条件，那么在婚姻中，妇女也由于经济依赖和社会地位上的弱势而被迫违背自身意愿。其三，法律所规定的平等权利在婚后也无法得到落实。在传统的家庭结构中女性主要负责家务，这使她们被排除在社会生产之外，即使进入工作场所也时常面临无法兼顾家庭与工作的双重压力，因而仍然处于弱势地位。其四，真正的妇女解放需要妇女重新参与到公共事业当中,这不仅要求实现法律上的平等,更要求改变家庭作为社会经济单位的基本属性。

总之,在恩格斯看来,尽管在法律层面上取得了一定的进步,但要真正实现妇女的解放,还需要从根本上改变社会经济结构,这与无产阶级革命的要求是一致的。恩格斯最后指出:妇女解放的第一个先决条件就是一切女性重新回到公共的事业中去。而要达到这一点,又要求消除个体家庭作为社会的经济单位的属性。从而引出下一节主题——废除私有制与妇女解放。

4.第102~125段,强调只有消灭私有制,实现共产主义,妇女才能获得彻底解放

恩格斯首先对人类历史上的三种主要婚姻形式进行总结,并联系到人类社会历史发展的三个主要阶段进行阐释:群婚制——蒙昧时代,对偶制——野蛮时代,专偶制——文明时代,在后两者之间存在过男子对女奴隶的统治、一夫多妻制等局部现象。恩格斯讽刺地说道,这个顺序表现出的历史的"进步"就在于妇女越来越被剥夺了群婚的性自由,而男性却没有被剥夺。这蕴含社会制度层面的根本矛盾,它必然引发社会变革。

既然专偶制以及男子对女子的压迫在于经济基础,因而实现妇女解放就必须摧毁这个经济基础,真正的变革不是权力从男到女的转移,而是超越男女之间的区别,走向社会化并翻过财产权利这一历史之页。恩格斯指出:"行将到来的社会变革至少将把绝大部分耐久的、可继承的财富——生产资料——变为社会所有,从而把这一切对于传授遗产的关切减少到最低限度。"①由此,专偶制将因丧失私有制这一经济基础而走向消亡,而且只有在那时才能消失,因为"妇女为金钱而献身的必要性,也要消失了"。随着生产

---

① 《马克思恩格斯文集》(第四卷),人民出版社,2009年,第89页。

资料的公有化,个体家庭也不再是社会的经济单位。值得注意的是,恩格斯这里只是说家庭的经济意义消失,而非情感、文化、社会等其他属性也会消失。同时,与经济相关的子女抚养与教育也将是社会的公共事务,被专偶制或卖淫所实质性囚禁的妇女将获得解放,作为"对立物,却是不可分离的对立物"①而存在于现代世界上的专偶与卖淫将同归于尽。最后,恩格斯运用辩证法,描绘了专偶制灭亡后的男女关系,意即"一个在专偶制发展的时候最多只处于萌芽状态的新的因素——一个人的性爱"为基础,这就是马克思主义的"爱情观"。

恩格斯还对"个人的性爱"展开进一步的论述:在中世纪以前,是谈不到个人的性爱的。现代的性爱,同单纯的性欲,同古代的爱是根本不同的。第一,性爱是以所爱者的对应的爱为前提的,妇女与男子处于平等地位。第二,这种感情持久和强烈,以至于分离成为巨大的不幸。第三,对于性关系的评价以是否相爱而非婚姻或私通为标准。也就是说,到那时候,除了相互的爱慕以外,"个人的性爱"与婚姻就再也不会有别的动机了。

(三)易洛魁人的氏族

这部分阐述易洛魁人母系氏族社会原始公社的基本特征,共46个自然段,分五节叙述:

1.恩格斯指出,摩尔根的另一发现——母系氏族制度对于理解历史发展的重要意义

摩尔根的研究揭示了美洲印第安人的氏族组织与古希腊、罗马的氏族系统之间的相似性和联系,这一发现对于理解古代文明和原始社会的结构具有重要意义。摩尔根证明,美洲印第安人使用动物名称来命名的血族团

---

① 《马克思恩格斯文集》(第四卷),人民出版社,2009年,第89~90页。

体,实际上与古希腊的genea和古罗马的gentes具有相同的结构,只不过美洲的形式更为原始。这些氏族组织之间有着相似的氏族、胞族和社会组织,氏族中的成员认为自己源自同一个男性祖先,并由此形成了一个社会和宗教意义上的紧密团体。这种组织形式在野蛮社会中普遍存在,直到进入文明时期甚至更晚的时候才逐渐消失。

摩尔根的发现解释了古希腊罗马历史中的一些难点,揭示了国家形成前的原始社会社会制度的基本特征。通过将美洲印第安人的氏族组织与希腊、罗马的对应物联系起来,摩尔根完成了跨文化和历史的比较,这为人们理解不同社会的发展和演化提供了宝贵而独特的视角。这项工作表明,尽管地理和文化背景不同,人类社会在组织结构上却展现出惊人的一致性,这种一致性源于具有普遍意味的社会进化需求。

2.易洛魁人氏族的职能与习俗

摩尔根将易洛魁人氏族,特别是塞讷卡部落的氏族,视为原始氏族的古典形式。这个部落内的八个氏族都以动物的名称命名:①狼,②熊,③龟,④海狸,⑤鹿,⑥鹬,⑦苍鹭,⑧鹰,氏族之间共享文化习俗。这些氏族不仅是社会组织的基本单位,也是文化传承和社会规范的载体。氏族内部有严格的规定,如禁止氏族内部通婚,维护氏族成员之间的纯洁血缘关系;氏族成员必须互相援助和保护;氏族内部有议事会,有选举制度,酋长和军事首领由选举产生,他们虽有权威但其权力代表着道德和社会共识,而不具有强制性。此外,氏族还拥有撤换酋长和军事首领的权力,这反映了其内部的民主机制;遗产归本氏族亲属分享;氏族可以接纳外人入族;各氏族酋长都是担任宗教祭司、氏族拥有共同墓地。在摩尔根看来,氏族内的各种规定都显露出自由、平等、博爱的原则,这些原则虽未明确表述,但却深植于氏族的社会结构和文化当中,并且这种组织形式为印第安人的独立感和自尊心提供了社会基础。摩尔根的研究不仅为人类学研究提供了经验材料,而且在一定程度上为否定之否定的历史发展规律提供了佐证。

3.易洛魁人胞族的构成与职能

胞族(phratry)作为一个组织单位,在塞讷卡部落中尤为显著。胞族是由几个氏族组成的更大集团,这种结构可能源于部落的早期分裂,每个胞族可能代表了部落最初的一个氏族,这些氏族由于社会和人口的增长而进一步细分。胞族之间存在着一系列复杂的社会和宗教职能方面的关系,如组织社交与竞技活动,举行议事会,处理内部冲突,办理葬礼和丧事,参与酋长选举,共同举行宗教仪式和军事行动。这些职能显示了胞族在易洛魁社会中的核心地位,它不仅是文化和社会身份的标志,也是组织社会活动和维持社会秩序的重要结构。

4.易洛魁人部落联盟的构成与特征

正如几个氏族组成一个胞族一样,几个胞族就古典形式来说则组成一个部落;而那些大大衰微的部落则往往没有胞族这种中间环节。

易洛魁联盟(又称五族联盟,后来加入塔斯卡拉部落后成为六族联盟)是北美洲原住民社会中的一个独特例子,具有超越简单部落结构的复杂政治和社会组织形式。这个联盟由原本具有亲属关系的五个部落组成:塞讷卡、卡尤加、奥嫩多加、欧奈达和摩霍克。易洛魁人的社会组织包含了若干重要的特征,如血缘关系的基础:五个部落基于血缘亲属关系结成永久性的联盟,部落间的成员在所有联盟部落中均被视为兄弟。

平等的联盟议事会:联盟的主要机构是由50名地位和权限平等的酋长组成的联盟议事会,负责作出联盟的最终决策。

氏族和酋长的角色:这些酋长在联盟成立时被分配到各个部落和氏族中,这种做法既维持了联盟的存在,也保持了酋长在各自部落内的领导职位。氏族具有选举和撤换酋长的权利,而联盟议事会拥有最终的委任权。

全体一致的决议原则:联盟议事会的所有决议必须全体一致通过,这体现了极高的民主性和团结。部落层面的表决：尽管每个部落的议事会可以召集联盟议事会，但决策表决过程中每个部落必须内部一致同意，保证了部落内部的民主和协调。公开的会议：议事会会议在公众面前公开举行，任何联盟成员都可以发言，但只有议事会成员有决策权。

无集中执行权力的领袖：联盟没有设立单一的首领来主持执行权，这与许多其他早期政治体制中的"君主制"形成对比。

两位军事首领：联盟设有两位地位平等的最高军事首领，类似于古代斯巴达的两位国王，负责协调防御和军事行动。

易洛魁联盟的这些特征体现了其高度发展的组织能力，据此，联盟建立起有效的政治组织和社会结构，从而使得原本小型、分散的部落结合形成强大的政治实体，对其所在地区产生了深远影响。绝大多数的美洲印第安人，都没有超过联合为部落的阶段。他们人数不多的部落，彼此由广大的边境地带隔离开来，而且为不绝的战争所削弱。这样，他们就以少数的人口占有辽阔的土地，亲属部落间的联盟常因暂时的紧急需要而结成，而又随着这一需要的消失即告解散。

5.对氏族制度的评价

恩格斯对易洛魁人的社会制度进行了详细的分析，并通过与其他社会组织比较，揭示了部落社会的特点与局限。他强调，易洛魁人的社会结构反映了一种无国家状态，即没有中央集权的政府机构，权力分散在各个氏族和部落手中，这在恩格斯看来是一种理想的自由与平等的状态。恩格斯提到，易洛魁人的社会制度虽然缺乏现代国家机构的特点（如军队、警察、法院等），却能通过氏族内部的自我管理和互助来解决冲突和维护秩序，从而有效地管理社会事务。氏族制度保证了成员之间的平等与自由，甚至在性别关系上也体现了一定的平等性，这在当时是其他许多文明所缺乏的。但氏族制度的消亡是历史的必然，随着生产力的发展和社会的扩张，原始的氏族组织形式逐渐展现出其局限性。对私人利益的追求必然扯断自然形成的共同体的脐带，所以这种共同体是被那种使人感到从一开始就是一种退化，一种离开古代氏族社会的纯朴道德高峰的堕落的势力所打破的。尽管自然共同体的消失带来了道德上的堕落以及人与人之间的争斗，但新的社会组织形式却有力地推动了社会生产力的发展，这也为真正的共同体的最终诞生奠定了基础。

恩格斯的分析表明，每种社会组织形式都是其历史条件的产物，都有其存在的合理性和局限性。他认为，尽管现代国家机构带来了阶级压迫和不平等，但这也是社会发展的一个必经阶段，无产阶级的任务在于通过社会革命来解决这些矛盾，推动社会向更高的形式进步。恩格斯在这一部分不仅对易洛魁部落展开描述，更阐发了他对历史发展规律的深刻理解以及对未来社会形式的预见和期待。

（四）希腊人的氏族

这部分共46个自然段，分3节展开。在此，恩格斯阐明希腊人父系氏族是易洛魁人氏族制度自然发展的历史结果，并对资产阶级的错误观点进行了批判。不过，在恩格斯之后，新的历史考古材料表明，古代希腊文明并非原生文明，它是受两河流域与古埃及文明的影响而诞生的次生文明；而且在古典文明民主制度建立之后，氏族习俗仍然在文化和宗教生活中保持了一定的影响力，因此对这一部分应该结合当时的人类学、历史学发展情况来进行历史性的理解。

1.希腊人的氏族特征与习俗

恩格斯首先指出，希腊人在发展过程中，其组织结构经历了重要转变，希腊社会较早地脱离了母权制，转向父权制，这是希腊文明与美洲土著部落在发展过程中的一大不同。这种变化带来了社会结构和财产权的重大调整,尤其体现在继承权与婚姻制度方面。但二者之间存在诸多共性,例如希腊也是按照美洲人的那种有机的序列——氏族、胞族、部落、部落联盟而组织起来,尽管有些环节如胞族、部落联盟未必普遍存在,但氏族仍然是社会的基本单位。

接着,恩格斯叙述了希腊人氏族的10个特征与习俗。其中前6个是格罗特的《希腊史》中所提到的,后4个是摩尔根补充的,这些特征展现出希腊人氏族与易洛魁氏族间的相似性。恩格斯还据此批评尼布尔、蒙森等人没有理解氏族的本质与起源,而把它们简单地看作家庭集团。氏族内的婚姻规则、财产继承和社会支持系统都说明了氏族不仅仅是一个家庭群体,而是承担了更广泛的社会、经济和宗教职能的社会单位。事实上,在氏族制度内家庭没有独立性。此外,古代历史编纂学家还常常认为氏族以虚构的共同祖先为组织基础,没能认识到氏族实际上是基于血缘关系的社会结构。希腊人的氏族制度虽然在古代有其具体的神话和宗教背景,但这并不能成为尼布尔、蒙森等人将幻想的族系指认为现实的氏族的根基的证据,相反,这些氏族比希腊人所创造出的神话更古老一些。

2.希腊人胞族、部落、部族的职能

希腊人的胞族,像在美洲人那里一样,是一种分裂成几个女儿氏族同时又把它们联合起来的母亲氏族,这种母亲氏族常常表明所有这些女儿氏族出自一个共同的男性祖先。胞族在希腊人的社会结构中具有深厚的影响力,不仅是文化和宗教活动的中心,还是军事和法律事务的重要单元,其职能包括组织军事活动与复仇、维持法律社会正义、进行宗教文化活动、处理社会共同事务等。在古希腊的社会结构中,部落和氏族是组织的基本单位。部落由几个亲属胞族结合组成,例如阿提卡的4个部落,每一个都各有3个胞族,而每个胞族又有30个氏族。一般情况下,只有主要方言相同的部落才会进一步结合为部落联盟,在荷马的诗中希腊的各部落大多数已联合成为

一些小民族,其内部的氏族、胞族和部落仍然完全保持着它们的独立性。与此同时,财产差别开始出现,并使在自然形成的民主制度内部产生了贵族。小民族之间为争夺土地和战利品发生战争,奴隶制度随之确立。

希腊人的政治组织包括议事会和人民大会两个主要机构。议事会起初可能由氏族首长组成,后来由于人数增多,转变为由贵族组成的元老院负责重要决策。人民大会则更为民主,允许所有男性公民参与讨论和决策,通过举手或欢呼的方式进行表决。这种民主制度确保人民能够对决策产生直接影响。此外,军事首长由人民选举或由人民公认的机关授权产生,而非世袭,这在《伊利亚特》和《奥德赛》中均有描述。

3.希腊人氏族制度的解体

在英雄时代的希腊社会制度中,氏族组织仍然具有活力,但其经济基础已经开始瓦解,这也预示着这种社会制度的灭亡。由子女继承财产的父权制使私有财产在家庭中不断积累,从而使家庭转变为一种与氏族对立的力量;财产差别还使得社会阶层发生分化,世袭贵族和王权开始形成,这也使民主制度逐渐转变为实质上的世袭制度。此外,出于对财富的渴望,奴隶制逐渐扩大,奴隶对象由战争俘虏延伸到同部落甚至同氏族的人;部落之间的战争蜕变为财富的抢劫。上述四个方面的同时作用,使社会由基于自然形成的氏族共同体的组织形式向以私有财产和个人利益为核心的阶级社会转变。这种转变同时也提出了设立新的机关以承认私有财产的神圣化,承认阶级分裂的永久化,并维持有产者对无产者的统治的任务。

在这种背景下,"国家被发明出来了"[1]。

---

[1] 《马克思恩格斯文集》(第四卷),人民出版社,2009年,第125页。

（五）雅典国家的产生

这部分共24个自然段。恩格斯通过叙述雅典国家产生的历史，说明雅典国家是在否定氏族的基础上最纯粹、最典型的形式，指出国家是阶级矛盾不可调和的产物，并阐发了国家的本质、国家产生的一般规律。

恩格斯选取雅典作为研究国家形成的典型，因为它最能说明由氏族社会过渡到阶级社会，由氏族部落机关过渡到国家的历史进程。恩格斯在此指出，国家在氏族的基础上产生的一般方式为部分改造氏族制度，部分增设新机关以取代氏族来形成国家权力机关。随着新的权力机关的产生，武装的"公共权力"代替了以往在氏族、胞族和部落中真正保卫人民的"武装的人民"。可见，权力官僚机构与常备军队是国家的两个基本要素。国家从产生的第一天起，就成为与人民相敌对的异己力量。由此，我们也可以联系到马克思、恩格斯在关于法国革命的一系列论著中所展开的，关于无产阶级夺取政权后"打碎"、改造国家机器的论述，这些论述都深刻表达出了对国家异化性质的认识。

恩格斯接下来从英雄时代的历史开始叙述。

1.提修斯改革与雅典国家产生的社会经济条件

提修斯（现也译作忒修斯，约公元前9世纪—前8世纪）是传说中的雅典国王，是雅典国家产生过程中第一个领导改革的人物。马克思指出："雅典人认为最初企图消灭氏族组织的是提修斯；提修斯的名字应该看作是这一时代或一系列事件的名称。"[①]提修斯通过设立中央管理机构和重新划分社会阶级，使氏族制度下由一定家庭担任公职的习惯成为这些家庭无可争辩的权利，这样就使拥有大量私有财产的家庭开始在氏族之外形成了特殊利

---

① 《马克思〈古代社会〉史笔记》，人民出版社，1996年，第309页。

益,并因此联合成独特的特权阶级。不仅如此,这种阶级划分还表现出农民和手工业者之间固定分工的发展,从而使原本按血缘、地域的划分模式让位给以经济因素为中心的划分模式。由此可以看到,提修斯的改革在政治和经济两个层面破坏了氏族的联系,预示着现代国家的诞生。从氏族到国家的过渡尽管为阿提卡带来了前所未有的经济活力,但同时也为社会埋下了分裂的种子。

2.奴隶主阶级的革命与奴隶制国家的形成

这一节,恩格斯主要叙述了两个重要改革,并借此来展现奴隶制国家的形成过程。其一,梭伦改革。梭伦是古希腊雅典的立法者、诗人和政治家,大约活跃在公元前638年至公元前558年之间。他被视为雅典民主制度的奠基者之一,其推行的法律和政治改革不仅减轻了社会矛盾,还为雅典的民主制度和法治政体的最终确立奠定了基础。恩格斯在这里主要讨论了梭伦改革的经济意味,指出后者损害债权人的财产以保护债务人的财产,因而使得因为债务而被出卖和逃亡海外的人重返家园。同时,梭伦还提出了许多限制财产的措施,从而防止自由的雅典人成为奴隶。在叙述的过程中,恩格斯特别阐发了政治与经济间的互动机制,"一切所谓政治革命,从头一个起到末一个止,都是为了保护某种财产而实行的,都是通过没收(或者也叫做盗窃)另一种财产而进行的"①。

其二,克利斯提尼改革。克利斯提尼是古希腊雅典的政治家,他在公元前508年或前507年进行了一系列重要的政治改革,这些改革对雅典的民主制度有着深远的影响,奠定了更加广泛的民主基础。克利斯提尼的改革为后来雅典民主制度进入全盛时期创造了前提,使雅典成为古希腊最重要的民主政体之一。

---

① 《马克思恩格斯文集》(第四卷),人民出版社,2009年,第132页。

这些改革使得政治权力更加分散和民主化,减少了贵族家族对政治的控制,促进了不同社会阶层之间的平等。恩格斯对雅典内部的政治集团间的斗争进行了叙述。梭伦改革将财产与政治权利联系起来,同时,商业和财富的进一步发展使得追求财富成为社会活动的主要目的。这样,从事工商业者与传统的贵族之间产生了权力冲突。结果是,克利斯提尼推行的新制度撇开了以氏族和胞族为基础的四个旧部落,代之以已经用诺克拉里试验过的只依居住地区来划分公民的办法为基础的组织,这样血缘关系就进一步被社会、政治关系所取代,随之氏族制度的最后残余也烟消云散了。

恩格斯接着探讨了克利斯提尼改革之后,雅典地方政治组织和民主制度的建立及其对现代自治组织形式的影响。阿提卡被划分为一百个自治区,即德莫;十个德莫又构成一个部落,这种部落不仅是一种政治组织,而且也是一种军事组织。雅典国家管理体系由十个部落选出的五百名代表组成的议事会来进行管理,这展示了一种早期民主形式,其中最终决策权属于所有雅典公民可以参与的人民大会。在社会结构方面,新制度吸纳了大量移民和被释放的奴隶,导致传统血族制度下的各种机关衰落,下降为私人性质的团体和宗教会社。

最后,恩格斯对雅典奴隶制经济的发展与衰落进行总结。雅典城邦政治适合雅典新的社会状况,因而带来了财富、商业和工业的迅速繁荣。同时,经过梭伦与克利斯提尼改革后,雅典社会中的阶级对立由贵族和平民之间的对立转变为奴隶和自由民、被保护民和公民之间的对立。雅典人通过剥削、压迫奴隶来获得生活资料,但随着工业和商业的发展加剧财富的积累和集中,大批自由公民贫困化。由于公民将手工业劳动视作可耻和卑鄙的,因而他们不愿意参加劳动,与奴隶竞争。结果是,大批雅典公民破产,进而将整个雅典国家引向灭亡。

在恩格斯看来,雅典人国家的产生与发展是一个典型的案例。一是因为它的产生是自发的,没有内部和外部的干涉,因而展现出普遍的规律性;二是民主共和国的国家形式直接来源于氏族社会,具有连续性;三是历史材料记载详细。

(六)罗马的氏族和国家

恩格斯在这一部分阐述了古罗马氏族制度和国家的产生过程、原因与特点。内容共37个自然段,分3节展开。

1.比较罗马与希腊的氏族制度,揭示原始社会的历史规律性

在罗马历史传说中,古罗马由拉丁人、萨宾人和外来人3个部落组成。这表明,罗马国家也是在血缘氏族制度的基础上发展起来的。同时,在这些氏族中也产生了胞族,叫作库里亚。恩格斯指出,罗马氏族的制度和希腊氏族的制度是相同的,因而也可以将罗马氏族制度视为美洲氏族制度的进一步发展,这就意味着人类社会历史发展具有普遍性。接着,恩格斯简要地列举了早期的罗马氏族制度,如氏族内的相互继承权、公共墓地、共同的宗教节日、氏族内部禁止通婚、土地公有、互相保护援助义务、使用氏族名称权利、接纳外人入族权利、选举与罢免首长的权利,并强调除了已经完成向父权制的过渡这一点以外,这些职能完全是易洛魁氏族的权利与义务的再版。

2.批判资产阶级历史学家蒙森等人不能理解罗马氏族的本质

恩格斯用了大量篇幅来批驳蒙森在《罗马研究》中提出的罗马氏族实行内婚制的观点,并直接从蒙森引证的李维《罗马建成以来的历史》中的一段话——已故的丈夫用遗嘱把在氏族以外结婚的权利授予给一位被释放的女奴隶——中得出相反的结论,即罗马氏族成员享有外婚的权利。恩格斯进行上述批判的目的主要是为了进一步强调氏族制度发展的一般规律性。

3.罗马国家的建立是基于平民反对贵族而"炸毁"氏族制度的胜利

恩格斯在前述对古希腊氏族制度发展历程的考察中已经明确指出,国家是通过部分地改造氏族制度的机关,部分地用建立新的机关来排挤旧的氏族制度的机关,进而最后全部用真正的国家权力机关来取代氏族制度的机关而发展起来的。古罗马国家的成立延续了这条路径,不过也在此过程中展现出其特殊性。

　　恩格斯首先阐发了罗马早期氏族制度的发展变化,对其塑造罗马政治和社会结构的方式进行了说明。罗马最初的政治、社会组织建立在氏族、库里亚(胞族的罗马形式)、部落的基础上。初期,公共事务主要由各氏族首长组成的元老院处理,后来这些首长取得了进入元老院和担任其他一切官职的独占权,并因此组成罗马的贵族阶层。罗马的军事民主制起初以氏族、胞族和部落为基础,但随着时间的推移,被征服者和外来移民形成了没有政治权利的平民阶层,这些人尽管自由,但不能参与政治决策或土地的分配。同时,由于他们受过军事训练,并掌握大量商业和工业财富,因而成为一股与传统罗马人民相对抗的力量。这种不平等引起平民和传统罗马人民之间的冲突,这种冲突最终以革命的形式爆发,终结了古代氏族制度。

　　塞尔维乌斯·土利乌斯依照梭伦改革的基本模式,制定新制度来调和古罗马人民与平民间的冲突。他设立新的人民大会,根据财产和军事服役在公民之间划分出6个阶级,从而改变了政治权力的分配,减少了库里亚和氏族的政治影响。这个制度将政治权利的基础从血缘关系转变为财产和地区的划分,更加突出财产和个人贡献的重要性,因而库里亚和构成它的各氏族,也像在雅典一样,下降为纯粹私人的和宗教的团体了。基于血缘的传统氏族制度向基于地区和财产划分的国家制度转变,为后来罗马共和国和帝国的政治结构打下了基础,也为后来的阶级斗争、社会分裂埋下了伏笔。这些因素最终促使罗马转向帝政,并对整个地中海地区的政治景观产生了深远影响。恩格斯最后也展示出,罗马内部的阶级斗争最终是如何使帝国陷入崩溃,从而为日耳曼人的征服活动创造条件的,这一点与雅典也极为相似,体现了原始社会发展的规律性。

(七)凯尔特人和德意志人的氏族

这部分简要论述西欧具有代表性的2个氏族制度,即凯尔特人和德意志人氏族,并较为具体地阐述了德意志人氏族制度的解体,国家萌芽出现的历程,共32个自然段。

1.指出氏族制度是人类社会发展史上早期普遍存在的社会组织形式

恩格斯引用了麦克伦南和柯瓦列夫斯基从卡尔梅克人到高加索部落的氏族制度的广泛研究。这些研究表明,即使在发展到蒙昧和野蛮阶段,许多民族仍然保持着传统的氏族制度,这些制度对理解更高阶段的社会的历史和发展规律具有重要意义。

2.阐述凯尔特人的氏族制度及其特点

恩格斯首先列举一系列事实来论证居住在爱尔兰、苏格兰和威尔士的凯尔特人和其他民族曾经存在过氏族制度。接着,恩格斯详细探讨了凯尔特人的氏族制度,特别是其在爱尔兰、苏格兰和威尔士的实践情况,展现出氏族制度对当地的社会结构和文化传统的深刻影响。例如,在威尔士,直至11世纪,仍然存在整个村落共同耕作的事实,婚姻还带有明显的对偶制特征,它们是氏族制度的残余;在爱尔兰,土地仍然作为氏族的公共财产而存在;而在苏格兰,王室的继承方式体现出母权制的影响,其氏族制度直到1745年起义被镇压才宣告灭亡。

3.论述德意志人的氏族制度及其国家萌芽

德意志人在公元前的民族大迁徙前,过着逐水草而居的游牧生活,分布在多瑙河、莱茵河、维斯拉河和北海之间的地区,各氏族社会经济发展落后且不平衡。恩格斯对古代德意志人的社会结构、法律规范、语言习俗、军事组织、婚姻制度与文化等多个方面进行了详细阐述,揭示了氏族制度在其中所发挥的重要影响,并强调这种基于氏族的组织方式对于理解德意志人的社会结构与文化特征具有重要意义。最后,恩格斯再次回到人类社会历史发展规律的宏观视野,指出在联合为民族的德意志各部落中也曾出现过古希腊、古罗马那样的人民大会、氏族酋长议事会、军事首长等制度,这提示了原始社会发展规律的普遍性。当然,这也是氏族制度下所能达到的最发达的制度,当社会越出这一制度的界限继续向前发展时,氏族制度就必然要由国家来代替。

(八)德意志人国家的形成

恩格斯在这部分主要论述了德意志人氏族制度瓦解与封建制度形成的过程,并对资产阶级史学与沙文主义展开批判,共20个自然段。

首先,恩格斯根据塔西佗的记载,阐述了公元前1世纪至公元5世纪期间德意志人氏族部落的分布情况和经济生活状况。德意志人口众多,军事力量强大,并积极向外扩张,这为德意志人最终入侵罗马帝国创造了前提条件。

其次,论述罗马帝国走向衰落为德意志人在氏族解体后跳跃进入封建社会提供了可能。在政治方面,罗马帝国晚期虽然依靠行政和法律摧毁了古代的血族团体,消解了地方的和民族的自主性,为帝国的统治提供了便利,但由于帝国设置的捐税、徭役极其沉重,人民大众日益陷入穷困,因而使国家这条联结广大人群的纽带成为人民所敌视的东西。帝国实质上陷入了分裂,并且公民把野蛮人奉为救星,期望后者来拯救自身。

在社会方面,高利贷的扩张,捐税赋役的增加造成了商业、农业、工业、手工业的全面倒退,并使得古代奴隶制失去了经济基础,包括自由小农在内的许多罗马公民为了逃避残酷的剥削,逃亡到被视为"野蛮"的地区,寻求更好的生活条件。

由此,恩格斯展示出一个曾经强大的帝国因内部腐败、经济衰退而逐步走向衰落的过程,这种精细入微的分析不仅为理解古代罗马的历史提供了重要材料,也为研究其他历史帝国提供了一个比较性视角。

再次,恩格斯论述德意志人征服罗马,从而建立封建国家和封建制度的历程。德意志民族将罗马人从自己的国家中解放出来,既然德意志人做了罗马各行省的主人,就必须尽量把所征服的地区组织管理起来。起初,土地的分配与管理按照氏族制度来进行,一部分归全体人民占有,一部分归各个部落和氏族占有。但氏族在自己的村落定居越久,越与罗马人逐渐融合,亲属性质的联系就越是让位于地区性质的联系。氏族制度逐渐演变为地区制度,因而与国家相适应。

不仅如此,氏族中以血缘纽带为基础的各种机关也发生着上述蜕变,即蜕变为国家机关。但恩格斯强调,由于德意志人是通过征服来建立国家的,所以他们不能将氏族制度直接转化为罗马国家的形式,而是必须设置另一种代替物,即另一种国家来代替罗马国家。征服民族最近的代表人物就是军事首长,因而军事首长制自然而然地转化为王权,催生了封建采邑制度。

恩格斯以法兰克王国为例,对上述过程作出进一步说明,并根据法兰克王国与古罗马王国相似的历史进程,得出2点结论:第一,没落时期罗马帝国的社会分化和财产分配,是跟当时的农业和工业的生产水平完全相适应的,因而是不可避免的。第二,这一生产水平在以后四百年间基本保持不变,因此才以同样的必然性重新产生了同样的财产分配和同样的居民阶级,城市丧失了对乡村的统治。但恩格斯强调,这四百年间人类历史还是发生了进步,这种进步表现在社会结构上。在这个时期末,虽然社会中的主要阶级和初期相似,但古代奴隶制和自由民都已消失,取而代之的是农奴制和自由的法兰克农民。这种形式对古罗马人来说是毫无出路的没落形式,而对新的世代来说则是新发展的起点。日耳曼时期的国家解体过程不是以被征服而告终,而是以采邑制度和保护关系进一步发展为封建制度而告终,并因此实现了人口和社会的进一步发展。

最后,恩格斯论证德意志人恢复罗马世界,在于"他们的野蛮状态,他们的氏族习惯"[1],并批判资产阶级民族沙文主义者所宣扬的德意志种族优越论。当时学界存在关于西罗马崩溃后,德意志人崛起原因何在的讨论。恩格斯批评民族沙文主义所谓雅利安人的天资论,强调这只是由于他们仍处于野蛮状况的氏族社会制度恰好填充了罗马人丧失的品质,因而能够"从罗马世界的污泥中造成新的国家"[2]。例如,德意志民族的民主本能,缓解了古罗马帝国的压迫和奴役;德意志民族中的母权制遗风推动他们改革专偶制,提高了妇女地位;以马尔克公社形式部分保存下来的氏族制度,使被压迫阶级在最残酷条件下也能有地方性的团结和抵抗的手段,同时,德意志人用自身实行的比较温和的隶属形式来代替古罗马的奴隶制,也促进了农奴阶级的解放。

可见,不是德意志人种族的某些优越特质,而是氏族制度中的积极因素使德意志人克服了罗马国家制度中的种种缺陷,进而最终建立起封建制度。在这种意义上,德意志人同时完成了对罗马国家制度和氏族制度的双重扬弃。同样地,如摩尔根所说,自由、平等、博爱在更高阶段的复活也可以据此来得到理解。

(九)野蛮时代和文明时代

恩格斯在这部分运用唯物史观的基本原理来论述氏族的解体、阶级社会形成和国家产生的基本规律,进而论证人类社会历史发展的必然趋势是无阶级的共产主义社会。这部分是对全书的总结,也是全书的重点,共包括

---

[1][2] 《马克思恩格斯文集》(第四卷),人民出版社,2009年,第175页。

40个自然段。

恩格斯首先对前面的叙述进行总结,即以希腊人、罗马人、德意志人为例,研究了氏族制度解体的一般过程,进而引出本部分的重要内容——研究那些在野蛮时代高级阶段已经破坏了的氏族社会组织,而随着文明时代的到来又把它们完全消灭为一般经济条件。恩格斯强调,对此探讨而言,马克思的《资本论》与摩尔根的《古代社会》同样必要,这是因为,恩格斯在此处着手更为深入地研究氏族解体、阶级社会产生和国家出现的规律,同时阐述文明时代三个社会形态的特点及其发展规律,从而论证资本主义制度被共产主义所替代的必然性。在这种意义上,摩尔根在《古代社会》中的研究,显示了原始社会进展到资本主义社会进而超越资本主义社会的规律性,而马克思的《资本论》则更有针对性地阐发了文明时代资本主义经济运行的规律,进一步明确了共产主义的必然性。恩格斯接下来分5节展开叙述:

1.社会生产力的发展所导致的两次社会大分工及其后果

恩格斯基于对早期社会形态、氏族制度及其变迁的历史分析,探讨了从蒙昧时代到野蛮时代的人类社会结构演变,特别强调了氏族制度的发展及其影响。他以美洲红种人为例,指出氏族制度最初起到了维持社会平等,保障所有成员平等参与公共事务权利的作用。但随着游牧生活方式的出现和牲畜的驯养,经济基础和社会结构发生了重大变化,社会中出现了第一次大分工。它推动货币的出现和流通,使家庭为了积累财富而迫切希望吸收劳动力,奴隶制因此出现,社会分裂为两个主要阶级:奴隶主与奴隶——即剥削者与被剥削者。与此同时,在家庭内部也出现了革命。男子对生活资料和生产工具的占有使其在家庭中占据了统治地位,妇女处于被支配的地位。恩格斯由此进一步指出:"只要妇女仍然被排除于社会的生产劳动之外而只限于从事家庭的私人劳动,那么妇女的解放,妇女同男子的平等,现在和将来都是不可能的。妇女的解放,只有在妇女可以大量地、社会规模地参加生产,而家务劳动只占她们极少的工夫的时候,才有可能。而这只有依靠现代大工业才能办到,现代大工业不仅容许大量的妇女劳动,而且是真正要求这样的劳动,并且它还力求把私人的家务劳动逐渐溶化在公共的事业中。"①而且,随着母权制转向父权制,对偶婚也转向专偶婚并固定下来,个体家庭因此成长为一种与氏族相对抗的力量。

在野蛮时代高级阶段出现了第二次社会大分工。战争对武器的需要推动了手工业的发展,"织布业、金属加工业以及其他一切彼此日益分离的手工业,显示出生产的日益多样化和生产技术的日益改进;农业现在除了提供谷物、豆科植物和水果以外,也提供植物油和葡萄酒,这些东西人们已经学会了制造。如此多样的活动,已经不能由同一个人来进行了,于是发生了第二次大分工:手工业和农业分离了。"②新的分工方式在社会制造出新的阶级,并引起阶级间的分化:家庭财产差别炸毁了旧的共产制家庭公社,以及相应的土地所有制。于是,个体家庭开始成为社会的基本经济单位。

2.生产力继续发展导致的第三次社会大分工及其后果

进入文明时代,第三次社会大分工创造出一个不再从事生产而只从事产品交换的阶级。恩格斯详细讨论了文明时代的经济和社会结构变迁,指出分工、交换、货币的发展对社会的影响。文明时代下的分工使直接满足自身需要的生产逐步演变为为了交换而生产,最显著的变化是商人阶级的出现,他们不直接参与生产,但控制了生产和交换的整个过程,成为经济中的主导力量,并成为"寄生阶级"③。生产和交换、消费的分离最终带来了周期性的商业危机。

此外,第三次社会大分工还深刻影响了社会权力的表现形式。金属货

---

① 《马克思恩格斯文集》(第四卷),人民出版社,2009年,第181页。

② 《马克思恩格斯文集》(第四卷),人民出版社,2009年,第182页。

③ 《马克思恩格斯文集》(第四卷),人民出版社,2009年,185页。

币的通行改变了生产者和非生产者之间的关系,进一步增强了商人对生产世界的控制。货币不仅作为交换媒介,也成为社会权力的象征和工具。随着贸易的扩展,货币和高利贷、土地所有权及抵押制出现,经济权力进一步集中到少数人手中,加剧了社会不平等。

与社会分工相对应,社会组织结构也发生了变化。随着商业活动的增加和社会分工的深化,传统的氏族制度显得力不从心,无法适应新的社会需求。原本基于共同居住和血缘关系的氏族组织,因为居住地频繁变动和社会成员的多样化而变得分散和无效。氏族内部的集会逐渐只限于处理非关键性事务,如宗教节日。新的社会结构,尤其是城市和乡村之间的对立,以及手工业与农业的分化,要求形成新的社会组织和管理机构。这些新机构往往由不同氏族、部落甚至外来人口组成,与传统的氏族制度形成对立。与此同时,氏族内部的经济差异——特别是富人与穷人、债权人与债务人之间的矛盾——进一步削弱了氏族制度的凝聚力。社会经济基础的改变带来的自由民与奴隶、剥削者与被剥削者之间的阶级对立,最终导致氏族制度的全面解体,其被更为集中和更具强制力的国家机构所取代,国家成为新的统治形式,旨在管理和调解社会阶级之间的矛盾和冲突。恩格斯最后得出结论:"氏族制度已经过时了。它被分工及其后果即社会之分裂为阶级所炸毁。它被国家代替了。"①

3.阐发马克思主义国家观

恩格斯简要概括了上述国家在氏族制度的废墟上兴起的三种主要形式,雅典、罗马与德意志,并据此得出结论:

"国家决不是从外部强加于社会的一种力量。国家也不像黑格尔

---

① 《马克思恩格斯文集》(第四卷),人民出版社,2009年,第188页。

所断言的是'伦理观念的现实','理性的形象和现实'。确切地说,国家是社会在一定发展阶段上的产物;国家是承认:这个社会陷入了不可解决的自我矛盾,分裂为不可调和的对立面而又无力摆脱这些对立面。而为了使这些对立面,这些经济利益互相冲突的阶级,不致在无谓的斗争中把自己和社会消灭,就需要有一种表面上凌驾于社会之上的力量,这种力量应当缓和冲突,把冲突保持在'秩序'的范围以内;这种从社会中产生但又自居于社会之上并且日益同社会相异化的力量,就是国家。"①

值得注意的是,恩格斯这里的表述与列宁之间是存在着细微的差异的。列宁强调,国家是阶级矛盾不可调和的产物,意在凸显阶级冲突的紧张,为无产阶级革命提供依据。而恩格斯则指出国家缓和矛盾、调控冲突的功能,这与当时议会政治在阶级斗争中的重要作用息息相关。同时,缓和矛盾与调控冲突实际上也包含着国家是阶级矛盾不可调和的产物这层含义,因而相较于列宁,恩格斯的阐发表现出一种开放性的阐释空间。

恩格斯进而对国家的特征进行阐释。国家区别于旧的氏族组织,一是它超越血缘而按地区划分国民;二是公共权力从直接组织为武装力量的居民中独立出来,成为一个新的社会运行层次,其独立的根源在于社会分裂为阶级,居民无法再形成自动武装组织,因而上层特权阶级作为"统治阶级"主导公共权力。构成这种权力的不仅有武装的人——军队,也有监狱等物质附属物。为了维持这种权力,政府机构依靠税收与公共债务组成官僚,并建立法律等上层建筑,凌驾于社会之上。

在此基础上,恩格斯指出国家的实质。国家是统治阶级在经济上剥削、

---

① 《马克思恩格斯文集》(第四卷),人民出版社,2009年,第193页。

在政治上压迫被统治阶级的工具。从古希腊罗马时代的国家到封建国家，再到现代的代议制国家都是如此。由于公民权利是按财产状况分级规定，因而，国家就实际地成为有产阶级用来防御无产阶级的组织，有产阶级实质上掌控了国家。同时，恩格斯也指出，在国家的发展过程中也有例外时期，当互相斗争的各阶级达到势均力敌的地步，国家权力就作为表面上的调停人而不隶属于任何一个阶级，暂时获得了某种独立性。接着，恩格斯指出，民主共和国这个国家的最高形式，在我们现代的社会条件下正日益成为一种不可避免的必然性，它是无产阶级和资产阶级之间的最后决定性斗争只能在其中进行到底的国家形式。在这种国家形式下，财富是通过收买官吏、政府与交易所结成联盟来间接地但也是更可靠地运用它的权力的。有产阶级为了缓和阶级冲突，通过普选制实施统治，而当无产阶级成熟起来，从资产阶级极左翼中独立出来，作为独立政党站上舞台，选举自己的代表时，无产阶级就将能够自己解放自己。"因此，普选制是测量工人阶级成熟性的标尺。"①

最后，恩格斯作出总结：国家并不是从来就有的，它是随着经济发展到一定阶段而必然导致社会分裂为阶级时，为将阶级之间的矛盾控制在一定范围内，从而维持社会整体的秩序和发展的产物。现在，生产力的发展已经使得阶级的存在不再必要，并成为生产的真正障碍。将来随着阶级的消失，国家也不可避免地消失。在生产者自由平等的联合体的基础上按新方式来组织生产的社会，国家将成为历史的过去。

4.概括文明时代的经济规律和社会本质

恩格斯指出：文明时代乃是社会发展的一个阶段，在这个阶段，分工、由分工而产生的个人之间的交换，以及把这两个过程结合起来的商品生产，得

---

① 《马克思恩格斯文集》(第四卷)，人民出版社，2009年，第193页。

到了充分的发展,完全改变了先前的整个社会。商品成为异己的力量和统治形式,并支配人们的命运,产品和生产都任凭偶然性来摆布,盲目的规律起着调节作用,人和劳动力变成了商品。对此,恩格斯总结道:公开的而近来是隐蔽的奴隶制始终伴随着文明时代。起初,在古希腊罗马时代是公开的奴隶制,后来在中世纪转变为农奴制,最后在近代是隐蔽的奴隶制——雇佣劳动。恩格斯接着概括了商品生产阶段的经济特征与社会特点。在经济方面:①商品生产阶段出现金属货币,从而出现货币资本、利息和高利贷;②出现作为生产者之间的中间阶级的商人;③出现土地私有制和抵押制;④出现作为占统治地位的生产形式的奴隶劳动;⑤出现作为整个社会分工的基础而固定下来的城乡对立;⑥出现私有财产的继承制度。在社会方面:①卑劣的贪欲是文明时代的动力,发财致富是文明时代的唯一目的;②一个阶级对另一个阶级的剥削是文明时代的基础,所以文明社会的全部发展都是在经常的矛盾中进行的;③实行习惯性的伪善是文明时代的统治手段。

5. 共产主义社会是古代氏族制度在高级形式上的复活

恩格斯引述摩尔根对文明时代的评论作为结语:"财富增长……变成了一种无法控制的力量。人类的智慧在自己的创造物面前感到迷惘而不知所措了。……社会的利益绝对地高过个人的利益,必须使这两者处于一种公正而和谐的关系之中。……管理上的民主,社会中的博爱,权利的平等,教育的普及,将揭开社会的下一个更高的阶段,经验、理智和科学正在不断向这个阶段努力。这将是古代氏族的自由、平等和博爱的复活,但却是在更高级形式上的复活。"①

---

① 《马克思恩格斯文集》(第四卷),人民出版社,2009年,第198页。

第四节　著作研究

《起源》问世以来,为多学科奠定了坚实的研究基石,即便是在现代人类学、历史学、政治学等学科实现长足进步的背景下,其仍然彰显出深厚的学术价值与启示意义。学者们常从历史学和人类学的维度来对《起源》进行评述,进而探究恩格斯在其中所作的分析在多大程度上符合后来的考古与人类学发现。结果是,尽管摩尔根的一些理论后来被视为过时,但恩格斯所提供的把握人类社会历史发展一般规律的框架仍然展现出科学性与合理性。特别是其提出的国家最终"消亡"的观点,为我们洞察现代国家职能与其未来走向提供了独特的视角。

值得一提的是,现代女性主义学者对《起源》也产生了浓厚的兴趣,特别是其中关于家庭和婚姻成为女性受压迫工具的观点。他们频繁引用恩格斯的论述作为探讨资本主义社会中性别不平等问题的理论支撑,同时也根据现代性别角色与家庭结构的多元性和复杂性尝试进一步丰富和发展恩格斯的观点。

总之,《起源》是一部广为传播且备受关注的马克思主义经典著作。对这些讨论与研究进行梳理总结不仅有助于我们深化对其中恩格斯所表达的思想的理解,而且能激发我们对当代社会结构的批判性思考。

一、国内外相关研究简述

（一）国外研究概述

近年来，国外学者对于《起源》的研究集中在人类学与国家起源问题上，并形成了丰富的学术研究成果与观点。在研究中，学者们高度赞扬恩格斯利用当时人类学最新成果对唯物史观的论证与阐发，强调这反映出马克思主义的科学性与开放性，但也不乏反对意见。

持赞同意见的学者如拉布里奥拉指出，国家起源理论在马克思主义理论体系中占据重要地位，既对理解后来的社会形态具有指导作用，也对资产阶级宣扬的美化国家、抹杀阶级对立的学说具有批判作用。19世纪后期，第二国际理论家梅林在1893年《论历史唯物主义》一文中指出，恩格斯和摩尔根证实了物质生产方式的变革与阶级斗争在国家起源中的关键作用，并有力地驳斥了理解政治形态演变过程的庸俗化倾向，从而将唯物史观与当时流行的社会达尔文主义区分开来，[1]梅林此文受到恩格斯高度评价。卢特林也赞扬恩格斯"天才地把马克思的唯物主义运用到了对人类社会进化的分析上"，并揭示出政治组织演进过程中经济因素的决定作用。托马斯·帕特森在《马克思的幽灵——和考古学家的对话》中也对《起源》给予肯定，认为《起源》从阶级关系分化的角度解释国家兴起的理论框架，对政治组织与经济基础之间辩证关系进行阐述，体现出马克思、恩格斯的一致性。[2]

当然，也有学者持有不同意见。库诺在《马克思的历史、社会和国家学

---

[1] ［德］梅林：《保卫马克思主义》，吉洪译，人民出版社，1982年，第19、29页。

[2] ［美］托马斯·C.帕特森：《马克思的幽灵——和考古学家的对话》，何国强译，社会科学文献出版社，2011年，第46页。

说》中从国家起源的主体、方式和时间等几个方面将马克思、恩格斯的相关论述进行梳理，认为这些论述深受黑格尔有关市民社会思想的影响，具有思辨性特征。特别是，一战的爆发使欧洲中心主义与进步史观受到质疑。与此同时，人类学蓬勃发展，英国功能学派、法国社会学派和美国文化学派开辟出注重田野考察、共时分析和个案研究的理论路径，这使得马克思、恩格斯对政治组织形态的演变规律的总结、阐发受到马林诺夫斯基、博厄斯等人的质疑。此后的人类学和考古成果进一步挑战了《起源》中的部分内容。例如，施里曼、伊文思在土耳其、希腊的挖掘工作使得米诺、迈锡尼文明重见天日，以往被摩尔根、恩格斯据为典型的希腊、罗马国家被证明是"次生文明"，甚至被摩尔根、恩格斯视为氏族社会的阿兹特克文明也被证实为高度发达的国家形式，而且不同地区国家兴起过程各不相同。罗维据此认为，摩尔根、恩格斯对氏族制度到国家的政治形态演进的"社会进化论"阐释，是"把极其多样的现象列入一种年代顺序，是毫无希望的"[①]。因为，事件形成的原因都是无穷尽的、偶然的，从如此复杂的现象中归结出所谓的规律极易导致陷入历史目的论的误区。

　　二战后，怀特的"能量学说"，斯图尔特的"文化生态学"导致了历史领域的深刻变革，"复线进化史"取代原来单线发展的史学观取得主导地位。由此，恩格斯论及社会形态的国家起源思想再次引发西方学界的广泛讨论，这种讨论甚至延伸至马克思、恩格斯思想关系的问题上。克拉德在《卡尔·马克思的民族学笔记》中提出马克思、恩格斯在国家起源问题上存在细微差异：马克思持整体的社会形态演进观，而恩格斯则强调经济对政治的决定作用。[②]诺曼·莱文的《马克思和恩格斯思想中的人类学》一文中也有相近论

---

①　[美]罗维：《初民社会》，吕淑湘译，商务印书馆，1987年，第430页。

②　杨金海主编：《马克思主义研究资料》（第14卷），中央编译出版社，2015年，第54页

述。莫里斯·布洛克则在《马克思主义与人类学》中强调马克思、恩格斯思想的一致性,不过在他看来,马克思、恩格斯之所以关注原始社会及其向国家的转变,既有历史学的目的,也有政治考虑,因为不存在私有制、也没有阶级斗争的原始社会与资本主义社会之间形成了鲜明的对比,原始社会的存在是说明资本主义国家暂时性的最佳例证,不过这使得意识形态性扭曲了学术严肃性。还有学者把《起源》说成"摩尔根作品的大众化版本,加上一些马克思日记的节选,再加上恩格斯自己对于将来的家庭解体的一些看法"①。

与之相反,吉登斯赞扬恩格斯在家庭、私有制、国家起源问题上的积极贡献,强调恩格斯对家庭和国家起源的解释在理论上提供了有价值的视角。但他认为恩格斯在对具体历史事实的分析中,存在使用的材料较为陈旧的问题。摩尔根有关古代社会的经验材料在现代学术研究中已部分被视为过时或有偏颇,因而恩格斯的一些基本假设,尤其他对国家和私有制发展的分析在新的历史材料面前得到再一次的阐发与丰富,而这或许会形成理解国家的历史和功能得更为全面的视角。同时,与同时代人一样,吉登斯也提出,恩格斯的分析过度依赖于历史唯物主义的框架,因而在解释家庭和国家的起源时,恩格斯过分强调了经济因素的决定性作用,而忽略了文化、意识形态和政治等其他因素的复杂互动。

当然,学界对《起源》中的国家理论、基于政治经济学的社会分析的研究也是不可或缺的两个重要方面。例如,有别于列宁在《国家与革命》中直接继承发展恩格斯有关国家是阶级压迫的工具的看法,德热拉斯(Milovan Djilas)认为恩格斯低估了官僚集团的独立性,并指出国家不仅仅是经济基础的产物,还拥有自身的独立性和权力结构。他还结合现实情况,对马克思曾警

---

① [挪威]巴特等:《人类学的四大传统——英国、德国、法国和美国的人类学》,高丙中、欧阳敏译,商务印书馆,2008年,第98页。

示过的共产党可能利用国家权力控制和支配社会资源形成官僚集团"新阶级"现象进行了解释。①斯科特在《反对谷物的国家》中,基于最近二十年的考古发现和历史研究,质疑恩格斯"国家为阶级压迫服务"的单一论点,提出早期国家的形成与农业生产的复杂化和集权化更为相关。②波兰尼在《大转变》中批评恩格斯对原始社会经济模式的简单化处理,提出早期社会的经济行为更多是嵌入社会关系之中的,而非完全基于私有制。③大卫·哈维将恩格斯的理论与资本主义晚期危机联系起来,认为私人资本与公共利益的冲突是当前社会动荡的主要来源。皮凯蒂在《21世纪资本论》中从数据角度佐证了私有制与不平等之间的紧密联系,为恩格斯关于私有制和阶级压迫的理论提供了现代依据。阿明分析了全球资本主义对家庭和国家形态的重塑,认为恩格斯理论对理解全球不平等仍具指导意义。

还有学者关注到《起源》中有关女性地位和社会角色的分析。他们认为,恩格斯曾嘲弄那些认为阶级是自然形成的看法,并尖锐地批评了把阶级的产生看作自发形成、机械运转并且与自然法则相和谐的理论。然而当恩格斯在论及性别问题时,自己却犯了同样的错误。即使妇女作为获取工薪的劳动力参与了物质生产,但在恩格斯的笔下,她们首先仍然是母亲、家庭主妇和弱势群体。换言之,恩格斯对妇女是从自然而不是从社会来定义的。对恩格斯来说,性(sex)包括在"物质基础"(material substratum)内,因而不应对它作社会分析,这就使恩格斯在很大程度上只是从旁涉及或者附带地提及妇女或性别的问题。与看待阶级问题不同,恩格斯在对待性别问题时没

---

① ［美］密洛凡·德热拉斯:《新阶级——对共产主义制度的分析》,陈逸译,世界知识出版社,1963年。

② James C. Scott, *Against the Grain: A Deep History of the Earliest States*, Yale University Press, 2017.

③ ［匈］卡尔·波兰尼:《大转型:我们时代的政治与经济起源》,冯钢、刘阳译,浙江人民出版社,2007年。

有认识到不同性别在社会中所扮演的角色也是按照人为的社会界定来划分的。①

(二)国内研究概述

中国近代屈辱史激发国人努力寻求民族与国家的救亡图存之道。据统计,1949年以前,中国学界存在几十部关于国家起源问题的著作。这些著作以社会进化论为理论基础,李大钊、蔡和森、侯外庐等人都深受影响,并以此来改革中国史学。相比之下,马克思主义国家起源学说的认同者较少。中华人民共和国成立后,《起源》与摩尔根的《古代社会》被指定为学习马克思主义的必读书,其中的国家理论成为基础性的教育内容,与此同时斯大林的社会发展五阶段论成为教条。这虽然扩大了马克思主义国家观的传播,但同时也抑制了学术讨论与理论创新。

20世纪80年代之后,中国考古学发掘出许多有关中国原始社会的材料,传统马克思主义国家起源学说是否适用于东方社会成为热点问题。张光直在《古代中国考古学》中运用国际人类学的主流理论与方法,对中国史前社会及夏商周三代国家历史变迁进行研究,并在很大程度上改变了中国历史学学术研究的范式,随之,以塞维斯为主要代表的"新进化论"派的国家起源理论传入国内并产生巨大影响。谢维扬在其1995年发表的《中国早期国家》中,论述了恩格斯之后的各种国家起源理论,概括了恩格斯与摩尔根提出的部落联盟模式与塞维斯等人提出的酋邦模式之别,当然,他把恩格斯与摩尔根混同起来显然是错误的。

进入21世纪,国内学者在进一步深入研究文本,并对现存争论进行梳理

---

① Catharine A. MacKinnon, A Feminist Critique of Max and Engels, Toward a Feminist Theory of the State, Harvard University Press, 1989, pp.13-36.

总结的基础上,自觉展开对国外学者对《起源》的误解与质疑的回应,捍卫了《起源》的科学性。喻中提出要从具体内容与叙事框架两个层面对《起源》作出解读与客观评价。在具体内容方面,早在恩格斯生前,《起源》就已经成为一个不断生长的文本,这体现在恩格斯在《起源》第四版序言中所提到的,利用新的人类学材料对《起源》的修订上。因此,考古学的进步确实证明《起源》一书在具体细节和个别判断上存在改进的空间,而且随着出土文物资料的不断丰富,恩格斯在《起源》中有关人类学的观点还会被不断改写。但是,这并不意味着《起源》失去了其理论价值,因为它成功建立起了解释家庭、私有制、国家、历史发展问题的叙事框架,为我们理解国家和法奠定了方法论。①也有学者提出,恩格斯研究人类学的目的并非为了成为这方面的专家,而是要弄清从前资本主义社会过渡到资本主义社会的各中间环节,从而证明资本主义社会是可变的,能够向更合理的社会转化,这就使恩格斯的人类学研究具有浓厚的政治色彩。在这种意义上,《起源》更像是一部政治学、科学社会主义著作,而非人类学著作。

总之,自《起源》问世以来,学界对其展开了丰富和多角度的研究,为我们全面理解《起源》的深刻含义提供了参考。当然,《起源》也面临着来自人类学、历史学等领域的挑战与质疑,如何利用这些领域中的新材料来丰富和发展《起源》中所表达出的科学社会主义思想,捍卫马克思主义的科学性与真理性是当代研究《起源》所不可忽视的重要问题。

---

① 喻中:《国家与法的方法论——关于〈家庭、私有制和国家的起源〉的重新理解》,《政法论丛》,2018年第4期。

二、相关重要论题

除了上述人类学、历史学方面的争论外,《起源》中还蕴藏着如下重要论题,这些论题在当代仍然具有鲜明的理论价值与实践意义。

(一)马克思主义国家学说

19世纪,随着工业革命和近代国家的形成,学者对政治和社会结构的研究兴趣显著增加,在集中考察国家的起源和性质以外,学者还开始探索国家机构的功能与演变历程。这种探索通常与当时广泛的政治、经济和社会变革相联系。许多实证考古材料的发掘(如商博良对古埃及)使人民对古代文明的理解有了新的科学根据,从而能够更好地掌握人类社会发展的连续性。例如,斯宾塞将生物进化的理念应用于社会和政治结构,认为国家是社会进化的自然产物,其作用和功能随着社会的演变而发展;梅因在《古代法》中指出国家之别在于血缘与地缘组织之别。摩尔根对美洲原住民社会的研究为理解社会结构的演变提供了重要视角,从而对马克思主义国家学说的发展产生重大影响。此外,国家统一、殖民扩张和资本主义快速发展也提出了研究国家的实践需要。对国家本质的理论探讨有助于政策的制定、法律框架的塑造以及培养公民的权利和责任意识,例如,黑格尔所提出的伦理国家观就旨在克服自由主义在社会和个人之间所造成的分裂。总之,19世纪学界对国家的研究不仅回应了当时人们对理解政治和经济系统的兴趣,而且对现代社会科学的发展产生了深远影响。

在此背景下,恩格斯根据摩尔根的人类学研究,接续马克思的理论工作,运用唯物史观系统把握国家从氏族制度中产生的历史过程,指出国家是私有财产和阶级产生后,统治阶级为了调解阶级矛盾、维护本阶级利益而创造的社会机构,从而明确了国家的阶级性,指出国家是统治阶级压迫被统治阶级的工具。恩格斯在《起源》中阐述的国家观与马克思通过对黑格尔的伦理国家进行"头脚倒置"的批判而建立起来的国家学说共同彰显出马克思主义国家学说的辩证特征。一方面,马克思主义国家学说强调经济基础对于上层建筑的决定性作用,从现实的社会生产活动出发来理解国家的起源、本质与发展趋向;另一方面,马克思主义国家学说与经济决定论不同,它关注国家的相对独立性,不仅反对黑格尔将国家神秘化为超阶级的主体观念,并将其置于社会之上的做法,指出国家是从市民社会中异化出来的产物,而且强调在特定的历史阶段,国家也会展现出相对独立性,表现为一个凌驾于社会各阶级之上的权力实体,这也是国家从市民社会中"异化"出来的应有之义。

不仅如此,恩格斯在《起源》中对国家的剖析还深刻地影响了列宁及其无产阶级革命理论、无产阶级政权建设实践。列宁在《国家与革命》中进一步发展了马克思和恩格斯的国家学说。列宁强调,国家是阶级矛盾不可调和的产物,是一个阶级压迫另一个阶级的工具。他特别关注资本主义国家机构如何成为资本家利益的服务者,并论述了无产阶级通过革命夺取国家权力的必要性。列宁认为,无产阶级夺取国家权力后,应逐步实现所有生产资料的公有化,最终建立一个无阶级、无国家的共产主义社会。

进入21世纪,西方马克思主义承续列宁对帝国主义国家的研究,结合资本主义发展出现的新特征与新变化,以马克思主义国家学说为依据,对帝国主义国家形态展开进一步批判。哈特、奈格里在《帝国》中通过考察帝国主义的发展历史,指出帝国也成为当代资本主义的发展趋势。它不建立领土中心,也不依赖于固定的边界和界限,是一个去中心化、去领土化的统治机器,但剥削与压迫形式更加"残酷"与"野蛮",这也孕育了新的反抗群体——诸众。大卫·哈维和伍德则针对当下的帝国主义国家进行了深入分析,揭示了国家在资本积累的扩张过程中的作用。前者强调资本积累必然要求国家政治权力的保障,同时资本又需要超出空间的界限在世界范围内流动,这就规定了帝国的军事、外交策略。后者则提出,新帝国主义比任何时候都依赖于民族国家。一方面,资本在具体的民族国家内部或之间流动,因而国家成为全球性资本积累的主要场所,每个国家间的政治经济发展不平衡也深刻反映出资本之间的激烈竞争;另一方面,帝国主义国家还承担着协调劳资矛盾的重要作用,但国家的管理无法消除资本主义内在基本矛盾,因此它又必然成为工人阶级反对资本主义斗争以及各种力量博弈的发生场所。

总之,马克思主义国家学说为后续的社会科学研究提供了丰富的理论资源,同时对20、21世纪的全球政治运动产生了深远的影响。

(二)婚姻家庭与家庭伦理

恩格斯《起源》还是马克思主义婚姻家庭道德观的经典之作。恩格斯运用唯物史观,分析了家庭的历史发展及其与生产方式和社会结构的关系。婚姻和家庭形态取决于生产方式和物质条件。随着私有财产的出现,婚姻逐渐从原始社会中的一种群体性关系转变为一种确定的、法律上被认可的私人关系,婚姻的主要目的是为了财产的继承和扩张。恩格斯认为,这种以经济利益为基础的婚姻形式为男性对女性和子女的控制提供了便利。恩格斯还讨论了道德观念如何随着经济和社会结构的变化而变化。道德观念总是服务于统治阶级的利益,尤其是在维护财产关系和家庭结构方面。随着社会向共产主义过渡,恩格斯预见到传统的婚姻家庭制度和与之相关的道德观念将会逐渐消亡。

恩格斯的这部作品对后来的性别研究和家庭研究产生了深远影响。它不仅为理解家庭形式的历史演变和社会功能提供了科学方法,也为后续讨论性别平等、家庭权力结构提供了理论基础。

（三）女权主义与妇女解放

恩格斯通过对原始社会发展历程的历史唯物主义考察,指出经济条件对家庭关系和妇女地位的决定性影响。在原始社会早期,妇女拥有广泛的政治、社会和经济权力,因为她们生产了绝大多数物品(如衣物、家用物品及工具等),妇女劳动对于部落生存至关重要。因而与之相适应地产生了母权制社会。但此后,畜牧业、手工业创造出全新的社会关系、新的生产方式。随着家庭外生产胜过家庭内生产,男性凭借财富优势占据了家庭中的主导地位。恩格斯强调:"母权制被推翻,乃是女性的具有世界历史意义的失败。丈夫在家中也掌握了权柄,而妻子则被贬低,被奴役,变成丈夫淫欲的奴隶,变成单纯的生孩子的工具了。"[①]在此基础上,恩格斯进一步指出,妇女这种被剥削被压迫的状况将伴随私有制的消亡而终止。

恩格斯的妇女解放思想对当代女权主义具有深刻的启示意义。当然,部分当代女权主义者也抱有不同的认识。在他们看来,恩格斯的矛盾在于他既承认人类自身再生产的重要性,同时又把它完全纳入生产及与生产有关的范畴内分析,社会政治压迫并不完全等于经济剥削,[②]而恩格斯在《起源》中没能全面分析妇女、家庭和生活再生产等重要问题。凯琳·萨克斯则在《重新解读恩格斯——妇女、生产组织和私有制》中,根据最新的民族志发现提出,私有制和阶级的出现不一定是性别压迫的根本条件,"阶级社会中妇女的从属地位在很大程度上不是家庭财产关系造成的而是妇女没有社会性成人的地位造成的","公众社会劳动是社会性成人身份的物质基础"。[③]

---

① 《马克思恩格斯文集》(第四卷),人民出版社,2009年,第68页。

② Women class and the Feminist Imagination:A Socialist-Feminist Reader Philade-phia,Temple University Press,1990,pp.123-124.

③ 王政、杜芳琴主编:《社会性别研究选择》,生活·读书·新知三联书店,1998年,第15页。

(四)"两种生产"理论

恩格斯在《起源》中首次提出"两种生产"理论,即将人类社会发展进程中直接生活的生产进一步划分为物质生活资料生产和人自身的生产,这是恩格斯晚年对唯物史观的重要扩展和深化,使唯物史观能够更为合理地容纳多样的社会结构和社会发展的复杂性。

恩格斯认为,物质生活资料的生产包括所有形式的经济活动,如农业、手工业、大工业等,这些活动直接创造出人们生存和发展所需的物质资料;而人自身的生产则主要指生育和社会化过程,这些因素决定着人口结构和社会劳动力的再生产。这两种生产彼此依赖,相辅相成,物质生产提供了人类生存的基础,而人自身的生产则确保了社会劳动力的持续和更新,两者间的共同作用是社会结构演变和历史发展的基本动力。

恩格斯还运用这一理论框架,详细分析了从原始社会到阶级社会的演进,探讨了家庭形式如何随着生产方式的变化而变化。例如,他描述了从母系氏族社会逐渐过渡到父系氏族社会的过程,并揭示了生产资料的积累和私有化在其中的决定性作用,进而深入阐释了私有制和国家的起源问题。在他看来,国家的职能在于管理并压制阶级冲突,从而维护拥有生产资料的统治阶级的利益。随着阶级的消灭,国家也将逐渐失去其存在的必要性,最终走向消亡。

恩格斯的"两种生产"理论丰富和发展了唯物史观,提供了一个分析社会和历史变迁的更加全面的视角。通过将人的生产纳入分析范畴,恩格斯展示了生产方式与社会结构之间复杂的相互作用。当然,也有部分西方学者对这一理论持有反对意见,他们认为该理论在性别角色和家庭结构的分析上显得过于简化,忽略了文化、习俗等因素。同时,在对古代社会家庭形式的解读方面,可能缺乏充足、准确的考古学和人类学证据支持。尽管如此,总体上看,恩格斯的"两种生产"理论无疑对唯物史观的丰富与发展具有重要贡献,它为我们深入理解人类社会的复杂多样性提供了重要理论工具。

第八章　列宁《帝国主义是资本主义的最高阶段》中科学社会主义思想解读

H. ЛЕНИНЪ (ВЛ. ИЛЬИНЪ).

ИМПЕРІАЛИЗМЪ,

КАКЪ НОВѢЙШІЙ ЭТАПЪ

КАПИТАЛИЗМА.

(Популярный очеркъ).

СКЛАДЪ ИЗДАНІЯ:
Книжный складъ и магазинъ „Жизнь и Знаніе"
Петроградъ, Поварской пер., 2, кв. 9 и 10. Тел. 227—42.
1917 г.

1917年列宁《帝国主义是资本主义的最高阶段》一书封面

第一节　著作简介

列宁对马克思主义的最重要贡献之一,是他对帝国主义理论科学而经典的阐述。列宁是第一位用历史唯物主义研究帝国主义的理论家,也是对帝国主义问题作出经典分析、概括并使其发展到成熟的科学的高度的思想家。在《帝国主义是资本主义的最高阶段》(简称为《帝国主义论》)中,列宁面对当时帝国主义主导的第一次世界大战,基于唯物史观的基本原理,参照《资本论》中的政治经济学分析方法,对帝国主义经济的基本特征进行了探讨,总结出资本主义发展到垄断的帝国主义阶段,竞争更加激烈,剥削与压迫、寄生与腐朽性更加严重,因而必然灭亡的结论。更重要的是,《帝国主义论》对俄国十月革命和苏联后期的国际政策产生了深远影响。列宁和布尔什维克面对俄国在第一次世界大战中的困境,根据对帝国主义阶段资本主义国家内部矛盾的深刻把握,号召进行革命以结束帝国主义战争,直接推动了1917年俄国十月革命的发生,建立起无产阶级政权;俄国十月革命后,《帝国主义论》中的理论成为苏维埃俄国(后来的苏联)的外交政策和世界革命战略的基石,并深刻影响了包括中国在内的落后国家的革命进程和现代化道路,是形塑20世纪全球政治格局的重要力量。

不可否认,资本主义在当代出现了许多新发展与新变化。在经济方面,新一轮科技革命兴起,信息时代的到来推动了生产力迅速发展,发达资本主义国家利用先发优势,在科学技术发展上抢得先机。利用第三次科技革命即信息化革命,发达资本主义国家在全球化的进程中不断攫取超额剩余价值,获得更大利润。21世纪以来又兴起了以数字、AI为主导的新一轮科技革命浪潮,这进一步巩固乃至扩大了发达资本主义国家的经济优势。同时,生产力的发展必然引起生产关系的相应调整。二战后,各资本主义国家建立和完善了社会保障体系,并通过征收累进税和遗产税,推行福利制度,职工持股等措施,改善了社会分配制度,在一定程度上缓和了社会矛盾。因而当代资本主义国家在私有制所允许的范围内,对整个国民经济有了相当强的调节、控制能力,表现出较大的容纳现代生产力的潜力,资本主义国家内部矛盾趋于缓和。此外,在国际关系方面,国家之间由不平衡发展所造成的矛盾,不再通过战争而是通过和平手段解决,帝国主义的殖民扩张也从过去有形的占领土地变为无形的经济政治和文化渗透。

尽管存在上述转变,但就其本质而言,资本主义仍然没有超出列宁所说的帝国主义的发展历史阶段,也没有脱离列宁所概括的以上基本特征。例如,当下的资本主义发展仍具有列宁所揭示的"垄断"特征;列宁所指出的帝国主义的扩张本性广泛而深刻地存在于网络、平台等各种新的社会空间当中;列宁关于"帝国主义是'腐朽的'、'寄生的'资本主义"的论断在今天仍具重要的启示意义,并在皮凯蒂《21世纪资本论》所描述的资本主义国家越来越严重的贫富分化等各种现象中得以集中体现。[①]因此,《帝国主义论》仍然是我们把握资本主义本质与特征的重要依据,对于透视当今资本主义的新发展、逆全球化现象与复杂世界格局,仍具有重要的参考价值。

第二节　写作背景

《帝国主义论》不仅回应了一战期间的严峻现实与社会主义运动内部矛盾所引发的理论争议,而且深刻揭示了当时全球经济和政治动态、《帝国主

---

① ［法］皮凯蒂:《21世纪资本论》,巴曙松译,中信出版社,2014年。

义论》于1916年上半年写成,以《帝国主义是资本主义的最新阶段》为书名发表于1917年4月。它是列宁以马克思《资本论》中的政治经济学分析方法,总结《资本论》出版后半个世纪以来资本主义发展的新情况,深入全面地考察帝国主义问题的理论结晶。

一、时代背景

列宁的《帝国主义论》是在第一次世界大战(1914—1918年)和全球资本主义快速变化的时代背景下诞生的,它不仅分析了当时全球经济政治的深刻变化,而且为理解资本主义发展的阶段性提供了坚实的理论基础,对后来的马克思主义理论和国际共产主义运动的发展产生了深远影响。

列宁生活在帝国主义形成和发展的时代,对资本主义发展到这个新阶段所引起的种种新问题耳濡目染。从1915年开始,为了现实革命斗争的需要,列宁对这些新问题展开集中研究,主要包括如下四点:

其一,第一次世界大战的性质。第一次世界大战是列宁分析帝国主义的直接背景。通过对战争进程和战争中各国家经济、政治、社会状况的详细分析,列宁指出战争本质上是几个大帝国主义国家为了重新瓜分世界市场和影响范围而展开的冲突,这场战争揭示了帝国主义阶段资本主义内在矛盾的尖锐化。

其二,资本主义的全球化与经济垄断。19、20世纪之交是现代资本主义发展的关键时期,第二次工业革命后,资本主义经济迅猛发展,城市化与资本全球化趋势显著。但经济领域的巨大进展也同时引发了一系列社会问题和政治挑战,一些资本主义国家面临严峻的政治不稳定和社会动荡问题,国际上社会主义和共产主义运动兴起,资本主义制度遭遇合法性危机。[①]面对这些现实问题,资本主义进行了有限的自我调整,由自由竞争转向资本集中和垄断。大企业、银行和金融资本的融合形成金融寡头,几乎全面控制了资本主义世界经济和政治生活,这种趋势在列宁的理论中被称为金融资本。列宁指出,垄断成为资本主义经济的主要形式,这是帝国主义阶段的显著特征。资本输出是资本寻求更高利润率的直接结果,它由国内市场的饱和与过剩产能所驱动,并最终导致各帝国主义国家在全球范围展开激烈的政治、军事斗争。

其三,世界社会主义运动的新状况。《帝国主义论》也是列宁对第二国际中的改良主义和机会主义错误思想展开批判的理论成果。其中,列宁特别对卡尔·考茨基的"超帝国主义"理论进行了驳斥,后者认为帝国主义可能发展到国家间合作与和平共处阶段,而列宁则指出这种看法忽视了帝国主义内在的掠夺性及其导致的不可避免的冲突。

其四,俄国革命的实际形势。《帝国主义论》不仅关注国际上资本主义出现的新变化与新发展,更基于这种新变化与新发展为俄国革命寻求理论支撑。带着这样的现实目的,列宁在《帝国主义论》中解释了为什么俄国会成为帝国主义链条中的薄弱环节,揭示了在俄国率先完成社会主义革命的可能性,进而直接促成了俄国十月革命的爆发与胜利,将19世纪的社会主义理想变为现实,使俄国走上了探索建设社会主义的道路,开辟了人类历史从资本主义向社会主义转变的新纪元,是人类文明的巨大进步。与此同时,俄国十月革命的感召和鼓舞不仅引发了德国等欧洲国家无产阶级的革命风暴,

---

① 面对内部矛盾和社会动荡,资本主义国家采取了一系列政治回应和社会变革,例如社会保障体系、劳工法规与公共教育的建设,政治妥协和民主制度的强化,选举制度的扩展和政党体系的发展在一定程度上成为政治稳定的关键;资本主义国家之间的紧张局势也催生了国际合作。这基本塑造了当今世界的政治、经济与社会面貌。

而且推动了中国等亚洲国家反帝反封建的民族民主革命运动,《帝国主义论》的实践意义由此得以进一步凸显。

二、理论背景

《帝国主义论》是列宁总结吸收当时政治经济学研究、资本主义批判与帝国主义理论的思想成果。一方面,列宁继承了马克思、恩格斯的基本思想,不仅积极运用唯物史观与剩余价值学说对资本主义社会展开分析与批判,而且进一步丰富发展了恩格斯晚年所提出的国家垄断资本主义的产生是社会主义革命的前夜的观点;另一方面,列宁也批判性地吸收了当时其他学者有关帝国主义的研究成果。例如,他认真阅读了希法亭的《金融资本》、考茨基的《帝国主义》、卢森堡的《资本积累论》、霍布森的《帝国主义:一个研究》等著作,"列宁从那些在帝国主义问题上比他论述早的人的著作中吸取了大量东西"[①],这也可以从《帝国主义论》中大量的直接、间接引用中看到。但是列宁对各种思想的批判性吸收并不否定他的伟大贡献与独特思考,而这却是那些有意无意夸大他人对列宁思想的影响的人所不能正确认识到的。

(一)卡尔·考茨基与《帝国主义》

卡尔·考茨基(Karl Kautsky,1854—1938),社会民主主义活动家,德国和国际工人运动理论家,第二国际领导人之一,马克思主义理论和社会民主主义历史中极其重要的人物,《资本论》第四卷的编者。考茨基在捷克和奥地

---

① [德]卢森堡、[苏]布哈林:《帝国主义与资本积累》,柴金如等译,黑龙江人民出版社,1982年,第44页。

利长大,后来成为德国社会民主党的主要领导人之一和第二国际的重要理论家,被认为是马克思主义的"教皇",在20世纪初期,他的作品和理论在国际社会主义运动中具有极大的影响力。在84年的生命中,他先后加入过3个政党,经历过3个共产国际的诞生与衰落,到过7个国家,亲身体验过许多差别很大的阶段。有观点认为,第二国际最终背离马克思主义与考茨基之间存在紧密的因果关系。考茨基受到新康德主义与拉萨尔主义影响,在其论著中违背马克思关于资本主义制度及其固有矛盾的核心论述,转向机会主义,这也受到列宁以及西方现代重要知识分子的指责与批判。

总的来说,他的理论影响深远,是社会民主主义思想的重要来源之一。考茨基被视为马克思主义理论的主要正统阐释者,他在理论和实践上都试图维护马克思主义的"纯粹性",并积极批判、驳斥伯恩施坦的修正主义。在第一次世界大战期间,考茨基的立场引发争议。他最初支持德国社会民主党的战争贷款投票,这一行为后来遭到列宁和罗莎·卢森堡等人的强烈批评。战争结束后,考茨基试图调和不同的社会主义派别,但最终未能阻止共产国际的分裂。

考茨基的《帝国主义》写于1914年第一次世界大战前夕,发表于同年9月11日《新时代》杂志。[①]考茨基在文中对帝国主义作出定义:"帝国主义是高度发达的工业资本主义的产物。帝国主义就是每个工业资本主义民族力图征服和吞并愈来愈多的农业区域,而不管那里居住的是什么民族。"他还分析了帝国主义产生的根源,强调催生帝国主义的决定性力量是工业资本主义的发展,只有在资本主义发展到工业资本主义阶段,不同于早期殖民主义的帝国主义才能形成。工业资本主义对于帝国主义产生的推动作用不仅表现在其整合了社会中的土地贵族和银行资本,从而吸纳了前者的好战倾

---

① [德]卡尔·考茨基:《帝国主义》,史集译,生活·读书·新知三联书店,1964年。

向，而且表现在其带来的庞大生产力必须促使它不断超出地域的界限来寻求新的原料市场与倾销市场。

考茨基还在文中提出，"从纯粹的经济观点看来，资本主义不是不可能再经历一个新的阶段，也就是把卡特尔政策应用到外交政策上的超帝国主义的阶段"，这成为后来他提出的超帝国主义理论的思想雏形。1915年2月，他发表《民族国家、帝国主义国家和国家联盟》，系统阐述超帝国主义理论，强调帝国主义只是金融资本所暂时采取的一种政策，是获取超额利润的一种手段。

（二）霍布森与《帝国主义：一个研究》

霍布森（1858—1940），英国政治思想家，经济学家，社会自由主义者。他首次将帝国主义与资本主义联系起来，系统批判了近代帝国主义，对20世纪初期的政治经济学讨论，特别是对后来的凯恩斯主义有着深远影响，正如有学者指出的，"几乎所有对帝国主义问题的后续理解都深受霍布森这本开拓性著作的影响"[1]。

在《帝国主义：一个研究》（*Imperialism：A Study*，1902）中，霍布森在批判当时流行的种种有关帝国主义产生原因的分析基础上，提出了一个关于帝国主义的经济解释：帝国主义主要由过剩资本所驱动，由于国内市场的投资回报逐渐降低，资本家和经济强权寻求将其过剩资本输出到海外，以寻求更高的利润率。为了便于资本输出，资本主义国家展开对外领土的侵占和政治控制，从而形成帝国主义扩张。霍布森还强调了资本主义中的不平等分配问题，资本和财富集中在少数人手中，导致社会消费能力不足，进而影响

---

[1]　［美］E.K.亨特：《经济思想史——一种批判性的视角》，颜鹏飞译，上海财经大学出版社，2007年，第296页。

了整体经济的健康发展,这为凯恩斯的需求管理理论提供了理论依据。凯恩斯本人曾明确提到,霍布森关于消费不足和经济不平等的分析对他的经济理论有着重要启发作用。同时,霍布森也是一个和平主义者,他反对战争和帝国主义政策,主张通过增加劳动者收入和消费能力来促进经济的稳定和国际和平。

霍布森在该书中还在现代帝国主义与古代东方和罗马帝国之间进行比较,认为"新帝国主义和老帝国主义不同的地方在于:第一,一个日益强盛的帝国的野心,已经为几个互相竞争的帝国的理论和实践所代替,其中每个帝国都同样渴望扩大政治势力和获得商业利益;第二,金融利益或投资利益统治着商业利益"[①]。而且霍布森也如列宁一样,指出帝国主义在缓解资本主义制度矛盾方面的无力与政治上的反动,因而关于帝国主义的本性,"唯一可能的答案是国家整体的事业利益要服从某些局部利益,而这些局部利益争取了国家资源的管理权,并用来为其私人利益服务"。

不过,霍布森的研究基本上停留在表象层面,他虽然运用大量材料阐述了帝国主义经济、政治方面的表现与特征,并在政策层面对之展开反思,提出国际帝国主义和平论,但没有像列宁那样揭示出帝国主义的真正本质。

(三)希法亭与《金融资本》

希法亭(1877—1941),奥地利人。1902年加入奥地利社会民主党,后又转入德国社会民主党并加入德国国籍。他的主要著作《金融资本》于1910年出版,与卢森堡的《资本积累论》、列宁的《帝国主义论》并称为经典马克思主义帝国主义理论的三大杰作(布鲁厄语)。列宁也高度认可《金融资本》的理论价值,称赞其"对'资本主义发展的最新阶段'作了一个极有价值的理论

---

① J.A.Hobson,Imperialism:A Study,University of Michigan Press,1965,p.304.

分析"[1]。

《金融资本》的主要内容包括:第一,金融资本的概念与特征。马克思将资本划分为产业资本、货币资本和商业资本。希法亭在此基础上,结合资本主义发展的新变化,提出产业资本和货币资本的分离是竞争资本主义时代的特征,但在垄断资本主义时代已经不存在。"产业资本持续增长的部分并不属于使用它的实业家。他们只有通过银行才能够处理资本,他们代表着所有者。另一方面,银行必须把它们的资本的持续增长的部分投资于产业,靠这种办法,它们在越来越大的程度上成为产业资本家。我把银行资本,即货币形式的资本通过这种办法实际地转变为产业资本,称作金融资本。"第二,金融资本推行扩张主义政策,需要借助国家的关税保护征服国外市场。"和平的理想已经失去其光彩,代替人道理念的是对国家的强大和力量的赞美……现在的理想是捍卫人们自己的国家对世界的统治。"金融资本为实现经济区扩张和资本输出,竭力把国家变为维护自身利益、推行帝国主义政策的工具。这必然引起国际、国内的双重反抗,并且其结果必然是"金融巨头的独裁统治将最终转化为无产阶级专政"[2]。

尽管希法亭在《金融资本》中对帝国主义作出了敏锐的剖析与批判,但正如列宁指出,希法亭的定义存在不完全的地方,没有指出金融资本产生的基础是生产和资本的集中发展到垄断的高度、银行资本同产业资本结合的机制和金融资本的形成过程。希法亭对帝国主义的分析也存在简化倾向,他认为,金融资本就是由银行支配而由工业家运用的资本。希法亭把银行资本和工业资本的融合,看成银行为工业资本提供便利的活动,仅仅将金融资本视为借贷资源,这显然是与金融资本的历史作用不符的。实际上金融

---

① 《列宁选集》(第二卷),人民出版社,2012年,第583页。

② [德]鲁道夫·希法亭:《金融资本——资本主义最新发展研究》,福民等译,商务印书馆,1994年,第430页。

资本已经变成了统治全社会的金融寡头,代表着一种强大的社会力量,是银行与工业资本融合的结果,也只有这样金融资本才能具备操纵国家的能力。认识到这一点,才能准确把握到帝国主义的实质。

(四)卢森堡与《资本积累论》

罗莎·卢森堡(1871—1919),德国国际共产主义运动史上杰出的马克思主义思想家、理论家、革命家,被列宁誉为"革命之鹰",著有《资本积累论》。在1912年1月之前,罗莎·卢森堡一直都是正统的马克思信徒,坚信政治经济学已经在《资本论》中完成,并达到最高成就,马克思的追随者们所能做的不过是细节上的完善。基于这种认识,她计划为民众写一本通俗读物以便更好地传播《资本论》中的思想,但却在最后一章讨论资本主义发展的一般趋势时陷入挣扎,因为她突然发现了一个既没有被马克思解决,也没有被其他人回答的问题:资本主义是一个历史现象——对此她很确定,但是关于它未来边界的问题却尚未存在答案。《资本积累论》就是她试着去解答这个问题的结果。

在该著中,卢森堡承认马克思对政治经济学的重要贡献,即用公式深刻阐发了全球社会资本的再生产问题。在其著名的再生产图式中,马克思展示了国民经济两大部类——生产资料与消费资料之间的交换。卢森堡强调,这个非常简单、抽象的公式是马克思政治经济学批判的重要成果,应被视为一个从整体分析资本主义经济发展所面临的真实问题的起点,但她同时认为马克思在其公式里所作的几个假设,令人难以看清资本主义发展过程中的真实矛盾。她不仅批评了这些假设,还提出了马克思论证中的一些矛盾,特别是《资本论》第二卷与第三卷中存在的表述差异。

（五）拉法格的帝国主义思想

拉法格（1842—1911），法国著名活动家，杰出的马克思主义思想家和宣传家，法国工人党和第二国际的主要创建人之一。主要著作有《马克思的经济唯物主义》（1885）、《宗教和资本》（1887）、《唯心史观和唯物史观》（1895）、《财产及其起源》（1895）、《思想起源论》（1909）、《马克思的唯物主义和康德的唯心主义》等。尽管他在理论上存在一些缺陷，如没有充分理解和重视唯物辩证法，有时陷入形而上学机械论，把马克思的唯物史观称为经济决定论等，但他对帝国主义作出过许多精辟论述，阐发了托拉斯在垄断组织形成过程中的地位和作用，工业资本和金融资本的融合趋势，垄断组织对经济、政治、社会领域的全面掌控，金融寡头在国际上的联合与冲突等。这些论述直接影响到列宁关于帝国主义的五个基本经济特征的判断，同时，拉法格关于帝国主义是资本主义发展到最后阶段的看法也对列宁产生了启发作用。

（六）布哈林与《世界经济和帝国主义》

布哈林（1888—1938），联共（布）党和共产国际的主要领导人之一，马克思主义理论家、经济学家、革命家。主要著作有《世界经济和帝国主义》《过渡时期的经济》《共产主义ABC》等。其中《世界经济和帝国主义》（写于1915年，1918年出版）在发表前，列宁就已经读过并作序（1915年12月21日—1916年1月3日之间）。该著作详细探讨了资本主义体系如何通过经济和政治机制，推行贸易、资本输出和殖民政策，维持其全球统治；分析了资本主义如何导致全球不平等的加剧，以及帝国主义国家如何通过经济和军事手段维护其全球霸权。布哈林的帝国主义思想对列宁以及后来的马克思主义者的思想产生了重要影响，推动了20世纪政治经济学研究的发展。与列宁相比，布哈林更强调经济因素在资本主义向帝国主义转变过程中的作用。此外,布哈林还对帝国主义多样化的趋势,社会主义取代资本主义的不同道路,世界革命过程的多样性、差异性特征作了阐发,[①]这些思考不仅为《帝国主义论》的出场提供了参照,而且有助于我们今天理解帝国主义对现代世界经济和政治格局的影响以及全球化背景下的经济依赖和冲突。

三、列宁对帝国主义的实践探索

早在19世纪90年代,列宁就开始关注并研究帝国主义问题。他在1895—1913年间的一系列著作如《社会民主党纲领草案及其说明》(1895)、《对华战争》(1900)中都对帝国主义展开了论述与分析。1901年,列宁还在同阿列克谢耶夫、《火星报》的通信中对垄断及其原因进行了分析。1904年8月,列宁曾着手翻译霍布森的《帝国主义》一书。一战前,列宁从148本书籍和232篇文章中摘录了共约50个印张,形成了一千多页的《关于帝国主义的笔记》。列宁参考、摘录的内容包括:霍布森的《帝国主义:一个研究》(1902)、拉法格的《美国托拉斯及其经济、社会和政治意义》、别拉尔的《英国与帝国主义》(1900)、里谢尔的《德国大银行及其积累》(1905)、格弗尼茨的《不列颠帝国主义》(1903)、利夫曼的《参与和投资公司》(1909)、兰斯堡的《德国的银行业》(1909)、厄什维葛的《水泥》(1909)、希法亭的《金融资本》(1910)、卢森堡的《资本积累论》(1913)等。一战爆发后,出于革命斗争需要,列宁对资本主义发展的垄断阶段进行全面研究。1914—1915年,列宁发表《战争与俄国社会民主党》《无产阶级与战争》,阐明帝国主义是资本主义发展的特殊阶段,研究了资本主义新阶段中出现的资本集中、金融资本统

---

① 中共中央马克思 恩格斯 列宁 斯大林著作编译局 国际共运史研究室编:《布哈林文选》(上),人民出版社,1981年,第196页。

治、资本输出、国家垄断资本主义形成、银行资本与工业资本融合等新现象,揭露了帝国主义的寄生性、掠夺性及其他一些特征。

同时,与其他思潮间的论战也为列宁写作《帝国主义论》提供了动力。列宁最初与民粹主义论战,在对俄国经济问题的分析中,认识到俄国帝国主义的发展以及俄国各种矛盾的逐渐尖锐化趋向,引发他对帝国主义时期资本主义所产生的新现象和新问题,如资本国际化,出现了国际资本家同盟,产生经济扩张的新形式即资本输出以及垄断价格的思考。在殖民战争和第一次世界大战爆发的背景下,列宁又在与考茨基等人的论战中,对帝国主义问题展开更为系统全面的研究,并最终形成了关于帝国主义实质和基本特征的认识。

在写作过程中,列宁多次对提纲和目录以及书名进行修改和调整,《列宁全集》第54卷β笔记与γ笔记记载了这个过程。例如,他曾经纠结于:是回到自由竞争呢,还是战胜帝国主义和资本主义前进? 超帝国主义或国际帝国主义?

1916年7月2日,列宁在致米·尼·波克罗夫斯基的书信中,详细介绍了本著作的相关情况,包括出版印张按约稿为5个印张200页手稿。①列宁还提出可以将书名改为《现代资本主义的基本特点》或《现代资本主义的最新资料》以回避沙皇当局的出版检查。1916年11月,高尔基主编的《年鉴》以《最新资本主义》为书名刊登了其出版预告。1917年,本书以《帝国主义是资本主义的最新阶段》为名在彼得格勒由生活和知识出版社出版。列宁同时对本书内容作了一些重要的补充与修订,并增加了序言。1924年日文版出版,同一时期美国出版了英文第二版。1924年,李春蕃(柯柏年)将中译本节选(1—6节)发表在《觉悟》杂志上。1925年2月,李春蕃中译本《帝国主义浅

---

① 《列宁全集》(第47卷),人民出版社,1990年,第365页。

说》(当时中文书名)出版发行。1926年,共产国际主席季诺维也夫在《列宁主义》一书中提出,列宁对马克思主义的贡献首要的是帝国主义理论,进一步促进了《帝国主义论》在世界范围的传播。1935年,该书首次以《帝国主义是资本主义的最高阶段》为名,随列宁手稿全文刊印于《列宁全集》俄文第2、3版第19卷。1946年两卷本的《列宁文选》俄文版也将《帝国主义论》收入第一卷中。

第三节 内容解读

《帝国主义论》由第一版序言(1917年俄文版序言)、第二版序言(1920年法文版和德文版序言),以及正文构成。正文的基本结构如下:第一至第六章对帝国主义五个基本特征进行阐述;第七章提出关于帝国主义的总结性论断,指出帝国主义是资本主义的特殊阶段;第八章阐明帝国主义的寄生性和腐朽性;第九章对帝国主义进行集中批判;第十章总结帝国主义的历史地位;最后还有一个简要的跋。

一、序言

在两篇序言中,列宁阐述了《帝国主义论》的写作主题,即不是研究个别帝国主义国家的经济情况,而是把帝国主义当作一个历史阶段,并揭露其经济实质,以便正确地去"认识现在的战争和现在的政治"[①],从而制定出无产阶级革命路线。

---

① 《列宁选集》(第二卷),人民出版社,2012年,第576页。

在1920年7月6日的第二版序言中,列宁对主题内容作出了更详细的说明,强调写作任务是阐明帝国主义战争的根源与性质,明确战争与革命的关系,批判考茨基主义(第7、9章),并指出工人运动的国际性分裂是由帝国主义的寄生性和腐朽性造成的。帝国主义用超额利润收买工人领袖和工人贵族,从而制造出改良主义和沙文主义。最后,列宁得出结论:帝国主义是无产阶级社会革命的前夜。

贯穿于《帝国主义论》的研究方法是历史唯物主义。列宁将这种方法进一步概括为"两个划分"和"两个归结"。前者即从社会生活的全部领域中划分出经济领域,从一切社会关系中划分出生产关系来,并且把生产关系当作决定其余一切关系的基本的原始关系。后者即把社会关系归结于生产关系,进一步把生产关系归结于生产力的状况。列宁批判从外交手段出发解释战争本质的做法为主观唯心主义,相反,他根据对所有交战大国生产方式的分析来揭示战争的阶级性质,并以铁路的修建为例进行了具体论证。

运用历史唯物主义,列宁将帝国主义的经济特征概括如下:

第一,垄断组织在经济生活中起决定作用。生产集中导致垄断,英、美、德的经济数据证明了马克思在《资本论》中指出的,自由竞争导致生产集中与垄断的必然趋势。列宁还着重分析了19、20世纪之交出现的卡特尔的形成历史,指出其主要是由生产同类商品的企业,通过签订划分销售市场、规定商品产量、确定商品价格的协定而建立起垄断组织。与此同时存在的还有生产同类或相关商品的大企业组成的托拉斯。它们占领了一个又一个的工业部门,例如焦炭、煤业、采矿和钢铁工业等,从而攫取大量超额利润。资本主义转化为帝国主义引起两个主要后果:一是推动了社会化大生产,二是资本主义基本矛盾更加激烈。

第二,银行资本和工业资本融合,形成金融寡头。此前,银行主要从事负债业务、资产业务以及中间业务,通过吸收存款并将其贷放给资本家,在支付体系中起着中介作用。随着资本主义的发展,资本的集中和银行周转额的增加,银行的作用发生根本性改变,开始反过来渗透、控制工业生产。"通过往来账及其他金融业务,首先确切地了解各个资本家的业务状况,然后加以监督,用扩大或减少、便利或阻难信贷的办法来影响他们,以至最后完全决定他们的命运,决定他们的收入,夺取他们的资本,或者使他们有可能迅速而大量地增加资本等等。"[1]银行对工业资本家经济能力的了解与控制,造成了工业资本家对银行的依赖,二者相互融合,催生金融资本。当然,希法亭在《金融资本》中对此已有相关论述,但是列宁在此基础上,进一步指出垄断是金融资本产生的经济根源,"生产和资本的集中发展到了会导致而且已经导致垄断的高度"[2]。而且金融资本还通过参与制,收买政府高官,指派亲信或是代理人担任政府要职,聘请曾在政府任职的要员到公司担任高级职务等手段,实现了对国家机器的掌控,进而全面控制了经济与政治生活,这是资本主义发展到垄断阶段的新变化。

马克思在《资本论》中也注意到上述状况:"在这里直接取得了社会资本(即那些直接联合起来的个人的资本)的形式,而与私人资本相对立,并且它的企业也表现为社会企业,而与私人企业相对立。这是作为私人财产的资本在资本主义生产方式本身范围内的扬弃。"[3]由此出发,马克思从股份制的"两权分离"(即其实际占有状况与其所有权相分离)现象中,得出股份制财产实际已经不是私有财产,而是社会财产的论断,并把实现社会主义的希望寄托于股份制。但19世纪和20世纪之交,股份制在迅速发展过程中出现一系列马克思和恩格斯所未曾预见的新情况。在此背景下,列宁站在马克思主义的根本立场上对金融资本的分析显现出极为重要的理论意义。

① 《列宁选集》(第二卷),人民出版社,2012年,第601~602页。

② 《列宁选集》(第二卷),人民出版社,2012年,第612页。

③ 《马克思恩格斯文集》(第七卷),人民出版社,2009年,第494~495页。

第三，资本输出具有特别重要的意义。马克思和恩格斯在《共产党宣言》中曾对资本主义早期的输出活动进行描述："不断扩大产品销路的需要，驱使资产阶级奔走于全球各地。它必须到处落户，到处开发，到处建立联系。"[①]后来者如霍布森、考茨基等人继续展开对资本输出原因的思考，前者认为，国内生产能力过剩，是帝国主义阶段资本输出的主要原因，后者则将过剩归结为农业远远落后于工业。在此基础上，列宁以历史性的眼光，进一步指出资本输出是资本主义生产方式发展的必然产物。"少数国家中资本主义'已经过度成熟'，'有利可图的'投资场所已经不够了"[②]，这使资本输出具有迫切的必要性。

第四，瓜分世界的资本家国际垄断同盟形成。在帝国主义时期，随着资本输出的扩大，垄断组织不断扩张势力范围，因而与其他垄断组织之间产生激烈冲突。在势均力敌的情况下，各垄断组织改变斗争形式，签订国际协定，形成垄断同盟，以便共同瓜分世界。国际卡特尔有的规定销售区域，有的规定垄断价格，有的规定生产限额，有的交换技术和共享专利权等。列宁以电力工业、煤油工业、商轮航运业、钢轨业、锌业为例，描述了国际卡特尔的形成与发展。国际卡特尔的建立并不表示资本家内部矛盾的消失，更不是如考茨基所想象的——给人们带来在资本主义制度下各民族间实现和平的希望。列宁强调，瓜分世界是资本家获取利润的途径，是垄断资本主义形成后的必然产物。

第五，最大的资本主义大国已经把世界上的领土瓜分完毕。资本主义充分利用世界政治经济发展不平衡的现状，对世界进行重新瓜分。列宁引用美国莫里斯、英国霍布森的数据，说明在向垄断与金融资本过渡的过程

① 《马克思恩格斯文集》(第二卷)，人民出版社，2009年，第35页。
② 《列宁选集》(第二卷)，人民出版社，2012年，第627页。

中,世界各主要资本主义大国开启了夺取殖民地的高潮。列宁指出,由于社会经济形态发展不同会导致帝国主义政策表现出不同的性质和内容,因而需要结合社会经济形态的根本区别在各种形式的帝国主义之间进行区分。

从历史上看,资本主义曾经经过积极开辟殖民地到反对殖民政策的过程。然而到19世纪末,英国开始公开鼓吹帝国主义。世界殖民体系形成的过程,就是资本主义为了自身发展而对全球进行侵略扩张的过程。这个过程大致分为三个阶段,每个阶段都伴随着一次殖民高潮。在此过程中,发达资本主义国家把亚洲、非洲和拉丁美洲等地区一步一步地纳入了资本主义世界体系,使之从属于西方。

第一阶段,从15世纪到18世纪,新航路的开辟推动早期的殖民侵略扩张活动。其结果是,一方面,欧洲同非洲、亚洲之间的贸易扩大,同美洲开始形成紧密的经济联系,世界各地区的商品逐渐在欧洲市场出现;另一方面,欧洲人开始对美洲、非洲、亚洲进行政治控制和渗透,资本主义世界市场和殖民体系初见端倪。主要是第一次把美洲大部地区和非洲沿海岸以及东南亚边沿地区纳入了新生的资本主义世界体系。在这一阶段,以西班牙为代表,殖民国家对殖民地进行直接管理统治。

第二阶段,从18世纪60年代到19世纪70年代,工业革命推动社会生产力迅猛发展,资产阶级牢牢占据统治地位。一方面,在世界上一些主要国家,资产阶级通过革命或改革,扫除了资本主义的发展障碍,资本主义制度在世界范围内得以确立;另一方面,资本主义列强加紧对外侵略扩张,掀起第二次殖民高潮。这次高潮以通过扩大殖民地和商品市场等方式向西亚、东亚、南美等地区进行纵深扩张为特征,代表国家为英国和法国,它们通过直接和间接统治的方式来治理殖民地。

第三阶段,19世纪70年代以后,第二次工业革命使社会生产力进一步提高,资本主义制度得以完善。为了进一步巩固、扩大统治地位,各国争先恐后地争夺殖民地、划分势力范围,英国、法国、美国、日本纷纷向海外殖民,扩张领土,以瓜分全球的方式把一直处于独立和半独立的非洲内陆以及亚洲内陆广大地区都纳入无所不包的资本主义世界体系。据1914年的统计,11个帝国主义国家共拥有各类殖民地达5430万平方千米,面积将近5个欧洲大小。垄断资本主义时期,西方国家对殖民地的统治方式趋向多样。

随着世界殖民体系的建立,一个前所未有的全球性经济体系形成了。国际分工与国际贸易相互促进,世界市场不断扩大。与殖民扩张同时进行的还有全球化的人口与资源的流动,跨区域的文化交流。这种交流以军事占领、通商、传教、使节往来、留学等形式展开,内容涉及艺术、法律、信仰、风俗习惯、思维模式、行为模式等多个方面,但文化的流向以"西学东渐"为主。

二、第一章　生产集中和垄断

列宁在本章分三节阐释了帝国主义经济体系的第一个基本特征:生产集中导致经济活动的垄断。

(一)生产集中引起垄断

列宁在开篇就直接指出:资本主义最典型的特点之一,就是随着工业蓬勃发展,生产集中于愈来愈大的企业,而且这个过程进行得非常迅速。列宁接下来用德国、美国工业企业在雇佣工人数量、生产要素与产值方面的具体材料来说明这个集中现象。工人越来越集中,而生产集中的程度要比工人集中的程度大得多,因为在大企业中劳动的生产率要高得多;"不到1%的企业,竟占有总数3/4以上的蒸汽力和电力!"①列宁由此推断:集中发展到一定

---

① 《列宁选集》(第二卷),人民出版社,2012年,第584页。

阶段就自然而然地走到垄断,原因在于两个方面:其一,几十个大型企业彼此之间容易达成协议;其二,企业规模的增大造成竞争的困难。从竞争到垄断的转变,是最新资本主义经济中最重要的现象之一。

列宁还引用希法亭关于联合制的观点,以及海曼关于德国钢铁工业中"混合"(即联合)企业的调查,来说明就连资产阶级经济学家也承认集中与垄断的必然趋势。同时,列宁援引赫尔曼·莱维的《垄断组织——卡特尔和托拉斯》阐明,在英国等自由贸易国家也类似,集中即使迟缓一些也一样会导致垄断。这些事实再次证明了马克思在《资本论》中指出的"自由竞争产生生产集中,而生产集中发展到一定阶段就导致垄断"①的观点。

(二)垄断导致资本主义变成帝国主义

列宁引用福格尔施泰因的《资本主义工业的金融组织和垄断组织的形成》,说明垄断组织的发展包含三个阶段:①19世纪60年代至90年代初,自由竞争到垄断;②1873年危机之后,卡特尔有一段很长的发展时期;③19世纪末的高涨和1900—1903年的危机,垄断即卡特尔成为全部经济生活的基础之一。于是,资本主义转化为帝国主义。接着,列宁对垄断组织"卡特尔"利用自身规模,通过技术手段,确定垄断价格,分配垄断利润,控制国民经济的行为进行描述。例如"一个工业部门的生产总量,往往有十分之七八集中在卡特尔和托拉斯手中","竞争转化为垄断。生产的社会化有了巨大的进展。就连技术发明和技术改进的过程也社会化了"。②

自由竞争状况下,商品价格是由市场来决定的,市场通过价值规律来调节生产要素的分配。但在竞争中大企业可以凭借自身优势,推动技术进步

---

① 《列宁选集》(第二卷),人民出版社,2012年,第588页。

② 《列宁选集》(第二卷),人民出版社,2012年,第592页。

和专业化分工,从而提高劳动生产率,降低成本,以取得更大的市场份额,于是造成小企业纷纷陷入破产,资本与生产同时集中在大企业手中。19世纪最后的30年间,英、美、法、德等主要资本主义国家的工业化都已经完成,到19世纪末第二次工业革命来临时,垄断基本已经形成。

事实上,今天我们回望历史能够更清晰地看到,第二次工业革命对现代资本主义体系的形成与发展产生了深远影响,特别是在推动垄断资本主义的形成方面。第二次工业革命以电力、内燃机和化学制品的广泛应用为特征,极大地扩展了生产能力和生产规模。主要表现在:其一,技术进步和生产规模的扩大。第二次工业革命引入大量新技术和生产方法,如电力、钢铁生产和化工的技术,这些技术使得生产过程更加高效,同时也要求更大规模的资本投入。这导致小企业更加难以与大企业进行竞争。其二,资本集中与企业合并。随着生产规模的扩大,企业之间竞争加剧,许多企业通过合并或收购以消除竞争对手,增强市场控制力。这种趋势导致资本高度集中,形成了垄断或寡头垄断企业。其三,市场控制与定价权。垄断企业利用其市场主导地位,控制价格和市场供给,这不仅限制了竞争,还使得这些企业能够更容易地攫取超额利润。其四,全球化和殖民扩张。第二次工业革命期间,随着交通和通信技术的改进,资本主义企业开始向全球扩张,寻求新的市场和原材料来源。这一过程常常伴随着殖民活动,并反过来扩大了资本集中和市场控制的能力。其五,劳动力市场的变化。资本的扩张产生了大量的劳动需求,这为劳工组织起更加集中和有力地集体谈判提供了有利条件。其六,对社会结构的影响。垄断资本主义的形成加剧了社会贫富差距,资本家和工人阶级之间的矛盾更加尖锐。这也催生了对社会政策和经济体制改革的需求,资本主义国家陆续出台进步税制、劳动法和社会保障法等条款以缓解社会矛盾。总之,垄断的出现加深了生产与资本的集中,深刻影响了全球经济、政治和社会结构的后续发展。

(三)垄断加剧了资本主义的基本矛盾

马克思告诉我们:资本主义存在一个自身不可克服的基本矛盾——生产的社会化与生产资料私人占有形式之间的矛盾,它支配其他所有矛盾。集中与垄断造成企业规模不断扩大的同时,也推动社会分工精细化和固定化,从而导致生产的社会化程度进一步加强。然而生产社会化了,但社会生产资料仍归少数人占有,同时自由竞争名存实亡。列宁引述德国经济学家克斯特纳著作《强迫加入组织》中有关"卡特尔与局外人斗争情况",揭示了垄断者达成同盟的8种手段,并指出垄断不仅没有消除竞争(企业与企业之间、垄断组织与非垄断组织之间),而且把竞争提升到更高的层次上,资产阶级内部矛盾也随着竞争的升级而更加尖锐。社会财富进一步集中到垄断者手中,资本家对工人日益严酷的剥削以及对相对剩余价值的攫取不断加剧社会贫富差距,无产阶级进一步相对贫困化,阶级对立加重。这样的结果就是,在几个工业部门中形成的垄断,使整个资本主义生产所特有的混乱现象更加厉害,更加严重。

基于此,列宁激烈批评了以考茨基为代表的机会主义者没有看到统治与强制的加剧是垄断组织带来的必然结果,并指出"卡特尔消除危机"是拼命为资本主义涂脂抹粉的资产阶级经济学家的无稽之谈。

在最后一段,列宁引出下章对银行在帝国主义阶段中的经济作用的分析。

三、第二章　银行和银行的新作用

列宁在本章分析了帝国主义的第二个经济特征:金融资本形成金融寡头。他通过阐发银行在帝国主义阶段的新作用来论述金融资本的形成过程。列宁在前2段引言中指出,在帝国主义阶段,银行在经济活动中由传统中介角色转变为垄断者,支配着所有资本家和小业主的几乎全部的货币资本,以及本国和许多国家的大部分生产资料和原料产地,①而且这个过程是资本帝国主义的基本特征之一。本章内容分两节展开。

(一)银行业的集中与金融垄断的形成

列宁引述德国股份银行从1907年到1913年间存款总额分布出现的变化说明,小银行被大银行排挤,更重要的是,银行参与到大企业合并的生产集中过程。列宁引用利夫曼的著作描述:大企业,尤其是大银行,不仅直接吞并小企业,而且通过"参与"它们的资本、购买或交换股票,通过债务关系体系等来"联合"它们,征服它们,吸收它们加入"自己的"集团。列宁还摘引里塞尔的统计材料说明:银行渠道的密网扩展得多么迅速,它布满全国,集中所有的资本和货币收入,把成千上万分散的经济变成一个统一的全国性的资本主义经济,并进而变成世界性的资本主义经济。列宁还引用英国、法国的银行数据佐证了这一点。

(二)银行的新作用

列宁引用简单的数字直观地表明,随着资本的集中和银行周转额的增加,银行的作用发生了根本性改变。"分散的资本家合成了一个集体的资本家。银行为某些资本家办理往来帐,似乎是在从事一种纯粹技术性的、完全辅助性的业务。而当这种业务的范围扩展到很大的时候,极少数垄断者就控制整个资本主义社会的工商业业务,就能通过银行的联系,通过往来帐及其他金融业务,首先确切地了解各资本家的业务状况,然后加以监督,用扩

---

① 《列宁选集》(第二卷),人民出版社,2012年,第597页。

大或减少、便利或阻难信贷的办法来影响他们,以至最后完全决定他们的命运,决定他们的收入,夺去他们的资本,或者使他们有可能迅速而大量的增加资本等等。"①

从上述事实出发,列宁首先指出银行在信贷体系中由普通中介变成决定企业命运的垄断者。随着银行与工业关系的改变,银行通过将大量资本集中起来实现对工业的监督与控制;而随着控制的进一步扩大,银行总是大大地加强并加速资本集中和垄断组织的形成。银行在制造企业的财务结算中,掌握了货币资本,让工业依赖于银行。由此,银行逐步实现对全社会货币资本、工业的控制。银行还控制交易所,自由竞争占统治地位的旧资本主义,被垄断占统治地位的新资本主义所替代,处于优势地位的银行通过相互之间的利益合作达成垄断协议,例如,"美国现在已经不是9家,而是2家最大的银行,即亿万富翁洛克菲勒和摩根的银行,控制着110亿马克的资本"②。这样,大工业只能被迫与少数银行集团合作,银行也通过"参与制"逐渐把触角深入工业内部,虽然工业生产部门也尝试渗透到银行来为自己争取有利地位,但银行流动性强于工业制造,因而渗透能力更强大。结果,"在工业同金融界联系密切的情况下,需要银行资本的那些工业公司活动的自由受到了限制"③。不仅如此,银行还进一步控制了流通运输过程。

列宁接着指出,银行资本与工业资本的相互渗透和紧密合作,最终制造出金融资本,银行的角色不再是中介,而是直接控制工业,"银行同最大的工商业企业之间的所谓人事结合也发展起来,双方通过占有股票,通过银行和工商业企业的经理互任对方的监事(或董事),而日益融合起来"④。除银行

---

① 《列宁选集》(第二卷),人民出版社,2012年,第601~602页。

② 《列宁选集》(第二卷),人民出版社,2012年,第606页。

③④ 《列宁选集》(第二卷),人民出版社,2012年,第607页。

同工业的"人事结合"以外,还有这些或那些公司同政府的"人事结合",以便影响国家决策,为自身牟利服务。可见,所谓大资本主义垄断组织正在通过一切"自然的"和"超自然的"途径十分迅速地创立和发展起来。在论述期间,列宁引述了德国、法国等国家的大量银行材料来证明:"一方面是银行资本和工业资本日益融合……日益长合在一起,另一方面是银行发展成为具有真正'包罗一切的性质'的机构。"①

据此,列宁批判了舒尔采-格弗尼茨、利夫曼等人将帝国主义描述成"有组织的"资本主义的说法,因为垄断只会加剧竞争,并使得资本主义危机愈演愈烈。最后,列宁指出:20世纪是从旧资本主义到新资本主义,从一般资本统治到金融资本统治的转折点。银行资本并不一定直接参与到工业企业的具体制造环节,而是变为金融资本来控制工商业的决策,并由此占据资本主义经济生活中的统治地位。

四、第三章 金融资本和金融寡头

列宁继续引述希法亭关于金融资本的论述:工业家只有通过银行才能取得对资本的支配权,而银行也必须把自己愈来愈多的资本固定在工业上。金融资本就是由银行支配而由工业家运用的资本。列宁补充说明了垄断发生的条件与阶段性:生产和资本的集中发展到了会导致而且已经导致垄断的高度;换言之,即生产的集中与资本的集中造成了垄断。由此,列宁继续对资本主义发展导致金融寡头统治的必然性展开论述。

首先,列宁阐述金融寡头在经济上的统治地位。他批判里塞尔、舒尔采-格弗尼茨、利夫曼等人面对金融寡头对经济、政治领域的全面渗透与操

---

① 《列宁选集》(第二卷),人民出版社,2012年,第609页。

控,只是象征性地号召责任心和"尽职精神",而对寡头形成的内幕、渗透手段与所获利益避而不谈。接着列宁以"参与制"为例,对金融寡头的渗透与统治方式进行阐释,并指出"'参与制'不仅使垄断者的权力大大增加,而且还使他们可以不受惩罚地、为所欲为地干一些见不得人的龌龊勾当,可以盘剥公众"①。

其次,列宁以股份公司中的资产负债表为例,说明"参与制"为垄断者牟利提供了方便。列宁还进一步指出,大量的、愈来愈多的利润巩固了金融寡头的统治,金融资本替垄断者向整个社会征收贡赋,并引用大量美、法、德等国材料来对此做出证明。在工业高涨时期,金融资本获得巨额利润,而在衰落时期,小企业和不稳固的企业纷纷倒闭,大银行就"参与"贱价收买这些企业,或者"参与"有利可图的"整理"和"改组"。不论哪种情况,其结果都是金融资本的增殖。

最后,列宁利用德国、俄国的事实材料进一步揭露金融寡头的政治统治。他指出,垄断既然已经形成,而且操纵着几十亿资本,它就绝对不可避免地要渗透到社会生活的各个方面去,而不管政治制度或其他任何"细节"如何。金融寡头通过收买官员而控制国家机器。国家垄断资本主义是理解现代资本主义国家经济政策以及政府与市场关系的一个关键理论框架。在这一体系中,政治权力和经济权力高度集中,政府与大企业在经济决策过程中紧密互动。这种关系通常表现为企业领导人与政府官员之间的私人联系,甚至包括政府官员直接在私人企业任职。大企业往往推动政府积极采取对外扩张政策,利用国家的政治影响力,通过外交和军事手段,为自身的海外投资和市场扩展创造有利条件。列宁接着说,资本主义的一般特性,就是资本的占有同资本在生产中的运用相分离,货币资本同工业资本或者说

① 《列宁选集》(第二卷),人民出版社,2012年,第615页。

生产资本相分离,全靠以货币资本的收入为生的食利者同企业家及一切直接参与运用资本的人相分离,而金融资本的统治让分离达到了极大的程度,结果是食利者和金融寡头占据统治地位,拥有"金融"实力的国家处于与其他国家不同的特殊地位。

列宁最后叙述了金融资本的全球化趋向。金融资本由于与工业生产的"分离"而可以不受自然物理条件的限制,在全世界发行证券。英、法、德、美4个最富的资本主义国家各有约1000亿至1500亿法郎的有价证券,约占全世界金融资本的80%,成为世界经济活动的统治者,而其他国家都成了这四个国家的债务人和进贡者。

最后一段,列宁对下一章的内容做了介绍:资本输出在形成金融资本的依附和联系的国际网方面所起的作用。

五、第四章　资本输出

列宁首先指出,自由竞争资本主义的主要掠夺手段是商品输出,而垄断资本主义则是资本输出,这是资本主义发展的必然结果。资本输出的可能性和必要性源于发达国家资本的过剩以及落后国家的市场和资源潜力。落后国家的低地价、低工资、廉价原料以及竞争程度较弱等特征使得这些地区投资回报率较高。此外,这些地区已逐渐被纳入世界资本主义体系,具备了一定的基础设施(如铁路),这也为工业发展提供了基本条件。

在早期资本主义阶段,自由竞争占据主导地位,资本主义掠夺其他国家以商品输出为主,英国通过自由贸易政策成为"世界工厂",向其他国家输出成品,并进口原料。然而到了19世纪末,随着其他国家通过保护关税自立为独立的资本主义国家,英国的这种垄断地位被打破。进入20世纪,资本主义发展到一个新阶段,即垄断资本主义。这个阶段的特点是发达资本主义国家中出现了资本家的垄断同盟,以及积累了巨额资本的国家垄断了国际市场。如列宁所言,临近20世纪时,我们看到已经形成了另一种垄断:第一,所有发达的资本主义国家都有了资本家的垄断同盟;第二,少数积累了巨额资本的最富的国家处于垄断地位。在先进的国家里出现了大量的"过剩资本"。由于国内投资回报递减,这些资本开始向落后国家输出,以寻求更高的利润。的确,资本主义具有这样一种独特的本质特征,那就是发展的不平衡性,这既是其外在表现,也是其内在要求,唯此才有资本不断追逐利益最大化的动力。在国内如此,在世界上不同国家之间也是如此。资本主义系统依靠向落后国家输出资本来解决发达国家的资本过剩问题,然而这并不会实际改善发展中国家民众的生活水平,因为资本输出的目的是为了寻求更高的利润和更有效的剥削,而非提升当地的生活条件。

列宁接着举例,英、法、德在1862—1914年一战前对国外投资不断增长的年表说明资本输出在20世纪初期才大大发展起来,相对过剩的资本是第一次世界大战爆发的根本原因之一,因为它们必须彼此冲突,争夺世界市场,也是帝国主义剥削、压迫殖民地与世界落后地区的坚实基础。列宁指出,金融资本造成了垄断组织的时代,而垄断组织则到处实行垄断的原则:利用"联系"来订立有利的契约,以代替开放的市场上的竞争。国家贷款时附加条款,金融资本的密网通过设在殖民地的银行及其分行确实是布满了全世界。金融资本与帝国主义一道,对世界进行双重瓜分。

毛泽东对垄断资本主义的掠夺手段的认识与列宁高度一致。他在《中国革命和中国共产党》中曾针对中国近现代历史指出,一方面,"外国资本主义的侵入……促进了中国城乡商品经济的发展"[①],另一方面,其目的"是要把中国变成它们的半殖民地和殖民地"。帝国主义通过与中国政府缔结一

---

① 《毛泽东选集》(第二卷),人民出版社,1991年,第626页。

些不平等条约,通过金融资本的扩张渗透到全世界,并在世界市场上攫取最大利益。

六、第五章　资本家同盟瓜分世界

列宁在本章论述帝国主义形成国际垄断同盟瓜分世界的基本过程,内容主要包括两个方面:其一,叙述国际垄断同盟的形成及其分割、再分割世界的竞争;其二,对资产阶级学者提出的国际垄断同盟会消除斗争与矛盾的说法进行批判。

列宁首先提出,垄断资本先对国内市场进行瓜分占领,通过工业资本与银行资本的融合,资本与政府结盟,进而完全控制本国的生产。然后,在资本逻辑的驱动下,资本主义在早已创造出的世界市场上进行资本输出,垄断资本在资本国及其各个殖民地之间形成跨国的垄断同盟,从而"自然地"达成世界性的协议,形成国际卡特尔。

接着,列宁就这个超级垄断的生长过程与机制进行论述。他以美国、德国的电力工业为例,说明其1900年之后发生的高度集中化趋势。例如,电气总公司(A.E.G.)统治着175~200个公司(通过"参与"制度),总共支配着约15亿马克的资本,在国外的直接代表机构就有34个,其中有12个是股份公司,分设在十多个国家中。美国的通用电气公司也是类似。1907年,美、德两国的托拉斯订立了瓜分世界的(秘密)协议,从而暂时消除竞争,形成了世界性托拉斯。但列宁同时也指出,这种垄断不是稳定的平衡,"两个强大的托拉斯瓜分世界的事实,当然并不排除对世界的重新瓜分,如果实力对比由于发展不平衡、战争、崩溃等等而发生变化的话"[①]。列宁接着以煤油工业提供了

[①]　《列宁选集》(第二卷),人民出版社,2012年,第634页。

企图实行这种重新瓜分,为重新瓜分而斗争的一个大有教益的案例来证明,垄断同盟"瓜分世界"的斗争会不断上演。

不仅如此,在资本主义内部也有私人垄断组织和国家垄断组织的分别,它们是交织在一起的,都是最大的垄断者之间为瓜分世界而进行的帝国主义斗争中的环节。列宁由此展开批判,批评考茨基与资产阶级经济学家提出的国家垄断同盟为"人们带来了在资本主义制度下各民族间实现和平的希望"[①]的说法之荒谬,是一种机会主义。与之相反,列宁诉诸马克思主义阶级斗争学说,强调"国际卡特尔表明了现在资本主义垄断组织已经发展到怎样的程度,资本家同盟是为了什么而互相斗争。后面这一点是最重要的,只有它才能向我们说明当前发生的事情的历史经济意义,因为斗争的形式由于各种比较局部的和暂时的原因,可能发生变化,而且经常在发生变化,但是,只要阶级存在,斗争的实质,斗争的阶级内容,是始终不会改变的"[②]。

最后,列宁总结说,首先是作为经济基础的国家垄断同盟形成,与此相联系,各个政治同盟、各个国家之间在从领土上瓜分世界、争夺殖民地、"争夺经济领土"的基础上也形成了一定的关系。

七、第六章　大国瓜分世界

列宁在本章论述帝国主义的第5个基本经济特征——最大的资本主义大国已经把世界上的领土瓜分完毕,并利用世界政治经济发展不平衡的现状,对世界进行重新瓜分。因而,帝国主义战争不可避免。

首先,列宁指出,虽然帝国主义时代下,世界版图瓜分完毕,但力量平衡的破坏必然导致重新瓜分。列宁引用美国作家莫里斯写的一本关于殖民史

---

①② 《列宁选集》(第二卷),人民出版社,2012年,第638页。

的著作,说明资本主义向垄断资本主义阶段的过渡,即向金融资本的过渡,是同瓜分世界的斗争的尖锐化联系着的。他还引述张伯伦鼓吹帝国主义是"正确、明智和经济的政策"[①],举出当时英国在世界市场上遇到的来自德国、美国、比利时的竞争的事实,并利用苏潘在上述那部关于世界各大国殖民地问题的著作中提供的综合材料,描绘了19世纪和20世纪之交帝国主义瓜分世界(包括中国)的全貌。

其次,列宁论述帝国主义与殖民地的关系,特别强调了金融资本的作用和影响。在资本主义的帝国主义阶段,金融资本不仅控制了物质资源和生产手段,而且通过直接和间接的方式对许多国家的政治和经济生活施加巨大影响。金融资本能够控制那些在名义上是独立的国家,使它们成为实际上的半殖民地,这种影响通过各种方式体现出来,包括但不限于资本输出、控制原料供应链、通过债务关系参与经济政策的制订等。列宁还提到殖民地和半殖民地的复杂性,以及它们在全球资本主义体系中的地位。这些地区不仅因为它们的自然资源,还因为它们在地缘政治上的战略价值而常常成为大国争夺控制权的对象。金融资本的存在和操作加剧了这些地区的依赖和从属关系,也加深了全球的不平等。列宁还具体讨论了资本家如何通过垄断和经济控制来确保对殖民地和资源的支配,以及这种支配在不同历史阶段表现出不同的形式。通过比较罗马帝国主义和现代帝国主义,列宁揭示了经济结构和社会形态对帝国主义策略的根本影响。此外,列宁还叙述了帝国主义殖民政策的历史后果,殖民地、半殖民地,乃至独立的小国都成为帝国主义殖民体系的组成部分,例如,葡萄牙就为了保护自身殖民地而谋求英国庇护,相应的,英国则得到了使用葡萄牙港口、岛屿、电缆等的便利。"某些大国和小国之间的这种关系过去一向就有,但是在资本帝国主义

---

① 《列宁选集》(第二卷),人民出版社,2012年,第642页。

时代,这种关系成了普遍的制度,成了'瓜分世界'的全部关系中的一部分,成了世界金融资本活动中的环节。"①

最后一段,列宁进行小结。他借用法国历史学家德里奥在《19世纪末的政治问题和社会问题》一书中的论述,强调"大国与瓜分世界"局势还会日甚一日地改变。

八、第七章　帝国主义是资本主义的特殊阶段

首先,列宁在本章前几段,对前面6章内容进行了总结概括,阐明帝国主义是资本主义发展到一个特殊阶段的产物,从经济基础方面来说是资本主义的自由竞争为资本主义的垄断所代替。帝国主义的实质是垄断,从自由竞争中生长起来的垄断并不消除自由竞争,而是凌驾于这种竞争之上,与之并存,因而产生许多特别尖锐、特别激烈的矛盾、摩擦和冲突。垄断是资本主义向更高级制度的过渡。

基于前面对帝国主义的五大特征概括,列宁从三个不同方面对帝国主义进行定义:一是,帝国主义是资本主义的垄断阶段。特征包括两点:①发挥决定性作用的是银行和工业资本融合而成的金融资本,具有垄断性;②通过殖民政策瓜分世界领土。二是,帝国主义是发展到垄断组织和金融资本的统治已经确立、资本输出具有突出意义、国际托拉斯开始瓜分世界、一些最大的资本主义国家已把世界全部领土瓜分完毕这一阶段的资本主义。这是对五个特征的总括。三是,帝国主义是资本主义发展的一个特殊阶段。帝国主义是寄生的或腐朽的资本主义,帝国主义是过渡的资本主义,或者更确切地说,是垂死的资本主义。

---

① 《列宁选集》(第二卷),人民出版社,2012年,第648~649页。

其次,列宁批判考茨基对帝国主义所下的错误定义。后者提出:"帝国主义是高度发展的工业资本主义的产物。帝国主义就是每个工业资本主义民族力图征服和吞并愈来愈多的农业区域,而不管那里居住的是什么民族。"①列宁强调,考茨基这个定义虽然看到了民族问题的重要性,但他简单地将帝国主义的特征规定为兼并,这样就遮蔽了帝国主义在政治方面的暴力与反动。更重要的是,考茨基将帝国主义归结为工业资本也是完全错误的,帝国主义最主要的经济特征是金融资本,因此他的定义没有把握到帝国主义的本质。列宁还批判考茨基定义的性质与危害:考茨基的定义比社会自由主义者霍布森还倒退了一步。后者认为,新帝国主义和旧帝国主义的不同在于:"(1)几个帝国主义互相竞争;(2)金融家比商人占优势。"②霍布森比较正确地强调了现代帝国主义的两个历史具体的特点:一是几个帝国主义国家互相竞争,二是金融家比商人占优势。然而考茨基却强调工业国对农业国的兼并,把商人放在了首要地位。考茨基将帝国主义视为一种政策,将帝国主义的政治同它的经济基础割裂开来,不能暴露资本主义最新阶段最根本矛盾的深刻性,而是掩饰了这些矛盾,客观上起到了更巧妙、更隐蔽地宣传同帝国主义调和的效果,因此它不是马克思主义的,而是资产阶级改良主义的主张。

在此基础上,列宁对考茨基与德国的帝国主义辩护士库诺之间的争论作出评价。初看上去,考茨基对帝国主义的兼并活动进行批判,从而以此反驳库诺提出的帝国主义是进步的观点的做法有其道理,但在更为深刻层面上看,考茨基由于没有把握到帝国主义的本质特征,没有触动帝国主义的经济基础,因而其提法中隐含着同帝国主义调和的资产阶级改良主义与和平

---

① [德]卡尔·考茨基:《帝国主义》,史集译,生活·读书·新知三联书店,1964年,第2页。

② 《列宁选集》(第二卷),人民出版社,2012年,第654页。

主义观点,他不是充分揭示矛盾的深刻性,而是回避存在的矛盾,忘掉其中最重要的矛盾。

最后,列宁批判考茨基的"超帝国主义论"。从纯粹经济的角度分析,考茨基的"超帝国主义论"提出了全球资本主义发展为一个全球性垄断组织的可能性,这实际上是一种抽象而空洞的设想。这种设想忽略了资本主义的内在矛盾和发展不平衡的本质,它试图描绘出一幅金融资本统一全球,帝国主义国家和平共存的乌托邦图景。考茨基认为,金融资本的统治能够减少全球经济的内部矛盾和不平衡,但实际上,金融资本恰恰加剧了这些不平衡和矛盾。各帝国主义国家之间的竞争和斗争异常激烈,反映出资本主义系统内部的深刻分裂和冲突。因而在列宁看来,资本主义世界中的实力变化必然持续推动新的经济和政治重组,引起更多的冲突与斗争,而非走向一个和平的全球垄断局面。国际卡特尔的形成和解体,以及帝国主义国家间的非和平斗争,都表明"超帝国主义"不过是一种逃避现实的幻想。

最后,列宁用设问来表明,在资本主义基础上,要消除生产力发展和资本积累同金融资本对殖民地和"势力范围"的瓜分这两者之间不相适应的状况,只有借助于战争。因而,认为帝国主义会带来合并只能是一种不切实际的幻想。

九、第八章　资本主义的寄生性和腐朽

本章在指出帝国主义的经济基础是资本主义垄断的基础上,进一步阐述帝国主义所特有的寄生性和腐朽的表现与原因,分析帝国主义的寄生性和腐朽对工人运动的影响,阐明机会主义产生的经济政治条件。列宁批评大多数学者对帝国主义这个方面认识的不足,认为希法亭甚至比"非马克思

主义者霍布森还后退了一步"①。

首先,列宁指出垄断必然引起生产、技术停滞,并举例说明虽然资本主义本身不能长久排斥世界市场上的竞争,但垄断组织对商品价格的控制减弱了技术进步的动力,甚至为了维持自身地位,垄断组织还会用收买发明专利的方式来人为阻碍技术进步,因而限制了社会生产力的发展。

其次,列宁论述垄断资产阶级凭借资本输出,成为寄生于海外国家与殖民地劳动人民身上的食利者。帝国主义使靠"剪息票"的食利者阶层大大增加,垄断资本更加残酷剥削全世界劳动人民,并完完全全地脱离社会生产。列宁此处引用霍布森著作中的相关数据说明这个问题。1899年大不列颠从全部对外贸易和殖民地贸易得到的全部年收入是1800万英镑,然而它从对外投资中所获得的收入却是9000万—10000万英镑,在英国这个世界上贸易最发达的国家中,食利者阶层的收入比对外贸易的收入高4倍。这突出体现了帝国主义腐朽性与寄生性的实质。

最后,列宁论述帝国主义的寄生性与腐化帝国主义的腐朽性还会给工人运动带来负面影响,无产阶级中分化出一个特权阶层,并日渐脱离广大的无产阶级群众,与此同时社会沙文主义也开始盛行,这为工人阶级的国际联合带来阻碍。对此,列宁引用恩格斯在1858年10月7日、1881年8月11日给马克思的信,在1882年9月12日给考茨基的信中的论述,说明马克思和恩格斯在几十年中一直密切注视着工人运动中的机会主义和英国资本主义的帝国主义特点之间的这种联系。马克思、恩格斯多次谈到并批评一些英国工人领袖与英国资产阶级的妥协,认为这种妥协有损于工人阶级的根本利益和革命目标,导致工人运动与资本主义的利益过度融合,从而削弱工人阶级推动彻底社会变革的能力。马克思、恩格斯强调,为了实现社会主义,工人

---

① 《列宁选集》(第二卷),人民出版社,2012年,第660页。

阶级必须保持独立性,坚持通过阶级斗争追求根本的经济和社会变革。然而历史发展到20世纪初,马克思、恩格斯的这种担忧日益成为现实。

十、第九章　对帝国主义的批评

列宁在本章分析了资本主义社会各阶级对帝国主义政策所采取的态度,特别是严厉批判了考茨基在帝国主义问题上散布的资产阶级改良主义观点,驳斥了所谓"超帝国主义论"。

首先,列宁从总的方面批判考茨基名义批评帝国主义,实则同流于资产阶级改良派。他指出,帝国主义的意识形态已经渗透到工人阶级内部,在其中培养出帝国主义者与机会主义者。即使在那些声称反对帝国主义的政治团体或个人中,往往也存在对帝国主义前景的迷恋和辩护。列宁还对资产阶级经济学家为帝国主义辩护的方式作了分析。他们通常只关注、强调局部的、次要的细节,从而忽略或淡化帝国主义与资本主义根本性的联系,这就为他们鼓吹改良计划来转移人们对实质问题的注意创造了条件。在这种意义上,列宁认为,霍布森和考茨基虽然批评帝国主义,但实际上未能摆脱资本主义的枷锁,也未能有效地对抗帝国主义,从表面上看,他们最终落入了资产阶级改良主义的陷阱之中。

其次,列宁进一步对考茨基对帝国主义的经济批判展开分析。考茨基认为,即使不通过帝国主义的暴力方法,资本也能够实现扩张,并据此批评帝国主义的殖民和军事活动。但列宁指出,这种观点实际上是要求资本主义从垄断阶段倒退回自由竞争阶段,这表明考茨基不懂得资本主义的本质,也不懂得历史发展的规律。因而无论如何解读考茨基的论断,都无法避免其反动性和改良主义的本质。列宁指出,主张自由贸易与"和平的民主"都是忘掉帝国主义的本质与特性,是用小市民的改良主义来代替马克思主义的幻想。"要知道贸易和资本主义发展得愈快,产生垄断的生产和资本的集中就愈是加强。况且垄断已经产生了,恰好是从自由竞争中产生出来的!即使现在垄断开始延缓发展,这也不能成为主张自由竞争的论据,因为在产生垄断以后自由竞争就不可能了。"[①]列宁还引用资产阶级经济学家阿·兰斯堡的材料,进一步揭示出考茨基回避了帝国主义最根本而深刻的内在矛盾。

最后,列宁从政治上进一步批判考茨基的"超帝国主义论"。考茨基认为,帝国主义国家之间可能通过国际金融资本联合,共同剥削世界而结束彼此间的冲突,未来可能出现超越传统帝国主义的新形式。这与霍布森在1902年提出的"国际帝国主义"实现永久和平的理论相似。列宁指出,这种看法无疑只是反动的空想,因为它忽略了帝国主义内在的经济和政治矛盾,尤其是在资本主义框架下国家之间不平衡发展的根本性问题。实际上,帝国主义国家之间的合作只能是暂时的,对利润的追逐必然引起一次又一次地重新瓜分世界,因而不可能实现真正的和平。考茨基的理论只会误导工人阶级。

最后一段,列宁对上述批判作出概括:考茨基对帝国主义的理论分析,以及他在经济上和政治上对帝国主义的批评,都始终贯穿着一种同马克思主义绝不兼容的、掩饰和缓和最根本矛盾的精神。

十一、第十章　帝国主义的历史地位

在这一部分,列宁对全书进行总结,并分析了帝国主义的历史地位。

首先,列宁指出帝国主义是资本主义发展的最高阶段,是资本主义社会经济结构向更高级结构的过渡。

---

① 《列宁选集》(第二卷),人民出版社,2012年,第674页。

其次,列宁论述垄断资本主义的四种主要表现:第一,垄断是从发展到很高阶段的生产集中生长起来的。第二,垄断导致对最重要的原料产地的抢占,特别是资本主义社会的基础工业部门,如煤炭工业和钢铁工业所需要的原料产地。第三,垄断是从银行生长起来的,银行成为金融资本的垄断者,并渗透、控制现代资产阶级社会中的一切经济、政治机构。第四,垄断是从殖民政策中生长起来的。这些因素共同作用的结果是垄断资本主义使资本主义的一切矛盾尖锐化,从而形成了从全世界金融资本取得最终胜利时开始的过渡历史时期的最强大的推动力。

再次,列宁强调帝国主义的寄生性与腐朽性,并反对帝国主义与机会主义。他指出,资本主义的发展比从前要快得多,但是这种发展不仅一般地更不平衡了,而且这种不平衡还特别表现在某些资本最雄厚的国家(英国)的腐朽上面。列宁以德国、英国与美国为例,论述帝国主义的全球竞争为某些国家和行业资本家利用垄断获得的高额利润,以经济手段收买工人阶级的一部分,使他们支持本国资产阶级的帝国主义活动提供了便利。帝国主义与工人运动中的机会主义关系尤为紧密,因此对帝国主义的真正反抗必须与反对工人运动中的机会主义紧密相连,否则反帝国主义的斗争将只是空话和谎言。

最后,列宁根据以上对帝国主义的经济实质的全部论述得出结论:垄断资本主义是过渡的资本主义、垂死的资本主义。第一,垄断资本主义使资本主义一切矛盾尖锐化。第二,帝国主义以寡头统治代替了自由趋向,帝国主义的发展更加不平衡,国与国之间的冲突更加剧烈。列宁还用辩证的眼光,批评资产阶级经济学家在描述最新资本主义时常用"交织""不存在孤立状态等说法"①,指出这表示他们实际只抓住了我们眼前发生的这个过程的最

---

① 《列宁选集》(第二卷),人民出版社,2012年,第686页。

引人注目的一点,而没有揭示交织现象背后的,构成这种交织现象的基础的,正在变化的社会生产关系。生产的社会化使得现有私有经济和私有制关系成为与内容不相适应的外壳,并开始腐烂。尽管这个外壳可能在腐烂状态中保持一个较长的时期,但终究不可避免地要被消灭,即帝国主义必然被社会主义所代替。

第四节　著作研究与时代话题

《帝国主义论》一经发表就受到学界的广泛关注,国外学者围绕《帝国主义论》与同时代其他帝国主义理论著作的关系,《帝国主义论》中的方法论与其时代意义作了大量考察。而且,随着现当代国际形势的剧烈变迁,联系资本主义政治经济新动向和社会主义革命的新动态,学术界对该著给予重新解读和"帝国"反思,产生了大量讨论与研究成果。其中,认同与批评之声同时存在。改革开放以来,国内学者在深入研究文本内容的基础上,积极回应有关争论,并结合中国特色社会主义建设实际,进一步挖掘《帝国主义论》的实践价值,赋予《帝国主义论》以时代特征。对上述内容进行概括总结,不仅有利于进一步整体把握《帝国主义论》的丰富内涵,而且有利于增强《帝国主义论》的当代解释力,科学把握资本主义的新变化与新特征。

一、相关研究

列宁发表《帝国主义论》引起了学术界的广泛讨论,讨论与争论焦点主要集中在两个方面:一是列宁帝国主义论是否具有理论原创性;二是列宁帝国主义论对现实世界的解释有效性。

关于理论原创性的争议一直不断。持基本否定看法的学者布鲁厄认为,《帝国主义论》对"帝国主义理论的发展做出了很少的贡献,或者说没有贡献。它的理论内容是微不足道的,且来源于希法亭、布哈林和霍布森",而且在理论方面存在致命缺陷,"它没有充分地对民族国家在世界经济中的地位作出理论说明"①。持肯定观点的美国学者布劳特认为,"列宁的帝国主义理论虽然借鉴了第二国际理论家的理论范式,对其合理成分进行了批判继承,但是列宁将帝国主义阶段当作社会制度整体来研究,这是列宁该理论的原创性体现"②。

关于解释有效性也是众说纷纭。持否定看法的学者给出的理由有三:其一是通过说明时代变化来否定"帝国主义论"的适用性。例如大卫·哈维认为,资本时空修复过程中引发的价值流动散乱化和霸权竞争,使陈旧的帝国主义理论失去解释力。其二是通过质疑列宁低估了帝国主义的调节能力来否定"帝国主义论"的适用性。前苏联学者奥萨德恰娅、奇布里科夫等认为资本主义在其自身形态内的发展是沿着消除寄生性和腐朽性的道路前进的,寄生性、腐朽性和垂死性三个特征与当代资本主义的现状相差较大。③其三是西方所谓"列宁学"对列宁、列宁主义及其帝国主义论的否定态度。日本学界在20世纪50年代联系"新生产关系论"对列宁帝国主义论展开研究,但80年代之后认为列宁的理论落后于马克思,不再使用马克思列宁主义的提法。

也有一些学者对列宁"帝国主义论"的理论解释力持部分肯定,或兼有

---

① [英]安东尼·布鲁厄:《马克思主义的帝国主义理论———一个批判性的考察》,陆俊译,重庆出版社,2003年,第118、124页。

② J. M. Blaut, Evaluating Imperialism, *Science&Society*, 1997(3).

③ 刘淑春:《前苏联学术界对列宁的帝国主义理论的几个问题的看法》,《马克思主义与现实》1994年第1期。

肯定与否定的观点。例如,哈丁认为,《帝国主义论》是列宁主义政治学的核心文本,为俄国十月革命提供了正当性,"列宁几乎独自复兴了一种作为革命性理论和革命性实践的马克思主义;列宁的全部事业的基石就是帝国主义理论"[①]。帕特奈克(Prabhat Patnaik)认为二战以前有现实解释力,但二战之后则大大削弱。[②]哈特、奈格里认为,列宁的帝国主义观点已经为现实的资本主义发展的历史所淘汰,"在单一的规则逻辑支配下,由一系列国家与超国家组织联合形成"的新"帝国"才是现实的,类似考茨基的"超帝国主义论",列宁只是因俄国现实需要,"将同时期理论家的观点进行简单的综合,从而使得这些理论更加通俗易懂以便于接近大众"[③]。不过,其原则和方法却有借鉴意义,为新的社会历史变革提供了某种启示。

持完全肯定态度的主要是苏联学者与我国学者,他们同时也对列宁"帝国主义论"的理论原创性持高度肯定态度。

我国学界在改革开放前,由于意识形态的原因,缺乏独立与自觉的学术性研究,学者们往往"将列宁所论述的帝国主义五大经济特征看成是一个固定的格式,拿着它去套当代帝国主义经济中的问题",对内在的理论根据缺乏深入探索。改革开放后,研究的独立性和深度都有明显增强,并呈现出多样化趋势。韩云川在《列宁社会主义探索的得与失》中提出,列宁的帝国主义理论揭示了帝国主义的本质,阐明了帝国主义的历史地位,是对马克思主义理论的重要贡献,但这一理论由于历史局限,在细节上与事实有所出入。例如,列宁把资本主义的寿命看得过于短暂。[④]苏晓明也持有同样的观点,

---

① [英]尼尔·哈丁:《列宁主义》,张传平译,南京大学出版社,2014年,第128页。

② Prabhat Patnaik, Lenin, Imperialism and the First World War, *Social Scientist*, 2014(7/8).

③ [美]迈克尔·哈特、[意]安东尼奥·奈格里:《帝国:全球化的政治秩序》,杨建国、范一亭译,江苏人民出版社,2005年,第201页。

④ 韩云川:《列宁社会主义探索的得与失》,《科学社会主义》,2010年第4期。

并提出历史地、客观地看待列宁的帝国主义理论,可以说列宁对帝国主义危机的分析是有深度和广度的,并正确揭示了资本主义必然灭亡的历史趋势。对列宁的帝国主义理论,应该采取坚持中发展的态度,而不能当作凝固不变的教条。①

还有学者对《帝国主义论》问世以来所引发的历史争论进行梳理总结,并在此基础上捍卫列宁唯物史观和帝国主义研究方法的科学性。姜安提出,对列宁《帝国主义论》的评价需要结合如下三个辩证命题:①个别结论与整体思想的关系。尽管列宁对帝国主义灭亡的速度估计错误,但他对帝国主义本质及其内在逻辑的揭示却是科学、严密的。②学术思想与政治理想的关系。《帝国主义论》的写作具有鲜明的政治目的,即对帝国主义展开批判,为无产阶级革命寻求理论依据,但这并不意味着列宁像有学者污蔑的那样,预先对帝国主义的内在矛盾进行了前提假设。列宁对帝国主义的研究建立在经济分析与政治科学基础之上,是政治性与学术性的统一。③时代变迁与历史理论的关系。列宁的帝国主义论总体上经受住了时间的检验,当前出现的全球南北发展差距与贫困全球性大转移证明列宁帝国主义理论基本原理是符合资本的历史发展逻辑的。②

此外,也有学者对《帝国主义论》中的方法论进行集中研究。朱亚坤认为,《帝国主义论》是列宁继承并拓展马克思主义唯物辩证法的经典范例,科学运用了从抽象到具体的研究方法与分析和综合相结合的叙述方法,并实现了二者的辩证统一。③王琳琳、双传学则认为,整体性视角是列宁考察帝国主义的根本视角,列宁对帝国主义论的阐释离不开政治经济学的逻辑整

---

① 苏晓明:《列宁帝国主义理论的当代思考》,《浙江社会科学》,2006年第5期。

② 姜安:《列宁"帝国主义论":历史争论与当代评价》,《中国社会科学》,2014第4期。

③ 朱亚坤:《列宁〈帝国主义是资本主义的最高阶段〉研究方法与叙述方法及其关系探析》,《思想教育研究》,2018年第8期。

体分析与否定之否定的辩证思维。[①]

总之,现有研究较为全面地展现出《帝国主义论》的核心内涵与理论价值,为我们结合当代资本主义发生的新变化,对之进行丰富与发展提供了思想基础。同时,现有学术争论也要求我们对经典原著的文本本身进行更为深入的研究与阐释。

二、时代话题

(一)《帝国主义论》的时代性与现实意义

整体上看,列宁在《帝国主义论》中所概括的一些基本原理,所阐发的主要观点,如帝国主义是现代战争的根源、帝国主义经济发展的更加不平衡性、垄断价格加重了剥削等,仍具有科学性和现实效力。众所周知,2008年的全球金融危机就与金融寡头及其垄断行为密切相关,这场危机凸显了资本主义金融体系的重大缺陷,特别是高度集中的金融权力和对风险控制的忽视。当然,《帝国主义论》中的个别结论可能由于其时代性而不适用于对当今资本主义的分析,例如,关于"战争与革命"的时代主题表述,关于垄断、帝国主义瓜分领土、帝国主义的垂死性、帝国主义战争不可避免等观点,它们随着资本主义的新变化而不完全合乎现实状况。

在现实性方面,列宁《帝国主义论》为我们结合时代发展的新特点、新变化,特别是在全球化和经济不平等日益加剧的背景下,理解全球经济和政治关系动态提供了理论框架。其一,对全球化和帝国主义的理解,列宁的帝国

---

① 王琳琳、双传学:《列宁帝国主义论的逻辑整体性分析及其当代解释》,《理论月刊》,2019年第3期。

主义理论帮助我们理解经济全球化的本质,尤其是大型跨国公司和金融机构在全球经济中的作用。他关于资本输出和经济领域内的垄断行为的分析,为我们剖析当代经济中的资本集中和控制问题提供了工具,有利于准确理解全球贫富差距扩大的根源。其二,把握国际政治经济的脉搏,理解经济危机。《帝国主义论》展示了经济利益如何驱动国家行为,尤其是在资源争夺、地缘政治竞争和军事干预等方面。同时,列宁还论述了帝国主义阶段资本主义固有矛盾必然导致经济危机。在全球经济不断经历金融危机和市场动荡的今天,这一理论依然适用于分析这些危机和动荡的根源及其全球影响。其三,世界发展不平等问题。通过对帝国主义经济结构的分析,列宁揭示出发达国家与发展中国家之间的不平等关系。这为思考当前发展中国家如何在全球资本主义体系中寻求发展,并应对由此带来的挑战,提供了重要参考。其四,反帝国主义和社会主义运动。列宁的帝国主义理论为全球反帝国主义运动提供了理论支持,对于推动世界社会主义运动和国际团结,构建更公平的世界经济秩序具有启发性意义。

(二)资本主义发展的层次周期性

19世纪60年代到70年代,自由竞争的资本主义发展到顶点,开始向垄断资本主义过渡。1871年巴黎公社革命失败后的30年间,欧洲资本主义的"和平"发展推动了科学技术的进步,以电力广泛应用为主要特征的第二次科技革命推动社会生产力突飞猛进。科学技术的新发现和发明使工业发生结构性变化,重工业迅速崛起。化学、石油、电机和汽车等新兴工业部门发展尤为迅速。技术进步和激烈竞争大大加强了生产的集中,到19世纪末,高度发展的生产集中化又直接导致垄断组织的形成,工业、金融和商业日益集中于巨型公司之手。伴随帝国主义时代的到来,在资本主义世界政治经济发展不平衡规律的作用下,资本主义社会所固有的矛盾,特别是无产阶级和资产阶级的矛盾,宗主国和殖民地的矛盾,各帝国主义国家之间的矛盾都空前激化,并导致了重新瓜分世界的第一次世界大战。

多重层次的复合矛盾,超出了马克思在自由竞争状态下把握到的社会矛盾的简单性。虽然马克思在《资本论》中就已明确地指出了自由竞争经由生产集中而走向垄断的趋势,恩格斯晚年也看到向垄断资本主义过渡的若干迹象,看到工人阶级斗争条件、斗争方式的新变化。但是时代变化还是太快。在马克思、恩格斯之后,马克思主义理论分化为左中右三派。左派以卢森堡为代表,其重点考察了资本主义的横向扩展,提出"资本主义在地理上的扩大再生产"意味着"资本统治范围的巨大扩张、世界市场和世界经济的形成",强调资本主义是通过"排挤落后的生产形态"而发展的。右派以伯恩施坦为代表,认为资本主义生产发展的趋势不是集中,而是日益分散,大批的小生产者由此日益变得富裕。由于资本家和无产阶级消费有限,生产力的发展和劳动生产率的提高将创造出数量巨大的中产阶级,从而缓解购买力不足及其引发的经济危机。随着资本主义的发展,社会主义会在资本主义社会中一部分一部分地自然生长出来,工人阶级及其政党不必坚持推翻资产阶级,夺取政权,只要在资本主义条件下实施渐进、和平和改良的策略,即可达到使资本主义自发地步入社会主义这个最终目的。以考茨基为首的中派则认为,资本主义社会的发展出现了一系列新情况,这些情况使得马克思主义者必须作出新思考。针对伯恩施坦对马克思资本集中理论的批判,考茨基予以驳斥。考茨基提出,资本主义将卡特尔政策应用到对外政策上,其最终将超越帝国主义发展阶段进入超帝国主义。

列宁则在前人的基础上,指出帝国主义是资本主义的最高阶段,不仅在抽象层面剖析了帝国主义的实质,强调帝国主义没有超出资本主义的一般逻辑,也没有克服资本主义的内在矛盾,而且具体地分析了帝国主义展现出的新特点、新趋势和新变化,这就丰富了对资本主义的研究层次,使理论更加贴近于现实,更好地发挥出指导革命运动的作用。

具体而言,列宁一方面揭示出帝国主义的本质仍然是资产阶级对无产阶级的剥削和压迫,二者斗争的总基调没有变;另一方面指出工人在斗争中必须留意本阶级中流行的机会主义、国际无产阶级联合中的民族问题、阶级解放与民族解放的关系等新问题,从而在斗争策略、方式方法上有所调整,这是针对资本主义发展到垄断阶段而作出的具体判断。在当代,这种垄断不断被突破又不断重组,每出现一个新的经济领域乃至生活场域,都会经历从自由竞争到垄断这样的层次性周期,如何干预这个周期,怎样将之转化为有利于劳动者,有利于社会公平正义的机遇? 这一问题,有待于后来者通过对《帝国主义论》的进一步挖掘与联系现实实践的探索来给出答案。

(三)帝国主义概念与当代帝国主义新论

帝国主义这一概念,其渊源可追溯至西方文明演进中涌现的古典帝国,诸如罗马帝国、查理曼帝国,它们的扩张行径为这一概念奠定了初始基础。该词源自古拉丁文"imperium",意即帝国,而随着地理大发现的浪潮及西班牙、葡萄牙等殖民帝国的崛起,其内涵得以丰富与深化。15世纪大航海时代的开启,见证了西班牙、葡萄牙、英国等国度在新大陆及全球范围内展开的殖民征程,帝国主义遂与领土殖民及扩张活动紧密相连。尽管在这一时期,帝国主义尚未被明确赋予扩张主义的色彩,但其内含的殖民与扩张实践已初露端倪。

及至19世纪下半叶,工业革命的深入推动了西欧国家的飞跃式发展,资本主义生产模式得以全面确立。伴随着英国等欧洲强国在全球范围内的殖民扩张步伐,西欧发达国家的生产与资本积累达到了前所未有的高度,进而催生了将全球视为市场进行开拓与经营的强烈需求。资本的跨国界流动,将资本主义的统治触角延伸至世界的每一个角落,正如霍布森所言:"帝国主义旨在成为工业的主宰,为其在国内难以销售的商品和无法充分利用的资本寻找海外市场与投资机会,以此拓宽渠道,吸纳其过剩的财富洪流。"①

　　经济动因与政治、军事力量的结合,深刻地重塑了世界版图。在此背景下,"帝国主义"一词逐渐被赋予了鲜明的扩张性含义,它不再局限于描述一个帝国的扩张行为,而是指一个国家或政权通过侵略、征服或控制他国,以扩大其领土范围、增强权力与影响力的综合性政治、经济及军事行动。19世纪末至20世纪初,欧美学界涌现出大量以帝国主义为题的著作,深入剖析现代资本主义的对外扩张及其影响,进一步巩固了帝国主义作为特定历史时期重要概念的地位。

　　帝国主义的概念超越了单纯军事占领式的殖民主义范畴,展现出多维度、深层次的扩张特性。首先,经济动因占据核心地位:伴随工业革命的蓬勃兴起,欧洲各国经济迅猛发展,对原材料的需求与日俱增,同时渴望更广阔的市场以容纳日益增长的工业产品。在这一经济利益的驱动下,促使这些国家纷纷踏上帝国主义扩张之路,夺取更多资源与市场份额。其次,政治动机亦不容忽视:通过掌控他国或地区,帝国主义国家能够获取战略要地,进而扩大其全球影响力。此外,殖民地不仅是财富的源泉,还能为宗主国提供兵源、贡赋,对于维护国内政治稳定与促进国家发展具有重大意义。再者,军事手段成为帝国主义扩张的锐利武器:无论是发动直接的侵略战争,还是利用不平等条约巧取豪夺他国领土与资源,军事力量始终是帝国主义实现其扩张野心不可或缺的工具。

　　然而,帝国主义的殖民扩张对被征服的国家和地区造成了深远的负面影响。它不仅大肆掠夺资源,严重破坏了当地的生态环境,更剥夺了被殖民地人民的文化自主权与民族尊严。虽然短期内为帝国主义国家带来了经济

---

① J. A. Hobson, Imperialism: A Study, Ann Arbor: University of Michigan Press, 1967, p.85.

上的丰厚回报与政治上的强势地位,但长期来看,却埋下了社会矛盾的隐患与国际冲突的种子。例如,两次世界大战的爆发,就与帝国主义国家间的激烈争夺与深刻矛盾息息相关。因此,帝国主义逐渐成为众矢之的,受到了人们的广泛谴责与唾弃。

如果说二战前的西欧帝国主义主要表现为强烈的殖民侵略扩张特征,那么二战后兴起的新帝国主义则展现出了截然不同的"扩张"路径,它在一个新的维度上展开了世界主义的扩张逻辑,尤其是通过推动产业资本的全球化以及国际垄断资本在国际舞台上的循环运作,使得资本主义生产方式得以在全球范围内广泛传播并深化。这一转变背后,蕴含着资本主义生产方式深刻的历史性变迁。

19世纪后期,第二次工业革命的爆发带来了生产力的又一次巨大飞跃,彻底改变了第一次工业革命所确立的机器化大生产的初始形态。随着科技与生产的紧密结合,资本与生产日益集中,形成了规模庞大的垄断企业。这种集中化趋势不仅加速了资本家将剩余价值转化为资本的过程,还催生了银行与金融资本的崛起。在此背景下,以金融资本为主导的资本主义开始摒弃直接领土控制的封建式扩张模式,转而采用一种更具世界性、更深层次的扩张策略。这种新策略不仅效率更高,而且更容易在二战后的道德语境中占据有利地位。以二战后的美国为例,其在全球范围内实施了一系列政策和行动,积极参与国际事务,推动全球化进程旨在扩大影响力、塑造符合自身利益的世界秩序。因此,将美国的这些行为简单地归结为"称霸世界"显然过于片面,它忽略了美国在全球治理、经济合作、文化交流等多方面所发挥的积极作用,以及其在构建战后国际秩序中的复杂角色。

进入20、21世纪之交,英国学者库珀(Robert Cooper)提出了所谓的"防御性帝国主义"概念,强调帝国主义可以为世界带来秩序和安全。这一观点与西方右翼学者如齐默曼(W. Zimmerman)、卡普兰(R. Kaplan)等人的主张相呼应，他们认为美国应承担起领导和管理全球的责任，以维护世界和平与稳定。这些观点反映了新帝国主义在全球化背景下的一种新的自我定位和道德诉求，即试图在维护自身利益的同时，为世界提供更多的秩序和安全保障。

在20世纪末冷战落幕之际，西方左翼学者面对崭新的世界格局，对帝国主义在新时代的表现形式展开了深入探索。其中，哈特与奈格里在其合著的《帝国》①一书中，提出了对全球化背景下新型全球政治秩序的独到见解，为理解当代帝国主义提供了全新视角。他们创新性地将"帝国"界定为一个无核心、无边界的统治机制，这是一种迥异于传统帝国主义的全球政治秩序形态。这种新型帝国并不依赖于权力中心的构建或固定领土的划分，而是通过分散且微妙的权力网络来实现其统治目的。随着工业资本主义向信息资本主义的转型，物质性劳动逐渐被非物质性劳动所取代，社会结构与权力模式亦随之发生了根本性变革。这一转变使得帝国的统治范畴超越了民族国家的主权界限，形成了一个超越国家层面的全球政治实体。

哈特与奈格里巧妙地借鉴了福柯的生态政治范式，对帝国的权力运作机制进行了深刻剖析。他们指出，权力已悄然渗透至个体的意识与身体之中，通过内部规范社会生活、解释、吸纳并重新表述等方式，实现了对社会的全方位、深度内在化控制。同时，他们将帝国的权力形成过程概括为通过生态权力的手段来统治生命力量，将整个社会视为统治的对象。在描述帝国的权力结构时，他们构建了一个类似古典帝国君主–贵族–平民金字塔式的三层结构模型，并强调这一结构随着全球化的不断推进而持续演变。此外，哈特与奈格里还秉承了马克思、列宁的"阶级斗争"理论精髓，指出社会底层的大众（即他们所称的"Multitude"）是反抗权力、挑战帝国的中坚力量。这些

---

①　哈特、奈格里：《帝国：全球化的政治秩序》，杨建国等译，江苏人民出版社，2008年。

大众通过自主的斗争行动,不断推动社会变革与进步,展现出对帝国主义统治的强烈反抗与不屈精神。

地理唯物主义方法的倡导者大卫·哈维,在其著作《新帝国主义》[1]中,对19世纪中叶以来帝国主义长达百余年的演变进行了细致入微的剖析。他强调,新帝国主义已不再仅仅满足于领土的直接控制,而是将重心转向了资本在全球范围内的无孔不入式扩张与掠夺。这一过程中,金融化、虚拟化与全球化成为了新帝国主义的显著特征,它们相互交织,共同深化了我们对帝国主义本质的认知,并为全球政治经济研究开辟了全新的思考路径。

与此同时,伍德在其著作《资本的帝国》[2]中,进一步揭示了由资本驱动的经济帝国如何通过纯粹的经济手段实现全球统治,而非依赖传统的军事与政治统治模式。她指出,资本在全球范围内的自由流动与不断积累,对国际关系与国家行为产生了深远影响。伍德对全球化进行了深刻的批判,认为其实际上是资本帝国主义以"履行全球资本使命"为幌子,实施的一种新经济帝国主义的扩张策略,旨在强迫其他经济体服务于其帝国霸权。她警告说,这种全球化进程不仅加剧了全球的贫富差距与不平等现象,更对发展中国家的经济与社会发展构成了严峻挑战。

英国学者福斯卡斯(K. Fouskas)则直接指出,美国是当今新帝国主义的典型代表。他在全球事务中公然采取帝国姿态,通过军事与经济双重手段征服其他国家。这种新帝国主义不仅体现在经济上的绝对霸权地位,更在国际关系领域构建起"轮轴与辐条"的关系网,同时利用意识形态上的威胁夸大来为其对外政策披上"正义"与"军事化"的外衣。[3]此外,诸如《新左派

---

① 大卫·哈维:《新帝国主义》,初立忠等译,社会科学文献出版社,2009年。

② 伍德:《资本的帝国》,王恒杰等译,上海译文出版社,2006年。

③ 福斯卡斯、格卡伊:《新美帝国主义:布什的反恐战争与以血换石油》,薛颖译,世界知识出版社,2006年。

评论》、《每月评论》、《重思马克思主义》等西方知名左翼刊物,也发表了一些有关新帝国主义的文章,推动了关于帝国主义和新帝国主义的讨论和研究。

21世纪以来,面对复杂的国际形势,我国学者房宁在《新帝国主义时代与中国战略》中剖析了新帝国主义时代的特征及其对中国战略的影响,指出新帝国主义通过经济接管、政治代理和军事控制等政策手段的综合运用,建立新帝国主义在全球范围内的扩张和影响力。[1]王金存基于列宁《帝国主义论》的思想与方法,指出当代帝国主义在经济全球化背景下呈现出新的特点和发展趋势,世界统一大市场的形成和发展、跨国公司的大发展、信息化和因特网的发展等因素共同推动了国际垄断资本主义阶段的形成。[2]

---

[1] 房宁:《新帝国主义时代与中国战略》,北京出版社,2003年。

[2] 王金存:《帝国主义历史的终结:当代帝国主义的形成和发展趋势》,社会科学文献出版社,2008年。

第九章 列宁《国家与革命》研读

W. I. LENIN

STAAT

UND

REVOLUTION

第一节 著作简介

《国家与革命》是俄国伟大的共产主义革命家、政治家、思想家列宁于1917年8月至9月，即俄国十月革命前夕所撰写的一部重要著作。这本书代表了列宁在国家学说方面的最高成就，是马克思主义国家学说发展中的一个重要里程碑。《国家与革命》于1918年首次出版。

《国家与革命》的副标题是"马克思主义关于国家的学说与无产阶级在革命中的任务"，这清晰地表达了这本书的核心思想和基本内容。它系统阐述了马克思主义国家学说、无产阶级革命理论与社会主义国家建设理论，深化和发展了马克思主义，对当时俄国以及全球无产阶级革命斗争进行了深刻反思和理论总结，是一部充满批判精神、斗争精神的著作。列宁根据俄国1905年革命和1917年二月革命的实践经验，回答了革命所面临的诸多问题，使得他的国家理论更具实践性与针对性。同时，列宁还延续马克思基于政治经济学路径的国家-市民社会分析以及恩格斯晚年基于历史起源路径的氏族社会演化分析，实现了对马克思主义国家理论的补充与发展，从而把马克思主义国家和法的学说推向一个新的理论高度，为无产阶级在革命胜利后进行社会主义国家建设，继续推动社会革命提供了科学指南。

《国家与革命》不仅对无产阶级革命斗争和政权建设具有指导意义，而且，其关于民主、普选制等问题的深入论述也具有深远的启示意义。因此，这本书无疑是马克思主义理论宝库中的一颗璀璨明珠，对于研究和理解列宁的思想，以及马克思主义关于国家和法的学说具有重要的理论价值。

全书包括两篇序言和正文六章。在第一章中，列宁深入探讨了国家的本质、职能以及国家的消亡问题，明确了马克思主义对待国家的态度。随后的二、三、四章,列宁总结了1848年至1851年欧洲革命和1871年巴黎公社革命的实践经验,进一步阐明了无产阶级必须通过暴力推翻资产阶级国家机器,建立无产阶级新型国家的思想,探讨了无产阶级专政的国家形式。第五章,列宁详细论述了无产阶级国家的职能及其消亡问题。而在最后的第六章,他则对机会主义者在国家问题上对马克思主义的歪曲和篡改进行了批判,其主要对象是考茨基。

由此,整部著作不仅清除了机会主义对马克思主义国家学说的歪曲,而且进一步发展和丰富了这一学说。列宁原计划写7章,但当时革命发展十分迅猛,需要他直接领导俄国十月革命,因而第7章(标题为1905年和1917年俄国革命的经验)与结束语部分,只是拟定了一个提纲,没有最终完成,列宁在最后一篇跋中对此进行了说明。

《国家与革命》出版后产生了广泛而深远的影响,被誉为最具影响力、阅读最为广泛以及最广为赞扬的列宁著作之一,成为无产阶级革命理论和马克思主义国家学说的重要经典,并深刻影响了中国革命与社会主义建设。毛泽东说,"十月革命一声炮响,给我们送来了马克思列宁主义"①。我国报刊上最早发表的列宁文章是1917年的《俄国的政党和无产阶级的任务》一文,刊于北京《解放与改造》杂志1919年9月第1期,由译者金侣琴根据其英文版转译而来。上海《共产党》杂志1921年5月第4期上刊登了沈雁冰翻译的列宁《国家与革命》第一章第一、二节,也是由英文版转译。中国共产党1921年7月成立后,创立人民出版社,曾计划出版包括《国家与革命》在内的《列宁全书》,后因历史原因而中止,之后陆续有人翻译发表《国家与革命》的部分章节译文。第一个中文全译本于1927年由上海浦江书店出版,由江一之翻译(当时书名《国家论》)。1929年1月上海华兴书局出版了李春蕃(柯柏

① 《毛泽东选集》(第四卷),人民出版社,1991年,第1471页。

年)翻译的《国家与革命》全译本,后来得到多次重印。在1927年大革命失败后,中共六大决议案要求积极发行马列著作,而《国家与革命》与《家庭、私有制和国家的起源》被并称为"最正确的科学的国家论"[①],为中国社会主义革命与社会主义建设前期阶段提供了重要的理论支持。

第二节　著作背景

19世纪末20世纪初,帝国主义的对外扩张与殖民活动加重了落后国家无产阶级的负担,引起后者激烈的反抗。在此背景下,无产阶级革命与广泛的民族解放运动结合起来,从而使民族国家、国家政权问题成为亟须得到回应的时代问题。来自资产阶级、小资产阶级、形形色色的社会主义、无政府主义派别的思想家围绕上述问题展开激烈争论,第二国际主要代表人物考茨基、伯恩施坦在争论中还表现出偏离马克思革命性,走向资产阶级改良道路的倾向。为此,列宁在大量阅读相关文献的基础上,从马克思主义的根本立场出发,不仅澄清了马克思主义国家学说的基本观点,而且结合当时世界政治格局和革命发展实际,对其做出进一步丰富与发展,为无产阶级革命与民族解放运动提供了科学指南。

一、理论背景

列宁在1916年秋初集中研究国家问题,在苏黎世研读了马克思、恩格斯

---

① 中共中央马克思恩格斯列宁斯大林著作编译局马恩室编:《马克思恩格斯著作在中国的传播》,人民出版社,1983年,第275页。

国家学说的相关文献,以及考茨基、伯恩施坦的著作,并做了48页的笔记摘录;在1917年1月至2月间,列宁写作《马克思主义论国家》的"蓝皮笔记",合称为"前两篇",其中一些观点在《国家与革命》中得到直接论述,但也有一些重要思想表述只在笔记中有所阐发。例如,列宁指出无产阶级革命任务为打碎国家机器,"在下面即在地方上用最完全的自治,而在上面用武装的无产阶级的直接政权即无产阶级专政来代替"[①],或者说是,"无产阶级专政 + 取消地方自治机关中由国家任命的官吏"[②]。当然,列宁在笔记中只是对此问题作了提纲性的说明而未展开。到了1917年4月,二月革命推翻俄国沙皇政府,临时政府与苏维埃政权并立。在俄国十月革命前夕,面对临时政府带来的饥荒问题,列宁在纲领性文件《大难临头,出路何在?》中公开阐发马克思主义国家学说,不仅提出并详细论证了战胜灾难和饥荒的办法——工人对生产和分配实行监督、银行和辛迪加国有化、取消商业秘密、没收地主土地和实现全部土地国有化等,而且强调社会主义可能首先在单独一个资本主义国家取得胜利的可能性,从而正面批驳社会革命党人和孟什维克所谓俄国还没有成熟到可以进行社会主义革命的观点。列宁认为帝国主义战争加速了垄断资本主义向国家垄断资本主义的转变,从而使人类异常迅速地接近了社会主义,因为俄国的垄断资本主义也在转变为国家垄断资本主义,已经争得了共和制和民主制的俄国,不采取走向社会主义的步骤,就不能前进。这反映了列宁对革命爆发从而全面改变资本主义社会现实的殷切期待。十月革命爆发后,列宁积极投入革命实践当中,并因此搁置了理论写作。

　　对此,有学者认为,放弃理论写作恰恰展现出了列宁的革命嗅觉。作为

---

① 《列宁全集》(第31卷),人民出版社,1985年,第147页。

② 《列宁全集》(第31卷),人民出版社,1985年,第150页。

革命家的列宁，通常以人民为第一优先考虑，"1916年2月，他感受到革命行动已经迫在眉睫时……赶紧转向马克思和恩格斯的思想体系求助，他在马克思的《哥达纲领批判》中，寻求证据来解释工资不平等及政府之退化等现象，此即《国家与革命》一书之形成……写了一半碰上十月革命而中断下来，直到他掌权之后才继续写完出版……然而，列宁终究无法完成一种社会哲学去好好策划未来的一切……他对历史的想象如今已经转化为实际的政治工作……物尽其用，人尽其力"[①]。

二、历史背景

毛泽东在1959—1960年期间针对苏联教科书的谈话中说：1905年列宁不写出《两种策略》等著作，就不能解决1905年及之后出现的新问题；而到1917年前后，要解决俄国十月革命前后发生的新问题，列宁于是就写了《帝国主义论》《国家与革命》等著作。因此，了解俄国十月革命时期国内外形势是必要的。

其一，国内方面。列宁写于1905年的《两种策略》，是一篇关于阐发无产阶级在民主革命中策略的重要著作，其中反映了当时俄国的革命形式。沙皇的封建专制统治面临内外危机，资产阶级革命时机日益成熟，着眼于此，列宁深入探讨了无产阶级在革命中的领导作用，指出无产阶级应该走在最前面领导所有的人为民主制度而斗争，并时刻不忘潜藏在资产阶级民主运动内部的新矛盾，以便在民主革命胜利后继续展开新的斗争。同时，列宁还对资产阶级改良派作出批判，强调妥协只会让资产阶级继续维护本阶级利

---

① ［美］威尔逊：《到芬兰车站：历史写作及行动研究》，刘森尧译，广西师范大学出版社，2014年，第391~392页。

益,无益于实现真正民主和人民解放。

其二,国际方面。1871年巴黎公社失败后,资本主义世界政治趋向稳定,资本主义经济依靠第二次工业革命再次得到迅猛发展,工人运动的声浪暂时消沉,社会进入相对和平的时期。于是,利用议会政治和平过渡到资本主义的机会主义思想开始在工人政党内部传播。与此同时,资本主义自身也作出了相应调整,例如,建立起现代信用制度,完善邮政与交通运输系统,工业组织不断扩大,经济危机风险降低,这也助长了包括伯恩施坦在内的一些社会民主党人对改良主义的鼓吹以及对马克思主义的"修正"。如果说,伯恩施坦还是结合着资本主义新发展而进行"修正"的话,那么普列汉诺夫等人则走向民族社会主义的方向,背离了共产主义的国际主义原则。

1914年第一次世界大战爆发,资本主义国家经济状况恶化,国内矛盾激化,这再次为无产阶级革命提供了机遇,世界上形成了又一波革命浪潮。无产阶级革命与政权问题成为社会主义运动的直接问题,要排除各种学说干扰,明确无产阶级革命道路,就需要在批判中建构起科学的社会主义革命理论。在此背景下,列宁自觉承担起反击谰言,捍卫马克思主义科学性、真理性的历史任务。

此外,俄国十月革命也是推动该书问世的重要因素。二月革命后,临时政府不顾士兵和城市工人处境以及国内厌战情绪,继续参与战争,并遭到失败从而引发更大危机,俄国面临着生存还是毁灭的关键问题。在这种历史关头,列宁抓住时机,积极奔走并发动武装起义,最终推翻了克伦斯基领导的资产阶级临时政府。列宁在俄国十月革命中的作用极其重要,他不仅是布尔什维克党的领袖,也是革命的主要理论家和策略师,他的领导和决策对于革命的成功起到了决定性的作用。俄国十月革命胜利后,列宁继续探索如何建设无产阶级政权,改造现存国家等关键问题,并在此过程中实现了对马克思主义国家学说的丰富与发展。

总之,列宁根据马克思、恩格斯的国家学说,不仅对第二国际机会主义国家观展开批判,从而捍卫了马克思主义国家学说的科学性,而且结合俄国两次革命经验,形成了自己独特的无产阶级专政和社会主义国家建设思想,从而回答了时代提出的新问题,赋予了马克思主义国家学说以新内容,将马克思主义国家学说继续推向前进。

第三节　内容导读

列宁在《国家与革命》中主要探讨了国家的本质、作用以及无产阶级革命与国家权力的关系,其目的是为了阐述马克思主义关于国家和革命的理论,并对俄国社会民主工党内的机会主义和修正主义进行批判,指明无产阶级革命和社会主义建设的正确道路。其主要内容如下:

第一,论国家,阐发国家的历史角色和功能。列宁在书中引用马克思和恩格斯的观点来为自己的革命性理解论证,他强调国家作为阶级矛盾不可调和的产物,是阶级统治的工具,其基本功能是维护统治阶级的利益。无产阶级要实现社会主义革命,必须摧毁资产阶级的国家机器,建立无产阶级专政,即通过无产阶级的政权来压迫曾经的统治阶级,这是消灭阶级,推动国家最终走向消亡的必经阶段。列宁还进一步对国家消亡的过程展开论述,他依据马克思对巴黎公社的分析,阐发了新的无产阶级政权的运作方式,强调所有官员必须由选举产生、可以随时撤换,从而使之始终受到人民的监督与控制。

第二,论革命,强调革命的必要性。列宁主张武装暴力革命,强调无产阶级想要解放自己,就必须通过革命来摧毁现存资产阶级国家机器,包括常备军、警察和官僚体系,并建立起新的国家形式,即由工人阶级直接管理的公社式国家。当然,列宁也并非完全排斥合法斗争。他指出,在特定的历史条件下,无产阶级可以利用资产阶级的法律和政治制度来为革命斗争服务,如通过议会斗争暴露资产阶级国家的本质,教育和组织工人阶级等,但是俄国落后的政治状况决定了俄国的社会主义革命只能采取武装暴力革命的形式。

第三,论无产阶级专政与民主,强调二者的辩证统一。列宁认为,革命的目的不仅是推翻资产阶级的统治,更是建立起无产阶级专政。这种专政不是普通的政府形式,而是无产阶级直接管理国家事务,用以镇压曾经的统治阶级的工具。无产阶级专政是过渡到无阶级社会的必要阶段,在这一阶段,随着社会主义建设的深入和生产力的发展,阶级差异将逐渐消失,国家作为阶级统治的工具也将逐步消亡。他还批判了资产阶级民主的局限性,并揭示出无产阶级民主与资产阶级民主间的本质区别。

第四,批判机会主义和改良主义。列宁批评了当时俄国和国际社会主义运动中的机会主义和改良主义者,他们否认无产阶级革命的必要性,主张从资本主义和平过渡到社会主义。列宁认为这种观点背离了马克思主义的根本立场。

一、第一版序言

列宁在此序言中概要性地介绍了当时俄国所面临的国际政治局势以及国际社会主义运动中流传的各种对国家的错误认识,指明了《国家与革命》的写作背景。在此基础上,列宁进一步指出写作《国家与革命》的目的——推动阶级斗争继续向前发展。因为,"如果不同'国家'问题上的机会主义偏见作斗争,使劳动群众摆脱资产阶级影响、特别是摆脱帝国主义资产阶级影响的斗争就无法进行"①。最后,列宁简要叙述了写作的主要思路:首先,全面科学地考察马克思、恩格斯的国家学说;其次,对歪曲马克思、恩格斯国家学说的机会主义者展开批判;最后,给俄国1905年革命、特别是1917年革命的经验,作一个基本总结,明确无产阶级将来的政治策略与行动纲领。

二、第二版序言

说明:与第一版比几乎没有变动,只是增加了第2章第3节。

三、第一章　阶级社会和国家

列宁在本章通过引述恩格斯《家庭、私有制和国家的起源》与《反杜林论》来阐明马克思主义国家学说的基本原理。内容分4节展开,前3节是阐发国家的实质,末节进一步讨论国家消亡和暴力革命问题。

（一）国家是阶级矛盾不可调和的产物

第1、2段,列宁直截了当地指出现有各色错误思潮对马克思主义的歪曲和庸俗化,揭示出其目的在于愚弄无产阶级,并强调"恢复真正的马克思的国家学说"②是马克思主义者的首要任务。

接下来,在3、4、5段,列宁根据恩格斯在《起源》中的论述,概括国家的起源与本质。

恩格斯在《起源》中指出,"国家是社会在一定发展阶段上的产物",而且

---

① 《列宁选集》(第三卷),人民出版社,2012年,第110页。

② 《列宁选集》(第三卷),人民出版社,2012年,第189页。

是"从社会中产生但又自居于社会之上并且日益同社会相异化的力量"①,这表达了马克思主义对国家与社会关系的基本认识。正如马克思在《黑格尔法哲学批判》中就已经指出的,黑格尔将国家与市民社会的关系颠倒了,"家庭和市民社会都是国家的前提,它们才是真正活动着的"②。也就是说,不是国家决定市民社会,而是市民社会决定国家。

需要注意,这里的"与社会脱离"是站在社会大众、无产阶级的立场而言的,社会是指大众的社会或社会大众——这是现代以来(法国大革命之后)的基本共识。资产阶级国家只代表少数资产阶级的特殊利益,因而不能代表社会大众。只有无产阶级才构成社会中的大多数,而且根据资本逻辑,资产阶级的人数将日益减少,社会成员不断地无产阶级化。在这种意义上,国家也日益地脱离社会,从社会中异化出来。

在此基础上,列宁对恩格斯的论述作了进一步的发挥,提出了非常重要的观点:"国家是阶级矛盾不可调和的产物和表现。在阶级矛盾客观上不能调和的地方、时候和条件下,便产生国家。反过来说,国家的存在表明阶级矛盾不可调和。"③

第6~9自然段,列宁对否定或歪曲马克思主义国家学说的观点进行了批判。这种歪曲主要来源于两个方面:一方面是资产阶级、小资产阶级思想家提出的国家观,虽然他们承认国家产生于阶级矛盾与冲突,但宣称国家产生出来就成为"阶级调和的机关",或者说正是出于调和阶级矛盾的需要,国家才出现。列宁对此持有明确的反对态度,并指出,如果阶级冲突能够得到调和,那么国家就不会产生,也不会保持下去。国家是阶级统治的机关,是一个阶级压迫另一个阶级的机关。国家抑制冲突并不意味着调和冲突,相反,

---

① 《马克思恩格斯文集》(第四卷),人民出版社,2009年,第189页。

② 《马克思恩格斯全集》(第三卷),人民出版社,2002年,第10页。

③ 《列宁选集》(第三卷),人民出版社,2012年,第114页。

它以剥夺被压迫阶级用来推翻压迫者的一定的斗争手段和斗争方式的形式证明阶级矛盾与冲突已经不可能得到调和。

另一方面是以考茨基等人为代表的机会主义观点。在列宁看来，他们虽然承认国家是阶级统治的工具、阶级矛盾不可调和，但在方法与策略上却坚持将无产阶级争取权利和改善生存条件，而不是利用各种机会来加强自己的组织和斗争力量放在根本位置。就是说，虽然他们并不排斥革命，但更强调通过逐步的改革来实现社会主义，认为无产阶级政权可以在资产阶级国家机器中得以建立。对此，列宁针锋相对地指出，既然国家已经与社会相异化，那么代表社会的绝大多数的被压迫阶级就必须消灭这种异化的国家政权机构，才能使国家回到社会，代表人民群众的利益。

最后，列宁强调，马克思对无产阶级革命的认识已经被考茨基"忘记"和歪曲，随后，他将进一步对考茨基展开批判与驳斥。

（二）特殊的武装队伍，监狱等等

列宁在这一节继续引述恩格斯在《起源》中对国家机器与旧氏族组织的区分以及有关"公共权力"的论述，进一步揭示出国家异化的表现。

第1~8段，列宁首先提出一个简单公式：国家主要力量＝拥有监狱等的特殊的武装队伍，然后针对所谓"文明社会"的"异化"进行阐述。武装力量就是一种特殊的公共权力，它本应属于社会公众的集体权力，而在现有国家中，这种权力却被非公共意志"异化"地使用。这种"异化"表现在，文明社会已分裂为敌对的而且是不可调和地敌对的阶级，而统治阶级则建立并支持替它服务的特殊武装队伍。而且根据恩格斯在《起源》德文第4版的序言中的判断，"阶级斗争和争相霸占已经把公共权力提升到大有吞食整个社会甚至吞食国家之势的高度。"①

第9~11段,列宁对公共权力的发展过程进行概括,并指出公共权力的过程同时也就是社会分裂和阶级矛盾加深的过程。他指出,如果没有社会的分裂和阶级矛盾,那么原始社会中的"居民的自动的武装组织"可能还会存在。但是由于社会已经分裂为阶级,为了防止社会出现大规模的武装斗争,国家就必须独揽公共权力,并建立起维护统治阶级利益的特殊武装队伍。当然,为了反抗统治者和剥削者,无产阶级总是力图建立起不替剥削者服务,而替被剥削者服务的新型的同类组织。毛泽东显然也认识到建立起无产阶级武装力量对于行使公共权力的重要性,正如他于1927年8月7日在中共中央召开的紧急会议上作出的论断:"须知政权是由枪杆子中取得的。"②只有发动农民群众的武装革命,才能彻底摧毁土豪劣绅手中的公共权力,代之以人民群众自身的公共权力。

第12~16段,列宁继续对恩格斯关于公共权力的论述进行阐释。恩格斯曾指出,在资本主义社会中,公共权力(指国家权力)有时可能非常微弱,尤其在北美等地区,但一般情况下,随着国内阶级对立的尖锐化和国际竞争的加剧,公共权力会不断加强,这是因为阶级斗争和国际竞争使得国家需要更强大的力量来维护统治者的利益。列宁据此称赞恩格斯在19世纪末就已经预见到帝国主义时代的到来,认为这种侵略竞争会导致公共权力的进一步加强。而这一认识,在20世纪初得到了验证——世界已经被相互竞争的帝国主义大国瓜分完毕,同时陆海军备不断增长,以继续实行争相霸占。

在列宁看来,1914年至1917年间,正是各个大国为扩大资产阶级利益而引发了帝国主义战争,然而社会沙文主义者却以保卫祖国、保卫共和国和革

---

① 《马克思恩格斯文集》(第四卷),人民出版社,2009年,第190页。

② 中共中央文献研究室编:《毛泽东年谱1893-1949》(上卷),人民出版社,1997年,第206页。

命等措辞来掩盖这场战争的实质,实际上,他们只是在维护资产阶级的强盗利益。

(三)国家是剥削被压迫阶级的工具

列宁根据历史唯物主义经济基础决定上层建筑的基本原理,进一步论述国家的阶级属性,其职能就是为统治阶级压迫、剥削被统治阶级服务。他引述《起源》中有关官僚特权的论述——官吏既然掌握着公共权力和征税权,他们就作为社会机关而站在社会之上。他们的"凌驾"权力不同于原始共同体的情况,他们是基于自己制定的"神圣不可侵犯"的法律;而氏族首领则"不是用强迫手段获得的",从而引出列宁在此处所要解决的关键问题——现代社会里,究竟是什么东西使官僚权力居于社会之上?

恩格斯曾指出,在民主共和国内,"财富是间接地但也是更可靠地运用它的权力的",它所采用的第一个方法是"直接收买官吏"(美国),第二个方法是"政府和交易所结成联盟"(法国和美国)。[①]列宁则根据资本主义发展到帝国主义这一新的阶段,强调帝国主义和银行统治把这两种维护和实现财富的无限权力的方法"发展"到了非常巧妙的地步。资产阶级借助民主共和制这一资本所能采用的最高的政治外壳,巩固自身权力并将之合法化。因此,资产阶级民主共和国中任何人员、机构、政党的更换都不会使权力动摇。

着眼于此,列宁对小资产阶级民主派、俄国社会革命党人以及以考茨基为代表的机会主义者对普选制作用的夸大进行了批判。他强调,恩格斯只是说普选制是"测量工人阶级成熟性的标尺",并马上进一步明确了普选制的限度——"在现今的国家里,普选制不能而且永远不会提供更多的东西",

---

① 《马克思恩格斯文集》(第四卷),人民出版社,2009年,第192页。

而上述背离马克思主义的人却正是期待从普选制中得到"更多的东西"①,乃至宣扬依靠普选制建立社会主义国家,这显然是极其荒谬和不切实际的。

最后,列宁援引恩格斯在《反杜林论》中对国家本质、特征的概括作结:

> 国家并不是从来就有的……在经济发展到一定阶段而必然使社会分裂为阶级时,国家就由于这种分裂而成为必要了。现在我们正在以迅速的步伐走向这样的生产发展阶段,在这个阶段上,这些阶级的存在不仅不再必要,而且成了生产的真正障碍。阶级不可避免地要消失,正如它们从前不可避免地产生一样。随着阶级的消失,国家也不可避免地要消失。在生产者自由平等的联合体的基础上、按新方式来组织生产的社会,将把全部国家机器放到它应该去的地方,即放到古物陈列馆去,同纺车和青铜斧陈列在一起。

(四)国家"自行消亡"和暴力革命

在这一节,列宁首先继续摘引恩格斯《反杜林论》中有关国家的论述,并区分了国家的两种不同类型:资产阶级国家和无产阶级国家。其中,无产阶级国家将会随着社会被整个地改造而自行消亡,但资产阶级国家却只能被无产阶级革命所"消灭"。其次列宁在批判机会主义者对《反杜林论》中提出的"国家消亡论断"的误解时,对恩格斯的上述论述作出5点总结。最后,列宁再次强调暴力革命的重要意义,并把其提高到马克思、恩格斯全部学说基础的重要地位。

这节的主体部分是列宁对恩格斯的"五条总结":

第一,阐发了"自行消亡"与"消灭"的区别。资产阶级国家要被无产阶

---

① 《列宁选集》(第三卷),人民出版社,2012年,第121页。

级革命"消灭",在此之后,无产阶级国家制度残余将会"自行消亡"。

第二,强调国家是"特殊的镇压力量"①。这种力量在资产阶级手中与无产阶级手中具有不同性质,所谓无产阶级革命就是要用无产阶级对资产阶级的"特殊的镇压力量"来代替资产阶级的"特殊的镇压力量",显然这样一种更替是决不能通过"自行消亡"来实现的。

第三,无产阶级国家的"自行消亡"只能发生在社会主义革命之后。列宁据此批判机会主义者将民主或普选制说成是永恒的做法,因为民主作为一种政治制度或政治组织形式,与国家之间存在密切联系。国家一旦消亡,民主也只能随之"自行消亡"。

第四,列宁继续对机会主义者展开批判。他强调,恩格斯提出的"国家自行消亡"这个原理既是反对无政府主义者的,又是反对机会主义者的。前者认为,任何国家都不是自由的,都是与人民相对抗的力量,国家形式的存在本身就是非自由的存在。后者则夸大资产阶级民主的作用,试图利用资产阶级民主使资产阶级国家符合无产阶级的利益和诉求。对此,列宁特别以"自由的人民国家"为例,指出机会主义者观点的谬误。

第五,列宁对恩格斯"暴力在历史中还起着另一种作用〈除作恶以外〉,革命的作用;暴力,用马克思的话说,是每一个孕育着新社会的旧社会的助产婆;它是社会运动借以为自己开辟道路并摧毁僵化的垂死的政治形式的工具"②这一论述进行辩证阐释。列宁指出,用折中主义代替辩证法是机会主义者的惯用手法,这种手法最容易欺骗群众,能使人感到一种似是而非的满足,似乎考虑到了过程的一切方面、发展的一切趋势、一切相互矛盾的影响等,但实际上没有对社会发展过程作出任何完整的革命的解释。与之相

---

① 《列宁选集》(第三卷),人民出版社,2012年,第124页。

② 《马克思恩格斯文集》(第九卷),人民出版社,2009年,第191~192页。

反,列宁创新性地提出,对资产阶级国家的暴力革命与无产阶级国家"自行消亡"是对立统一的整体,因为前者孕育出未来适用于"自行消亡"模式的新国家——无产阶级国家。

列宁高度重视暴力革命,甚至将它提升到马克思主义全部基础的这一高度。对此我们需要历史地、辩证地看待,马克思主义是关于无产阶级与人类解放的科学,它作为科学学说的基础是唯物史观与剩余价值学说,而暴力革命则指向无产阶级争得解放的具体路径,而路径的选择当然要以实际条件为转移。马克思、恩格斯在晚年逐渐认识到,在一定历史条件下,借助西欧发达国家的议会制度能够为革命夺取政权创造有利条件,当然这并不是否定暴力革命,而是强调根据具体的革命发展形势与历史条件来选择合适的路径,并且暴力革命始终具有更为根本的地位。马克思、恩格斯多次强调,一旦存在暴力革命的条件时,无产阶级应该毫不犹豫地进行坚决的革命斗争。因此,列宁对暴力革命的强调在很大程度上是着眼于俄国的具体条件而作出的,俄国的确缺乏议会政治的土壤,但其政治和经济上的落后也为无产阶级革命创造了时机。这一点与中国的社会主义革命相似。如前所述,毛泽东正是在起义相继失败,社会运动被国民党残酷镇压的背景下,作出了"须知政权是由枪杆子中取得的"[①]的重大论断。

列宁最后预告,接下来是最重要的部分,他将通过总结概括马克思、恩格斯对法国革命经验教训的分析,进一步阐发、论证上述观点。具体包括二、三、四章的内容。

---

① 中共中央文献研究室编:《毛泽东年谱1893-1949》(上卷),人民出版社,1997年,第206页。

四、第二章 国家与革命。1848—1851年的经验

列宁在这章摘引《哲学的贫困》《共产党宣言》《路易·波拿巴的雾月十八日》等重要文本,对马克思在总结1848年革命经验中提出的无产阶级通过暴力革命打碎资产阶级国家机器的思想进行了阐发,进而批判机会主义对马克思主义的歪曲。

(一)革命的前夜

列宁指出,《哲学的贫困》与《共产党宣言》这两部重要著作都于革命前不久的1847年完成,它们深刻反映出马克思对当时革命形式的认识,因而其中关于国家的论述有助于研究者更为全面地认识马克思主义国家学说。

首先,列宁对马克思在两部著作中所作出的有关国家及其消亡的论述进行了对比。

在《哲学的贫困》中,马克思写道:"劳动阶级在发展进程中将创造一个消除阶级和阶级对抗的联合体来代替旧的市民社会;从此再不会有原来意义的政权了。因为政权正是市民社会内部阶级对抗的正式表现。"[1]

在《共产党宣言》中,马克思、恩格斯提出:"工人革命的第一步就是使无产阶级上升为统治阶级,争得民主。……无产阶级将利用自己的政治统治,一步一步地夺取资产阶级的全部资本,把一切生产工具集中在国家即组织成为统治阶级的无产阶级手里,并且尽可能快地增加生产力的总量。"[2]

列宁认为,这两个文本展现出马克思已经形成"无产阶级专政"思想 ,而

---

[1] 《马克思恩格斯文集》(第一卷),人民出版社,2009年,第655页。

[2] 《马克思恩格斯文集》(第二卷),人民出版社,2009年,第52页。

这是马克思主义在国家问题上一个最卓越最重要的思想,马克思主义所说的国家即组织成为统治阶级的无产阶级。

其次,列宁进一步对无产阶级专政思想进行阐述,并在此过程中对机会主义者、社会民主党进行批判,指出他们为了走上改良主义、民主的和平发展的机会主义道路而选择故意遗忘、歪曲马克思主义国家学说。

在此基础上,列宁再次强调马克思主义国家学说的基本观点。作为阶级统治的暴力机构和强力组织,国家随着统治阶级的变化而展现出不同的性质,无产阶级国家是多数人(无产阶级)对少数人(资产阶级)的统治,进行统治的目的是团结一切被剥削劳动者对资产阶级进行斗争,随着阶级的消灭,国家也将自行消亡。而资产阶级国家则相反,它是少数人(资产阶级)对多数人(无产阶级)的统治与剥削,而多数人(无产阶级)是不可能转变为少数人(资产阶级)的,所以这种少对多的统治非但不可能自行消亡,还会日益强大,与社会相对立。

由此,列宁批判小资产阶级民主派妄图实现阶级妥协和社会改造,并逃避阶级斗争与暴力革命的行径。他认为,小资产阶级的上述错误认识的根源在于没有认清国家的实质,将国家视作超阶级的实体,并且强调革命的历史与议会政治经验都证明了这一点。

再次,列宁继续在阐释马克思阶级斗争学说中批判小资产阶级社会主义,特别是由俄国社会革命党和孟什维克党复活起来的小资产阶级社会主义。他强调,"只有无产阶级才能推翻资产阶级的统治……只有无产阶级,由于它在大生产中的经济作用才能成为一切被剥削劳动群众的领袖……""阶级斗争学说经马克思运用到国家和社会主义革命问题上,必然导致承认无产阶级的政治统治,无产阶级的专政,即不与任何人分掌而直接依靠群众武装力量的政权。"①有学者认为列宁在此处得出了一个"必然"论断,不过,这显然已经内在地蕴含于马克思、恩格斯的《共产党宣言》之中了。

列宁还进一步指出无产阶级夺取政权的根本目的是:无产阶级需要国家政权,中央集权的强力组织,暴力组织,这既是为了镇压剥削者的反抗,也是为了领导广大民众即农民、小资产阶级和半无产者来"调整"社会主义经济。这显然与马克思、恩格斯的看法是一致的。同时,列宁还强调马克思主义的革命性与先进性。马克思主义教育工人的党,也就是教育无产阶级的先锋队,使它能够夺取政权并引导全体人民走向社会主义,进行组织制度建设和社会建设,这比只图在资本主义制度下"苟且偷安"的机会主义的指向要高远得多。

最后,列宁沿此思路,将国家与无产阶级专政联系起来,并强调要建立无产阶级自己的国家机器,就必须先消灭资产阶级的国家机器。

(二)革命的总结

首先,列宁引述马克思在《雾月十八日》中对1848—1851年革命的总结:

> 革命……使议会权力臻于完备,为的是能够推翻这个权力。现在,当它已达到这一步时,它就来使行政权臻于完备,使行政权以其最纯粹的形式表现出来,使之孤立,使之成为和自己对立的唯一的对象,以便集中自己的一切破坏力量来反对这个行政权。……最后,议会制共和国在它反对革命的斗争中,除采用高压手段而外,还不得不加强政府权力的工具和中央集权。一切变革都是使这个机器更加完备,而不是把它摧毁。

---

① 《列宁选集》(第三卷),人民出版社,2012年,第131页。

列宁认为,《雾月十八日》中对国家问题的阐述比《共产党宣言》中抽象的一般提法更为具体,而且作出了非常准确、明确、实际而具体的结论:过去一切革命都是使国家机器更加完备,而这个机器是必须打碎,必须摧毁的。我们对此也十分容易理解,《雾月十八日》中的结论是马克思通过对法国革命具体而微的体验、观察与思考中得出的,是对真实的革命经验教训的总结与反思,其当然要比在革命开始前进行原则性说明的《共产党宣言》要更为具体而现实。

列宁进而对比了两个文本中有关国家问题的论述,显然,《共产党宣言》中尚未有无产阶级在取得革命胜利后,如何建设国家的具体细节,而《雾月十八日》则从"抽象"走向了"具体"的说法:资产阶级国家机器必须要打碎。但是关于具体打碎其中哪些部分或者如何打碎等更为深入的方面,马克思仍未展开论述。这也引发了后续关于"打碎"的不同理解,例如伯恩施坦认为,"对革命要小心谨慎,要更多注意的不是夺取政权的思想,而是缓慢发展、长入的思想"[①]。

列宁也主要关注这个问题,并明确指出,国家问题现在提得很具体:资产阶级的国家,资产阶级统治所需要的国家机器在历史上是怎样产生的?在历次资产阶级革命进程中和面对着各被压迫阶级的独立行动,国家机器如何改变,如何演变?无产阶级在对待这个国家机器方面的任务是什么?

进而,列宁对这些问题作出一一回应。资产阶级社会所特有的中央集权的国家政权,产生于专制制度崩溃的时代,最能表明其特征的是官吏和常备军。它们是资产阶级社会身上的"寄生物",是资产阶级运用高压手段,巩固高压机构,即巩固原有国家机器的表现,这也迫使无产阶级不是去改善国

---

① [德]爱德华·伯恩施坦:《社会主义的前提和社会民主党的任务》,舒贻上等译,生活·读书·新知三联书店,1958年,第18页。

家机器,而是破坏它、消灭它。

最后,列宁实事求是地指出,随着时代的发展,恩格斯在《雾月十八日》第3版序言中对法国无产阶级革命所作的评价已经过时了,因为法国无产阶级革命斗争在巴黎公社后停顿了。不过,如果以世界性的眼光来看,19世纪末20世纪初各先进国家都在更缓慢地、更多样地、范围更广阔地进行着同一个过程。一方面,无论在共和制的国家(法国、美国、瑞士),还是在君主制的国家(英国、一定程度上的德国、意大利、斯堪的纳维亚国家等),都逐渐形成"议会权力";另一方面,在不改变资产阶级制度基础的情况下,各资产阶级政党和小资产阶级政党瓜分着和重新瓜分着官吏职位这种"战利品",为争夺政权进行着斗争;"行政权力",它的官吏和军事机构,日益完备和巩固起来,"国家机器"大大强化了。这一切都把无产阶级革命引向"集中自己的一切力量"去"破坏"国家机器。①

(三)1852年马克思对问题的提法

本节是列宁在1918年修订第2版时加入进来的。

列宁引用1852年3月5日马克思致魏德迈的信中关于阶级斗争的论述"我所加上的新内容就是证明了下列几点:(1)阶级的存在仅仅同生产发展的一定的历史阶段相联系;(2)阶级斗争必然导致无产阶级专政;(3)这个专政不过是达到消灭一切阶级和进入无阶级社会的过渡……"②列宁认为,马克思在这段话中一方面说明了他的学说与资产阶级思想家的学说之间的渊源与区别,另一方面指出他的国家学说的实质。机会主义者宣称阶级斗争是马克思学说中的关键点,并趁机将马克思的学说与资产阶级学说等同起

---

① 《列宁选集》(第三卷),人民出版社,2012年,第138页。

② 《马克思恩格斯文集》(第十卷),人民出版社,2009年,第106页。

来。对此,列宁强调,只有承认阶级斗争,同时也承认无产阶级专政的人,才是马克思主义者。这就意味着,阶级斗争与国家学说都是马克思学说的重要组成部分。

接着,列宁进一步提升"无产阶级专政"在马克思主义理论中的分量,以批判第二国际,特别是考茨基的"现代机会主义"。在他看来,是否承认无产阶级专政就是检验是否真正理解和承认马克思主义的试金石。考茨基虽然也承认阶级斗争,但只把这种斗争局限于资产阶级关系内部,也就是说把它限制在议会政治之内。而列宁强调,阶级斗争的关键节点是从资本主义向共产主义过渡的时期,是推翻资产阶级并完全消灭资产阶级的时期,与之相应的,这个时期的国家就不可避免地应当是新型民主的(对无产者和一般穷人是民主的)和新型专政的(对资产阶级是专政的)国家。

最后,列宁强调,只有懂得无产阶级专政的必要性才算掌握了马克思国家学说的实质。

当然,马克思虽然在信中强调阶级斗争"必然导致"无产阶级专政,但对如何导致以及何时导致并没有具体规定。同时,或许是为了防止对无产阶级专政的某种极端化,马克思进而强调"这个专政不过是达到消灭一切阶级和进入无阶级社会的过渡"[①]。在这种意义上,对无产阶级专政的解读显然不能脱离具体的革命形式,不能凭借列宁引述的马克思这段"精彩的论述"断定,西欧地区的社会民主党选择的议会政治道路是完全错误的。因为,如果过激地把"未来形势发展的一种必然趋势"提前在当下还不成熟的社会历史条件下转变为现实,可能适得其反。这在我国革命与建设的历史进程中多次得到验证,正如邓小平所指出:"右可以葬送社会主义,'左'也可以葬送

---

① 《马克思恩格斯文集》(第十卷),人民出版社,2009年,第106页。

社会主义。中国要警惕右,但主要是防止'左'。"①

五、第三章　国家与革命。1871年巴黎公社的经验。马克思的分析

本章叙述马克思对1871年巴黎公社的经验总结。在列宁看来,在总结过程中,马克思最重要的是提出无产阶级革命与无产阶级专政,用巴黎公社这样的民主政权替代资产阶级国家的思想。由此,列宁进一步阐发了马克思主义的国家理论,并批判第二国际机会主义者。

(一)公社战士这次尝试的英雄主义何在?

列宁着重阐发马克思根据巴黎公社经验提出的打破资产阶级国家机器,建立无产阶级专政的思想,并以此为基础发展出人民革命与工农联盟的思想。工农联盟的思想对我们来说是十分熟悉的,毛泽东在中国社会主义革命与建设中多次强调,中国社会主义革命与建设的主力军都是农民,他们"是工人阶级的天然的和最可靠的同盟者"②。

回到文本,列宁首先在第1、2段凸显马克思的革命态度。虽然马克思在革命之前的1870年秋就告诫工人,当时的起义条件还不成熟,无产阶级力量尚未发展壮大到足以发动成功革命的程度。一方面,法国虽然刚败于普鲁士,但其国内政治仍然稳定;另一方面,无产阶级内部也缺乏一个明确的领导核心与革命策略,布朗基主义者与蒲鲁东主义者相互之间争论不休。因而,"都推翻新政府的企图都将是绝望的蠢举"③。但是当1871年3月巴黎工人被迫发动武装起义,无产阶级革命成为无可改变的客观的现实时,马克思

---

① 《邓小平文选》(第三卷),人民出版社,1993年,第375页。

② 《毛泽东选集》(第一卷),人民出版社,1991年,第606页。

③ 《马克思恩格斯文集》(第三卷),人民出版社,2009年,第127页。

并没有像书呆子一样固守己见或者非难运动"不合时宜",而是毫不犹豫地站在无产阶级一边,支持革命,为之欢欣鼓舞。更重要的是,列宁强调,马克思在这次群众性的革命运动中看到了宝贵的历史经验,并据此进行分析、反思,重新考察自己的理论,以便继续把革命推向前进。由此,列宁在对比中展现出普列汉诺夫行为的恶劣。后者既没有像马克思那样在俄国1905年12月起义前发出明确警告,也没有在失败后鼓励革命精神,反而抱怨与指责革命群众。

在第3~13段,列宁阐释马克思对革命经验的反思,并批判机会主义对此的歪曲。在1872年6月24日《共产党宣言》德文版的序言中,马克思、恩格斯说,《共产党宣言》这个纲领"现在有些地方已经过时了""特别是公社已经证明:'工人阶级不能简单地掌握现成的国家机器,并运用它来达到自己的目的'"。①这就是说,无产阶级不能简单地夺取政权,重复资产阶级国家的形式,而是要打碎现存的国家机器,重建无产阶级政权和国家。

列宁进而批评第二国际对马克思的思想进行了歪曲性的修改:流行的庸俗的"理解"就是认为马克思在这里是强调缓慢发展的思想,不主张夺取政权等。实际上恰巧相反。马克思的意思是说工人阶级应当打碎、摧毁"现成的国家机器",而不是否定革命本身,庸俗理解的错误就在于混淆了马克思对革命本身与革命具体措施(打碎现成的国家机器)的区分,把经验教训当作对革命理论本身的否定或修改。列宁还进一步对马克思的限定条件进行了解释:"只限于大陆"在1871年是合理的,因为"那时英国还是一个纯粹资本主义的、但是没有军阀并在很大程度上没有官僚的国家的典型。所以马克思把英国除外,当时在英国,革命,甚至是人民革命,被设想有可能而且

---

① 《马克思恩格斯文集》(第二卷),人民出版社,2009年,第15页。

确实有可能不以破坏'现成的国家机器'为先决条件"①。

列宁据此论证了马克思根据社会历史条件的变化调整革命策略的历史唯物主义立场,并延续这一立场对当前的革命形势与革命任务进行分析。"在1917年,在第一次帝国主义大战时期,马克思的这个限制已经不能成立了。"随着英美已经变成完全的官僚与军阀国家,在世界范围内都要以打碎、破坏现成的国家机器作为"任何一次真正的人民革命的先决条件"②。

在此基础上,列宁在第16~21段阐述了马克思"真正的人民革命"与工农联盟思想。他强调,马克思判断革命是否是"真正的人民革命"的依据在于人民群众、人民的大多数是否独立奋起,提出自己的要求,自己尝试着按照自己的方式建立新社会来代替正被破坏的社会。而所谓"人民"的概念,列宁认为在1871年的欧洲大陆,没有任何一个国家的无产阶级构成人民的大多数,因而无产阶级只有与农民组合起来,才构成"人民"。马克思显然认识到了这一点,因而他确认,"打碎"国家机器是工人和农民双方利益所要求的,在这个要求下,双方联合起来,提出了铲除"寄生物"、用一种新东西来代替的共同任务。

(二)用什么东西来代替被打碎的国家机器呢?

对于这一问题,列宁首先考察了马克思不同时期有关无产阶级国家的论述。

在第1~10段,叙述巴黎公社的革命要求与举措。列宁客观地指出:马克思1847年在《共产党宣言》中对这个问题的回答还十分抽象,确切些说,只是指出了任务——"无产阶级组织成为统治阶级"来代替之,以"争得民主"来

---

① 《列宁选集》(第三卷),人民出版社,2012年,第143页。

② 《列宁选集》(第三卷),人民出版社,2012年,第144页。

代替之。由于缺乏实际的经验,马克思在面临革命的具体策略问题时没有陷入空想,而是期待群众运动的经验来解答。

接着,列宁对马克思在《法兰西内战》中对巴黎公社经验的总结进行了摘录。如"帝国的直接对立物就是公社""……公社的第一个法令就是废除常备军而代之以武装的人民。……""公社是由巴黎各区普选选出的市政委员组成的。这些委员对选民负责,随时可以罢免。其中大多数自然都是工人或公认的工人阶级的代表。""从公社委员起,自上至下一切公职人员,都只能领取相当于工人工资的薪金。从前国家的高官显宦所享有的一切特权以及公务津贴,都随着这些人物本身的消失而消失了。"①

在此基础上,列宁概括地指出,公社用来代替被打碎的国家机器的主要形式就是更完全的民主:废除常备军,一切公职人员完全由选举产生并完全可以罢免。上述举措能够使国家发生质的转变,即由国家(即对一定阶级的特殊的镇压力量)转化成一种已经不是原来意义上的国家的东西。但他同时强调,镇压资产阶级及其反抗,仍然是必要的。只是由于公社的镇压是人民这个大多数自己镇压他们的压迫者,因而实行镇压的"特殊力量"也就不需要了。国家政权职能的行使愈是全民化,这个国家政权就愈不需要了。

列宁还特别对伯恩施坦、考茨基提出批评,他们认为降低国家官员报酬是"原始的"民主制度的庸俗做法。对此,列宁指出,第一,如果不在某种程度上"返回"到"原始的"民主制度,从资本主义过渡到社会主义是不可能的(因为,不这样做,怎么能够过渡到由大多数居民以至全体居民行使国家职能的阶段呢?);第二,以资本主义和资本主义文化为基础的"原始民主制度"同原始时代或资本主义以前时代的原始民主制度是不一样的。因为,资本主义文化创立了大生产——工厂、铁路、邮政、电话等,在这个基础上,旧的

---

① 《列宁选集》(第三卷),人民出版社,2012年,第147页。

"国家政权"的大多数职能已经变得极其简单。因而就按劳分配而言,也只需要付给行使这些职能的人以普通的"工人工资",并且可以(也应当)把这些职能中任何特权制、"长官制"的痕迹铲除干净。

其实,说到对马克思晚年革命思想的认识,第二国际中的伯恩施坦与考茨基有许多相似的地方,虽然他们最终分道扬镳。列宁显然看到了这一点,因而在厘清他们各自的理论观点和对待无产阶级革命态度的基础上,对他们分别加以批判。一方面,对伯恩施坦的批判主要集中在他的修正主义思想上。伯恩施坦主张通过改良和妥协来适应资本主义的发展,而不是通过革命来推翻资本主义制度。列宁认为,这种思想背离了无产阶级的阶级立场和革命原则,通过和平的道路来实现社会主义只能是妄想。另一方面,对考茨基的批判则主要集中在他对无产阶级革命和国家问题的看法上。考茨基虽然反对伯恩施坦的修正主义,但抱有机会主义的观点,他空谈夺取政权,避而不提打碎旧的国家机器、彻底消灭资产阶级的革命任务,这实际上是另一种改良主义。列宁认为,考茨基没有将打碎旧的国家机器作为无产阶级革命取得胜利的必要条件,也没有将无产阶级国家和无产阶级革命联系起来,这就从本质上背离了马克思主义。

(三)取消议会制

列宁阐发马克思对巴黎公社经验的总结,并以此再次批判妄图仅仅依靠资产阶级议会制度来实现社会主义的机会主义观点。他引述《法兰西内战》:"公社是一个实干的而不是议会式的机构,它既是行政机关,同时也是立法机关。"①指出资产阶级议会制的本质是每隔几年决定一次由统治阶级中什么人在议会里镇压人民、压迫人民。同时,就议会制度的实际效果而

---

① 《马克思恩格斯文集》(第三卷),人民出版社,2009年,第154页。

言,其中的代表机构不过是一个清谈馆,而无产阶级则要建立起一个实干的机构,它既是行政机关,同时也是立法机关。

列宁还特别提到,马克思将无产阶级公职人员比喻为受雇于资本主义企业的雇佣"工人、监工和会计",当然,无产阶级公职人员的真正"雇主"是人民,这是马克思"人民公仆"思想的基本内涵。不过,列宁在这个比喻中更为深入地看到了科学社会主义的严谨。将无产阶级国家的公职人员与普通资本主义企业中的职员类比,证明马克思没有丝毫的空想主义,没有虚构和幻想"新"社会,而是把从旧社会诞生新社会的过程、从前者进到后者的过渡形式,作为一个自然历史过程来研究。一方面,资本主义使国家管理的职能简化了,社会化大生产使得国家官吏特殊的"长官职能"可以用"监工和会计"的简单职能来代替;另一方面,资本主义本身也通过渗透、控制政治领域而把国家变为一个大的组织、管理资本主义生产的特殊部门,资本主义国家自身就为否定自身,将官吏替换为受委托的简单执行者提供了可能。

最后,列宁强调,建成这样的国家,从而把整个国民经济组织得像邮政一样,就是无产阶级革命最近的目标——列宁接受这样的观点:邮政就是社会主义经济的模型。只有这样,才能完成打碎旧的国家机器的任务,才能取消议会制而保留代表机构,才能使劳动阶级的这些机构免除资产阶级的糟蹋。

(四)组织起民族的统一

列宁在此部分对伯恩施坦展开集中的批判。后者在《社会主义的前提和社会民主党的任务》中提出,马克思所设想的无产阶级国家与"小资产者"蒲鲁东主张的联邦制类似,二者都要求废除现代国家、完全改变其组织形式,从而使全国代表机关的整个旧形式完全消失,以便实现民主。换言之,在伯恩施坦看来,马克思要求消灭一切形式的集中和统一,进而实现真正的民主。对此,列宁指出,伯恩施坦等机会主义者只能在充满市侩的庸俗习气和"改良主义的"停滞现象的环境中,想到"地方自治机关",而不是无产阶级革命,因而把马克思与蒲鲁东混为一谈。二者虽然都坚持打碎国家机器,但马克思丝毫没有离开集中制。对马克思而言,民主与集中制是统一的,也只有通过真正的民主才能实现自觉的统一。正如列宁所说:"无产阶级和贫苦农民把国家政权掌握在自己手中,十分自由地按公社体制组织起来,把所有公社的行动统一起来去打击资本,粉碎资本家的反抗,把铁路、工厂、土地以及其他所有私有财产交给整个民族、整个社会,难道这不是集中制吗? 难道这不是最彻底的民主集中制、而且是无产阶级的集中制吗?"①

在民族问题上也同样如此,打碎国家机器并非意味着破坏民族统一,相反,民族的统一不是应该破坏,而应该借助于公社制度组织起来,应该通过这样的办法来实现,即消灭以民族统一的体现者自居同时却脱离民族、凌驾于民族之上的国家政权。真正的民族统一不应依赖于一个"民族躯体上的寄生赘瘤",脱离民众、高高在上的中央政府,而应该建立在各地公社的基础上,通过公社官吏的直接管理来执行中央政府的重要职能。

最后,列宁继续批判伯恩施坦的错误观点,指出后者根本不会想到可能有自愿的集中制,可能使各公社自愿统一为一个民族,可能使无产阶级的公社在破坏资产阶级统治和资产阶级国家机器的事业中自愿融合在一起。伯恩施坦同其他所有的庸人一样,以为集中制是只能从上面,只能由官吏和军阀强迫实行和维持的东西。

(五)消灭寄生物——国家

列宁继续引用马克思消灭国家的相关言论为本章做结,指明公社的阶级本质。如,"公社的真正秘密就在于:它实质上是工人阶级的政府,是生产

---

① 《列宁选集》(第三卷),人民出版社,2012年,第157页。

者阶级同占有者阶级斗争的产物,是终于发现的、可以使劳动在经济上获得解放的政治形式。……如果没有最后这个条件,公社体制就没有存在的可能,就是欺人之谈"①。

列宁进而继续强调,马克思从社会主义和政治斗争的全部历史中得出其国家学说的基本观点就是:国家一定会消失;国家消失的过渡形式(从国家到非国家的过渡),将是"组织成为统治阶级的无产阶级"②。但是马克思并没有去发现这个未来的政治形式。他只是对法国历史作了精确的观察,对它进行了分析,得出了1851年的结论:事情已到了破坏资产阶级的国家机器的地步。而公社就是无产阶级革命打碎资产阶级国家机器的第一次尝试,是可以而且应该用来代替已被打碎的国家机器的政治形式。

列宁最后说,俄国1905年革命和1917年革命在另一个环境和另一种条件下继续着公社的事业,证实着马克思天才的历史的分析,进一步发展着马克思主义的国家学说。列宁这里又一次提到俄国1905年革命,③并隐含着对普列汉诺夫革命立场不坚定的批评。

----

①② 《列宁选集》(第三卷),人民出版社,2012年,第159页。

③ 1905年1月22日,也就是"鲜血星期日"。这一天,圣彼得堡的工人和他们的家庭成员在神父乔尔吉·加潘的领导下,前往冬宫递交请愿书,请求改善工作条件、提供土地给农民并建立立宪政府。然而他们遭到沙皇守卫的开枪镇压,数百人死伤。"鲜血星期日"的屠杀引发了全国范围内的罢工、暴动和农民起义。随后,城市工人组成了"苏维埃"(苏维埃即工人代表会议),成为后来苏联政治组织的雏形。由于革命的压力,沙皇被迫做出让步。1905年10月,他发布"十月宣言",承诺赋予人民基本自由,并同意创建一个立法机构——国家杜马。这是俄罗斯历史上第一个向宪政民主迈进的步骤。尽管1905年革命并未直接推翻沙皇制度,它却深刻地动摇了俄国的政治结构,激发了广泛的政治和社会变革的需求。它还为1917年的更彻底的革命——二月革命和十月革命——埋下了伏笔。其中,普列汉诺夫对革命的发展和结果进行了分析和评论,并倾向于更加渐进的、有组织的革命策略,反对即兴和自发的暴力行动。他主张通过政党组织来教育和领导工人阶级,以实现更加系统的社会变革。这种策略对1905年革命期间的社会民主工党活动产生了重要影响,但与布尔什维克的立场存在明显差异。在某种意义上,普列汉诺夫较之列宁更贴近于理论,而更远离于现实。因为他不能敏锐地把握到政治局势所带来的革命机遇,而这又是一名革命家都必备的素质。

六、第四章　续前。恩格斯的补充说明

本章是对前一章阐发马克思无产阶级专政学说的延续,主要援引恩格斯有关巴黎公社经验的论述更为全面地展现马克思无产阶级专政学说的丰富内涵。

(一)《住宅问题》

列宁引述恩格斯在《论住宅问题》中提出的住宅问题解决方案,并分析、阐发了在此方案构想中所蕴含的无产阶级夺取国家政权、建立无产阶级专政的思想。他强调,恩格斯在谈到这个具体问题时,一方面明显地说明了无产阶级国家同现今的国家相似的地方,根据这些相似的地方我们可以把两者都称为国家;另一方面又明显地说明了两者不同的地方,或者说,说明了向消灭国家的过渡。

恩格斯认为,在资产阶级社会中,住宅问题的实质不是供需关系问题,而是城乡对立问题。以往的解决办法总是力图实现经济上供求的均衡,然而问题又会持续不断地产生。对此,恩格斯强调,住宅问题只有通过社会革命才能得到彻底解决。现在各大城市中有足够的住宅,只要合理使用,就可以立即帮助解决真正的住宅缺乏问题。"剥夺现在的房主,或者让没有房子住或现在住得很挤的工人搬进这些房主的房子中去住。只要无产阶级取得了政权,这种具有公共福利形式的措施就会像现代国家剥夺其他东西和征用民宅那样容易实现了。"①

列宁指出,剥夺和占据住宅是根据现今国家的命令进行的。因此,无产

---

① 《马克思恩格斯文集》(第三卷),人民出版社,2009年,第264页。

阶级的国家在形式上也会"下令"占据住宅和剥夺房屋,这是无产阶级国家与现今国家相似的地方。但是这同样要求打碎国家机器。因为,同资产阶级相联系的官吏机构,是根本不能用来执行无产阶级国家命令的。

列宁接着指出,无产阶级国家之所以还保留着和现今国家相似的形式,是因为尚未产生国家消亡的经济基础。列宁同样以恩格斯关于住宅问题的论述为例,强调谈到国家消亡的经济基础时,恩格斯是非常谨慎的。在恩格斯看来,无产阶级国家"至少在过渡时期难以'免费分配住宅'"。而要实行监督,确立分配标准,就需要一定的国家形式,当然,这种国家决不需要那种公职人员享有特权地位的特殊的军事和官僚机构。

最后,列宁进一步援引恩格斯在《反杜林论》中关于"国家消亡"的论述,强调无产阶级专政和无产阶级国家对于最终实现国家消亡的必要性。"无产阶级必须采取政治行动,必须把实行无产阶级专政作为达到废除阶级并和阶级一起废除国家的过渡……"这也是马克思主义与无政府主义之间的重要区别,而这种区别现在被"社会民主主义"学说混淆了。

(二)同无政府主义者的论战

紧接着,列宁对马克思同无政府主义者之间的论战展开叙述,从而更为深入地澄清马克思主义与无政府主义之间的区别,进一步驳斥社会民主党对马克思主义的歪曲。

马克思在《政治冷淡主义》等文章中嘲讽、揭露无政府主义者反对无产阶级革命与专政的谬论,强调国家是无产阶级推翻资产阶级统治所必需的工具,这种国家具有作为"革命的暂时的形式"①,随着阶级的消灭,无产阶级国家也会自行消亡。据此,列宁指出,在废除国家是目的的意义上,马克思

---

① 《马克思恩格斯文集》(第三卷),人民出版社,2009年,第340页。

主义者和无政府主义者没有分歧,但为了废除国家,无产阶级必须拿起武器,利用国家来粉碎资产阶级的反抗,这是马克思驳斥无政府主义者国家学说的关键。

列宁还引述恩格斯在《论权威》中对无政府主义者的批判,认为这一批判更加详尽、更加通俗地阐明了这一思想。恩格斯讥笑蒲鲁东主义者的糊涂观念,讥笑他们把自己称为"反权威主义者",也就是否认任何权威、任何服从、任何权力。恩格斯强调,权威与服从是社会存在与发展的必要条件。而权威与自治是相对的概念,它们的界限会随着社会历史的发展而变化。例如,随着阶级的消灭,国家以及政治权威将会逐渐消失,公共职能将失去其政治性质,变为维护真正社会利益的简单的管理职能。但是在这之前,无产阶级必须掌握国家,实行无产阶级专政,以革命的权威来镇压资产阶级的反抗。在此基础上,列宁还提出"非政治国家"[①]概念。他说,国家消亡存在一个过程,正在消亡的国家在它消亡的一定阶段,可以叫作非政治国家。

列宁认为,恩格斯这些论述中最精彩的地方,就是他用来反驳无政府主义者的问题提法。而现代社会民主党人却无视这一点,沦为承认国家的庸俗论者,对无产阶级革命的具体任务含糊其词,完全变成世俗的现实主义者。

(三)给倍倍尔的信

列宁摘录恩格斯在《给奥·倍倍尔的信》(1875年3月18—28日)中一段谈论拉萨尔《哥达纲领草案》的精彩论述,其中谈到了国家问题:……自由的人民国家变成了自由国家。从字面上看,自由国家就是可以自由对待本国公民的国家,即具有专制政府的国家。应当抛弃这一切关于国家的废话,特

---

① 《列宁选集》(第三卷),人民出版社,2012年,第166页。

别是出现了已经不是原来意义上的国家的巴黎公社以后。无政府主义者用
"人民国家"这个名词把我们挖苦得很够了,虽然马克思驳斥蒲鲁东的著作
以及后来的《共产主义宣言》都已经直接指出,随着社会主义社会制度的建
立,国家就会自行解体和消失。既然国家只是在斗争中、在革命中用来对敌
人实行暴力镇压的一种暂时的设施,那么,说自由的人民国家,就纯粹是无
稽之谈了:当无产阶级还需要国家的时候,它需要国家不是为了自由,而是
为了镇压自己的敌人,一到有可能谈自由的时候,国家本身就不再存在了。
因此,我们建议把"国家"一词全部改成"共同体"(Gemeinwesen),这是一个
很好的古德文词,相当于法文的"公社"。①

　　由此,列宁对机会主义者进行批判。他认为,恩格斯这段论述表明,是
否保留国家是当时无政府主义者与马克思主义者展开论战的要点。无政府
主义者常用"人民国家"来挖苦马克思主义者,而为了展开回击,澄清自己的
主张,恩格斯多次强调无产阶级国家在内容与形式上与现今的国家的根本
区别,并指出这种国家的暂时性。为了凸显这种国家的暂时性,恩格斯还建
议将哥达纲领草案中的"国家"一词全部改为"共同体"。而时至今日,德国
社会民主党人却仍然顽固地重犯恩格斯告诫过的错误。同时,列宁还特别
提到,倍倍尔虽然在1875年给恩格斯的回信中表示完全同意,然而在《我们
的目的》(1886年)中,他还是说:"国家应当由基于阶级统治的国家变成人民
国家。"②列宁显然认为,对于德国社会民主党内机会主义观点的滋生,倍倍
尔是要负很大责任的。

---

① 《马克思恩格斯文集》(第三卷),人民出版社,2009年,第414页。
② 《列宁选集》(第三卷),人民出版社,2012年,第170页。

（四）对爱尔福特纲领草案的批判

延续这条线索，列宁继续借助恩格斯的相关论述来分析、阐发马克思主义的国家学说。他强调，恩格斯在1891年6月29日寄给考茨基过了10年以后才在《新时代》杂志上发表的对爱尔福特纲领草案的批判，对于理解马克思主义国家学说具有重要意义。因为这篇文章主要就是批判社会民主党在国家结构问题上的机会主义观点。

其中，恩格斯深入考察了现代资本主义的变化，指出后者已经转变为没有私人生产也没有计划性的垄断资本主义。列宁强调，但这与资产阶级改良主义者宣传的什么垄断资本主义或国家垄断资本主义已经不是资本主义，可以称为"国家社会主义"的观点是截然不同的。因为尽管在托拉斯内部存在有计划的生产，但这种资本主义在世界范围内仍然是缺乏计划的，这种资本主义之所以"接近"社会主义，只是证明社会主义革命已经接近。

澄清了这一问题后，列宁对爱尔福特纲领草案的批判中关于国家的论述作了大量摘录。第一，关于共和国问题。列宁认为，恩格斯在批判中特别明确地重申了贯穿在马克思著作中的基本思想，那就是：民主共和国是走向无产阶级专政的捷径。因为这样的共和国虽然丝毫没有消除资本的统治，因而也丝毫没有消除对群众的压迫和阶级斗争，但是它必然会使这个斗争扩大、展开、明朗化和尖锐化，以致一旦出现满足被压迫群众的根本利益的可能性，这种可能性就必然通过而且只有通过无产阶级专政即无产阶级对这些群众的领导得到实现。显然，对列宁来说，民主共和国之所以有其积极意义，乃是由于它有利于推动无产阶级革命、无产阶级专政。而机会主义者反对无产阶级专政，反对无产阶级国家，显然是反动的。因此，列宁批判道：

对于整个第二国际来说，这也是马克思主义中"被忘记的言论"[①]，而孟什维克党在俄国1917年革命头半年的历史则把这种忘却揭示得再清楚不过了。

第二，关于民族问题同国家结构的联系。列宁引述恩格斯的论述强调，无产阶级只能采取单一而不可分的共和国的形式。在他看来，恩格斯同马克思一样，从无产阶级和无产阶级革命的观点出发坚持民主集中制，坚持单一而不可分的共和国；而不是像资产阶级思想家和包括无政府主义者在内的小资产阶级思想家那样，从官僚制度的意义上去了解民主集中制——这是十分重要的视角问题：虽然是同样的一个名词概念，但出发点不同，视角不同，所看到、表述与构想的意义与价值指向可能完全不同。通常来说，列宁就如马克思、恩格斯那样，在使用权威、集中，甚至民主这些概念于无产阶级政权时，是根本上不同于资产阶级政权的。对此，我们需要加以区分，也只有这样才能真正理解马克思、恩格斯，理解列宁。例如，恩格斯所说的"共和国"也不同于法兰西共和国——因为后者同1798年建立的没有皇帝的帝国没有什么不同。

马克思、恩格斯、列宁之所以使用同一概念来描述无产阶级国家，是因为使用新的词语如"共同体"之类，并不能够改变现实中国家形态的连续性，无论是巴黎公社指向的国家形态，还是德国现实政治中可能指向的无产阶级政权的可能形式都是与此前的国家形态存在共通之处的。其实这也说明，国家从名称到机构设置，职能规划等，都难以与现实中源远流长的国家存在割裂开来。但是实质内容部分却是重要的，那就是通过民主的形式实现无产阶级专政。这在很大程度上也是一种对现实的让步，接受从现实出发的一条通往无产阶级政权的路径。

第三，关于地方自治。列宁批判了在小资产阶级民主派中非常流行的

---

① 《列宁选集》(第三卷)，人民出版社，2012年，第174页。

偏见,即联邦制共和国一定要比集中制共和国自由,并认为恩格斯所举的1792—1798年法兰西集中制共和国和瑞士联邦制共和国的事实推翻了这种偏见。但列宁最后也提到,党的宣传鼓动工作还没有给予地方自治问题以充分重视。

(五)1891年为马克思的《内战》所写的导言

列宁指出,恩格斯在为《法兰西内战》第3版写的导言中(导言注明的日期是1891年3月18日,最初刊载在《新时代》杂志上),除了顺便就有关对国家的态度的问题提出一些值得注意的意见外,还对公社的教训作了极其鲜明的概括。这个概括,由于考虑到公社以后20年的全部经验而作得非常深刻,并且是专门用来反对流行于德国"对国家的迷信"的,完全可以称为马克思主义在国家问题上的最高成就。

首先,列宁引述恩格斯对各次资产阶级革命经验的总结,认为这一总结说明国家的实质就是一个阶级镇压另一个阶级的工具,而统治阶级为了进行镇压,就需要自身掌握武装,并解除敌对阶级的武装。据此,列宁揭示出策列铁里在俄国革命中对无产阶级的背叛。

接着,列宁概括了恩格斯对宗教问题的看法,强调无产阶级政党必须坚决与麻醉人民的宗教鸦片进行斗争,将宗教简单地归结为私事就是把革命无产阶级政党降低到最庸俗的"自由思想家"那种市侩的水平。

随后,列宁引述了恩格斯认为最重要的教训。

其一,在此以前,中央集权政府进行压迫所凭借的力量是军队、政治警察、官僚机构。正是这支由拿破仑在1798年建立、后来每届新政府都乐于接过去用以反对自己敌人的力量,在一切地方都必须消除,就像在巴黎已经消除那样。

公社一开始想必就认识到,工人阶级一旦取得统治权,就不能继续运用旧的国家机器来进行管理;工人阶级为了不致失去刚刚争得的统治,一方面应当铲除全部旧的、一直被利用来反对工人阶级的压迫机器,另一方面还应当保证本身能够防范自己的代表和官吏,即宣布他们毫无例外地可以随时撤换。

列宁强调,恩格斯一再着重指出,不仅在君主国,而且在民主共和国,国家依然是国家,也就是说仍然保留着它的基本特征:把公职人员、"社会公仆"、社会机关变为社会的主人。这就是说,民主共和国实行的仍然是民主集中制的原则,真正的民主与集中是统一的。

其二,为了防止国家和国家机关由社会公仆变为社会主人——这种现象在至今所有的国家中都是不可避免的——公社采取了两个可靠的办法。第一,它把行政、司法和国民教育方面的一切职位交给由普选出的人担任,而且规定选举者可以随时撤换被选举者。第二,它对所有公职人员,不论职位高低,都只付给跟其他工人同样的工资。公社所曾付过的最高薪金是6000法郎。这样,即使公社没有另外给代表机构的代表签发限权委托书,也能可靠地防止人们去追求升官发财了。

列宁认为,恩格斯在这里接触到了一个有趣的界限,在这个界限上,彻底的民主变成了社会主义,同时也要求实行社会主义。因为,要消灭国家就必须把国家机关的职能变为非常简单的监督和计算的手续,使大多数居民,而后再使全体居民,都能够办理,都能够胜任。而要完全消除升官发财的思想,就必须使国家机关中那些无利可图但是"荣耀的"职位不能成为在银行和股份公司内找到肥缺的桥梁,像在一切最自由的资本主义国家内所经常看到的那样。同时,列宁运用历史辩证法的眼光,强调彻底发展民主,找出彻底发展的种种形式,用实践来检验这些形式等,这一切都是为社会革命进行斗争的基本任务之一。完善的民主制度能够成为社会革命的推动力量,但是单独存在的民主制度不会产生社会主义。事实上,实际生活中的民主制度也永远不会"单独存在",而是与相适应的经济基础共同存在。

最后,列宁强调了恩格斯的两条警示:一是炸毁旧的国家政权并以新的真正民主的国家政权来代替,但要避免"国家崇拜"。在民主共和制下,国家之为"一个阶级压迫另一个阶级的机器","丝毫不亚于"君主国。但是辩证地看,在民主共和国内,阶级斗争和阶级压迫将采取更广泛、更自由、更公开的形式,因而能够大大便于无产阶级为消灭一切阶级而进行的斗争。二是为什么只有新的一代才能够把这全部国家废物完全抛掉呢?——这的确是个深刻的问题,也表明恩格斯在晚年的各种论战与反思中,不断地把他与马克思完全一致的共产主义理想目标与现实活动进行对接,促使它落地生根。在不断"让步"的过程中(这尤其体现在党的各种纲领性文件、章程的修订上),他们越来越深刻地感受到一代人的"坚固的观念"与其现实存在方式,远非之前所设想的那么容易通过说理来改变。因而,或许只有通过代际的断裂,从而使习俗自然消散才能实现。列宁自然认识到了这一点,并结合民主问题作出进一步的阐发。由此,引出了下一节的话题。

(六)恩格斯论民主的消除

为了说明国家的消除,使人习惯于遵守社会规范而非服从于暴力是一个漫长的过程,列宁引述恩格斯为他在1871—1875年间发表在《人民国家报》上有关德国之外的国际问题的评论文章汇集所写的序言,作为例证。

列宁论述恩格斯在"党的名称问题"上的看法,区分了民主与少数服从多数的原则的异同,强调民主与国家间的内在联系,实施民主的国家实际上是系统的暴力组织。

在此基础上,列宁进一步指出,无产阶级政党的最终目的是消灭国家,也就是消灭任何有组织有系统的暴力,消灭任何加在人们头上的暴力。我们并不期待一个不遵守少数服从多数的原则的社会制度。但是我们在向往社会主义的同时深信：社会主义将发展为共产主义，而对人们使用暴力，使一个人服从另一个人、使一部分居民服从另一部分居民的任何必要也将随之消失，因为人们将习惯于遵守公共生活的起码规则，而不需要暴力和服从。

恩格斯把习惯问题归结到代际更替，认为"在新的自由的社会条件下成长起来的一代，能够把这全部国家废物完全抛掉"，这里所谓国家是指任何一种国家，其中也包括民主共和制的国家。

根据历史唯物主义，为了说明观念和习惯上的变化，当然要深入经济基础当中，因此列宁说，为了说明这一点，就必须分析国家消亡的经济基础问题，即下一章内容。

七、第五章　国家消亡的经济基础

列宁在本章解读马克思有关国家消亡的经济基础的论述。他认为，马克思在《哥达纲领批判》中对国家消亡的经济基础作了最详尽的说明。通过对马克思论述的分析，列宁强调，只有在全社会没有阶级对立时国家才会自行消亡，这一过程是社会经济发展的必然结果。在此基础上，列宁分阶段地阐发了共产主义社会第一阶段（即通常所说的社会主义）和共产主义社会高级阶段的经济、政治样态。在共产主义社会第一阶段，尽管生产资料已实现公有化，但社会仍带有资本主义的痕迹，因而还需要国家从外部保卫社会规范和有序运转。而到了共产主义社会高级阶段，当所有人都学会了管理国家，自己掌握共产主义事业，人们习惯于遵守人类一切公共生活的简单的基本规则的时候，也就不再需要通过国家机器实施的强制手段来维持社会秩序，国家也就随之完全消亡。

（一）马克思如何提出问题

列宁论述马克思研究国家消亡问题的根据与方法。他直接指出，

> 如果把马克思在1875年5月5日给白拉克的信同我们在前面研究过的恩格斯在1875年3月28日给倍倍尔的信粗略地对照一下，也许会觉得马克思比恩格斯带有浓厚得多的"国家派"色彩，也许会觉得这两位著作家对国家的看法有很大差别。恩格斯建议倍倍尔根本抛弃关于国家的废话，把国家一词从纲领中完全去掉而用"共同体"一词来代替；恩格斯甚至宣布公社已经不是原来意义上的国家。而马克思却谈到"未来共产主义社会的国家制度"。这就是说，似乎他认为就是在共产主义下也还需要国家。

列宁进而解释道：上述观点存在根本错误。马克思与恩格斯对国家的看法是完全一致的，马克思所说的"未来共产主义社会的国家制度"正是正在消亡的国家制度。马克思、恩格斯表述上的差异，是因为他们研究的题目不同，要解决的任务不同。恩格斯的任务是要尖锐地向倍倍尔指明流行的关于国家问题的偏见的荒谬，而马克思只是在论述另一个题目即共产主义社会的发展时，顺便提到了这个问题。列宁接着指出，马克思的全部理论，就是运用最彻底、最完整、最周密、内容最丰富的发展论去考察现代资本主义。自然地，他也就要运用这个理论去考察资本主义即将到来的崩溃和未来共产主义的发展。

列宁还强调，由于马克思始终站在历史唯物主义的根本立场上，因而马克思对未来社会的描述不是凭空猜测，而是像自然科学家那样通过观察资本主义社会的发展趋向来理解共产主义社会样态。共产主义是从资本主义

中产生出来的,它是历史地从资本主义发展出来的,它是资本主义所产生的那种社会力量发生作用的结果。就如自然科学的物种演化一样。

列宁接着对《哥达纲领批判》中有关国家同社会的相互关系问题的论述进行阐发,强调国家制度的改变只能同社会的发展共同发生,未来社会的国家制度只能从未来社会的经济基础出发来合理描绘。否则"人民国家"只能是一句空话。

最后,列宁总结道,要对国家制度这个问题作出科学的解答,只有依靠确实肯定了的科学材料。而由整个发展论和全部科学十分正确地肯定了的首要的一点,就是在历史上必然会有一个从资本主义向共产主义过渡的特殊时期或特殊阶段。

(二)从资本主义到共产主义的过渡

列宁继续引述马克思的论述:"……在资本主义社会和共产主义社会之间,有一个从前者变为后者的革命转变时期。同这个时期相适应的也有一个政治上的过渡时期,这个时期的国家只能是无产阶级的革命专政。"列宁认为,上述论述体现出马克思对无产阶级革命与无产阶级专政认识的深化,他不再抽象地提出建立自己的革命专政的任务,而是更为具体地提出,"从向着共产主义发展的资本主义社会过渡到共产主义社会,非经过一个'政治上的过渡时期'不可,而这个时期的国家只能是无产阶级的革命专政。"[①]这就是说,马克思开始深入思考无产阶级国家的建设问题。

列宁接续马克思的思考,提出无产阶级专政与民主的关系问题。他指出,在《共产党宣言》中,马克思、恩格斯是把无产阶级转化为统治阶级、争取民主这两个概念并列在一起的。由此可断定,民主在从资本主义向共产主

---

① 《列宁选集》(第三卷),人民出版社,2012年,第188页。

义过渡时是怎样变化的：

第一，资本主义民主共和制受到资本主义经济制度的制约。一方面，雇佣工人被贫困压得喘不过气，无暇过问政治；另一方面，资产阶级自身通过对选举权的各种限制来限制穷人的民主权利，因而民主始终是少数人的民主。列宁举德国之例，论证资本主义社会的民主制度的实质是"极少数人享受民主，富人享受民主"，是虚伪的民主。

第二，民主制度向共产主义发展，必须经过无产阶级专政。列宁强调，资产阶级的阶级本性决定了资本主义民主向前发展不会像机会主义者和自由派想的那样，简单地、直线地、平稳地走向"日益彻底的民主"。这种民主要向前发展，不可能走别的道路，因为再没有其他人也没有其他道路能够粉碎剥削者——资本家的反抗。无产阶级专政不仅要扩大民主，使之第一次成为穷人的、人民的而不是富人的民主，而且要对剥削者、压迫者采取剥夺自由的措施，对他们是没有自由，也没有民主的。就如恩格斯所言，"无产阶级需要国家不是为了自由，而是为了镇压自己的敌人，一到有可能谈自由的时候，国家本身就不再存在了"①。大多数人民享有民主，对人民的剥削者、压迫者实行强力镇压，即把他们排斥于民主之外，这就是民主在从资本主义向共产主义过渡时改变了的形态。

第三，在共产主义社会，国家与民主都会消亡。人们既然摆脱了资本主义奴隶制，摆脱了资本主义剥削所造成的无数残暴、野蛮、荒谬和丑恶的现象，也就会逐渐习惯于遵守多少世纪以来人们就知道的起码的公共生活规则。因而在这时，社会的运行不需要强制、不需要服从也就不需要少数服从多数的原则，不需要所谓国家这种实行强制的特殊机构，这样一来，民主和国家都会自行消亡。

---

① 《列宁选集》（第三卷），人民出版社，2012年，第191页。

(三)共产主义社会的第一阶段

列宁引述马克思在《哥达纲领批判》中关于分配制度的论述,说明了共产主义社会第一阶段(通常称为社会主义)的平等性质,以及国家在共产主义社会第一阶段的职能和必要性。

在共产主义社会的第一阶段,尽管生产资料已归社会全体所有,社会成员平等地按照提供给社会的劳动量来获得产品,但社会成员之间的经济差异仍然存在,因此完全的公平和平等尚未实现。这表现在:其一,"平等的权利"仍然是资产阶级权利:社会成员仍根据其劳动投入获得相应的报酬,这种分配方式仍然带有资产阶级社会的烙印,因为它基于"等量劳动换取等量产品"的原则,未能充分考虑到个体之间的差异,如健康状况、家庭责任等。因而,"平等的权利"就是破坏平等,就是不公平。其二,共产主义社会第一阶段只能消灭生产资料私人占有这一"不公平"现象,而不能立即消灭"按劳动而不是按需要分配消费品"这一"不公平"现象。真正的公平不仅仅是形式上的平等,即简单的"按劳分配",而是更深层次的、根据个体具体需求来分配资源的公平。其三,共产主义社会第一阶段国家的职能。受到社会生产力发展水平和资本主义社会痕迹的影响,共产主义社会第一阶段在分配中仍然存在"资产阶级权利",因而就需要有国家在保卫生产资料公有制的同时来保卫劳动的平等和产品分配的平等。最后,列宁作出结论:要使国家完全消亡,必须有完全的共产主义。

(四)共产主义社会的高级阶段

列宁在本节继续阐发马克思对共产主义社会高级阶段的科学构想,并将之与共产主义社会第一阶段进行比较,阐发了国家自行消亡的条件、过程,并对无政府主义者、机会主义者和资产阶级学者展开批判。

列宁引述马克思对共产主义社会高级阶段的直接描述来赞同恩格斯对"自由国家"的嘲讽:"……在共产主义社会高级阶段,在迫使个人奴隶般地服从分工的情形已经消失,从而在脑力劳动和体力劳动的对立也随之消失之后;在劳动已经不仅仅是谋生的手段,而且本身成了生活的第一需要之后;在随着个人的全面发展,生产力也增长起来,而集体财富的一切源泉都充分涌流之后,——只有在那个时候,才能完全超出资产阶级权利的狭隘眼界,社会才能在自己的旗帜上写上:'各尽所能,按需分配'!"①可见,无产阶级国家的存在就是为了使少数人服从多数人的意志,因而谈不上自由。而当真正的自由以及实现这种自由的物质条件已经形成时,国家也就随之自行消亡了。接着,列宁批判资产阶级学者对共产主义社会的冷嘲热讽。资产阶级学者将共产主义社会粗鄙地理解为每个人都有权利向社会领取任何数量的消费资料,并且劳动无需受到任何监督,从而以此来为资本主义辩护。这显然是既没有考虑到劳动生产率的变化,也没有认识到共产主义社会中的人早已不是资本主义社会中的庸人。

当然,列宁强调,在共产主义社会高级阶段到来之前,由于在过渡时期仍然带有资产阶级社会的痕迹,因此还是需要社会和国家对劳动量和消费量实行极严格的监督,这是无产阶级国家存在的必要性的体现。而资产阶级思想家只攻击共产主义社会高级阶段,恰恰是为了掩盖目前政治上迫切的问题,即推翻资本主义制度,建立无产阶级政权。在此基础上,列宁详细地阐述了共产主义社会第一阶段向共产主义社会高级阶段过渡的过程。首先,在共产主义社会第一阶段,由于其脱胎于旧的资产阶级社会,因而其还保留着资产阶级权利的狭隘眼界,需要有国家来强制人们遵守权利原则。其次,与国家相适应的,还有民主制度。民主意味着平等,但只是形式上的

---

① 《列宁选集》(第三卷),人民出版社,2012年,第435~436页。

平等。它承认社会成员都平等地享有决定国家制度和管理国家的权利,并对资产阶级的反抗实行镇压。再次,高度的民主制度又必然建立在相应的经济基础之上,因而同越出资产阶级社会、开始对社会进行社会主义经济生产的改造密切联系。随着社会成员在社会化大生产中自己学会了管理国家,自己掌握了这个事业后,对管理的需要就开始消失,因而国家和民主也随之消亡。最后,全民的管理和监督将使逃避计算和监督成为极难得逞,并且极迅速受到惩罚的活动,人们因此对于人类一切公共生活的简单的基本规则就会很快从必须遵守变成习惯于遵守了。到那时,从共产主义社会的第一阶段过渡到它的高级阶段的大门就会敞开,国家也就随之消亡。

八、第六章　马克思主义被机会主义者庸俗化

列宁首先说明:国家对社会革命的态度和社会革命对国家的态度问题,像整个革命问题一样,是第二国际(1889—1914年)最著名的理论家和政论家们很少注意的。在机会主义逐渐滋长而使第二国际在1914年破产的过程中,可以看到,甚至当他们直接遇到这个问题的时候,他们还是竭力回避或者不加理会。总的来说,由于在无产阶级革命对国家的态度问题上采取了有利于机会主义和助长机会主义躲躲闪闪的态度,结果就产生了对马克思主义的歪曲和对马克思主义的完全庸俗化。为此,列宁以普列汉诺夫与考茨基为例,对机会主义展开批判。概要如下:

(一)普列汉诺夫与无政府主义者的论战

列宁批评普列汉诺夫在《无政府主义和社会主义》一书中论述无政府主义对社会主义的态度时完全回避国家与革命问题,不理会马克思主义在公社以前和以后的全部发展,那就必然会滚到机会主义那边去。

在列宁看来,普列汉诺夫只会学究式地整理施蒂纳、蒲鲁东等无政府主义者的文献,并提出庸俗的,类似于指责他们的行为与强盗无异这样的对无政府主义者的庸俗批评,而不能把握到无政府主义与社会主义交锋的关键——国家问题。而马克思和恩格斯在这方面则有着明确的立场,他们认为需要彻底打碎旧的国家机器,用新的无产阶级专政形式来代替,以实现阶级斗争的目的。正是因为脱离了这一点,普列汉诺夫必然走向机会主义。

(二)考茨基与机会主义者的论战

列宁在本节详细讨论了考茨基与机会主义者,特别是与伯恩施坦之间的争论。

列宁指出,尽管考茨基在俄国因其对马克思主义的解释和与机会主义者的斗争而闻名,但他在处理国家问题上的立场显示了自身一贯的机会主义倾向。考茨基在反对伯恩施坦时,没有充分揭露和批判伯恩施坦对马克思主义的歪曲,特别是在无产阶级应如何处理现有国家机器的问题上,考茨基实际上是接受了伯恩施坦的主张,将马克思主义与机会主义混为一谈。

列宁特别指出,考茨基没有真正拆穿伯恩施坦将"工人阶级不能简单地掌握现成的国家机器"这一论断歪曲为告诫工人不要在夺取政权时采取过激的革命手段,只是说无产阶级,一般来说能够掌握国家机器,却丝毫没有提及打碎国家机器的任务,结果是:马克思主义同机会主义在无产阶级革命的任务问题上最本质的差别被抹杀了。

列宁还批评了考茨基在其后来的著作中对社会革命的论述,指出他虽然谈到了"无产阶级革命"和"无产阶级制度",但回避了其中最关键的"无产阶级革命对国家、对民主的态度与以往无产阶级革命不同的'深入的地方'

究竟在哪里"①这个问题。考茨基只是说夺取国家政权,却没有强调破坏国家机器问题。列宁认为,这反映出考茨基未能理解和吸收马克思对巴黎公社经验的反思与总结,体现出他向机会主义的让步。尤其是在资产阶级民主与无产阶级民主之间的区别上,考茨基的论述未能超出资产阶级议会制的框架,没有充分探讨无产阶级如何通过革命手段彻底改变国家机器。

在列宁看来,考茨基试图在革命理想与现实政治策略之间寻求平衡,但最终脱离了马克思主义走向机会主义。考茨基的立场在第一次世界大战前后受到了严峻的考验,战争爆发和社会民主党的分裂使得他的理论和实际政策之间的矛盾更加明显。同时,他在战争期间的立场也被视为对帝国主义的妥协,并引起马克思主义者的激烈批判。列宁与考茨基之间的论战反映出社会主义运动内部在如何达成社会主义目标问题上的深刻分裂。这些论战不仅在理论上推动了马克思主义的进一步发展,也深刻影响到无产阶级革命的策略与方向,形塑了20世纪世界社会主义运动的基本样貌。

(三)考茨基与潘涅库克的论战

潘涅库克作为左翼激进派的代表,也对考茨基的机会主义倾向表达了强烈不满。这一派别认为,考茨基已经从革命的马克思主义立场转向"中派"立场,不断地在马克思主义和机会主义之间摇摆。在《群众行动与革命》中,潘涅库克将考茨基的立场归结为"消极的激进主义"②,认为其实际上是在等待,不愿面对革命的真正过程。潘涅库克强调无产阶级的斗争不仅仅是为了争取国家政权,而是应该反对和破坏旧的国家政权,只有通过完全摧毁旧的国家机器,无产阶级的斗争才能达到终点。

---

① 《列宁选集》(第三卷),人民出版社,2012年,第209页。

② 《列宁选集》(第三卷),人民出版社,2012年,第213页。

考茨基对此反驳说,社会民主党与无政府主义者的区别在于前者想通过夺取政权来改变现有体制,而后者则希望破坏政权,而潘涅库克却想要同时做这两件事。但列宁指出,考茨基正是在对潘涅库克的反驳中暴露出他对马克思主义的歪曲与庸俗化。考茨基简单地将夺取、争取解释为通过选举获得多数、控制议会,这反映了他主张改良既定国家机器的机会主义态度。

列宁强调,整个论战反映出,潘涅库克提倡实现更根本的社会和政治变革,即通过破坏旧的国家机构来彻底剪除其资产阶级特征,而考茨基则倾向于在已有的国家框架内进行改革以实现社会主义目标,这是对革命的逃避,是对资产阶级的妥协。

列宁还借此再一次阐发了马克思主义者与无政府主义者之间的区别:①马克思主义者的目的是完全消灭国家,但他们认为,只有在社会主义革命把阶级消灭之后,即导向国家消亡的社会主义建立起来之后,这个目的才能实现;无政府主义者则希望在一天之内完全消灭国家,他们不懂得实现这个消灭的条件。②马克思主义者认为无产阶级在夺得政权之后,必须彻底破坏旧的国家机器,用武装工人的组织组成的、公社那种类型的新的国家机器来代替它;无政府主义者主张破坏国家机器,但是,他们完全没有弄清楚无产阶级将用什么来代替它以及无产阶级将怎样利用革命政权;无政府主义者甚至否定革命无产阶级应利用国家政权,否定无产阶级的革命专政。③马克思主义者主张通过利用现代国家来使无产阶级进行革命的准备;无政府主义者则否定这一点。

列宁还指责考茨基仅仅支持形式上的改革,而非真正的社会和政治革命,只要求一个"同情无产阶级"[①]的政府,这是对《共产党宣言》中"无产阶级

---

① 《列宁选集》(第三卷),人民出版社,2012年,第219页。

组织成为统治阶级"原则的严重退步,对革命原则的背离。列宁呼吁马克思主义者与这种机会主义断绝关系,强调彻底摧毁旧的国家机器,由无产阶级直接掌权,建立类似于公社的民主共和国或工兵代表苏维埃共和国,实现无产阶级的革命专政。这种立场反映了列宁的斗争精神和实现彻底变革的坚定承诺,他对任何妥协或半妥协措施都采取坚决的反对态度。

本章最后,列宁对第二国际的错误进行总结,指出其中的绝大多数正式代表都滑向机会主义,忘记、歪曲了巴黎公社的经验。德国、法国和比利时、意大利的右翼代表,以及英国的费边派和"独立党人"等都是否认无产阶级专政的典型例子,第二国际与小资产阶级民主派在实质上已经无大差别。这种教导工人的方式,即教导他们遵循反革命的道路,而非推动他们打破旧的国家机器在帝国主义时代尤为危险,因为当国家机构因帝国主义竞争而强化,并且成为军事怪物时,错误的教导可以带来灾难性的后果。

九、第一版跋

本书的最后是列宁写的第一版跋。其中,列宁提到当时写作的时间,并解释了搁置的原因:本拟定写第7章《1905年和1917年俄国革命的经验》,但是,"这一章的题目非常大,可以而且应当写几卷书来论述它"[①]。虽然提纲都写好了,但由于现实革命的需要,即1917年俄国十月革命前夜的政治危机,而放下了。不过,对此,列宁反而很高兴,因为在他看来,"一打纲领不如一个革命行动重要",尤其是这样划时代成功的革命行动。

---

① 《列宁选集》(第三卷),人民出版社,2012年,第220页。

第四节　著作研究

《国家与革命》是列宁系统阐述马克思主义国家学说、无产阶级革命和无产阶级专政理论的重要著作,是马克思主义最卓越的经典著作之一,并引发了学界积极而广泛的讨论。当然,讨论话题中最为重要的仍然是国家问题。学者们重点关注列宁如何解释和倡导破坏国家机器,并将其观点与同时代其他社会主义者之间进行对比。例如,一些研究深入剖析了列宁对巴黎公社经验的运用,认为列宁对公社的解释与马克思的解释不同,这是出于适应俄国现实革命形势,阐发俄国革命策略的目的。列宁特别强调需要一个强大的国家机器来执行无产阶级专政,而不仅仅是解散国家权力。此外,也有学者阐发了列宁对过渡时期无产阶级政权的具体构想,他主张摧毁资产阶级国家,并提出了一个有组织和有结构的治理形式,以确保工人阶级能有效地巩固权力,镇压资产阶级,实现社会革命。

一、国内外相关研究简述

《国家与革命》问世一百多年来,学界对其历史背景、理论意义,其中的国家、无产阶级革命学说及其在马克思发展史中的地位都进行了深入分析。对这些分析、讨论进行简要的梳理总结能够帮助我们更好地把握《国家与革命》中的核心议题,从而更好地把握其思想精髓,理解其时代价值。

(一)国外研究

《国家与革命》问世一百多年来,国外对它的相关研究非常广泛,涵盖了理论与哲学、政治与社会、历史与文化等多个层面。特别是在关于国家政治的理论与实践结合的话题上，该书引发了广泛的国际关注和讨论，有学者反思苏联模式，对列宁的国家理论进行了批判，认为其在理论上有从马克思返回到黑格尔的痕迹，实践中可能导致权力集中和官僚主义的不期恶果。总体上看，西方学者对待《国家与革命》的态度褒贬不一，这些讨论与评价主要集中在《国家与革命》对无产阶级革命与无产阶级专政的讨论上。

苏联学者从不同角度探讨了《国家与革命》的理论意义、历史影响和实践问题，为理解列宁的国家理论与治理思想提供了丰富的视角。例如，阿里夏诺夫在《论列宁著〈国家与革命〉》中给予《国家与革命》高度评价，认为其在阐释马克思国家学说的同时，也为俄国十月革命之后建立无产阶级专政国家提供了实际纲领。[1]斯特罗果维奇批判斯大林"完整的和最终的社会主义国家学说"，肯定列宁关于无产阶级专政是苏联最合适的国家形式的学说，具有社会主义国家建设的多样性。[2]

著名希腊左翼学者普兰查斯认为，列宁是继恩格斯之后对马克思有关国家学说的发展作出最大贡献的思想家。但他同时认为，列宁过于强调国家作为一个由统治阶级直接控制的工具，因而为苏联后来政治制度的僵化埋下了伏笔。与此相反，普兰查斯提出国家应被看作不同社会力量之间互动的场所，这些社会力量通过国家机构进行斗争和谈判。国家在资本主义社会中具有相对自主性，而不仅仅是资本的直接工具，国家在不同阶级之间斡旋，并在一定程度上调节社会矛盾，以维持资本主义系统的稳定。据此，他还认为列宁对国家与社会阶级关系的分析在某种程度上存在过于简化的

① ［苏]阿里夏诺夫：《论列宁著〈国家与革命〉》，明河译，五十年代出版社，1952年。
② ［苏]彼·斯·罗马什金、米·斯·斯特罗果维奇、弗·阿·图曼诺夫：《国家和法的理论：马克思列宁主义关于国家和法的学说基础》，中国科学院法学研究所译，法律出版社，1963年，第17页。

倾向。①

英国政治学家米利班德(Ralph Miliband)则看到《国家与革命》提出了两种对立的国家范式:作为阶级镇压机器的资产阶级国家和作为过渡状态的无产阶级"国家"。但他同样认为,列宁在对国家的分析中忽略了阶级之间的互动。正是后者,使得国家在资本主义社会中不仅仅扮演着镇压工具的角色,而且发挥调解不同阶级利益冲突、维持社会秩序和推动经济发展等功能。由此,米利班德更倾向于通过渐进的政治参与和制度改革来实现社会变革。②

还有学者联系到列宁之后的苏联社会主义实践,提出正是列宁对权力集中的过分强调,导致了苏联后期出现官僚主义和中央集权。例如,列斐伏尔对列宁有关国家权力以及无产阶级专政的思想进行了分析,认为这些思想深刻影响了苏联的社会结构和日常生活,在实践中可能导致一党统治和个人权力集中,这与马克思所提倡的民主控制相背离。③斯考切波在其著名的《国家与社会革命》一书中直言,布尔什维克在俄国十月革命夺取国家政权之后,还需要维持政权,这反过来要求列宁与党进一步加强政权控制,加强党的行政与军事能力,党内的集权与纪律——客观的现实条件下这不可能由全体人民通过直接选举来进行,因而,随着"社会经济危机的加剧、军队瓦解,政治危机……为了对付他们面对的巨大困难,布尔什维克迅速诉诸有组织的强制——运用赤裸裸的国家权力这一最后的手段……一个政治警察组织——契卡"④。这些可能由于历史条件而临时采取的一些措施必然使无

---

① Nicos Poulantzas, *State*, *Power*, *Socialism*, New Left Books, 1978; Nicos Poulantzas, *Political Power and Social Classes*, New Left Books, 1973.

② Ralph Miliband, Lenin's The State and Revolution, *The Socialist Register*, 1970, pp.309–319.

③ [法]列斐伏尔:《论国家——从黑格尔到斯大林和毛泽东》,李春宜等译,重庆出版社,1988年,第206页。

④ [美]斯考切波:《国家与社会革命》,何俊志等译,上海人民出版社,2013年,第263页。

产阶级国家恢复到职业化、官僚化的旧国家样貌,而且这样的国家政权对整
个经济的全面控制,反噬了其阶级基础。尼尔·哈丁(Neil Harding)则将上述
问题归因至理论层面,认为列宁深受马克思《法兰西内战》中无产阶级专政
思想的影响,因而对资产阶级国家的理解由于政治立场而过于简单化,忽视
了其具体的政治职能,导致后来意识形态性的话语与严肃政治研究的隔
离。①诺曼·莱文则认为,列宁的《国家与革命》是对恩格斯在《起源》《反杜林
论》中表达出的阶级国家观的延伸,丢失了马克思对市民社会的关注。日本
共产党前议长、理论家不破哲三把《国家与革命》看作列宁最重要的著作,但
也指出其中列宁对马克思、恩格斯"打碎国家机器"的不同解读:马克思、恩
格斯意指打碎性地改造旧的国家机器,使其转变为"民主共和国",而列宁解
读为真正的"打碎"与取消,当然也就取消"议会"政治。②

　　总之,西方学界从多个角度,围绕国家这一中心议题,对《国家与革命》
进行了解读与阐发。这些研究成果在为全面理解《国家与革命》的思想内涵
与实践效应提供了参考的同时,也制造出诸多争论与话题。回应这些争论,
澄清马克思主义国家学说是我们接续前人的工作,继续学习、研究《国家与
革命》的重要任务。

(二)国内研究

　　近年来,国内学者关注到国外学界有关《国家与革命》的争论,并在总结
梳理这些争论的基础上,回到经典文本,对之作出积极回应。例如,任洁将
西方学界关于《国家与革命》的理论争论概括为如下五个问题:①《国家与革
命》与马克思主义国家学说的关系问题,②《国家与革命》主要思想来源问

---

① [英]尼尔·哈丁:《列宁主义》,张传平译,南京大学出版社,2014年,第167页。
② [日]不破哲三:《〈国家と革命〉を历史的にょむ》,新日本出版社,2001年。

题,③《国家与革命》与列宁其他著作关系问题,④《国家与革命》的主题,⑤国家的主要职能问题。在此基础上,她提出,所谓马克思与列宁的对立是西方学界用非整体性视野理解马克思主义发展过程而得出的错误结论。《国家与革命》是对马克思、恩格斯国家学说的继承与发展。其中,列宁对片面鼓吹"和平过渡"的机会主义言论进行了驳斥,强调无产阶级暴力革命在当前阶段的重要意义,并阐发了包含专政与治理双重维度的国家理论。①

还有学者对西方学者提出的"列宁把国家仅仅视为'阶级统治的工具'过于轻率和简单化"这一观点做出回应,主张根据不同的语境来理解列宁对国家性质的判断:当为了论证打碎国家机器的必要性时,列宁强调国家是阶级统治的工具;而在谈论无产阶级国家时,列宁则既强调它具有镇压剥削者反抗的阶级专政职能,也强调它具有领导广大民众调整社会主义经济的社会治理职能。从这个角度看,尽管西方学者对列宁的国家学说存在诸多误读,但他们对时代变化的强调,对国家与社会互动机制复杂性的关注也值得在继承与发展马克思主义国家学说中批判性地吸收与借鉴。②

也有许多学者结合新时代中国特色社会主义建设实践,挖掘《国家与革命》的时代价值。例如,王进芬、吴琼阐发了《国家与革命》中的人民民主思想对推进全过程人民民主的启示意义;③谢卓芝认为,《国家与革命》中的无产阶级专政思想为我国推进"四个伟大"具有重要的启迪作用;④辛向阳则强调,国家与革命仍然是摆在新时代中国特色社会主义建设面前的突出问题。

---

①　任洁:《关于列宁〈国家与革命〉的理论、论争与启示》,《北京行政学院学报》,2017年第5期。

②　夏银平、冯婉玲:《马克思主义的国家本质理论再探——回应西方学者对〈国家与革命〉的质疑》,《河北学刊》,2020年第5期。

③　王进芬、吴琼:《列宁〈国家与革命〉中的人民民主思想及其当代价值》,《科学社会主义》,2023年第3期。

④　谢卓芝:《列宁无产阶级专政思想及其当代启示——以〈国家与革命〉为考察文本》,《思想政治教育研究》,2020年第3期。

我们应该在坚持列宁国家观的基础上,推进国家治理体系和治理能力现代化以及伟大的社会革命和自我革命,二者相互统一于中国特色社会主义实践与坚持和完善中国特色社会主义制度中。①

总之,《国家与革命》内涵丰富,在国际共产主义运动史上曾发挥出巨大的历史作用,深刻影响了20世纪的世界社会主义运动。今天,虽然时代条件发生了变化,但《国家与革命》对资产阶级国家本质的揭示,对无产阶级专政、无产阶级国家建设、民主与专政的关系的论述仍然具有极其重要的理论价值与实践意义。

二、几个关键问题

(一)马克思、恩格斯与列宁国家学说的关系

总体上看,马克思主义国家学说有三种基本类型:

一是马克思通过对黑格尔理性主义国家观的批判而阐发的,以异化为逻辑线索的国家观。马克思认为,国家是市民社会的一种异化形式,国家从市民社会中分离出来,并与市民社会相对抗,它代表着某一阶级的特殊利益,而非全体社会成员的共同利益,因而国家与市民社会存在着内在的矛盾和张力。马克思强调,国家机构在本质上服务于统治阶级(资产阶级),后者通过法律和政治制度维护其经济利益和社会地位。随着无产阶级革命的推进,国家与社会之间的矛盾将加剧。在共产主义社会,随着阶级的消失,国家将以完全转变为管理社会生产的机构的方式而实现向作为其基础的社会

---

① 辛向阳:《列宁〈国家与革命〉的基本思想与新时代的国家与革命》,《马克思主义研究》,2019年第12期。

复归。此时,作为一种异化的政治机构的国家将会自然消亡。

二是恩格斯运用唯物史观,通过对人类社会历史发展进程的分析,提出一种对国家起源和本质的新理解:"国家决不是从外部强加于社会的一种力量。国家也不像黑格尔所断言的是'伦理观念的现实','理性的形象和现实'。确切地说,国家是社会在一定发展阶段上的产物;国家是承认:这个社会陷入了不可解决的自我矛盾,分裂为不可调和的对立面而又无力摆脱这些对立面。而为了使这些对立面,这些经济利益互相冲突的阶级,不致在无谓的斗争中把自己和社会消灭,就需要有一种表面上凌驾于社会之上的力量,这种力量应当缓和冲突,把冲突保持在'秩序'的范围以内;这种从社会中产生但又居于社会之上并且日益同社会相异化的力量,就是国家"①。恩格斯的论述着重强调了国家的阶级属性,核心观点是:国家是阶级矛盾不可调和的产物和表现。

三是列宁在此基础上,对无产阶级国家作了进一步的阐发。他强调国家是阶级矛盾不可调和的产物,是一个阶级压迫另一个阶级的工具。列宁特别指出,在资本主义社会中,国家主要是资产阶级的统治工具,其国家机器(包括军队、警察、司法等)的作用是维护统治阶级的利益。因此,无产阶级应该打碎旧的国家机器,建立起由无产阶级直接控制的新的国家机器,实现无产阶级专政以镇压资产阶级的反抗,这是通向无阶级社会的过渡形式。而随着阶级的消灭,国家也将消亡。

可以看到,马克思、恩格斯与列宁在论述国家问题时,侧重点各有不同。这不仅是由三者各自思想的独特性所决定的,更是由三者在论述时所身处的现实的革命形势所决定的。这一点是我们把握三者论述差异背后的思想一致性的重要根据,同时,这也提出了在新的历史条件下,丰富和发展马克

---

① 《马克思恩格斯文集》(第四卷),人民出版社,2009年,第189页。

思主义国家学说的重要要求。

（二）列宁与恩格斯的"民主共和国"观念

列宁赞同恩格斯所说的"民主共和国是国家的最高形式"，并区分了资产阶级议会共和国与无产阶级国家，强调要打碎前者，建立后者。但列宁与恩格斯之间也存在微妙的不同之处，这也显示出马克思主义理论本身的发展空间和开放性。

恩格斯在《答可尊敬的卓万尼·博维奥》一文中说："马克思和我在四十年间反复不断地说过，在我们看来，民主共和国是唯一的这样的政治形式，在这种政治形式下，工人阶级和资本家阶级之间的斗争能够先具有普遍的性质，然后以无产阶级的决定性胜利告终。"[1]因为，随着世界市场和社会主义运动的发展，工人阶级和资产阶级之间的斗争不再局限于某个地区或某个国家，而是具有了全球性的特征；斗争也不再局限于简单的经济诉求，而是涉及更广泛的社会、政治和文化问题。在这种情况下，工人阶级需要联合起来，形成自己的政治组织和意识形态，以便更好地与资产阶级展开斗争，并最终推翻资本主义制度。恩格斯在《1891年社会民主党纲领草案批判》中再次强调："我们的党和工人阶级只有在民主共和国这种形式下，才能取得统治。民主共和国甚至是无产阶级专政的特殊形式，法国大革命已经证明了这一点……但是，在德国连一个公开要求共和国的党纲都不能提出的事实，证明了以为在这个国家可以用舒舒服服和平的方法建立共和国，不仅建立共和国，而且还可以建立共产主义社会，这是多么大的幻想。"[2]由此可见，恩格斯是根据不同社会条件来谈论政治形式的。而俄国的情况还不及德

① 《马克思恩格斯全集》（第二十二卷），人民出版社，1965年，第327页。

② 《马克思恩格斯文集》（第四卷），人民出版社，2009年，第415页。

国,因而可以理解列宁在引用恩格斯说法时有所取向地说"民主共和国是走向无产阶级专政的捷径""我们赞成民主共和国,因为这是在资本主义制度下对无产阶级最有利的国家形式"。①

不过,列宁对恩格斯的引述除了"唯一"变为"捷径"的字面改变外,更重要的是对"然后以无产阶级的决定性胜利告终"的解释不同,列宁的解释是根据"两个必然":民主共和国"必然会使这个(阶级)斗争扩大、展开、明朗化和尖锐化,以致一旦出现满足被压迫群众的根本利益的可能性,这种可能性就必然通过而且只有通过无产阶级专政即无产阶级对这些群众的领导得到实现"②。而恩格斯的原意更可能是议会政治成为阶级斗争展开的新的场域。泰克西埃认为,列宁可能故意不提及恩格斯1895年《卡尔·马克思〈法兰西阶级斗争〉导言》中的相关观点。据考察,列宁曾计划在第六章四节"革命的准备"中阐释"恩格斯论和平道路(1895年的导言)",但后来改到第七章而最终没有完成。③

究竟是走暴力革命的道路,还是走利用议会政治的和平斗争的道路,这在恩格斯之后,的确成为第二国际内部分裂的导火索。后来,随着苏联创立第三国际(共产国际)走向暴力革命,而第二国际在1922年恢复活动,改名为社会主义工人国际,明确主张其所属各国社会民主党派走和平路线后,第二国际中的两派泾渭分明地划分开来。从20世纪八九十年代世界社会主义的发展来看,表面上许多发达国家的工人运动大都走上了第二国际主张的道路,然而这并不能否定包括俄国在内的相对落后的国家地区所选择的暴力革命道路。特别是,这些国家在实行无产阶级专政后,实现了对传统落后的经济、政治与文化状况的根本性变革,其中虽然有一些挫折,但成就还是明

---

① 《列宁选集》(第三卷),人民出版社,2012年,第126页。

② 《列宁选集》(第三卷),人民出版社,2012年,第173~174页。

③ 胡兵:《列宁〈国家与革命〉研究读本》,中央编译出版社,2016年,第7页。

显的。

更重要的是,马克思主义在不同国家的不同表现形式提出了如何把马克思主义基本原理与各国具体的历史文化传统相结合的时代课题。不同国家基于其独特的社会条件,推动马克思主义本土化、时代化,这就是世界社会主义运动波澜壮阔而丰富多彩的图景谱系。

(三)国家从专政到治理

在《国家与革命》问世时,"国家问题是一个最复杂最难弄清的问题,也可说是一个被资产阶级的学者、作家和哲学家弄得最混乱的问题"①。列宁针对当时的革命情势,为了给俄国十月革命提供理论基础,在这部著作中对资产阶级国家的阶级属性进行了深刻分析,强调了无产阶级革命的必要性,凸显出无产阶级国家的镇压职能。

随着社会主义国家建设的深入,列宁晚年关注国家的经济建设职能,重视国家在提高劳动生产率方面的作用。事实上,早在《国家与革命》中,列宁就阐发过国家的经济建设职能,强调之所以要有国家,"既是为了镇压剥削者的反抗,也是为了领导广大民众即农民、小资产阶级和半无产者来'调整'社会主义经济"②。而到了晚年,列宁则在一系列文稿、信件和"政治遗嘱"中更为明确地指出:"现在我们主要的政治应当是:从事国家的经济建设,收获更多的粮食,开采更多的煤炭,解决更恰当地利用这些粮食和煤炭的问题,消除饥荒,这就是我们的政治。"③此时,列宁更多地将国家理解为组织生产活动的机构,而不再像革命胜利前那样过于强调"国家是特殊的强力组织,

---

① 《列宁全集》(第三十七卷),人民出版社,1986年,第59页。

② 《列宁选集》(第三卷),人民出版社,2012年,第131页。

③ 《列宁选集》(第四卷),人民出版社,2012年,第308~309页。

是镇压某一个阶级的暴力组织"①。

从辩证法的视角看,国家治理职能的增强并没有削弱其阶级镇压职能,反而通过有效的治理,国家能更好地实现统治阶级的共同利益,加强其政治形式的组织性和稳定性,使阶级统治更加稳固。在这种意义上,国家治理职能也附属于国家阶级专政职能。正像马克思曾指出的:"因为国家是统治阶级的各个人借以实现其共同利益的形式,是该时代的整个市民社会获得集中表现的形式,所以可以得出结论:一切共同的规章都是以国家为中介的,都获得了政治形式。"②从世界范围看,当今,无论是社会主义国家还是资本主义国家,国家的存在都更为显著,而非衰落;更加稳固,而非走向衰亡,这一趋势必然推动我们更为深入地思考、发展马克思主义国家理论。

---

① 《列宁选集》(第三卷),人民出版社,2012年,第130页。

② 《马克思恩格斯文集》(第一卷),人民出版社,2009年,第584页。